U0119017

[MIRROR]
理想国译丛

005

想象另一种可能

理
想
国
imaginist

理想国译丛序

"如果没有翻译",批评家乔治·斯坦纳(George Steiner)曾写道,"我们无异于住在彼此沉默、言语不通的省份。"而作家安东尼·伯吉斯(Anthony Burgess)回应说,"翻译不仅仅是言词之事,它让整个文化变得可以理解。"

这两句话或许比任何复杂的阐述都更清晰地定义了理想国译丛的初衷。

自从严复与林琴南缔造中国近代翻译传统以来,译介就被两种趋势支配。

它是开放的,中国必须向外部学习,它又有某种封闭性,被一种强烈的功利主义所影响。严复期望赫伯特·斯宾塞、孟德斯鸠的思想能帮助中国获得富强之道,林琴南则希望茶花女的故事能改变国人的情感世界。他人的思想与故事,必须以我们期待的视角来呈现。

在很大程度上,这套译丛仍延续着这个传统。此刻的中国与一个世纪前不同,但她仍面临诸多崭新的挑战,我们迫切需要他人的经验来帮助我们应对难题,保持思想的开放性是面对复杂与高速变化的时代的唯一方案。但更重要的是,我们希望保持一种非功利的兴趣:对世界的丰富性、复杂性本身充满兴趣,真诚地渴望理解他人的经验。

理想国译丛主编

梁文道　刘瑜　熊培云　许知远

本译丛获理想国文化发展基金会赞助支持

[美]弗朗西斯·福山 著　　毛俊杰 译

政治秩序的起源

从前人类时代到法国大革命

FRANCIS FUKUYAMA

THE ORIGINS OF POLITICAL ORDER:
FROM PREHUMAN TIMES
TO THE FRENCH REVOLUTION

广西师范大学出版社
· 桂林 ·

THE ORIGINS OF POLITICAL ORDER: From Prehuman Times to the French Revolution
by Francis Fukuyama
Copyright © 2011 by Francis Fukuyama
Maps copyright © 2011 by Mark Nugent
Chinese (Simplified Characters) copyright © 2012
by Beijing Book Paradise Culture Co., Ltd
Published by arrangement with International Creative Management, Inc.
through Bardon-Chinese Media Agency
ALL RIGHTS RESERVED

图书在版编目(CIP)数据

政治秩序的起源：从前人类时代到法国大革命 / (美)福山著；毛俊杰译.
—桂林：广西师范大学出版社，2014.9（2016.12 重印）
书名原文：The Origins of Political Order: From Prehuman Times to the French Revolution
ISBN 978-7-5495-5511-6
Ⅰ.①政… Ⅱ.①福… ②毛… Ⅲ.①政治制度史 – 世界 Ⅳ.①D59
中国版本图书馆CIP数据核字(2014)第124314号

广西师范大学出版社出版发行

桂林市中华路22号　邮政编码：541001
网址：www.bbtpress.com

出 版 人：张艺兵
全国新华书店经销
发行热线：010-64284815
山东临沂新华印刷物流集团有限责任公司
临沂高新技术产业开发区新华路　邮政编码：276017

开本：635mm×965mm　1/16
印张：35.75 字数：476千字 图片：39幅
2014年9月第2版　2016年12月第6次印刷
定价：88.00元

如发现印装质量问题，影响阅读，请与印刷厂联系调换。

重新带回国家

刘 瑜

好的学术著作其实像侦探小说：作者提出一个悬念，然后抛出一个接一个的线索，在每一个线索上诱导你深入，然后又用新出现的论据给它打上问号，直到最后的解释浮出水面。

福山的《政治秩序的起源》就是这样一本"侦探小说"。为什么今天我们所见的世界，在政治上呈现出如此之丰富的多样性？这种多样性的起源何在？就这个引人入胜的问题，福山引领读者进行了一场穿越时空、跨越学科的"追踪"：从生物学的成果到各大洲地理风貌的不同，从部落文明的特点到宗教的政治影响，从历史发展的经济基础到各个社会不同群体的博弈纵横，福山试图把近年来生物学、人类学、经济学、政治学、社会学、历史学等不同领域的知识进展整合到一个问题框架中来，在一团乱麻中找到政治发展的脉络。

这显然是一个雄心勃勃的写作计划。在一个学术日益专业化、精细化、技术化的时代，几乎已经没有学者敢于提出如此之气势磅礴的问题，更不用说就此写出皇皇巨著了。在理解整体的基础上理解局部，从历史全貌出发定位当代，这更像是一百年前古典思想家的思维方式，而不符合 21 世纪初的"学术范式"。但福山先生却"偏向虎山行"——某种意义上，这不仅仅是挑战，甚至可以说是挑衅：对从技术性细节出发理解我们所身处的世界这一可能性的质疑。

但就回答福山所提出的问题而言，打开视野的广度又是必然要求。显然，如福山自己所说，一个人不可能同时是如此之多领域的专家，但是对不同领域权威和成果的引用，使得该书从本质上而言不仅仅有一位作者，而是由无数作者共同完成的。更重要的是，也许福山在每一个领域都不能称为专家，但一个学者的敏锐性和洞察力，从来就更多取决于他通过问题意识组织和提炼知识的能力，而不仅仅是对知识本身的掌握。就串连庞杂的细节组织成一个"侦探故事"的能力而言，福山没有让人失望。

一

提起福山，人们最先想到的恐怕是他著名的"历史终结论"。在 1992 年出版的《历史的终结与最后的人》中，福山表达了这样一个石破天惊的观点：自由民主制代表了人类政治文明最后的形态，而自由民主制下的布尔乔亚则代表了"最后的人"。由于这一观点发表于冷战结束伊始，在很大程度上，它被视为西方取得冷战胜利的宣言。当然，基于同样的原因，它也被视为傲慢的西方中心主义代表，并受到此起彼伏的批判。

很多人没有注意到的是，过去二十年来，福山先生的问题意识一直在慢慢转向。从 1995 年的《信任：人类本性与社会秩序的重建》，到 2004 年的《国家建构》，2007 年的《在十字路口的美国》，再到最近出版的这本重磅著作《政治秩序的起源》，一个几乎可以说"面目全非"的福山逐渐浮现。甚至可以说，前面几本书都是为最后这本书所做的准备工作，最后这本书构成了对前面几本书的整合与深化。

在何种意义上《政治秩序的起源》构成对《历史的终结》的"180度转向"？与其说对同一个问题"新福山"给出了与"旧福山"不同的回答，不如说"新福山"所关注的是全新的问题。如果说触动福山写作《历史的终结》的，根本上而言是"为什么自由民主制最终能够征服世界"，那么触动他写作《政治秩序的起源》的，则是"为什么自由民主制尚未能够征服世界"。

从关注"同一性"走向关注"多样性"，从关注"终结"走向关注"起源"，从关注"人性"走向关心"历史"，这个问题意识的转向显然不是偶然的心血来潮，而与过去二十多年世界各地的政治发展紧密相关。在这二十年来，福山和我们一样，共同目睹了自由民主制在世界各国落地生根的艰难：中东欧在转型过程中的阵痛、非洲许多国家在民主化过程中出现的种族和部落动员、美军入侵伊拉克和阿富汗后"移植"民主的艰难，乃至最近中东地区民主化过程中的动荡与反复……固然，也有韩国、巴西、波兰这样相对成功的案例，但是这二十年的风云变幻，使得"西方的胜利"这样的结论显得过于轻率和乐观。

那么，"为什么自由民主制尚未能够征服世界"？或者说，为什么今天世界各国的政治发展模式如此多样？对这个问题，在《政治秩序的起源》一书中，福山的主要切入点是：国家建构。什么叫"国家建构"？沿着韦伯对国家的定义，福山将"国家建构"理解为政府的统治能力。用通俗的话来说，就是一个政府国防、征税、官僚机构架构、维持社会秩序、提供基本公共服务等能力。

客观地说，在《政治秩序的起源》中，福山对政治发展的认识有三个维度：国家建构、法治和问责（他使用"问责"一词，以囊括在民主制发展初期的"精英民主"形态，但就其当代形式而言，就是民主制［编按：本书译为"负责制"］)。在他看来，一个成功的政治模式是三者之间的平衡，但在整本书中，福山对"国家建构"这个维度的格外强调是清晰可见的。

　　这首先体现在书的构架上。在整本书的三个核心内容部分，"国家建构"部分排在最前面，所占篇幅也远大于其他部分。更重要的是，从内容上而言，福山对世界各国政治传统分野的解释，很大程度上就集中于对其政治源头"国家建构"成败与早晚的分析。由于将"国家建构"视为政治发展的核心要素，福山对比较政治史的讲述，刻意摆脱了"欧洲中心主义"的视角。也就是说，他不是把欧洲模式当做政治发展的"常规状态"，把其他国家视为偶然的"变异"。相反，他在书中强调，"我把中国作为国家建构的原型，追问为何其他文明没有复制这一模式"。（参见本书第 24 页）将中国作为坐标的原点，是因为早在秦朝，"中国就独自创造了韦伯意义上的现代国家，即，中国成功地发展出了一个中央集权的、统一的官僚政府，去治理广大的疆域与人口"。（参见本书第 25 页）如果说"为什么他们没能成为欧洲"是西方学者惯常的思考出发点，现在福山想掉过头来问："为什么我们没有成为中国？"

　　中国之所以成为中国，是因为它最早开始了"国家建构"进程。查尔斯·蒂利所说的"战争制造国家"，中国是最早最经典的例证：春秋战国时期的几百年征战给当时的各地君主带去"国家建构"压力——唯有那些能够最大程度军事动员、控制和管理生产以及汲取社会资源的政权能够"适者生存"。于是，集权最成功的秦国"脱颖而出"，并在征服其他国家后将这一"秦国模式"推广到整个中国。

　　相比之下，印度从很早开始就是"弱国家"传统——或许由于地理和人口因素，部落和王国之间的战争从未达到中国历史上的那种频度和烈度，而且其国家建设的进程被婆罗门教的兴起所阻截和压制——根据该教的教义，宗教首领的权力高于世俗政治首领的权力。这一历史悠久的传统为今天印度的"强社会弱国家"、"强问责弱治理"的政治形态埋下了伏笔。

中东则像是一个"迟到"因而"发育不全"的中国。在伊斯兰教兴起之前，中东的政治传统长期是部落式的，伊斯兰教在7世纪的兴起给中东地区带来"国家建构"的契机，之后埃及和奥斯曼帝国的军事奴隶制则把这个国家建构过程推向了高峰。但是，国家建构时间上的"迟到"、宗教的"尚方宝剑"地位、最高权力继承体制的缺乏以及军事奴隶制对外来力量的依赖，使中东的这种国家建构从未达到过中国的高度。

欧洲的传统则介于中国和印度之间，一方面，中世纪之后连年不断的王朝征战给欧洲各国带来了巨大的"国家建构"压力；另一方面，这种压力不得不"嵌入"之前已经形成的法治传统、教会和贵族势力、城市经济等制度环境。于是，集权的压力与分权的传统相互作用，形成了独特的欧洲。

可见，对于"政治为何如此多样"这个问题，除了开篇谈及的地理、人口等因素，福山格外强调的是，各国在摆脱部落制和封建制过程中，政权与社会不同集团的力量对比与博弈，以及"国家建构"与法治、问责制之间的发展顺序。换言之，在历史的源头，"国家建构"的成败与时机是决定一个国家走向的第一推动力。

二

"国家建构"越成功越好吗？显然不是。在书中福山一再指出，只有当国家建构与法治、问责构成平衡时，一个国家的政治发展才构成"现代政治的奇迹"。而"一个没有法治和问责制的强国家相当于专制。它越现代和制度化,其专制就越有效"。(参见本书第137页)秦国所建立的中央集权制度,被其称为"极权主义的原型"。

那么,为什么对政治发展的"国家建构"维度格外强调?与其说这是因为福山过去二十年有一个价值转向,不如说他对现实形势的判断出现了变化。

现实形势如何?在书中,福山时不时流露出这样一种看法:就那些转型中的国家而言,是国家能力的薄弱令民主化过程常常成为失序化过程。即使是那些相对成熟的民主国家,国家能力的削弱也使其民主制陷入危机。"现代民主制的失败有各种情况,但21世纪初这一失败的主要原因恐怕是国家能力的薄弱:当代民主制太容易被捆住手脚和陷入僵局,因此无法作出困难的决定以确保其经济与政治的长期生存。"在福山眼中,印度公共设施建设的缓慢、欧洲福利国家的滞涨乃至美国赤字问题的困境,都是民主制里国家能力欠缺的表现。

也就是说,现实政治形势的演化使他越来越担忧,在国家能力、法治和问责的"三角关系"中,人人过于强调前者对后二者的伤害,却往往忽视国家能力同时往往也是建设法治和民主的前提。福山在此书中的努力,是试图弥补这个认识上的盲点。换言之,根本上而言,他对国家建构的强调,不是为了弘扬专制主义,而是为了挽救西方的法治与民主。

基于对国家能力的强调,福山认为,过度宣扬经济上的放任主义是对历史和现实的误解:如果最小的政府是最好的政府,那么今天世界上最发达的国家应该是索马里——在那里,政府小到基本上不存在,但实际上索马里的经济一团糟。

同样,基于对国家能力的强调,他也对"社会放任主义"的观念（姑且发明这个词）进行了批评。我们今天习惯于把英国的宪政发展归功于"教会"、"贵族"等社会性因素对王权的制衡，却没有足够重视在这一过程中，英国社会并没有失去对王权的尊重——它从未失去其保守主义的这一面。如果王权越软弱、一个国家就越容易实现民主和法治，那么世界上最早实现民主和法治的，不应该是英国，而是匈牙利——13世纪初，匈牙利就产生了匈牙利版的"大宪章"，但是在匈牙利，贵族如此之强大，王权如此之弱小，以至于政治体制演变成了"寡头统治"。正如美国南部社会的种族主义、印度社会的种姓文化所展现的，"社会性因素"未必就代表了先进文明的力量，它也可能带来另一种形式的专制。

此外，福山还对没有国家能力保障的"法治"发展表示质疑。他对哈耶克所说的"自发扩展秩序"表示异议：在他看来，法治在英国的生根不完全是"自发秩序自然演进"的结果，无论是早期的国王、后来的教会还是诺曼征服之后的中央权力，都曾相当大程度上诉诸自上而下的强制或干预去建立一个统一的法律秩序。

三

对"国家建构"如此强调，是否可以说，"新福山"已经否定了"旧福山"？"旧福山"二十年前的观点已经"过期作废"？

表面上看的确如此。"你看，连福山都不谈民主，转而谈论国家能力了"，至少在中国，不少"国家主义者"为福山的问题意识转向感到欢欣鼓舞。但对《起源》一书真正严肃的阅读会使我们认识到，与其说福山试图用《政治秩序的起源》去否定《历史的终结》，不如说他试图用《起源》去完善《终结》。

何以如此？福山与中国一些国家主义者的根本不同在于：他对

国家能力的强调是情境性的，而不是原则性的。即，他对国家能力的强调不是基于一种抽象的观念，而是一种因时因地制宜的"处方"。因为他认为，目前，在世界上许多转型国家和民主国家，国家能力的欠缺导致诸多政治问题，所以应当强化国家能力。但就中国的政治传统而言，在《起源》一书中，他的判断始终是"国家能力过强"，而"法治与问责不足"。"推断有问责体制的社会会最终战胜那些没有它的社会，有一个重要原因：政治问责给制度的适应性变迁提供了一个和平的路径。在王朝阶段，中国的政治体系始终无法解决一个问题，即'坏皇帝'的问题。……在对上而不是对下负责的当代中国，这个问题仍然至关重要。"（参见本书第 436—437 页）

同样，不能将福山对"社会因素"的警觉视为站在国家的角度敌视社会。固然，他强调我们不能无条件地将一切社会自发性力量当做文明的动力，但是，当他试图解释英国道路（问责制政府）与法国道路（弱专制主义）更不用说俄罗斯道路（强专制主义）的不同时，他诉诸的解释因素恰恰是社会力量的强大和团结程度。在英国，贵族、底层士绅和新兴资产阶级的团结构成了抵御王权、达至宪政的强大力量，相比之下，法国的贵族、士绅和资产阶级被法国王权瓦解分化，而在俄罗斯，他们则对王权几乎是彻底依附。

因此，从价值上而言，似乎始终只有一个福山。虽然对世界各地情势的总体判断使他现在更强调国家能力——因为没有一定的国家能力去贯彻法律，法治只能是一纸空言，而没有一定的国家能力作为基本秩序的维护者，民主很可能成为民粹的狂欢。但如果脱离语境，将这种强调应用于那些国家能力已经超强甚至过剩的国家，就成了认识上的刻舟求剑。

四

问题在于，强调"国家建构"，矫枉可能过正。如何把握国家能力的"度"？这是一个永无止境的难题。

对于思想者而言，一个悖论在于，时代往往是有意义问题意识的来源，但是为时代写作又有可能导致问题感的短视。福山的老师亨廷顿在上个世纪 60 年代就有过一次矫枉过正的经历。为了超越民主专制类型学的政治学视角，在其名著《变化社会中的政治秩序》中，亨廷顿表达了统治程度比政治制度更重要、更体现政治发展的观点，并在这个意义上把美苏归为一类而不是两类国家。他的这一观点曾经启发了几代学人，但是到 1989 年，苏联及其阵营的垮台则某种意义上否证了亨廷顿的观点：政治制度很重要，美国和苏联并不是一类国家。

当福山频繁地将国家能力强化等同于政治发展、将国家权力的分散化等同于"政治衰败"时，同样的危险也隐约可见。尤其在中国，这样的观点甚至可能被某些教条主义的国家主义者当做武器弹药。固然，一定的国家能力是法治和民主得以发展的前提，但是一定程度的法治和问责也是国家能力可持续发展的前提，否则就无法解释为什么秦朝、更不用说纳粹德国会最后崩坍——摧垮这些政权的，并不是权力分散化、封建化带来的"政治衰败"，而恰恰国家能力的无度拓展。

更重要的是，法治与问责使国家能力的发展变得"有价值"。对比政治发展的三个维度，我们会发现，由于法治原则中的平等和公正精神、问责原则中的自治与参与精神，这两个维度具有内在价值，相比之下，国家能力则仅仅具有"工具价值"——几乎不会有人认为不顾及民众死活的"强大政府"是令人尊敬的。也就是说，只有当国家能力这种"工具"服务于具有内在价值的事物时，我们才能把它视为褒义的"政治发展"。如果不划出这条界限，一味将国家能力的深化称为"政治发展"，将国家权力的分散和下沉称为"政治衰败"，这既不合乎我们的伦理直觉，也不合乎历史事实——历史事实是，国家能力的相对"衰败"使法治与问责的"发展"得以可能。

而且，正如福山自己在书中指出的，"马尔萨斯的世界"——缺乏科技革命的农业社会——和"后马尔萨斯的世界"有着根本的不同。在"马尔萨斯的世界"里，国家建构在政治各维度中显得格外重要：粗放型的经济增长和安全保障，往往依赖于对土地的征服和人口的掠夺，而占领土地和掠夺人口则依赖于强大的国家能力。但在一个"后马尔萨斯的世界"里，无论是经济增长还是安全保障，都更多地依赖科技创新和资本聚集，而科技创新与资本安全则更多地依赖于法治与问责制。换言之，即使历史上国家能力曾经是政治各维度中最重要的一面，在一个已经彻底变迁的世界中，是否依然如此则并非不言自明。

在制度选择问题上"重新带回国家"，一定程度上，福山过去二十年的个人思想史反映了西方知识界的思想史走向。这种转变既是现实的变迁使然，也是知识的逻辑使然。冷战之后的世界政治形势要求知识分子做出思想上的回应，而不仅仅是用历史必然性来"一言以蔽之"。对未来的阐述不能替代对现实的解释，对人性的剖析也不能省略对历史多样性的追问。如果说《政治秩序的起源》对《历史的终结》有明显超越的部分，大约就是对其"历史决定论"色彩进行了涂改：一个制度是合理的并非意味着它是必然的，它在今天"只能如此"也不意味着它在将来也会"一直如此"。回访历史往往会使一个人的乐观变得更加审慎，因为历史往往意味着路径依赖、意味着制度惰性、意味着文化惯性，而对历史的超越则取决于人们刻意的选择和逆水行舟的努力。在这个意义上，与其说《起源》是对《终结》一书的推翻，不如说是对它的救赎。

纪 念

塞缪尔·亨廷顿

目　录

第一部分　国家之前

第 1 章　政治的必需 009

第三波民主化，时人对自由民主制前景的担忧；左右两派憧憬政府消亡，发展中国家却在身受其害；我们视各式制度为理所当然，但对其来龙去脉却一无所知

第 2 章　自然状态 030

自然状态的哲学讨论；现代生命科学彰显人性和政治的生物学基础；黑猩猩和灵长目中的政治；诱发政治的人性特征；人类出现于世界不同地域

第 3 章　表亲的专横 050

人类社会进化的事实和性质，以及相关的争议；家庭或族团层次的社会向部落的过渡；介绍血统、宗族和其他人类学基本概念

第 4 章　部落社会的财产、正义、战争 063

亲戚关系和产权发展；部落社会中正义的性质；部落社会作为军事组织；部落组织的优缺点

序　言

本书有两个起源。第一，源于我的恩师哈佛大学的塞缪尔·亨廷顿（Samuel Huntington）请我为他1968年的经典之作《变化社会中的政治秩序》的再版撰写新序。[1]亨廷顿的著作代表了从宏观角度论述政治发展的新努力之一，也是我在教学中经常要求学生阅读的。它在比较政治学方面建立了甚多重要见解，包括政治衰败的理论、威权现代化的概念、指出政治发展是有别于现代化其他方面的现象等。

我在写新序时觉得，《变化社会中的政治秩序》尽管很有启发，但确实需要认真的更新。它的成书时间距离非殖民浪潮席卷二战后的世界仅十年左右。它的很多结论反映了那一时期政变和内战所带来的极端不稳定。但自该书出版以来已发生很多重大变化，像东亚的经济奇迹、全球共产主义的衰退、全球化的加速，以及始于20世纪70年代亨廷顿所谓的"第三波"民主化。政治秩序在很多地方尚未到位，但在不少发展中地区却取得成功。返回该书的主题，将之用于今日世界，似乎是个好主意。

我在思考如何修订亨廷顿思想时又突然省悟到，若要详细解说政治发展和政治衰败的起源，还有很多基本工作要做。《变化社会中的政治秩序》将人类历史晚期的政治世界视作理所当然。其时，国家、政党、法律、军事组织等制度（institutions，参见本书第29章"制度［机构］"一节的编者按，本书第406页）均已存在。它所面对的是发展中国家如何推动政治制度的现代化，但没有解释这些现代化制度在其发源地是如何成形的。国家并不受困于自己的过去，但在许多情况下，数百年乃至数千年前发生的事，仍对政治的性质发挥着重大影响。如想弄懂当代制度的运作，很有必要查看它们的起源以及帮助它们成形的意外和偶然。

我对制度起源的关心又与第二份担忧紧密吻合，即现实世界中国家过于薄弱和最终失败的问题。自2001年9月11日以来，就政府濒临崩溃或不稳的国家，我一直在研究其国家和民族构建的难题。与此有关的更早努力，是我在2004年出版的《国家构建：21世纪的治理与世界秩序》。[2]美国和广大的国际捐赠社区，大力投入世界各地的国家建设项目，包括阿富汗、伊拉克、索马里、海地、东帝汶、塞拉利昂、利比里亚。我本人也跟世界银行和澳大利亚国际发展署（AusAid）接洽，观察包括东帝汶、巴布亚新几内亚、印尼巴布亚省、所罗门群岛在内的美拉尼西亚（Melanesia）的国家建设问题。它们在建造现代国家方面遇到重大困难。

譬如，如何将现代制度植入美拉尼西亚社会，如巴布亚新几内亚和所罗门群岛。该社会以人类学家所谓的分支世系制（segmentary lineage）组成部落，而分支世系是指共享同一祖先的群体，其中的亲戚人数少至几十，多至数千。这些群体在本地被称为一语部落（wantok），它是英文词语"一种话语"的洋泾浜变种，即操同一语言的人群。存在于美拉尼西亚的社会分裂颇不寻常，巴布亚新几内亚拥有超过九百种互不通用的语言，几乎占世界现存语种的六分之一。所罗门群岛的人口仅50万，却有超过七十种的独特语言。巴布亚新几内亚高地的多数居民，从没离开过出生地的小峡谷，他们

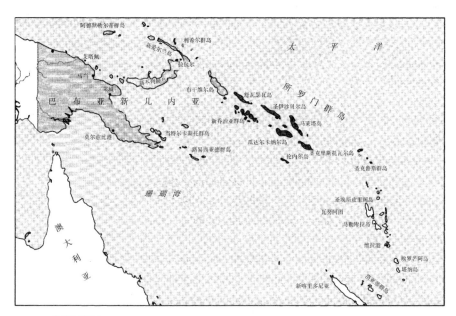

美拉尼西亚

生活在一语部落内，与邻近的其他一语部落互相竞争。

一语部落接受头人（Big Man）的指挥，但没有一个人生来就是头人，也不能将之传给儿子。更确切地说，必须在每一代赢得该职。它不一定落在体力强壮者的头上，通常给赢得社区信任的人——以分配猪肉、贝壳货币和其他资源的能力为基础。在传统的美拉尼西亚社会中，头人必须时时小心，因为权力觊觎者可能就躲在背后。如果没有可供派分的资源，他就会失去其领袖地位。[3]

20 世纪 70 年代，澳大利亚准许巴布亚新几内亚独立，英国也承认所罗门群岛独立。它们都建立现代"威斯敏斯特"（Westminster）式政府，公民定期参加多党派的选举，以选出议会成员。在澳大利亚和英国，政治选择离不开中立偏左的工党和保守党（澳大利亚的自由党和英国的托利党）。总的来说，选民根据意识形态和政策来决定取向（譬如，他们要更多的政府保护，还是要更多的市场取向）。

　　但这种政治制度被植入美拉尼西亚后，结果却一片混乱。原因在于，美拉尼西亚多数选民投票不看政治纲领。更确切地说，他们只支持自己的头人和一语部落。如果头人（偶尔是女头人）被选入议会，这位新议会成员将尽力运用自己的影响，将政府资源搬回自己的一语部落，向自己的拥护者提供学校费用、埋葬开支、建筑工程等。尽管有全国政府和主权象征，如国旗和军队，美拉尼西亚的居民中没几个觉得自己属于一个国家，或属于自己一语部落之外的社会。巴布亚新几内亚和所罗门群岛的议会中，没有凝聚的政党，只有大批单枪匹马的领袖，将尽可能多的猪肉带回自己狭小的拥护者团体。[4]

　　美拉尼西亚社会的部落制度限制了经济发展，因为它阻止现代产权涌现。在巴布亚新几内亚和所罗门群岛，95% 以上的土地属于所谓的惯例（customary）土地所有制。根据惯例的规则，财产是私有的，由亲戚团体以非正式形式（就是说没有法律文件）一起拥有。他们对土地享有单独和集体的权利，地产的意义不仅在经济上，还在精神上，因为死去的亲戚都葬于一语部落的土地，其魂魄仍在徘徊。一语部落中的任何人，包括头人，都无权将土地卖与外人。[5]寻觅地产的开矿公司或棕榈油公司，必须与数百人谈判，有时甚至是数千人。此外，根据传统规则，土地产权不受时效法律的限制。[6]

　　在很多外国人的眼中，美拉尼西亚政治家的行为看来像政治腐败。但从传统部落社会的角度看，头人只是在履行头人历来的职责，那就是向亲戚分发资源。只是现在，他们不但拥有猪肉和贝壳货币，而且享有开矿和伐木权利的收入。

　　从巴布亚新几内亚的首都莫尔兹比港（Port Moresby）起飞，几小时就可抵达澳大利亚的凯恩斯（Cairns）或布里斯班（Brisbane）。在某种意义上，这一航程跨越了几千年的政治发展。在思考美拉尼西亚的政治发展时，我开始考虑：社会如何从部落层次过渡到国家层次，现代产权如何从惯例产权中脱颖而出，倚靠第三方执法的正规法律制度如何问世。美拉尼西亚社会从没见过正规的法律制度。

xiii

如果想得更远，认为现代社会已远远超越美拉尼西亚，依我看来可能只是夜郎自大，因为头人——将资源派分给亲戚和拥护者的政治家——在当代世界依然到处可见，包括美国国会。如果政治发展的涵义就是脱离家族关系和人格政治，那我们必须解释，为何这些行为仍在多处幸存，为何看似现代的制度往往要走回头路。

在《变化社会中的政治秩序》中找不到有关答案，这段历史需要认真的梳理，以重温亨廷顿的主题。

因此就有了现在这本书，考量政治制度的历史起源和政治衰败的过程。这是两卷中的第 1 卷，涵盖从前人类时期到美法革命前夕的政治发展。本书与过去有关——事实上，它并不始于有记载的人类历史，而是人类的灵长目祖先。它的前四个部分讲述人类史前史、国家起源、法治、负责制政府。第 2 卷会一直讲到今天，特别关注非西方社会在追求现代化时受到西方制度的影响，然后再解说当代世界的政治发展。

阅读本卷时需要预先掂量第 2 卷的内容。我在本卷最后一章中讲得很清楚，现代世界的政治发展所遇到的条件，与 18 世纪晚期之前的截然不同。工业革命发轫后，人类社会退出了直到那时一直所身历的马尔萨斯式处境（Malthusian conditions），一种新动力被注入社会变化的进程，造成了巨大的政治后果。本卷读者可能觉得，这里叙述的漫长历史进程意味着，社会会受困于自己的历史；但实际上，我们今天生活在非常不同且动力多样的环境下。   xiv

本书涵盖众多社会和历史时期；我也使用自己专长之外的资料，包括人类学、经济学、生物学等。为了从事如此广泛的研究，我不得不几乎全然依靠二手资料。尽管我尝试让这些资料承受尽可能严密的专家过滤，但我仍可能犯了事实和解释方面的错误。对深入研究特定社会和历史时期的专家来说，本书很多单独章节是不够格的。但我认为，以比较方式作跨越时间和空间的考量，本身似乎就是一种美德。若全神贯注于特定题材，往往会看不清政治发展的大模式。

第一部分

国家之前

第1章

政治的必需

第三波民主化，时人对自由民主制前景的担忧；左右两派
憧憬政府消亡，发展中国家却在身受其害；我们视各式制
度为理所当然，但对其来龙去脉却一无所知

1970 年到 2010 年的 40 年间，世界上民主国家的数量经历一
次高涨。1973 年，世界 151 个国家中，被"自由之家"（Freedom
House）评估为自由国家的仅 45 个。自由之家是一家非政府机构，
每年就世界各国的公民权和政治权提供量化评选。[1]该年，西班牙、
葡萄牙、希腊是独裁政权；苏联和其东欧卫星国仍显得强大和凝聚；
中国正卷入毛泽东的"文化大革命"；一群腐败的"终身总统"正
在非洲巩固他们的统治；大部分拉丁美洲处于军人独裁之中。到了
下一代，人们亲眼目睹巨大的政治变化。民主制和市场导向的经济，
在中东阿拉伯之外的世界各地蓬勃兴起。20 世纪 90 年代后期，约
有 120 个国家——占世界独立国家总数的 60%——成为民主制。[2]
这一变化，即是亨廷顿所讲的第三波民主化。自由民主制作为预设，
已成为 21 世纪初普遍接受的政治景观。[3]

潜行于体制变化之下的，是社会的一大转型。世界上一度消极
的千百万民众组织起来，参与他们各自社会的政治生活，其结果是
朝民主制的大幅转向。此次社会大动员，背后有众多因素：广为普
及的教育，使民众意识到自我和周遭的政治环境；信息技术，使思

想和知识得到迅速传播；廉价的旅行和通讯，让民众得以用脚来参与选举，特别在对政府不满时；经济繁荣，诱发民众渴望获得更齐全的保障。

第三波在20世纪90年代后达到顶峰。21世纪第一个十年则出现"民主衰退"。参与第三波民主化的国家中，约有五分之一，不是回复到威权主义，就是看到其民主制度遭受严重侵蚀。[4]自由之家提及，2009年是世界自由程度连续下跌的第四年，这是其自1973年创办自由度测评以来的首次。[5]

政治焦虑

21世纪第二个十年伊始，民主世界出现若干形式的病状。第一种焦虑，取得民主进展的某些国家出现彻底逆转，如俄罗斯、委内瑞拉、伊朗。其民选领袖忙于拆除各式民主机构、操纵选举、关闭或鲸吞独立的电视和报纸、取缔反对派的活动。自由民主制不仅仅是在选举中获得多数；它由一套复杂制度所组成，通过法律和制衡制度来限制和规范权力的行使。很多国家，虽然正式接受民主合法性，却在系统性地取消对行政权力的制衡，并对法律发起系统性的侵蚀。

第二种焦虑，那些似乎走出威权政府的国家，却又陷入政论家托马斯·凯罗塞斯（Thomas Carothers）所谓的"灰色地带"，既非完全威权，也非货真价实的民主。[6]苏联的许多继承国家，如中亚的哈萨克斯坦和乌兹别克斯坦，即如此。1989年柏林墙倒塌之后有个普遍假设：几乎所有国家将过渡成民主制，而民主实践中的种种挫折会随着时间的推移而获得逐一克服。凯罗塞斯指出，该"过渡模式"的假设是靠不住的，很多威权精英阶层无意建立削弱自身权力的民主制度。

第三种焦虑，无关乎政治制度能否走向民主化或保持民主化，而关乎它们能否向民众提供所需的基本服务。拥有民主制度这一事实，并不表明其治绩的优劣。未克履行民主所允诺的好处，可能是民主制度所面临的最大挑战。

乌克兰就是一个案例。2004 年，它给世人带来惊奇，成千上万的民众涌向基辅的独立广场，抗议总统选举的不公。这一系列抗议被称为橙色革命，引发新一轮选举，导致改革家维克托·尤先科（Viktor Yushchenko）当上总统。然而一旦当权，橙色联盟却一无是处，尤先科辜负支持者的期望。政府内部争吵不已，无法应付乌克兰的严重腐败，在 2008—2009 年的全球金融危机中，治下的国民经济陷入崩溃。2010 年初，当选为新总统的是维克托·亚努科维奇（Viktor Yanukovich）。而 2004 年被指控操纵选票、企图窃取选举成果从而触发橙色革命的，恰是此人。

困扰民主国家的，还有许多其他的治理失误。众所周知，拉丁美洲是世界上贫富最悬殊的地区。那里，阶级等级往往等同于族裔。其民粹领袖的上升，如委内瑞拉的乌戈·查韦斯（Hugo Chávez）和玻利维亚的埃沃·莫拉莱斯（Evo Morales），与其说是不稳定的起因，倒不如说是不均的症状。很多人觉得，名义上是公民，但在现实中却横遭排挤。持久的贫穷经常滋生其他社会功能的失调，如帮会、毒品交易、普通百姓的不安全感。在哥伦比亚、墨西哥、萨尔瓦多，有组织的犯罪活动威胁国家本身和其基本制度。不能有效处理这些难题，民主制合法性便会受到破坏。

另一案例是印度。自 1947 年独立以来，它一直维持颇为成功的民主制——考虑到其贫穷程度、种族和宗教的多元、幅员的广袤，此成就尤为惊人。（如以更长远的历史眼光来看待印度的政治发展，将会减少我们的惊异。这是本书第 10—12 章的主题。）但印度的民主，就像香肠的制作，越是近距离观察，其吸引力越是下降。举例来说，几乎三分之一的印度立法委员，现正遭受各式的犯罪起诉，有些甚至是重罪，如谋杀和强奸。印度政治家经常从事公开的政治交易，以政治恩惠来交换选票。印度民主的烂搅难缠，令政府在重大的基础设施投资上很难做出决策。印度众多的城市里，在漂亮耀眼的高科技中心旁，往往可见非洲式的贫穷。

印度民主明显的混乱和腐败，经常与中国快速和有效的决策形成强烈对比。中国统治者不受法治或民主责任的牵制：如想建造大水坝、拆除旧居以造高速公路或机场、实施即时的经济刺激，他们的速度远远超过民主的印度。

第四种政治焦虑与经济有关。现代全球资本主义，证明是高效的。其创造的财富，远远超越生活在1800年前任何人的梦想。自20世纪70年代的石油危机以来，世界经济几乎翻了四倍。[7]由于贸易和投资的开放政策，亚洲人口的大部已挤入发达国家的行列。但全球性资本主义仍未找到避免大幅波动的良方，尤其是金融业。金融危机定期折磨全球的经济增长，20世纪90年代初是欧洲，1997—1998年是亚洲，1998—1999年是俄罗斯和巴西，2001年是阿根廷。可说是罪有应得，此种危机最终在2008—2009年击中全球资本主义的老窝——美国。为促进持续的增长，自由的市场很有必要，但它不善于自动调节，特别在涉及银行和其他大型金融机构时。制度的不稳定最终仍属政治上的失败，即未能在国家和国际层次上提供恰当的管制。[8]

这些经济危机的累积，未必减弱把市场经济和全球化当作引擎的信心。中国、印度、巴西和其他所谓的新兴市场国家，凭借对全球性资本主义的参与，在经济上继续表现良好。但显而易见，开发恰当的管制以驯服资本主义的大幅波动，这一政治工作尚未完成。

政治衰败

就民主前景而言，上述情形涉及另一种紧急但又常被忽略的焦虑。政治制度的发展通常是缓慢和痛苦的，必须经历漫长岁月。人类社会一直在努力组织起来，以征服自己所处的环境。政治制度一旦无法适应不断变化的环境，便会发生政治衰败。制度的保存自有规律。人类是循规蹈矩的生物，生来就倾向于遵守身边的社会规则，并以超越的意义和价值来加固那些规则。周围环境改变时，便会出现新的挑战，现存制度与即时需求便会发生断裂。既得利益者会起而捍卫现存制度，反对任何基本变化。

美国政治制度可能正面临其适应能力的重大挑战。美国制度基于这样一种信念：集中的政治力量对公民的生命和自由构成了朝不虑夕的危险。因此，美国宪法设有广泛的相互制衡，使政府的某些部门得以防范其他部门的暴政。迄今为止，这个制度表现良好。因为在历史关键时刻，当强大政府是不可或缺时，其政治领导最终能达成共识，取得胜利。

很不幸，没有机制上的保障能够确保美国制度既防范暴政，又在必要时按照初衷来顺利行使国家权威。后者取决于对政治目的达成社会共识，这恰是最近几年来美国政治生活中所缺乏的。美国现在面对一系列巨大挑战，大部分与其长期财政困境有关。过去一代，美国人把钱花在自己身上，没有缴纳足够的税款。宽松的信贷，以及家庭和政府的超支，无疑是雪上加霜。长期的财政亏空和对外负债，威胁美国在世人眼中的国力根基。其他国家的地位，如中国，则获得相对拔高。[9]

这些挑战，如采取痛苦和适时的行动，没有一项是无法克服的。美国的政治制度本应促进共识的形成，现在反而加剧挑战的艰巨。国会两极分化，令法案的通过变得异常困难。国会中最保守的民主党人，仍比最开明的共和党人更偏向自由派，这是现代史中的首次。以 10% 或更少选票当选的国会议员席位，19 世纪末仍有将近 200 名，持续下降至 21 世纪初，仅剩 50 余名。此类席位，往往是两党争夺的主要对象。两大政党在意识形态上变得更加物以类聚，审慎的辩论日益退化减少。[10] 这种分裂并非史无前例。但在过去，强势的总

8

统总是能够驾驭此类分裂。而近来，则未见强大能干的总统。

美国政治的未来，不仅依赖政治，而且依赖社会。国会的两极化反映了一大趋势，即美国的社区和地域正在日益同质化。美国人选择在何处居住，从而在意识形态上自我排队。[11] 跟志趣相投的人共处，这一倾向因媒体而获得增强。交流途径的多样化，反而减弱了公民的共享经历。[12]

国会的左右两极化、既得利益团体的成长和力量，都在影响美国政治制度应付财政挑战的能力。工会、农产企业、制药公司、银行、大批有组织的游说团，经常对可能损害其经济利益的法案行使有效的否决权。民主国家里，公民保护自己利益完全合理，也属预计之中。但到一定程度，此类保护将化作索求特权，大家的利益都变得神圣不可侵犯，社会为此而陷入困境。这解释了左右两派高涨的民粹主义愤怒，这种愤怒又进一步推动两极化，更反映出社会现实与国家原则的不协调。

美国人抱怨美国受制于精英和利益团体。这反映了从 20 世纪 70 年代到 21 世纪初，收入和财富的不均在与日俱增。[13] 不均本身，不是美国政治文化中的大问题。美国强调机会均等而非结果均等。如人们相信，通过努力工作，他们和自己的孩子仍有公平机会获得成功，而富人是按规则取得成功的，那么如此制度仍是合法的。

然而在事实上，美国世代流动性的比率大大低于众多美国人所相信的，甚至低于传统上被认作僵化和等级分明的其他发达国家。[14] 日积月累，精英们得以钻政治制度的空子，以保护自己的地位。他们向海外转移财产来避税，通过精英机构的优惠途径将优势传给下一代。该伎俩的大部在 2008—2009 年金融危机期间暴露无遗。人们痛苦地发现，金融服务业的报酬与其对经济的实际贡献没有直接关联。该行业动用相当大的政治力量，在前十年想方设法废除有关的管制和监督。金融危机发生后，它仍在继续抵抗新的管制。经济学家西蒙·约翰逊（Simon Johnson）指出，美国金融寡头的力量无异于新兴市场国家中的类似团体，如俄罗斯或印尼。[15]

没有自动机制可使政治制度适应不断变化的环境。因应不良，即政治衰败的现象，会在本卷的后半部得到详细介绍。埃及的马穆鲁克王朝没有较早接纳枪械以应付外国威胁，这并不是非发生不可的。最终击败他们的奥斯曼帝国，就这样做了。中国明朝皇帝没向老百姓征收足够税金以支撑一支强大的抗满军队，这也不是无可避免的。两件案例中的症结，都是现存制度的巨大惯性。

社会如不能通过制度上的认真改革，以应付重大的财政危机，像法兰西国王在 1557 年无力偿还 "大借款"（Grand Parti，编按：此指 1555 年，法兰西国王亨利二世为支付战争开销，向里昂银行家大举借贷一事）后所做的，它就会倾向于采取短视的补救，最终却腐化自己的制度。这些补救屈服于各种既得利益者，即法国社会中有财有势的人。国家预算不平衡，导致破产和国家本身非法化，这一历史过程以法国大革命告终。

美国的道德和财政危机还没到达法兰西王国的地步。危险的是，其处境将会继续恶化，直到某种强大力量彻底打破这当前功能失调的制度均衡。

无政府幻想

我们对未来的甚多焦虑，如俄罗斯退回威权、印度腐败、发展中国家政府衰败、当代美国政治受制于既得利益者，均可用一条共同线索串起，那就是如何建立和维持有效的政治制度，虽然强大，但遵守规则，又承担责任。这么明白的道理，看上去像是任何四年级小学生都认可的。然而，想得更深一步，这又是很多聪明人迄今尚没弄清的。

让我们以第三波的退潮和 21 世纪初世界上发生的民主衰退开始。我认为，当前我们对民主传播的失败感到失望，其原由不在思想这个层次。思想对政治秩序极其重要，它是政府的合法性被接受的基础，它能够凝聚人心，并使民众愿意服从政府的权威。柏林墙的倒塌标志共产主义的破产，共产主义曾是民主制的主要竞争者。自由民主制因此成为被最广泛接受的政府形式，获得快速的蔓延。

时至今日，这仍是事实。用阿马蒂亚·森（Amartya Sen）的话说，民主制仍是"预设"："民主尚未获得普遍的实践，甚至未被普遍接受。但在世界舆论的大气候中，民主制已获得被视作基本正确的地位。"[16]世界上很少人公开钦佩弗拉基米尔·普京的石油民族主义、乌戈·查韦斯的"21世纪社会主义"、马哈茂德·艾哈迈迪-内贾德的伊斯兰共和国。没有重要的国际机构将民主制以外的任何东西认作是公平合理的统治形式。中国迅速的经济增长，刺激了他人的忌妒和兴趣。但它的威权主义模式，不易解释清楚，更少被其他发展中国家轻易模仿。现代自由民主制享有如此威望，以致今日的威权政客，为了合法也必须上演选举，宁可躲在幕后操纵媒体。事实上，不但极权主义从地球上消失，连威权政客也往往假扮成民主人士来称颂民主制。

民主的失败，与其说是在概念上，倒不如说是在执行中。世界上大多数人极向往这样的社会：其政府既负责又有效，民众需要的服务能获得及时和高效的满足。但没几个政府能真正做到这两点，因为很多国家的制度衰弱、腐败、缺乏能力，甚至根本不存在。世界上的抗议者和民主倡导者，不管是南非和韩国的，还是罗马尼亚和乌克兰的，他们的激情足以带来"政权更替"，使威权政府蜕变成民主制。但如没有漫长、昂贵、艰苦、困难的过程来建设相关的制度，民主制是无法成功的。

有一种奇妙的想法，对政治制度的重要性视而不见，这几年来影响很多人。他们憧憬超越政治的世界，这种憧憬，不专属于左派或右派，他们各有自己的版本。共产主义之父卡尔·马克思的预测广为人知：无产阶级革命夺取政权后，私人财产废除，"国家消亡"。自 19 世纪的无政府主义者以来，左翼革命家认为，摧毁旧权力机构即已足够，没去认真思考何以代之，这项传统延续至今。反全球化的学者，如迈克尔·哈特（Michael Hardt）和安东尼奥·奈格里（Antonio Negri），建议削减国家主权，代之以互联的"群体"（Multitude），以铲除经济上的不公平。[17]

现实世界中的共产党政权，恰恰做了与马克思预测相反的事。它们建立庞大且暴力的国家机器，如民众不是自觉自愿，就逼迫他们参与集体行动。这影响了整整一代的东欧民主活动家。他们憧憬心目中的无政府社会，让动员起来的公民社会来取代传统的政党和集权政府。[18]这些活动家随后对无情的现实感到失望，因为没有制度，社会便无从治理，而建造制度又必然需要令人厌烦的妥协。共产主义垮台后的数十年，东欧是民主的，但对其政治或政治家来说，却不一定感到满意。[19]

右派中最流行的无政府幻想认为，市场经济令政府变得无关紧 12
要。20 世纪 90 年代的网络繁荣期间，参照花旗银行前首席执行官沃尔特·利斯坦（Walter Wriston）的口吻，很多狂热者主张世界正在经历"主权的黄昏"。[20]新兴的信息技术在挑战传统上由国家掌控的政治权力，使边界变得不易管辖，使规则难以执行。互联网的上升，导致电子边疆基金会（Electronic Frontier Foundation）的约翰·巴洛（John Barlow）等活跃分子发布"网络空间的独立宣言"。它通告工业化世界的政府："在我们中间，你们不受欢迎。我们聚集的地方，你们没有主权。"[21]全球性资本主义，将以市场的主权取代民主制的主权。如果某国议院采用严格条例限制贸易，它将受到债券市场的惩罚，最后还是被迫改用全球资本市场所认可的合理政策。[22]无政府幻想总能在美国找到同情听众，因为美国政治文化的常数就是对政府提高警惕。各式的自由至上主义者（Libertarian），不仅要缩减蔓生的福利计划，甚至要废除像联邦储备委员会和食品与药品管理局这样的基本机构。[23]

认为现代政府变得臃肿，因而限制经济增长和个人自由，这非常合理。抱怨官僚作风冷漠、政客腐败、政治中不讲原则，也绝对正确。但在发达国家，我们视政府的存在为理所当然，以致忘记它们有多重要、重建它们有多难、缺乏基本政治制度的世界会有多大的不同。

我们不但视民主为理所当然，还把政府提供的基本服务当作理所当然。我居住多年的弗吉尼亚州费尔法克斯县是美国最富的县之一，位于华盛顿特区郊外。每年的冬天风暴过后，由于季节性的结冰和解冻，县公路上便会出现坑坑洼洼。但在春天结束之前，那些坑洼都得到神奇的填补，无须担心在坑洼里撞断自家汽车的底轴。如没有填补，费尔法克斯县的居民会变得愤怒，会抱怨地方政府的无能。没人（除了政府专家）停下来思忖哪个政府部门在尽此职责。它复杂，但却是看不见摸不着的。也没人停下来问，为何接壤的哥伦比亚特区却需要较长时间来填补坑洼，为何很多发展中国家从不填补它们道路上的坑洼。 13

实际上，左右派梦想家所想象的最小政府或无政府的社会，并非只是海市蜃楼，其确实存在于当代的发展中国家。非洲撒哈拉以南的很多地方是自由至上主义者的天堂。该地区大体上都是低税收的乌托邦，政府征收的税金通常不超过国民生产总值的10%。相比之下，美国超过30%，部分欧洲国家占50%。如此低的税收，与其说释放工商创业的热情，倒不如说导致政府资金异常短缺，无法提供健康、教育、填补道路坑洼之类的基本公共服务。现代经济所依据的基础设施，例如道路、法庭、警察，在这里不见踪影。自20世纪80年代晚期以来，索马里就缺乏强大的中央政府。普通人不但可拥有突击步枪，还可拥有火箭推进榴弹、防空导弹、坦克。民众有保卫自己家庭的自由，但他们是别无选择。尼日利亚生产的电影，数量可与印度闻名的宝莱坞媲美。但必须尽快赚回报酬，因为政府无力保障知识产权，无法避免其产品的非法复制。

　　发达国家的民众视政治制度为理所当然。这习惯可见证于 2003 年美国入侵伊拉克的善后计划，或善后计划的缺乏。美国政府似乎认为，萨达姆·侯赛因的独裁政权一倒台，伊拉克就会自动回复到预设的民主政府和市场经济。等到伊拉克的国家机构在疯狂的洗劫和内乱中轰然崩塌时，美国政府似乎感到由衷的惊讶。在阿富汗，美国的目标遇上同样的挫折。十年努力和数千亿美元的投资，迄今没能培植出一个稳定合法的国家。[24]

　　政治制度是必要的，不能被视为理所当然。你"叫政府让开"后，市场经济和富裕不会魔术般出现，它们得依赖背后的产权、法治、基本政治秩序。自由市场、充满活力的公民社会、自发的"群众智慧"，都是良好民主制的重要组件，但不能替代强大且等级分明的政府。近几年来，经济学家有了广泛认同，"制度确实重要"。穷国之所以穷，不是因为它们缺少资源，而是因为它们缺少有效的政治制度。因此，我们需要好好了解那些制度的来源。

14

达到丹麦

　　建立现代政治制度的问题，常被形容为如何"达到丹麦"。这其实是一篇文章的标题，作者是世界银行社会学家兰特·普里切特（Lant Pritchett）和迈克尔·伍考克（Michael Woolcock）。[25] 对发达国家居民而言，"丹麦"是个具有良好政治和经济制度的神秘国度。它民主、稳定、热爱和平、繁荣、包容、政治腐败极低。大家都想弄清，如何将索马里、海地、尼日利亚、伊拉克、阿富汗转化成"丹麦"。国际发展团体列出一份假设是丹麦属性的长清单，尝试帮助落后国家来"达到丹麦"的水平。

　　这个想法，问题多多。那些异常贫穷和混乱的国家，可以指望在短期内建立起复杂制度吗？这显得有点不靠谱，要知道，那些制度的进化花费了多长时间。此外，制度反映它们所处社会的文化价值。丹麦的民主政治秩序，能在迥然不同的文化土壤中扎根吗？谁也不清楚。富裕稳定的发达国家，其多数居民不知道丹麦本身是如何"达到丹麦"的——甚至对于很多丹麦人自己来说也是这样。建立现代政治制度的斗争，既漫长又痛苦，以致工业国家的居民对自己社会的来龙去脉罹患了历史健忘症。

　　丹麦人的祖先是维京人，一个很凶悍的部落，曾战胜和掳掠从地中海到乌克兰基辅的大部分欧洲。率先定居不列颠的凯尔特人、征服他们的罗马人、取代罗马人的日耳曼蛮族，起初都组成部落，像阿富汗、伊拉克中部、巴布亚新几内亚现存的那些部落一样。中国人、印第安人、阿拉伯人、非洲人，几乎地球上所有人类，都有过同样经历。他们尽的主要义务，不是对国家，而是对宗族；他们解决争端，不通过法庭，而通过以牙还牙的正义；他们把死者葬在宗族集体拥有的土地。 15

　　随着时间的推移，这些部落社会逐渐发展出政治制度。首先是中央集权，在固定领土范围内实施有效的军事力量垄断——这就是我们所谓的国家。和平得到维持，不再靠宗族团体之间的大致均势，而靠国家的军队和警察。它们成为常备力量，对抗邻近的部落和国家，保护自己的社区。财产不再归属于宗族，而为个人所拥有，其主人渐渐赢得任意买卖财产的权力。产权的保障不再靠宗族，而靠法庭来解决争端、补偿损失。

　　日积月累，社会规则越来越正规化，变成书面法律，不再是习惯或非正式的传统。这些正式规则，不必顾及在特定时间行使该权力的某人，可自主决定制度中的权力分配。换言之，制度替代了领袖。这些法律，最终成为社会中的最高权威，高于暂时指挥军队和官僚的统治者，这就是法治。

　　最后，有些社会不仅迫使统治者遵守限制国家权力的书面法律，还责成他们向国会、议会和其他代表较多人口的机构负责。传统的君主制，含有某种程度的负责，但通常只向少量精英顾问征求非正式的咨询。一旦统治者接受正式规则，限制自己的权力，并让自己的统治权臣服于通过选举表现出来的大众意志，现代民主制便呱呱坠地。

本卷的目的，是想详述那些已被视作理所当然的基本政治制度的起源，从而填补历史健忘症所造成的空白。将要讨论的三种制度，即是刚才所提及的：

1. 国家（the state）

16

2. 法治（the rule of law）
3. 负责制政府（accountable government）

成功的现代自由民主制，把这三种制度结合在稳定的平衡中。能取得这种平衡，本身就是现代政治的奇迹。能否结合，答案不是明显的。毕竟，国家功能是集中和行使权力，要求公民遵从法律，保护自己免遭他国的威胁。另一方面，法治和负责制政府又在限制国家权力，首先迫使国家依据公开和透明的规则来行使权力，再确保国家从属于民众愿望。

这些制度的首次出现是因为民众发现，可借此来保护他们和家人的利益。什么是自利，如何与人合作，都取决于使政治结社取得合法性的思想。因此自利和合法性，形成了政治秩序的基础。

三种制度中已存在一种，并不意味着其他两种也会出现。例如阿富汗，自 2004 年以来一直举行民主选举，但只拥有非常孱弱的国家，在其领土大部无法执法。相比之下，俄罗斯拥有强劲的国家，也举行民主选举，但其统治者觉得自己不受法治束缚。新加坡拥有强劲国家和英国殖民者遗留下的法治，但只提供缩了水的负责制政府。

这三种制度最初来自何方？是什么力量驱使它们诞生？又在何等条件下得到发展？建立的顺序如何？彼此间有何关系？如能弄清这些基本制度的出现，我们便可明白，阿富汗或索马里离当代丹麦究竟还有多远。

如不理解政治衰败的补充过程，就讲不清政治制度的发展。人类的制度很"黏糊"；这是指，它们长期延续，只有经受了重大的艰辛，方能得到变革。为满足某种条件而建立的制度，在该条件改变或消失时，常常得以苟延；未能妥善因应，便会引发政治衰败。这适用于旧式政治制度，也适用于集国家、法治、负责制政府于一身的现代自由民主制国家。不能保证，一个民主政体会继续向公民提供所允诺的；也不能保证，它在公民的眼中继续是合法的。

此外，人类袒护亲友的自然倾向——我称之为家族主义（patrimonialism）——如未遭遇强大抑制，会一再重现。组织起来的团体——经常是有钱有势的——久而久之，得以盘根错节，并开始向国家要求特权。尤其是在持久和平遇上财务或军事危机时，这些盘踞已久的家族团体更会扩展其优势，或阻挠国家采取妥善的因应。

政治发展和衰败的故事，曾被讲述多次。多数高中开设"文明之兴起"的课程，提供社会制度如何进化的概论。一个世纪前，讲述给大多数美国学生的历史，以欧洲甚至英国为中心。它可能从希腊和罗马开始，然后转向欧洲中世纪、大宪章、英国内战、光荣革命，再到 1776 年和美国宪法的起草。今天，类似的课程更加多元，囊括像中国和印度那样的非西方社会，更会讲述历史上遭排斥的群体，像土著、妇女、穷人，等等。

现存的关于政治制度发展的文献，我们有理由表示不满。首先，大部分没在足够广泛的规模上作出比较对照。只有通过比较不同社会的经验，方可梳理复杂的因果关系，弄清为什么某些制度出现于某地，而不在其他地域。很多关于现代化的理论，从卡尔·马克思到道格拉斯·诺斯（Douglass North）等当代经济历史学家的大量研究，都侧重英国作为首个工业化国家的经验。英国的经历在很多方面是特殊的，对处在不同境地的国家来说，未必是好的指南。

最近几十年，取而代之的多元叙述，很大程度上也没作严肃的

17

比较对照。它们选择的，要么是非西方文明贡献于人类进步的正面 　18
故事，要么是其遭受迫害的负面故事。为什么某制度发展于某社会
而不在另外社会，我们很难找到严肃的比较分析。

优秀的社会学家西摩·李普塞特（Seymour Lipset）常说，仅
了解一个国家的观察者是不懂国家的人。没有比较对照就无法知道，
某一特殊的实践或行为，是某社会中所独具的还是众多社会所共有
的。只有通过比较分析，才能理清因果关系，才能把地理、气候、
技术、宗教、冲突与今日世界上呈现的各式结果挂上钩。这样做，
我们也许能解答下列问题：

- 为什么阿富汗、印度丛林地区、美拉尼西亚岛国、中东部分
  地区，至今仍是部落组织？
- 为什么中国的预设统治是强大的中央政府，而印度在过去
  三千年历史中，除短暂时期，从没见过如此高度的中央集权？
- 为什么几乎所有成功的现代威权政体——像韩国、新加坡、
  中国大陆、台湾地区——都集居在东亚，而不在非洲或中东？
- 为什么民主制和齐全法治得以在斯堪的纳维亚生根发芽，而
  处于类似气候和地理条件下的俄罗斯，却产生了不受节制的
  专制主义？
- 为什么在过去一个世纪，拉丁美洲国家反复遭遇高通货膨胀
  和经济危机，而美国和加拿大却没有？

本卷提供的历史资料很有趣，因为它们照亮现状，解释不同政
治秩序的来龙去脉，但人类社会不囿于自己的过去。为了备战和参
战，现代国家得以在中国或欧洲出现。这并不意味着，今日非洲的
薄弱国家为达到现代化，必须重复同一经验。我会在第 2 卷中讨论，
今日政治发展的条件大相径庭于第 1 卷所涵盖的。社会成员的组合，
因经济的增长在不断重新洗牌；今天国际因素对个别社会的冲击远 　19

远大于旧日。本卷的历史材料可以解释，各种社会是如何走到今天的。但它们走过的路径，既不能决定它们的将来，也不能成为其他社会的楷模。

中国第一

伟人所编写的经典现代化理论，如卡尔·马克思、埃米尔·涂尔干（Émile Durkheim）、亨利·梅因（Henry Maine）、斐迪南·滕尼斯（Ferdinand Tönnies）、马克斯·韦伯（Max Weber），倾向于认为西方经验是现代化的范本，因为工业化首先在西方发生。这样注重西方不难理解。1800年后，在欧洲和北美所发生的生产力爆发和经济持续增长，既是史无前例的，也把世界塑造成今天的模样。但发展不只局限于经济，政治和社会的制度也在不断发展。政治和社会的发展，有时与经济变化紧密相关，有时又独立自主。本卷着重于政治方面的发展和政府制度的进化。现代政治制度在历史上的出现，远早于工业革命和现代资本主义经济。我们现在理解的现代国家元素，在公元前3世纪的中国业已到位。其在欧洲的浮现，则晚了整整一千八百年。

基于此，我在本卷第二部分讲述国家崛起时，就以中国开始。经典现代化理论倾向于把欧洲的发展当作标准，只探询其他社会为何偏离。我把中国当作国家形成的范本，而探询其他文明为何不复制中国道路。这并不表示中国胜于其他社会。我们将看到，没有法治或负责制政府的现代国家，可能实施非常暴虐的专制主义。中国是开发国家制度的先行者，但西方的政治发展史解说，却很少提及此一创新。

我自中国开始，就跳过了其他重要的早期社会，像美索不达米亚、埃及、希腊、罗马、中南美洲。在此还需要作进一步解释，为何不在本卷详细涵盖希腊和罗马。

20

　　古代地中海世界树起的先例,对后续的欧洲文明发展非常重要,自查理曼(Charlemagne)时代起,便受到欧洲统治者的自觉模仿。一般认为,希腊人发明了民主制,其统治者不是世袭的,而是选出的。多数部落社会也是相对平等的,其统治者也是选出的(参看第 4 章)。但希腊人超前一步,其介绍的公民概念,以政治标准而非亲戚关系为基础。公元前 5 世纪雅典或罗马共和国实践的政府形式,其较为贴切的称号应是"古典共和政府",而不是"民主制",因为选举权只属于少数公民,尖锐的阶级差别排斥大批人(包括众多奴隶)的参与。此外,这些不是自由国家,而是社群式(communitarian)国家,不尊重隐私和其公民的自主权。

　　希腊和罗马建立的古典共和政府先例,受到以后很多社会的模仿,包括热那亚和威尼斯的寡头共和国、诺夫哥罗德(Novgorod)、荷兰联合省。但这种政府有致命的缺陷,后代学者,包括很多深思该传统的美国创始人,都有广泛认知:古典共和政府不好扩充。它在小型且均质的社会中表现最佳,就像公元前 5 世纪的希腊城市国家或早期的罗马。这些共和国因征服或经济增长而渐渐壮大,难以维持曾凝聚他们的社群价值。随着疆域和居民的扩展,罗马共和国面临无法解决的矛盾:谁该享受公民权,如何分配国家的战利品。君主制最终战胜希腊城邦国家,罗马共和国经历漫长内战,最终也变成帝国。君主制作为一种政府形式,特别在管理庞大帝国时,证明是出类拔萃的。罗马帝国就是在此种政治制度下,达到其权力和疆域巅峰的。

　　在第 2 卷里,我将返回古典共和政府作为现代民主制先例的题目。如要研究国家的兴起,中国比希腊和罗马更值得关注,因为只有中国建立了符合马克斯·韦伯定义的现代国家。中国成功发展了统一的中央官僚政府,管理众多人口和广阔疆域,尤其是与地中海的欧洲相比。中国早已发明一套非人格化(impersonal, or impersonality,译按:"非人格化"在本书指不受基于家族关系的身份的限制）和基于能力的官僚任用制度，比罗马的公共行政机构更为系统化。公元 1 年时，中国总人口可与罗马帝国媲美，而中国人口中受统一规则管辖的比例，要远远超过罗马。罗马自有其重要遗产，尤其在法律领域中（在第18章中详述）。作为现代负责制政府的先驱，希腊和罗马非常重要。但在国家发展上，中国更为重要。

可与中国相比的社会还有印度。大约在相同时间，印度社会也自部落升至国家。大概二千五百年前，由于新婆罗门宗教的兴起，印度走上一段弯路。该宗教限制印度政治组织可达到的权力，却在某种意义上为现代印度民主打下基础。穆罕默德先知的时代，中东也是部落组织。伊斯兰教的诞生，再加上军事奴隶制这一奇特制度，令埃及和土耳其的某些政治组织崛起成为主要的政治力量。欧洲则截然不同，其退出部落行列，不是通过统治者的自上而下，而是通过天主教在社会层次颁布的规则。只有在欧洲，国家层次的制度不必建造于部落组织之上。

宗教也是法治起源的关键，它是第三部分的主题。基于宗教的法律，存在于古代以色列、印度、穆斯林的中东、基督教的西方。但唯有在西欧，独立法律制度得到最强劲的发展，并设法转成世俗形式，存续至今。

第四部分中，负责制政府的兴起主要在欧洲，但在这一点上，欧洲各国并不齐整一致。负责制政府在英国和丹麦兴起，却没在法国或西班牙；俄罗斯发展出专制主义，其权力与中国的旗鼓相当。社会能否把负责制强加于君主，取决于各项特殊的历史条件，譬如 22 幸存至现代的某些封建机构。

与世界其他地区相比，西欧的政治发展次序是高度异常的。其现代国家或资本主义兴起之前，社会层次的个人主义便已出现，而且早了数个世纪；其政治权力集中于中央政府之前，法治已经存在；其负责制机构的兴起，却是因为现代中央集权国家无法击败或消灭旧封建机构，比如议会。

国家、法治、负责制政府的组合一旦出现，证明是高度强大和极富吸引力的，之后传播到世界各个角落。我们必须记住，这一现象仅是历史上的偶然。中国有强大国家，但没有法治和负责制政府；印度有法治，现又有负责制政府，但传统上一直缺乏强大国家；中东有国家和法治，但阿拉伯世界的大部已扔掉后者。人类社会不囿于自己的过去，可自由借用彼此的思想和制度。它们过去长得如何，帮助塑造了它们今天的面貌，但过去与现在之间不是只有单一的路径。

底下无数龟

本卷的宗旨，与其说是介绍政治发展的历史，倒不如说是分析主要政治制度出现的原因。被称作"一连串混账事件"的众多历史著作，不愿意尽量提炼普遍规律和适用于其他场合的因果理论。人类学家所写的民族志，也没跳出这个窠臼，虽然细致详尽，但仍然故意避开广泛的概括。这肯定不是我的方法，我的比较和概括，将跨越众多的文明社会和历史时期。

本卷有关政治发展的整体构架，与生物进化有很多相似之处。达尔文进化论建筑在差异和选择这两条原则上：有机体发生随意的遗传变化，最适应环境的，得以存活和繁殖。政治发展也是如此，政治制度也会产生变异，最适合当时自然和社会环境的，也得以存活和扩散。但生物进化和政治进化之间，又有很多重大差别。人类的制度不像基因，可得到精心的设计和选择；它们的代代传播凭借文化，而不是遗传；它们因各种心理和社会的机制，而被注入内在价值（intrinsic value），变得不易变革。政治发展因政治衰败而经常逆转，其原因就在人类制度固有的保守性。触发制度变革的外界变化，往往远远超前于社会接受改革的实际意愿。

然而，该整体构架不是预测政治发展的理论。依我看，要找到政治变化的精简理论，就像经济学家所谓的经济增长理论，根本是

23

不可能的。[26] 促使政治制度发展的因素既繁多又复杂，经常依赖于偶然或伴生事件。即使引证出某种发展的原因，却发现其本身仍有先决条件，这样的溯源回归是永无止尽的。

让我们举例说明。有一条政治发展的著名理论认为，欧洲因需要发动战争而建立国家。[27] 在现代欧洲的早期，这两者之间的关系是大家公认的。我们将看到，它也同样适用于古代中国。但在宣布这是国家形成的通理之前，必须回答下列难题：为什么某些地区，尽管历经长期战争，却一直没能发展国家制度（美拉尼西亚）？为什么在另外地区，战争似乎反而削弱了国家制度（拉丁美洲）？为什么某些地区，其冲突水平低于其他地区（印度与中国相比）？要回答这些问题，就要把原因推向其他因素，例如人口密度、自然地理、技术、宗教。战争发生于人口密集、交通方便（平原或大草原）、拥有相应技术（马匹）的地区，与发生于人口稀少、深山老林、全是沙漠的地区相比，会发挥截然不同的政治影响。战争促使国家形成的理论，涉及更多更深的问题，譬如，为何某种战争仅爆发于某 24
种地区。

我想在本卷推介一种中间理论，既避免高度抽象（经济学家的恶习），又躲开巨细无遗（历史学家和人类学家的问题）。我希望重新拾起已被遗忘的 19 世纪历史社会学或比较人类学的传统。我不想一开始就向普通读者推介庞大的理论构架。在介绍历史的章节中，我会触及各种理论，但对政治发展的抽象讨论（包括基本概念的定义），我会保留至最后三章（第 28—30 章）。这包括政治发展之所以产生的通论，以及政治、经济、社会之间的互动。

将理论放在历史之后，我认为是正确的分析方法。应从事实推论出理论，而不是相反。当然，没有预先的理论构思，完全坦白面对事实，这也是没有的事。有人认为这样做是客观实证，那是在自欺欺人。社会科学往往以高雅理论出发，再搜寻可确认该理论的实例，我希望这不是我的态度。

有个可能不真实的故事，由物理学家史蒂芬·霍金（Stephen Hawking）转述。一位著名科学家在作有关宇宙论的演讲，房间后面有位老妇人打断他，说他是废话连天，而宇宙只是驮在龟背上的一只圆盘。该科学家反问，那龟又驮在何物之上？以为就此便可让她闭嘴。她却回答："你很聪明，年轻人，但底下是无数的龟。"

这是任何发展理论的难题：作为故事开头你所挑选的龟，究竟是站在另一只龟的背上，还是站在一头大象、一只老虎或一条鲸鱼背上。大多数所谓的发展概论，其失败的原因，在于没有考虑发展史中独立的多维性。他们只是化繁为简，试图从复杂的历史真实提取出单独的诱因。他们没能将故事推至足够原始的历史时期，以解说它的起点和前提。

我把故事推得很远。讲中国发明了国家制度之前，我们必须了解战争的起源，甚至人类社会的起源。令人惊讶的是，它们不是外在的。自有人类起，就有社会和冲突，因为人类天生是群居和竞争的动物。人类的老祖宗灵长目，就在实践一种缩了水的政治。要弄清这一点，我们必须回到自然状态和人类生物学，在某种意义上为人类的政治行为设定框架。生物学为支撑龟们提供一定的稳固基础，但我们将在下一章看到，即便是生物学，也不是完全固定的起点。

第2章

自然状态

自然状态的哲学讨论；现代生命科学彰显人性和政治的生物学基础；黑猩猩和灵长目中的政治；诱发政治的人性特征；人类出现于世界不同地域

西方哲学传统中对"自然状态"的讨论，一直是理解正义和政治秩序的中心议题。而正义和政治秩序，又是现代自由民主制的基础。古典政治哲学把天性和惯例（或称法律）截然分开。柏拉图（Plato）和亚里士多德（Aristotle）主张，合理城邦必须存在，与之相匹配的是永久人性，而不是昙花一现和不断变化的人性。托马斯·霍布斯（Thomas Hobbes）、约翰·洛克（John Locke）、让-雅克·卢梭（Jean-Jacques Rousseau）给予这差别以进一步的拓展。他们撰写有关自然状态的论文，试图以此作为政治权利的基石。讨论自然状态，其实是讨论人性的手段和隐喻，用来建立政治社会应予培养的各级人性美德（a hierarchy of human goods）。

但在一个关键命题上，亚里士多德与霍布斯、洛克、卢梭泾渭分明。他主张，人类天生是政治的，其自然天赋使之在社会中兴旺发达。而这三位早期现代的哲学家则恰恰相反。他们争辩说，人类天生不是社会性的，社会只是一种手段，使人类得以实现单凭个人所无法得到的东西。

霍布斯的《利维坦》（Leviathan）在罗列人类的自然激情后主张，

人类最深刻、最持久的害怕是暴毙。他由此演绎，大家享有保护自己生命的自由，这就是基本自然权。人性中有三项诱发争端的特征：竞争、畏葸（害怕）、荣誉；"第一项，诱发人类侵略以获好处；第二项，以获安全；第三项，以获荣誉"。因此，自然状态被描绘成"人人相互为敌的战争"。为逃离这一危险处境，人类同意放弃随心所欲的自由，以换取他人尊重自己的生命权。国家，也就是利维坦，以社会契约的形式来执行这一相互的允诺，来保障他们天生拥有但在自然状态中无法享受的权利。政府，也就是利维坦，借保障和平来保障生命权。[1]

约翰·洛克的《政府论》下篇对自然状态的观念，比霍布斯的温和。他认为，人类所忙碌的，主要是将劳动与自然物结合起来，以生产私人财产，而不是彼此打斗。洛克的基本自然法，不限于霍布斯的生命权，还包括"生命、健康、自由、财产"。[2] 依照霍布斯，自然状态中不受节制的自由会引发战争；为保护自然的自由和财产，社会契约便成为必要。依照洛克，国家虽是必要的，但也有可能成为自然权利的褫夺者。所以他保留反抗不公正权威的权利。《美国独立宣言》中，托马斯·杰斐逊（Thomas Jefferson）所提倡的生命、自由、追寻幸福之权，直追霍布斯的天赋人权，再辅以洛克有关暴政的修正。

霍布斯的暴力的自然状态，与卢梭较和平的版本，一直是鲜明的对照。在霍布斯那里，人生是"孤独、贫困、污秽、野蛮和短暂的"，卢梭在《论人类不平等的起源和基础》中，好几处公开批评霍布斯："最重要的，让我们与霍布斯一起总结：人天生是恶的，因为他对善念一无所知；他品行不端，因为他根本不知道美德为何物；他拒绝为同类做事，因为他自信不亏欠他们；他因此而理直气壮，要求得到一切想要的，并愚蠢地视自己为整个宇宙的主人。"[3] 卢梭认为，霍布斯实际上没能发掘出自然人，《利维坦》讲述的暴虐人，其实只是数世纪承受社会污染的产物。对卢梭而言，自然人虽很孤

独，但却是胆小恐惧的；彼此可能互相躲避，而不是交战。野蛮人   28
的"欲望，从不超越其物质需求；除了食物、配偶、休息，他不知
道任何其他财产"；他害怕疼痛和饥饿，而不是抽象的死亡。政治
社会的产生，不代表拯救于"人人相互为敌的战争"，反而因相互
依赖，而造成人与人之间的奴役。

卢梭在《论人类不平等的起源和基础》中开门见山："我们此
时所从事的研究，不可当作历史真相，只算是假设性和有条件的推
论。它适合于解释事物的本性，并不适合于显示其真正起源。"对
卢梭和霍布斯而言，自然状态与其说是历史叙述，倒不如说是揭示
人性的启发教具——那是指，去掉文明和历史所附加的举止后，人
类最深刻最持久的特征。

很清楚，《论人类不平等的起源和基础》的意图是提供人类行为
的发展史。卢梭谈论人的完美性，推测其思想、激情、行为的长期进化。
他引证新大陆加勒比人（Caribs）和其他土著的丰富资料，评判观
察动物所获得的论据，尝试弄清天生人与社会人的差别。自认懂得
伟大思想家的真正意图总是很危险的。霍布斯、洛克、卢梭对自然
状态的解释，涉及西方政治的自我理解，至关重要。所以，将之对
照我们因生命科学最新进展所认识的人类起源，不能算作不公平。

此类认识存在于若干领域，包括灵长动物学、人口遗传学、考
古学、社会人类学，当然还有进化生物学的总构架。我们可以用更
好的实证资料，再次运行卢梭的思考试验。所得的结果，既确认他
的部分洞察力，又对他的其他观察提出疑问。以现代生物学来寻找
人性，作为政治发展理论的基础，这是非常重要的，因为它将提供
最基本的部件。我们可借此来理解人类制度后来的进化。

卢梭的有些观察是非常精彩的，如他认为，人类不平等起源于
冶金、农业、私人财产的发展。但卢梭、霍布斯和洛克，在一个重
要论点上是错误的。这三位思想家，都视自然状态的人为隔离中的   29
个体，都视社会为非自然的。根据霍布斯，原始人类的相处，主要

表现为害怕、羡慕、冲突。卢梭的原始人更为隔离，性是自然的，但家庭却不是；人类的相互依赖几乎是意外发生的，如农业的技术发明，使大规模的合作成为必要。他们认为，人类社会随着历史进展而出现，人与人相互妥协，从而放弃自然的自由。

但事实并非如此。英国法律学家亨利·梅因，在 1861 年出版的《古代法》中，以下列词句批评这些自然状态理论：

> 这两种理论（霍布斯和洛克的），将英国的严肃政治家长期分裂成敌对的两派。其相似处，只有对史前无法取证的人类状态的基本假设；其分歧处，则有前社会状态的特征，以及人类将自己提升入社会的反常。我们熟悉的，只是社会。但他们一致认为，原始人与社会人之间有一道鸿沟。[4]

我们可将之称为霍布斯式谬误：人类一开始各行其是，仅在发展中较迟阶段进入社会，因为他们作出理性推算，社会合作是达到各自目标的最佳方法。原始个人主义这个假设，支持美国《独立宣言》对权利的理解，也支持后来兴起的民主政治社群。该假设更支持了当代新古典主义经济学，其各项模型的前提是：人类是理性的，并希望将自己的功效或收益发挥到极点。但在事实上，人类历史上逐渐获得发展的是个人主义，而不是社会性。今天，个人主义似乎是我们经济和政治行为的核心，那是因为我们发展了相关制度，以克服身上更自然的群体本能。亚里士多德说，人类天生是政治的，他比这些早期现代的自由理论家更为正确。从个人主义角度理解人类动机，有助于解释今日美国商品交易者和自由至上主义者的活动，却不是理解人类政治早期发展的最佳途径。 30

现代生物学，与人类学所介绍的自然状态完全相反：人类在进化过程中，从没经历过隔离时期；人类的灵长目先驱，早已开发出广泛的社会和政治技巧；促进社会合作的功能是人脑与生俱来的。

自然状态，可被描绘为战争状态，因为暴力是自发的。实施暴力的，与其说是个人，不如说是密切结合的社会群体。人类并不因为自觉且理性的决定，而进入社会和政治生活。公共组织在他们中间自然形成，只是不同的环境、思想和文化，塑造出了各自独特的合作方式。

　　事实上，人类出现的数百万年前，就有合作的基本形式。生物学家找到合作行为的两个自然来源：亲戚选择（kin selection）和互惠利他（reciprocal altruism）。关于第一，生物进化的竞争，不是指有机体本身的继续生存，而是指有机体体内基因的继续生存。这种情形一再出现，以致生物学家威廉·汉密尔顿（William Hamilton）将之定为包容适存性原则（inclusive fitness）或亲戚选择。该原则认为，有性繁殖物种的个体，对待亲戚时是利他的，利他程度与它们分享的基因呈正比。[5]父母和小孩，亲兄弟姐妹，分享50%的基因。他们之间的利他，更强于他们与堂表亲之间，因为后者仅分享25%的基因。这种行为可见证于各类物种。譬如，黄鼠在筑巢时竟能分辨嫡庶姐妹。就人类而言，现实世界的裙带关系，不仅基于社会缘由，更基于生物学缘由。[6]将资源传给亲戚的欲望是人类政治中最持久的常态。

　　与遗传上的陌生人合作，被生物学家称作互惠利他。这是亲戚选择之外，社会行为的第二生物学来源，也可见证于众多物种。社会合作取决于如何解答博弈论的"囚徒困境"游戏（prisoner's dilemma）。[7]在那些游戏中，如大家合作，参与者都有可能获益；如他人合作而自己免费搭乘，则可获益更多。20世纪80年代，政治学家罗伯特·艾克塞洛德（Robert Axelrod）组织了解答"囚徒困境"游戏的电脑程式比赛。优胜战略是"一报还一报"：如对方在较早比赛中是合作的，则采用合作态度；如对方以前不予合作，则采用拒绝态度。[8]艾克塞洛德以此论证，随着理性决策者彼此间长期互动，道德可自发产生，尽管一开始是由自私激起的。

　　除人类之外，互惠利他还出现于其他众多物种。[9]吸血蝙蝠和

31

狒狒被观察到在群居地喂养和保护伙伴的后代。[10]另一些情况中，就像清洁鱼和它们所清理的大鱼，相互帮忙的纽带可存在于全然不同的物种。狗和人之间的交往，显示了这两个物种相互进化得来的行为。[11]

黑猩猩政治与人类政治发展的关系

进化生物学，为我们弄懂人类如何从灵长目先驱进化而来提供了宏大框架。我们知道，人类和现代黑猩猩共享一个类似黑猩猩的祖先。人类分支出来，约在五百万年前。人类和黑猩猩的染色体，约有99%的重叠，多于灵长目内任何其他的一对。[12]（除了解剖上的重要差别，那1%的偏离与语言、宗教、抽象思维等有关，所以是非常重要的！）我们当然不可能研究这一共同祖先的行为，但灵长学家花费很长时间，在动物园和自然栖息地观察黑猩猩和其他灵长目动物的行为，发现它们与人类拥有明显的连贯性。

生物人类学家理查德·兰厄姆（Richard Wrangham）在他《雄性恶魔》一书中，叙述成群结队的野外雄性黑猩猩，远离自己领土去攻杀邻近社区的黑猩猩。这些雄性彼此合作，悄悄追踪包围，先杀死单独的邻居，再逐一消灭社区内的其他雄性，然后捕获雌性，以纳入自己的族团。这很像新几内亚高地男人的所作所为，也像人类学家拿破仑·沙尼翁（Napoleon Chagnon）所观察到的雅诺马马印第安人（Yanomamö Indian）。根据兰厄姆的研究，"甚少动物生活于雄性组合的父系群体，其雌性为避近亲繁殖，经常去邻区寻求交配。组成一个紧密的系统，由雄性发起领土进攻，包括突袭邻近社区，寻找弱小敌人，再加以攻击和消灭，如此做的，已知道的仅两种"。[13]这两种，就是黑猩猩和人。

根据考古学家斯蒂芬·勒布朗（Steven LeBlanc）的研究，"非复杂社会的人类战争，大部分与黑猩猩的攻击相似。在那个社会层

32

次，人类大屠杀其实是罕见的。由消耗战而取得胜利是可行战略之一，另外还有缓冲区域、突袭、收纳女俘、刑辱敌人。黑猩猩和人类的行为，几乎是彻底平行的"。[14]其主要差异，只是人类的更加致命，因为他们的武器更多样、更犀利。

黑猩猩像人类群体一样，保卫自己的领土，但在其他方面又有很多不同。雄性和雌性不会组成家庭来抚养小孩，只是建立各自的等级组织。然而，等级组织中的统治权运作，又令人想起人类群体中的政治。黑猩猩群体中的雄性老大（Alpha Male），并不生来如此，像美拉尼西亚社会的头人一样，必须借建立同盟来赢得。体力虽然要紧，但最终还得依靠与他人的合作。灵长学家弗兰斯·德瓦尔（Frans de Waal），在荷兰阿恩海姆动物园观察驯养的黑猩猩群体。他叙述两只年轻黑猩猩，如何联手取代较年长的雄性老大。篡夺者之一，取得雄性老大地位后，即凶狠对待它曾经的同盟者，并最终将之杀害。[15]

雄性或雌性黑猩猩在等级组织中，一旦取得各自的统治地位，便行使权威——即解决冲突和设定等级规则的权力。黑猩猩通过卑顺的招呼来承认权威：一系列短促的咕噜声，再加上深鞠躬；向上级伸手，亲吻上级的脚。[16]德瓦尔介绍一只占统治地位的雌性黑猩猩，名叫妈妈（Mama），相当于西班牙或中国家庭中的老祖母。"群体中的紧张气氛达到巅峰时，甚至包括成年雄性在内的参战者总是求救于她。我多次看到，两只雄性之间的激烈冲突告终于她的手臂。冲突升到顶点时，对手们没有诉诸暴力，反而大声尖叫，奔向妈妈。"[17]

在黑猩猩社会建立同盟，不是直截了当的，需要有评判他人品质的能力。像人一样，黑猩猩擅长欺骗，所以需要评估潜在同盟者的可信度。在阿恩海姆动物园长期观察黑猩猩行为的人注意到，每只黑猩猩都有显著个性，有的比其他的更可信赖。德瓦尔描述一只名叫普依斯特（Puist）的雌性黑猩猩，被观察到常常出其不意地攻击伙伴或假装和解，等其他黑猩猩放松警惕再有所行动。由于这些

33

行为，低等级的黑猩猩都学会远离她。[18]

黑猩猩似乎懂得，它们被企盼遵循社交规则，但不总是照办。如违反群体规则或违抗权威，它们会流露像是犯罪或困窘的感觉。德瓦尔讲起一件轶事，一位名叫伊冯的研究生，与一只名叫可可（Choco）的年轻黑猩猩同住：

> 可可变得益加淘气，该管管了。一天，可可多次把电话听筒搁起。伊冯一边把可可的手臂攥得特紧，一边给予严厉的责骂。这顿责骂似乎蛮有效果，伊冯便坐上沙发，开始读书。她已把此事忘得一干二净，突然可可跳上她的膝盖，伸出手臂搂她的脖子，并给她一个典型的黑猩猩亲吻（嘴唇敞开）。[19]

德瓦尔很清楚将动物人格化的危险，但贴近观察黑猩猩的人们，绝对相信这些行为背后的情感潜流。

黑猩猩行为与人类政治发展的关系是很明显的。人类和黑猩猩，都进化自同一的类人猿祖先。现代黑猩猩和人类，尤其是生活在狩猎采集或其他相对原始的社会中的，表现出相似的社交行为。如霍布斯、洛克或卢梭对自然状态的叙述是正确的，那我们必须假定，在进化成为现代人类的过程中，我们的类人猿祖先短暂抛弃了自己的社交行为和情感，然后在较迟阶段，从头开始第二次进化。较为可信的假定应是：人类从没作为隔离的个体而存在；现代人类出现之前，社交和融入亲戚团体已成为人类行为的一部分。人类的社交性，不是因历史或文化而取得的，而是人类天生的。

唯独人类

将人类与类人猿祖先分开的 1% 染色体，还含有什么？我们的智力和认知力，总被认为是我们人类身份的关键。我们给人类的标签是智人（Homo sapiens），即人属（Homo）中"有智慧的"。人类自类人猿祖先分支出来，已有五百万年。其间，人类的脑容量翻了三倍，这在进化史上是异常神速的。不断增大的女人产婴通道，勉强跟上人类婴儿硕大头颅的需求。那么，这认知力又来自何方呢？

乍看之下，人类似乎需要认知力来适应和征服他们的自然环境。更高的智力，为狩猎、采集、制造工具和适应苛刻气候等提供优势。但这一解释并不令人信服。很多其他物种，也狩猎、采集、制造工具，却没能获得类似人类认知的能力。

很多进化生物学家推测，人脑如此迅速增长的原因，是为了与人合作，是为了与人竞争。心理学家尼古拉·韩福瑞（Nicolas Humphrey）和生物学家理查德·亚历山大（Richard Alexander）分别表明，人类实际上走进一场相互的军火竞赛；运用新的认知力来理解彼此行为，以建立更复杂的社会组织，成为竞赛中的优胜者。[20]　　35

前文提及的博弈论表明，经常与人互动的个人，愿意与诚实可靠者合作，避开机会主义者。但要行之有效，他们必须记住彼此的过去，并揣测动机，以测将来。这颇不容易，因为潜在合作者的标记，只是诚实外表，而不是诚实本身。譬如，依照经验你似乎是诚实的，我愿意与你携手合作；但如果在过去，你只是在故意积累信任，将来，你就能从我这里骗得更大好处。所以，自利推动了社会群体中的合作，也鼓励了欺瞒、行骗和其他破坏社会团结的行为。

黑猩猩能达到数十成员的社会族团层次，因为它们拥有所要求的认知技术来解答基本的"囚徒困境"游戏。如阿恩海姆动物园的普依斯特，因她不可靠的历史，而遭遇其他黑猩猩的回避；"妈妈"取得领袖地位，因她调停纠纷时公正的声誉。黑猩猩拥有足够的记忆和沟通技巧，以解释和预测可能的行为，领袖与合作遂得到发展。

但黑猩猩无法迈进更高层次的社会组织，因为它们没有语言。早期人类中出现的语言，为改进合作和发展认知力，提供了大好机会。有了语言，谁诚实和谁欺诈，不再取决于直接经验，而变成可传送给他人的社会信息。但语言又是说谎和欺骗的媒介。发展更好的认知力来使用和解释语言，从而测出谎言，能这样做的社会群体，对其竞争者就占有优势。进化心理学家杰弗里·米勒（Geoffrey Miller）认为，求偶对认知力的独特需求促进了大脑皮层的发展，因为男女不同的繁衍战略，为欺骗和侦测生育能力创立了巨大奖励。

男性繁衍战略是，寻求尽可能多的性伙伴，以取得最大成功。女性繁衍战略是，为自己后代谋求最佳的雄性资源。这两种战略，目的截然相反。所以有人认为，这在进化方面激励人类发展欺骗本领，其中语言扮演了重要角色。[21] 另一位进化心理学家斯蒂芬·平克（Steven Pinker）认为，语言、社交能力、掌控环境都在相互加强，为精益求精而施加进化压力。[22] 这解释了脑容量增加的必要，大脑皮层很大一部是用于语言的，它恰是行为意义上的现代人类（behaviorally modern humans）所独有的，而在黑猩猩或古人类身上是找不到的。[23]

语言的发展，不仅允许短期的行动协调，还令抽象和理论成为可能，这就是人类所独有的关键认知力。词语可指具体物件，也可指物件的类别（狗群和树丛），甚至可指抽象的无形力量（宙斯和地心引力）。综合两者，便使心智模型（mental model）成为可能——那是指因果关系的一般声明（"因为太阳发光，所以变得温暖"；"社会强迫女孩进入定型的性别角色"）。所有的人都在制造抽象的心智模型。这样的推论能力给予我们巨大的生存优势。尽管哲学家如大卫·休谟（David Hume）、无数一年级统计学的教授一再告诫，关联不表示因果，但人类经常观察周遭事物的关联，以推断之间的因果关系。不要踩蛇，不吃上周毒死你表亲的草根，你将免遭同样命运，并可迅速将此规矩告诉子孙。

制造心智模型的能力，将原因归于冥冥中的抽象概念，这就是宗教出现的基础。宗教——笃信一个无形的超自然秩序——存在于所有人类社会。很不幸，试图重建早期人类血统的古人类学家和考古学家，对其精神生活只能提供甚少的线索，因为他们依据的是化石和营地的物质记录。但我们尚未发现没有宗教的原始社会，并有考古迹象表明，尼安德特人（Neanderthals）和其他原始人类群体，也可能有宗教信仰。[24]

今天有人主张，宗教是暴力、冲突、社会不协调的主要来源。[25] 但在历史上，宗教恰恰扮演相反的角色，它是凝聚社会的源泉。经济学家假设，人类是简单、理性、自私的参与者。宗教则允许他们之间的合作变得更广泛更安全。据我们所知，彼此一起玩囚徒困境游戏的参与者，应能取得一定的社会合作。但经济学家曼瑟尔·奥尔森（Mancur Olson）显示，随着合作群体的逐渐扩展，集体行动便开始瓦解。在庞大群体中，越来越难监察每个成员的贡献，免费搭乘和其他机会主义行为变得司空见惯。[26]

宗教得以解决这集体行动的难题，通过奖罚而大大增强了合作的好处，甚至在今天也是这样。如我认为部落领袖只是像我一样的自私家伙，我就不一定服从他的权威。如我相信部落领袖能调动已死老祖宗的灵魂来奖励或处罚我，我会对他更加尊崇。如我相信已死老祖宗在旁监视，比活人亲戚更能看清我的真正动机，我的羞耻感可能更大。与宗教信徒和世俗者的见解恰恰相反，任何一种宗教信仰都是很难得到证实或证伪的。即使我怀疑部落领袖与已死老祖宗的联系，我也不愿承担风险，万一这是真的呢？根据"帕斯卡赌注"（Pascal's wager），我们应该相信上帝，因为他可能存在。这在人类历史中一直适用，虽然在早期怀疑者可能会更少。[27]

在加强规范和支撑社区方面，宗教的功能一直是公认的。[28]"一报还一报"（tit-for-tat），即以牙还牙和报李投桃，是反复互动的合理结果，也是圣经道德的基础，更是人类社会几乎放之四海而皆准的道德准则。你待他人，如他人之待你，这条黄金定律只是"一报

37

还一报"的异体。它只是强调善，不讲恶罢了。（由此看来，基督教以德报怨的原则是反常的。人们可能注意到，即使在基督教社会，它也很少付诸实施。没有一个我所知道的社会，把以怨报德当作其群体的道德准则。）

进化心理学家主张，凝聚社会所提供的生存优势是人类天生偏爱宗教的原因。[29] 思想可增加集体的团结，宗教不是唯一方式——今天，我们有民族主义，还有世俗意识形态，如马克思主义——但在早期社会，宗教在社会组织走向复杂一事上，扮演了至关重要的角色。没有宗教，很难想象人类社会得以超越族团的层次。[30]

从认知观点出发，可把任何宗教信仰称作现实世界的心智模型。它们把因果关系，归因于日常世界之外的无形力量，归因于形而上的王国。改造自然界的理论由此而生。例如，神的愤怒造成干旱，把婴儿血洒入大地的犁沟，便可使之平息。之后，它又导向礼仪，即有关超自然秩序的重复表演。人类社会希望借此来获得对环境的主导。

礼仪反过来又帮助区分群体，标记边界，使之有别于其他群体。它促进社会团结，最终会脱节于导致其产生的认知理论。譬如当代世俗欧洲人，仍继续庆祝圣诞节。礼仪本身和支撑它的信念，会被赋予极大的内在价值。它不再代表心智模型，不再是遇上更好选择时可随意抛弃的普通理论，而变成目的本身。

红脸野兽

促使人类合作和存活的心智模型和规范，产生时可能是理性的，恰似经济学家所说明的。但宗教信仰在信徒眼中，即便证明有错，也从来不是可弃之如敝屣的简单理论。它被视作无条件的真理，如指控其谬误，会受到社会和心理的沉重惩罚。现代自然科学带来的认知进步，为我们提供了检验理论的实验模式，允许我们更好地改

造环境（如使用灌溉系统，而不是人的血祭，来提高农业生产力）。 39
这里有个疑问：人类为何忍受如此僵硬难改的理论构思？

基本正确的答案是：人类之遵循规则，主要植根于情感，并不
依靠理性过程。人脑培养了情绪反应，犹如自动导航装置，以促进
社会行为。喂奶的母亲看到婴儿，便会分泌乳汁。不是因为她清楚
想到她自己的小孩需要食物，而是因为在不知不觉中，她大脑产生
荷尔蒙，诱发了乳腺分泌。对陌生人的好意表示感激，对无缘无故
的伤害表示愤怒，这不是精心考虑的反应，也不一定是学来的情感
（尽管通过实践，这些感受会获得加强或受到抑制）。同样，当有人
表示不敬，在朋友前蔑视我们，或评论我们母亲或姐妹的德行，我
们不会核算评论的精确度，也不会考虑为未来交往而保护声誉，我
们只是感到愤怒，只想痛揍这不尊重他人的家伙。这些行为——对
亲戚的利他主义，捍卫自己的声誉——可用理性的自利来解释，但
却是在情绪状态下作出的。一般情况下，情绪化的反应却是理性的
正确答复。为什么？这是进化的安排。行动经常是情感的产品，而
不是计算的产品。所以我们经常弄错，打了更强壮、更会报复的人。

这种情绪化反应，使人类中规中矩，遵循规范。规范的独特内
容由文化决定（不吃猪肉、尊敬祖先、宴会上不点香烟），遵循规
范的能力却是遗传的。同样，语言因文化而异，但都植根于人类普
遍的语言能力。例如，在违反规范和他人都遵守的规则时被人看到，
大家都会觉得困窘。很明显，困窘不是学来的举止，因为小孩通常
比父母更易觉得困窘，即使是小小过失。人类能将自己置于他人位
置，并通过他人眼睛观察自己的行为。今天的小孩，如不能做到这 40
一点，就会被诊断为具有自闭症的病理征兆。

通过愤怒、可耻、有罪、骄傲的特殊情感，遵循规范的习惯得
以嵌入人性。规范受到侵犯时，如陌生人费尽心思羞辱我们或团体
分享的宗教礼仪受到嘲笑或忽视，我们会感到愤怒。无法跟上规范
时，我们会感到耻辱。取得大家赞许的目标，从而获得群体的称赞，

我们会感到骄傲。人类在遵循规范中，投入这么多情感，以致失去理性，危害自身的利益。帮派成员因受到侮辱（实际上的或想象的），而向另外帮派的成员施以报复，但心里很清楚，这将导致暴力的逐步升级。

人类也将情感投入后设规范（metanorm），即如何恰当地阐述和执行规范。如果后设规范得不到妥善的遵循，人类会发起生物学家罗伯特·特里弗斯（Robert Trivers）所称的"说教型进攻"。[31]某命案的结局与自己利益毫不相关，但人们仍想看到"法网恢恢，疏而不漏"。这解释了犯罪影片和法庭戏剧为什么特受欢迎，还解释了人们对巨大丑闻和罪行为什么着迷关注。

规范化行为植根于情感。它促进社会合作，明显提供生存优势，协助人类进化至今。经济学家主张，盲目遵守规则在经济上却是理性的。如每一次都要计算得失，就会变得非常昂贵和适得其反。如必须跟伙伴不时谈判新规则，我们会陷入瘫痪，无法从事例行的集体行动。我们把某些规则当作目标本身，而不再是达到目标的手段，这一事实大大增加了社会生活的稳定。宗教进一步加强这种稳定，并扩充潜在合作者的圈子。

这在政治上造成难题。很多案例中成效明显的规则，遇上短期的特殊情况，却变得苍白无力，甚至功能失调，因为导致其产生的情形有了大变。制度规则是很"黏糊"的，它抗拒改革，变成政治衰败的主要根源之一。

寻求承认的斗争

41

规范被赋予内在价值后，便成为哲学家黑格尔（Georg W. F. Hegel）所谓"寻求承认的斗争"的目标。[32]寻求承认的欲望，截然不同于经济行为中获得物质的欲望。承认不是可供消费的实物，而是一种相互的主观意识。借此，个人承认他人的价值和地位，或他人的上帝、习俗、信念。我作为钢琴家或画家，可能很自信。如能获奖或售出画作，我会有更大的满足。自从人类把自己组织起来，进入社会等级制度后，承认往往是相对的，而不是绝对的。这使寻求承认的斗争，大大有别于经济交易的斗争。它是零和（zero sum），而不是正和（positive sum）。即某人获得承认，必然牺牲他人的尊严，地位只是相对的。在地位比赛中不存在贸易中的双赢情形。[33]

寻求承认的欲望有其生物学根源。黑猩猩和其他灵长目，在各自的族团中，争夺雄性老大和雌性老大的地位。黑猩猩群体的等级制度提供繁衍优势，因为它控制群体内的暴力，凝聚成员，一致对外。雄性老大获得更多性伙伴，以保证繁衍成功。在包括人类的各种动物中，寻求地位的行为已成为遗传，与寻求者大脑中的生化变化直接有关。当猴子或个人顺利取得高级地位时，其血液中重要的神经传递物复合胺（serotonin），会获得大幅提高。[34]

人类具有更为复杂的认知力，其寻求的承认不同于灵长目。黑猩猩雄性老大只为自己寻求承认，而人类还为抽象概念寻求承认，如上帝、旗帜、圣地。当代政治的大部，以寻求承认为中心。对少数民族、女性、同性恋者、土著等来说，尤其如此。他们有历史理由相信，自身价值从没得到重视。这些寻求可能有经济色彩，如同工同酬，但通常只是尊严的标记，并不是目标本身。[35]

我们今天把寻求承认称作"身份政治"。这类现象主要出现于流动且多元的社会，其成员可具多重身份。[36] 甚至在现代世界出现之前，承认已是集体行为的重要动机。人类奋斗，不仅为自身利益，而且代表群体，要求外人尊重他们的生活方式——习俗、上帝、传统。所采取的形式，有时是统治外人，更多时候是相反。人类自由的基本涵义是自治，即避免隶属于不配的外人。犹太人三千多年前逃离埃及的奴役，以后每逢逾越节所庆祝的，就是此种自由。

承认现象的根本所在是裁决他人的内在价值，或人为的规范、

42

思想和规则。强迫的承认毫无意义，自由人的赞美远远胜过奴隶的卑从。群体钦佩某成员，因为他显示出彪悍、勇气、智慧、判决纠纷时的公平，政治领袖遂得以产生。政治可说是争夺领导权的斗争，但也是追随者的故事。大众甘做部属，愿意给予领袖更高地位。在凝聚且成功的群体中，部属地位是心甘情愿的，这基于领袖有权统治这一信念。

随着政治制度的发展，认可自个人移至制度——转移到持续的规则或行为模式，像英国君主制或美国宪制。在这两个范例中，政治秩序都基于合法性，以及合法统治所带来的权威。合法性意味着，社会成员大体上承认制度是基本公正的，愿意遵守其各项规则。我们相信，当代社会的合法性，表现在民主选举和尊重法治。但在历史上，民主制不是唯一的合法政府。

政治力量最终以社会凝聚为基础。凝聚可源自自利，但光是自利不足以诱使追随者为群体而牺牲自己生命。政治力量不仅是社会可掌控的公民人数和资源，也是对领袖和制度合法性的认可程度。

43

政治发展的基础

现在，我们有了一切重要和自然的构件来组建政治发展的理论。人类虽然自私，但却是理性的，如经济学家所称的为自利而学会互相合作。此外，人性提供通向社会性的既定途径，为人类的政治披上下列特征：

- 包容适存性、亲戚选择、互惠利他是人类交际性的预设模式。所有的人都倾向于照顾亲戚和互换恩惠的朋友，除非遇上强烈的惩罚。
- 人享有抽象和理论的能力，以心智模型探究因果关系，又偏爱在无形或非凡的力量中寻找因果关系。这是宗教信仰的基础，而宗教又是凝聚社会的重要源泉。

- 人倾向于遵循规范，以情感为基础，而不是理性。心智模型
  和其附属的规则，常被赋予内在价值。

- 人渴望获得他人的主观承认，或对自己的价值，或对自己的
  上帝、法律、习俗、生活方式。获得的承认成为合法的基础，
  合法本身则允许政治权力的实施。

这些自然特征是社会组织益加复杂的基础。包容适存性和互惠
利他，不仅属于人类，也见于众多动物，为（主要是）亲戚小群体
的合作作出了解释。人类初期的政治组织，很像在灵长目中看到的
族团社会，如黑猩猩的。这可被认作社会组织的预设。照顾家人和   44
朋友的倾向，可通过新的规则和奖励加以克服。譬如，颁发规定，
只能雇用合格者，而不是家人。某种意义上，较高层次的制度则显
得颇不自然，一旦崩溃，人类就会返回较早的社会形式。这就是我
讲的家族制的基础。

人类以其抽象理论的能力，很快建立征服环境和调节社会行为
的新规则，远远超过黑猩猩中存在的规则。尤其是祖先、精神、上
帝和其他无形力量的观念，订下新规则和相应的奖励。不同种类的
宗教大大提高人类社会的组织程度，并不断开发社会动员的新形式。

与遵循规范有关的一套高度发达的情感，确保关于世界如何运
作的心智模型即使不再符合现实，也不是可丢弃的简单理论。（甚
至在现代自然科学领域，虽有假设检验的明确规则，但科学家偏爱
现存理论，宁愿抵制相反的实验证据。）心智模型和理论常被赋予
内在价值，从而促进社会稳定，允许社会的扩展。但这显示，社会
是高度保守的，将顽强抵制对其支配观念的挑战。这在宗教思想上
表现得最为明显。世俗的规则，以传统、礼仪、习俗的名义，也被
注入极大的情感。

社会在规则上趋向保守，是政治衰败的来源之一。因应环境而

建立的规则或制度，在新的环境中变得功能失调，却得不到更换，因为人类已注入强烈情感。这表示，社会变化不会是直线的——随时势的变动而作频繁的小型调整，而是延长的淤滞，继之以剧烈变革的爆发。

　　由此说明暴力对政治发展的重要性。霍布斯指出，对暴毙的恐惧，与获益或经济欲望相比，是截然不同的感受。很难为自己的生命或爱人的生命标出一个价格。所以，害怕和不安全对人类的激发，往往是单纯自利所比不了的。政治出现是为了控制暴力，但暴力又是政治变化的背景。社会可能陷于功能失调的制度均衡中，因为既得利益者否决任何必要的变革。为打破这一平衡，暴力或暴力的威胁有时就变得不可或缺。

　　最后，获得承认的欲望，确保政治不会降成简单的经济自利。人类对他人或制度的内在价值、功用、尊严不断作出裁决，再借此建立等级制度。政治力量最终植根于承认——领袖或制度被公认的合法性，得以赢得追随者的尊敬。追随者可能以自利出发，但最强大的政治组织，其合法性以广受欢迎的观念思想为基础。

　　生物学为我们提供了政治发展的构件。横跨不同社会的人性是基本不变的。我们所看到政治形式上的巨大差异，不管是现在还是历史上，首先是人类所处环境的产物。人类社会分支蔓延，填补世界上多样的自然环境。他们在特定进化（specific evolution）的过程中，发展出与众不同的规范和思想。此外，各群体也在互动，在促进变化方面，其重要性与自然环境不相上下。

　　分隔甚远的社会，对政治秩序问题却提出异常相似的解决方案。几乎每个社会，都曾一度经历过以亲戚关系为基础组织起来的阶段，其规则逐渐变得复杂。多数社会随后发展了国家制度和非人格化管理方式。中国、中东、欧洲和印度的农业社会，得以发展中央集权的君主制，以及益加官僚化的政府。甚少文化联系的社会，却发展出相似的制度，如中国、欧洲、南亚政府所建立的盐业专卖。近年来，

民主负责制和人民主权成为普遍接受的规范思想，只在实施程度上
有高低之分。不同社会经不同路径而走到一起，这一重聚提示了人　　46
类群体在生物学上的相似。

进化与迁移

　　古人类学家追溯从灵长目先驱到"行为意义上的现代人类"的
进化。人口遗传学家所作的贡献，则是追踪人类朝地球不同地区的
迁移。普遍认为，类人猿至人类的进化在非洲发生。人类离开非
洲前往世界各地，经历了两次大迁徙。所谓的古人类——直立人
（homo Erectus）和巨人（Homo ergaster）——早在一百六十万至
二百万年前就离开非洲，迁往亚洲北部。三十至四十万年前，巨人
的后裔海德堡人（Homo heidelbergensis）自非洲抵达欧洲。他们的后
裔就是欧洲后来的人类，如赫赫有名、散居多处的尼安德特人。[37]

　　解剖学意义上的现代人类（anatomically modern humans）——其
尺寸和体格特征，大致等同于现代人类——出现于约二十万年前。
行为意义上的现代人类的出现，约在五万年前。他们能用语言进行
交流，并开始开发较为复杂的社会组织。

　　依据时下的理论，几乎所有非洲之外的人，都是行为意义上的
现代人类某群体的后裔。约在五万年前，这个其成员可能仅 150 人
的群体离开非洲，穿越阿拉伯半岛的霍尔木兹海峡。虽然缺乏书面
材料，但人口遗传学的最新进展，使古人类学家得以跟踪此一进程。
人类的遗传，包括 Y 染色体和含历史线索的线粒体 DNA。Y 染色
体归男性独有，余下的 DNA 则由母亲和父亲的染色体重组，代代
有别。Y 染色体由父亲单传给儿子，基本上完好无损。相比之下，　　47
线粒体 DNA 是陷入人类细胞的细菌痕迹。数百万年前，它就为细
胞活动提供能源。线粒体有它自己的 DNA，可与 Y 染色体媲美，
由母亲单传给女儿，也基本上完好无损。Y 染色体和线粒体都会积

累基因的突变，然后由后代儿子或女儿所继承。计算这些基因突变，弄清哪个在前哪个在后，人口遗传学家便可重建世界上不同人类群体的血统。

于是有下列的假定：几乎所有非洲之外的人，都是行为意义上的现代人类某群体的后裔，因为在中国、新几内亚、欧洲、南美洲，当地人口都可回溯至同一的父母血统。（非洲本身有较多血统，因为现居非洲外的人口，只是当时非洲数个群体之一的后裔。）该群体在阿拉伯半岛分道扬镳，一个族团沿阿拉伯半岛和印度的海岸线，进入现已不存的巽他大陆（Sunda，连接现今的东南亚诸岛）和萨浩尔大陆（Sahul，包括新几内亚和澳洲）。他们的迁移得益于当时出现的冰川期，地球的大部分水源已冻成冰帽和冰川。与今日相比，当时海平面足足低了数百英尺。依据遗传定时法（genetic dating），我们知道，目前居住于巴布亚新几内亚和澳洲的美拉尼西亚人和澳洲土著，已在那里定居了将近四万六千年。这表示，他们的祖先离开非洲后，仅花费不长时间便抵达这一偏远角落。

其他族团离开阿拉伯半岛后，朝西北和东北两个方向迁移。前者经过近东和中亚，最终抵达欧洲。在那里，他们遇上早先脱离非洲的古人类后裔，如尼安德特人。后者则在中国和亚洲东北部定居繁衍，再穿越其时连接西伯利亚和北美洲的陆地桥梁，最终南下至中南美洲。约在公元前一万二千年，已有人抵达智利南部。[38]

巴别塔（Tower of Babel）的圣经故事称，上帝把统一联合的人类驱散到各地，令他们讲不同语言。在比喻意义上，这确是真相。人类迁移到不同环境，随遇而安，发明新的社会制度，开始退出自然状态。我们将在之后的章节看到，起初的复杂社会组织，仍以亲戚关系为基础，其出现全靠宗教思想的协助。

48

第3章

表亲的专横

人类社会进化的事实和性质，以及相关的争议；家庭或族团层次的社会向部落的过渡；介绍血统、宗族和其他人类学基本概念

卢梭的《论人类不平等的起源和基础》（1754 年）发表之后，涌现出大量涉及人类早期制度起源的理论。首先在 19 世纪末，新兴人类学的首创者，如路易斯·亨利·摩尔根（Lewis Henry Morgan）和爱德华·泰勒（Edward Tylor），收集积累了尚存原始社会的实证资料。[1]摩尔根对日益减少的北美洲土著进行实地勘察，发明了解释其亲戚关系的详尽分类，并将此推及欧洲的史前。在《古代社会》一书中，他将人类历史分为三阶段——野性、野蛮、文明，他认为，所有人类社会都须一一经历这三个阶段。

卡尔·马克思的合作者弗里德里希·恩格斯读了摩尔根的书，运用该美国人类学家的民族学研究，发展出私人财产和家庭的起源理论，之后变成共产世界的福音。[2]马克思和恩格斯携手推出现代最著名的发展理论：他们设置一系列的进化阶段——原始共产主义、封建主义、资本主义、真正的共产主义——全部由社会阶级的基本矛盾所驱动。马克思主义这一错误和从简的发展模型，误导了后来数代的学者，或寻找"亚细亚生产方式"，或试图在印度找到"封建主义"。

早期政治发展理论研究的第二动力，来自查尔斯·达尔文（Charles Darwin）出版于 1859 年的《物种起源》，以及其自然淘汰理论的进一步阐述。将生物进化原理应用到社会进化上，像赫伯特·斯宾塞（Herbert Spencer）等在 20 世纪初所作的，在逻辑上讲得通。[3] 斯宾塞认为，人类社会都要参与生存竞争，优秀的得以支配低劣的。欧洲之外社会的发展，或受到阻妨，或停滞不前。达尔文之后，进化理论在辩护当时的殖民秩序上确实取得成功。全球等级制度的顶端是北欧人，通过黄色和棕色皮肤的深浅不同，一直降至身处底部的黑色非洲人。[4]

进化理论中褒贬和种族的特色，酿成 20 世纪 20 年代的逆反回潮，至今仍在影响世界上人类学和文化研究部门。优秀的人类学家弗兰茨·博厄斯（Franz Boas）主张，人类行为受到社会彻头彻尾的改造，并不植根于生物学。他在一项著名研究中，以移民头颅大小的实证资料证明，社会达尔文主义者归因于种族的东西，实际上却是环境和文化的产物。博厄斯还认为，早期社会的研究需摒弃对各式社会组织的高低评估。在方法论上，民族学家应放弃自己文化背景的偏见，全身心投入他们所研究的社会，评估其内在逻辑。克利福德·格尔茨（Clifford Geertz）提倡"深描"（thick description）；他认为，不同社会只可解说，不可互比，不分轩轾。[5] 博厄斯的学生阿尔弗雷德·克鲁伯（Alfred Kroeber）、玛格丽特·米德（Margaret Mead）和露丝·本尼迪克特（Ruth Benedict），则把文化人类学科继续引向非评判性的、相对的、绝无进化的方向。

早期的进化理论，包括马克思和恩格斯的，还存有其他问题。它们的社会形式，往往是相对直线的，有严谨的等级，前阶段必须早于后阶段，某元素（像马克思的"生产方式"）决定整个阶段的特征。随着对尚存原始社会的知识积累，大家愈益清楚，政治复杂性的进化不是直线的。任何指定的历史阶段，往往包含前阶段的特征。将社会推至下一阶段，又凭借多重的动态机制。事实上，我们可在以后的章节中看到，前阶段并不被后阶段完全替代。中国早在三千多年前，便由基于亲戚关系的组织过渡至国家层次。但时至今日，复杂的亲戚关系组织，仍是一部分中国社会的特征。

人类社会是非常复杂的，很难由文化的比较研究总结出真正的普遍规律。发现了违反所谓社会发展规律的冷僻社会，人类学家常常感到兴奋。但这并不表示，不同社会中没有进化形式中的规则性和同类性。

史前阶段

以 19 世纪的社会达尔文主义为背景，博厄斯派的文化相对论是可以理解的。但它在比较人类学的领域里，留下了政治上求正确（political correctness）的持久遗产。严格的文化相对论，有悖于进化论，因为后者明确要求厘清社会组织的不同层次，并确定后一层次取代前一层次的原因。人类社会随时间而进化，这是显而易见的。生物进化的两个基本组件——变化和选择——也适合人类社会。即使我们细心避免后期文明"高于"前期文明的评判，但它们确实变得更为复杂、更为丰富、更为强大。因应成功的文明，常常战胜因应不成功的，恰似个体有机体之间的竞争。我们继续使用"发展中"或"开发"的名词（如"发展中国家"和"美国国际开发署"），佐证了下列共识：现存的富裕国家是上一阶段社会经济进化的结果，贫穷国家如有可能，也将参与这一进化过程。在历史长河中，人类的政治制度借文化而获得传递，与借基因的生物进化相比，则面对更多的悉心设计。达尔文的自然淘汰原则与人类社会的进化竞争，仍有很明显的类似。

这一新认可导致了进化理论在 20 世纪中期的复兴。人类学家如莱斯利·怀特（Leslie White）[6]、朱利安·斯图尔德（Julian Steward）[7]、埃尔曼·塞维斯（Elman Service）[8]、莫顿·弗莱德（Morton

52

Fried）[9] 和马歇尔·萨林斯（Marshall Sahlins）[10] 认为，各式社会在复杂、规模、能源使用各方面，都呈现出明显的升级。[11] 根据萨林斯和塞维斯，人类群体都经历所谓的"特别进化"，以适应他们所占居的生态环境，其结果便是社会形式的多样化。对社会组织的普遍问题，不同社会往往采取类似的应对方法。由此表明，相交相汇的"普遍进化"在生效。[12]

　　人类学家的难题是，没人能直接观察，人类社会如何从早期模式发展到较复杂的部落或国家。他们唯一能做的，只是假设现存的狩猎采集或部落社会是早期模式的实例，再通过观察其行为来推测引发变化的力量，如部落何以演变为国家。可能是基于此，对早期社会进化的推理，已从人类学移至考古学。不像人类学家，考古学家可通过不同文明在数十万年间留下的物质记录，追踪其社会活力的伸张。例如，考古学家调查普韦布洛（Pueblo）印第安人住宅和饮食的改变，得以了解战争和环境压力对社会组织的改造。其缺点也是显而易见的，即缺乏民族学研究的丰富细节。太依赖考古学记录，会导致对唯物主义解释的偏爱，因为史前文明的精神和认知世界，其大部已永远丢失。[13]

　　泰勒、摩尔根、恩格斯之后，对社会发展的进化阶段的分类系统，也经历了自身的进化。放弃了具强烈道德色彩的词句，如"野性"和"野蛮"，而改用中性的描述，如点明主要技术的旧石器、新石器、青铜器、铁器时代。另一系统则点明主要的生产方式，如狩猎采集、农业、工业社会。进化人类学家，以社会或政治组织的形式来排列阶段。这是我在此所选用的，也是我的主题。埃尔曼·塞维斯发明了四个层次的分类，即族团、部落、酋邦、国家。族团和部落中 [14]，社会组织以亲戚关系为基础，成员之间相对平等。相比之下，酋邦和国家等级分明，不以亲戚关系而以领土为基础来行使权力。

家庭和族团层次的组织

很多人相信，原始人类社会组织是部落的，这一见解可追溯到 19 世纪。早期的比较人类学家，如努马·丹尼斯·甫斯特尔·德·库朗日（Numa Denis Fustel de Coulanges）和亨利·梅因，认为要在复杂的亲戚团体中去理解早期的社会生活。[15] 但部落组织的兴起，要到九千年前定居社会和农业出现时。这之前，狩猎采集社会历时数万年，由类似灵长目族团的流浪家庭集居而成。这样的社会，至今尚存于合适的边缘环境，如爱斯基摩人、卡拉哈里沙漠的布须曼人（Bushmen）、澳洲的土著。[16]（也有例外，如美国太平洋西北部的土著，属狩猎采集者，却生活于可支撑复杂社会的富饶区域。）

卢梭指出，政治不平等起源于农业的兴起，他在这点上是基本正确的。出现农业之前的族团层次社会，不存在任何现代意义的私人财产。就像黑猩猩的族团，狩猎采集者居住于他们守卫的领土，偶尔为之争斗。但他们不像农人，犯不上在一块土地上设立标志，说"这是我的"。如有其他族团前来侵犯，或有危险猎食者渗入，由于人疏地广，族团层次的社会有移居他方的选择。他们较少拥有像已开垦的耕地、房子等投资。[17]

族团层次的内部，类似现代经济交易和个人主义的东西是绝对不存在的。这个阶段没有国家暴政，更确切地说，人类只体验到社会人类学家厄内斯特·格尔纳（Ernest Gellner）所称的"表亲的专横"。[18] 你的社交生活囿于你周遭的亲戚，他们决定你做什么，跟谁结婚，怎样敬拜，还有其他一切。家庭或数户家庭合在一起打猎和采集。特别是打猎，与分享直接有关，因为那时没有储存肉类的技术，猎到的动物必须马上吃掉。进化心理学家纷纷推测，现代流行的进餐分享（圣诞节、感恩节、逾越节），都起源于长达数千年的猎物分享传统。[19] 此类社会中，大多数的道德规则不是针对偷人财产者，而是针对不愿与人分享者。在永久匮乏的阴影下，拒绝分享往往影响到族团的生存。

　　族团层次的社会高度平等，其主要差别仅在年龄和性别上。在狩猎采集社会中，男人打猎，女人采集，繁衍一事自有天然分工。族团内，家庭之间仅有极小的差别，没有永久领袖，也没有等级制度。个人因突出的品质，如力大、智慧、可信，而被授予领袖地位。但该地位是流动的，很容易移至他人。除了父母和孩子，强制的机会非常有限。如弗莱德所说：

　　　　简易平等社会的民族学研究中，很难找到某人要求他人"做这做那"的案例，却充满了某人说"如能完成此事，那真太好了"之类的话语。之后他人可能照办，也可能不予理睬……因为领袖无法迫使他人。在我们的叙述中，领袖扮演的角色只牵涉权威，无关乎权力。[20]

　　此类社会中，领袖因群体的共识而浮现。但他们没有职权，不能传予子孙。没有集中的强制力量，自然就没有现代意义的第三方执法的法律。[21]

　　族团层次的社会围绕核心家庭而建，通常奉行人类学家所称的异族通婚和父系中心（patrilocal）。女人嫁出自己的社会群体，搬到丈夫的居所。这种习惯鼓励群体之间的交往互动，增加基因的多样化，创造群体之间发生贸易的条件。异族通婚也在减轻冲突中发挥作用。群体之间有关资源或领土的争议，可通过女人的交换而获得谅解，就像欧洲君主为政治目标而安排的战略性联姻。[22] 群体的成员组成，与之后的部落社会相比，则更为流动："任何地域的食物来源，不管是派尤特人（Pauite）的松果或野草籽的丰收，冬春猎场上海豹的数量，还是中部爱斯基摩人在内陆峡谷遇上驯鹿群的迁移，都是不可预测的，且分布太疏，以致任何一代的亲戚，即使想组成凝聚排外的群体，也屡屡遭挫。因为生态机遇时时在诱惑个人和家庭采取机会主义。"[23]

从族团到部落

农业的发展，使族团层次过渡到部落层次变得可行。九千到一万年前，世界上很多地区出现农业，包括美索不达米亚、中国、大洋洲、中美洲，常常位于肥沃的冲积流域。野草和种子的驯化逐一发生，伴以人口的大增。新兴的产粮技术促使人口繁密，似乎是符合逻辑的。但埃斯特·博塞鲁普（Ester Boserup）认为，这样讲是因果颠倒了。[24]无论如何,它对社会的影响是巨大的。取决于气候,狩猎采集社会的人口密度是每平方公里 0.1 到 1 人，而农业的发明，则允许人口密度上升至每平方公里 40 到 60 人。[25]至此，人类的相互接触更加广泛，便会要求截然不同的社会组织形式。

"部落、氏族、家族、宗族"，被用来描绘高于族团的新层次社 56 会组织，但用得不够精确，甚至靠此吃饭的人类学家也是如此。其共同特征是：第一是分支式（segmentary）的，第二是以共同的老祖宗为原则。

社会学家涂尔干以"分支"一词来解释由小型社会单位自我复制而成的社会，如蚯蚓的分段。这样的社会以添加新的支系而获得扩展，但没有集中的政治机构，没有现代的分工，也没有他所描绘的"有机"团结。发达社会里，没有人是自给自足的，每个人都要依赖社会中大批他人。发达社会的多数人，不知道如何生产自己的粮食、修理自己的汽车、制造自己的手机。在分支式社会中,每个"支系"都是自给自足的，都能丰衣足食，都能自我防卫。因此，涂尔干称之为"机械"团结。[26]各支系可为共同目的聚在一起，如自卫，但他们不依赖对方以获生存。在同一层次上，每个人只能属于一个支系。

部落社会里，支系以共同老祖宗为原则。其最基本单位是宗族，成员们可追溯到好几代之前一名共同老祖宗。人类学家使用的术语中，后裔可以是单传（unilineal），也可是双传（cognatic）。单传系统中，后裔追随父亲，被标为父系；追随母亲，被标为母系。双传系统中，后裔可追随父母双方。稍作思考便可明白，分支式社会只能是单传。为了避免支系的重叠，每名小孩只可分给一个后裔群，或是父亲的，或是母亲的。

在中国、印度、中东、非洲、大洋洲、希腊、罗马曾经流行的宗族组织是父系家族。它是最普遍的，也存在于战胜欧洲的野蛮部落。罗马人称之为 agnatio（族亲），人类学家遂称之为 aganation。父系家族只追踪男性的血脉。女人结婚时，便离开自己家族，转而加入丈夫家族。中国和印度的男系家族制度中，女人几乎彻底切断与自己家族的联系。所以，婚姻之日变成妻子的父母悲伤时，只能在女儿的聘礼上获求补偿。女人在丈夫家里没有地位，直到生下儿子。其时，她彻底融入丈夫的宗族组织，在她丈夫的祖先坟前祷告祭祀，保障儿子将来的遗产。

父系家族虽是最普遍，但不是单传的唯一形式。在母系社会里，后裔和遗产追随母亲家族。母系社会（matrilineal）不同于女性掌权得以支配男性的女家长社会（matriarchal）。似乎没有证据显示，真正的女家长社会真有存在。母系社会仅表示，结婚时是男子离开自己家族，转而加入妻子的家族；权力和资源，基本上仍掌握在男子手中；家庭中的权威人士通常是妻子的兄弟，而非孩子的生父。[27]母系社会远比父系社会罕见，但仍可在世界各地找到，如南美洲、美拉尼西亚、东南亚、美国西南部、非洲。埃尔曼·塞维斯指出，它们通常建立于特殊环境，如依靠女人劳作的雨林园艺区域。但该理论无法说明，为什么美国西南沙漠地带的霍皮人（Hopi），也是母系社会和母系中心的（matrilocal）。[28]

宗族有个神奇的特点，只要追溯到更早祖先，便能进入更为庞大的宗族组织。例如，我是追溯到我爷爷的小宗族成员，邻人的爷爷便是外人。如作进一步的追溯，到第四代、第五代甚至更早，我们两个宗族又找到亲戚关系。如情况合适，大家就有可能携手合作。

此类社会的经典描述是爱德华·埃文斯-普理查德（Edward Evans-Pritchard）对努尔人（Nuer）的研究，他的著作《努尔人》为数代人类学的学生所必读。[29] 努尔人是居住在苏丹南方养牛的游牧民族。20 世纪末，他们和传统对手的丁卡人（Dinka）联合起来，在约翰·加朗（John Garang）和苏丹人民解放军的领导下，向喀土穆的中央政府展开长期斗争，以争取南方独立。但在 20 世纪 30 年代，埃文斯-普理查德进行实地考察时，苏丹仍是英国殖民地，努尔人和丁卡人仍生活在传统中。

根据埃文斯-普理查德，"努尔人部落是分支式的。我们把最大的支系，称之为主要部落。它再一步步分割成第二层次和第三层次的部落……第三层次由数个村庄组成，其居民相互之间都有亲戚和家庭的关系"。[30]

努尔人的宗族组织彼此经常打架，通常是为了在他们文化中占中心地位的牛。同一层次内，血统之间互相打斗。但他们又能联合起来，在更高层次作战。到了最高层，全体努尔人同仇敌忾，向以同样方法组织起来的丁卡人开战。埃文斯-普理查德解释说：

> 每个支系，本身也是可分的，其成员互相存有敌意。为反对同样层次的邻近支系，支系的成员会联合起来；为反对更高层次的支系，又会与同样层次的邻近支系联合起来。努尔人以政治价值来解释这些联合原则，他们会说：如果娄（Lou）部落的郎（Leng）第三层次支系与努阿克瓦科（Nyarkwac）第三层次支系打仗——事实上，两支系之间战事频频——组成这两支系的各个村庄都会参战；如果努阿克瓦科第三层次支系与鲁莫乔科（Rumjok）第二层次支系发生争执——不久前，为了用水——郎和努阿克瓦科将团结起来，以反对共同敌人鲁莫乔科。鲁莫乔科也将组成其各支系的联盟。[31]

各支系能在较高的层次汇总。一旦联合的原因（如外部威胁）消失，它们又倾向于迅速瓦解。可在众多不同的部落社会中，看到多层次的支系。它体现在阿拉伯的谚语中："我针对我兄弟、我和我兄弟针对我表亲、我和我表亲针对陌生人。"

努尔人社会里没有国家，没有执行法律的中央权威，没有制度化的领导等级。像族团层次的社会，努尔人社会也是高度平等的。男女之间有分工，宗族之内有分代的年龄级别。所谓的豹皮酋长，只扮演礼仪的角色，帮助解决成员的冲突，但没有强迫他人的权力。"在整体上我们可以说，努尔人酋长是神圣的人，但这神圣并没给他们带来特殊场合之外的权力。我从未看到，努尔人特别尊敬酋长，或在谈话中把他们当作重要人物。"[32]

努尔人是分支世系组织获得充分发展的范例，其宗族系谱的规则严格决定社会的结构和地位。其他的部落社会，则更为松散。共同老祖宗，与其说是严格的亲戚规定，倒不如说是建立社会义务的借口。甚至在努尔人中，仍有可能把陌生人带入宗族，视之为亲戚（人类学家称之为虚拟的亲戚关系）。很多时候，亲戚关系只是政治联盟的事后理由，并非构建社团的原动力。中国的宗族往往有成千上万的成员，整个村庄使用同样的姓，这显示中国亲戚关系的假想和包容。当西西里岛的黑手党把自己称作"家庭"时，它的血誓仅是血亲的象征。现代的种族划分，把共同老祖宗推到很远，使宗族系谱的追溯变得异常艰难。我们把肯尼亚的卡冷金（Kalenjin）或基库尤（Kikuyus）称作部落，该称呼是非常松散的，因为他们各自的人数，少至数十万，多至数百万。[33]

祖先和宗教

实际上，所有的人类社会都曾经组成部落。因此，很多人倾向于相信，这是自然的情形，或有生物学上的原因。但弄不清，为什么你想与四圈之外的表亲合作，而不愿与非亲的熟人合作。难道，这只是因为你与表亲分享了六十四分之一的基因。动物不这样做，族团层次的人也不这样做。人类社会到处建立部落组织，其原因是宗教信仰，即对死去祖先的崇拜。

对死去祖先的崇拜开始于族团层次社会，每个族团内都会有巫师或宗教人，专司与死去祖先联络的工作。随着宗族的发展，宗教变得更加复杂，更加建制化，反过来又影响其他制度，如领导权和产权。相信死去祖先对活人的作用，才是凝聚部落社会的动力，并不是什么神秘的生物本能。

19 世纪法国历史学家甫斯特尔·德·库朗日，提供了有关祖先崇拜的最著名描述之一。他的《古代城市》初版于 1864 年，给数代欧洲人带来启示。欧洲人习惯于把希腊和罗马的宗教与奥林匹克的众神挂起钩来。甫斯特尔·德·库朗日则揭示更古老的宗教传统，其他印欧群体，包括移居印度北部的印度—雅利安人，也在遵循这一古老传统。他认为，对希腊和罗马人来说，死者的灵魂并不飞上天国，却住在葬地的底下。基于此，"他们总是陪葬他们认为死者需要的东西——服装、器皿、武器。他们在他坟上倒酒以解渴，放置食物以充饥。他们殉葬马匹和奴隶，认为这些生命将在坟里为死者继续服务，就像生前一样"。[34] 死者的精灵——拉丁文是 manes——需要在世的亲戚不断的维持，定期供上食物和饮料，免得他们发怒。

在最早期的比较人类学家中，甫斯特尔·德·库朗日的知识领域远远超出欧洲史。他注意到，灵魂转世（死时灵魂进入另一肉体）和婆罗门宗教的兴起之前，印度教徒奉行类似希腊罗马的祖先崇拜。亨利·梅因也强调这一点，他认为，祖先崇拜"影响着自称为印度教徒的大多数印度人的日常生活，在多数人的眼中，自己家神比整个印度万神庙更为重要"。[35] 假如库朗日的知识领域涉及更远，他很有可能发现古代中国相似的葬礼。那里，崇高地位人士的墓穴填满了青铜和陶瓷的三足鼎、食物、马、奴隶、计划陪伴死者的妾。[36]
像希腊和罗马人，印度—雅利安人也在家里供养圣火。圣火代表家
庭，永远不得熄灭，除非家族本身不复存在。[37] 所有这些文化中，
圣火被当作代表家庭健康和安全的神而受到崇拜——这里家庭不仅
是现存的，而且是死去多年的列祖列宗的。

　　部落社会中，宗教生活和亲戚关系紧密相连。祖先崇拜是特定
的，不存在整个社群都崇拜的神。你只对自己祖先有责任，对你邻
居或酋长的祖先则没有责任。通常，祖先并不久远，不像所谓的罗
马人祖先的罗慕路斯（Romulus）。祖先只是三或四代之前的人，家
中老人可能还记得。[38] 根据甫斯特尔·德·库朗日，它丝毫不像基
督教对圣徒的崇拜："葬礼的礼仪只容最亲近的亲戚做虔诚表演……
他们相信，祖先不会接受他人的奉献，只接受家人的；祖先不需要
崇拜，除非是自家的后裔。"此外，每人都渴望有男性后裔（父系
家族），因为只有他们才能在其死后照料他的灵魂。因此，结婚和
育有男性后裔变得非常重要。大多数情形下，独身在早期希腊和罗
马都是非法的。

　　这些信念的结果是，除了现存子女，每个人与死去的祖先和未
来的后裔都有关联。裴达礼(Hugh Baker)这样解释中国的宗族关系，
一条绳子代表血脉，"两端是无穷尽的，经过一把象征现在的剃刀。
如果绳子遭到腰斩，两端就会自行掉离，绳子不复存在。如果一名
男子死而无后，其祖先和后裔的连续体便跟着一起消亡……他的存在
是必须的，因为他是整体的代表。除此之外，他又是无关紧要的"。[39]

　　部落社会中，以宗教信仰形式出现的思想，对社会组织有极大
影响。对先祖的信仰得以凝聚众人，其规模大大超过家庭或族团层
次。该"共同体"包括的，不仅是宗族、氏族、部落现有成员，而
且是祖先和未来后裔的整条绳子。甚至最疏远的亲戚都会觉得，他
们之间有牵连和职责。这种感受，借共同体共同遵循的礼仪，而获
得加强。对如此的社会制度,成员不相信有选择的权力。说得确切些,

62

他们的角色在出生之前已被社会预定。[40]

宗教和权力

军事上，部落社会远比族团层次社会强大。一获通知，他们可动员数百乃至数千名的亲戚。第一个以祖先崇拜来动员大量亲戚的社会，很可能享有对付敌人的巨大优势。一经发明，它就会刺激他人的模仿。因此，战争不仅造就了国家，也造就了部落。

宗教在促进大规模的集体行动方面扮演了重要角色。很自然，人们要问：部落组织是既存宗教信仰的结果呢？抑或，宗教信仰是后添的，以加强既存的社会组织？很多 19 世纪的思想家，包括马克思和涂尔干，都相信后者。马克思有句名言：宗教是大众的"麻醉剂"，它是精英们发明出来以巩固其阶级特权的神话。据我所知，他没有对部落社会的祖先崇拜发表过任何意见。但也可推而广之，说家长在操纵死去祖先的愤怒，以加强自己在活人中的权威。另一解释是，需要帮助以对抗共同敌人的族团领袖，为赢得邻人支持，而求援于传奇或神话中死去多年的共同祖先。虽是他的首倡，但这想法蔓延滋长后自成一体。

很不幸，我们只能推测思想与物质利益之间的因果关系，因为无人目睹从族团层次到部落社会的过渡。考虑到宗教观念在后来历史中的重要性，假如因果关系不是双向交流的，人们反而会感到惊讶。宗教创意影响社会组织，物质利益也影响宗教观念。但要记住，部落社会不是"自然"的，不是其他更高社会崩溃时回归的首选。它出现于家庭和族团层次社会之后，只在特殊环境中繁荣昌盛。它产生于特定历史时期，靠某种宗教信仰获得维持。如若新宗教引入，原有信仰发生变化，部落社会就会分崩离析。我们将在第 19 章看到，这就是基督教挺进野蛮欧洲后所发生的。随时间流逝，部落社会被更有弹性、更易扩张的社会所取代，但其缩了水的变种从未消失。

第4章

部落社会的财产、正义、战争

亲戚关系和产权发展；部落社会中正义的性质；部落社会
作为军事组织；部落组织的优缺点

法国大革命以来，分隔左右两派的最大争议之一就是私人财产。
卢梭在《论人类不平等的起源和基础》中，将不公平的起源追溯到
圈地标为己产的首位男人。卡尔·马克思把废除私有财产定为政治
目标，受他激励的所有共产党政权，所采取的最早施政之一就是
"生产工具的国有化"，不单是土地。相比之下，美国创始人之一的
詹姆斯·麦迪逊（James Madison），在《联邦论》第10篇中坚持，
政府最重要功能之一就是保护个人不均平的致富能力。[1] 现代新古
典主义的经济学家，将私人产权视作经济持续增长的源泉。用道格
拉斯·诺斯的话，"增长根本不会发生，除非现存经济组织是高效的"，
这意味着"必须建立制度和产权"。[2] 20世纪70年代末80年代初，
发生了里根—撒切尔的革命。自那以后，市场导向的政策制定者，
其当务之急就是将国有企业私有化，以提高经济效率，虽然遭到左
派的激烈反对。

共产主义的经验，大大提升了现代私人财产的重要性。基于对
摩尔根等人类学家的误解，马克思和恩格斯认为，阶级剥削兴起之
前，曾存在"原始共产主义"阶段，是共产主义意图恢复的理想国。

摩尔根描述的惯例财产（customary property），由密切相处的亲戚团体所拥有。前苏联和中国的共产党政权，则强迫数百万无亲无故的农民，参加集体农庄。集体化打破努力和报酬之间的关联，摧毁对工作的奖励，在俄罗斯和中国造成大规模饥荒，严重降低农业生产力。在前苏联，仍在私人手中的 4% 土地，却提供将近四分之一的农业总产量。1978 年中国的人民公社，在改革家邓小平的领导下获得解散，农业产量仅在四年间就翻了一番。

　　私人财产重要性的争论，大都牵涉所谓的"公地悲剧"（tragedy of the commons）。传统英国村庄，其放牧地由村庄居民集体所拥有，共同使用。但其资源是可耗尽的，常因使用过度而荒芜。将共有财产转为私人财产是避免荒芜的对策。业主甘心投资于维护，在持续基础上开发资源。加勒特·哈丁（Garrett Hardin）的著名文章认为，众多全球性的资源，如洁净空气和渔场等，都会遇上公地悲剧；如无私人产权或严格管理，将因过度消耗而变得一无用处。[3]

　　现代有关产权的非历史性讨论中，人们往往觉得，因为缺乏现代私人产权，人类一直面对公地悲剧。集体所有与有效使用是背道而驰的。[4] 现代产权的出现被认为是经济上的理性行为，人们讨价还价来分割共有财产，就像霍布斯的"利维坦"从自然状态中脱颖而出。如此解释会遇上两个疑问。第一，现代产权出现之前，曾存在各种各样的共有财产，虽未能像现代产权那样鼓励高效地使用，但也没导致类似的公地悲剧。第二，找不到很多案例来证明，现代产权始于和平自发的讨价还价。共有财产让位于现代产权，其过程是狂暴的，武力和欺骗扮演了重要角色。[5]

亲戚关系和私人财产

　　最早的私人财产，不属于个人，而属于宗族或其他亲戚团体。主要动机不仅是经济的，而且是宗教和社会的。20 世纪苏联和中国的强迫性集体化，试图逆转时光，进入想象的、从未存在的理想国。它们让无亲戚关系的人合在一起，拥有共同财产。

把希腊和罗马人的家庭牵连到具体地产的有两样东西：屋内供圣火的家灶（hearth）和附近的祖坟。渴望得到地产，不仅是为了它的生产潜力，还为了死去的祖先和不可移动的家灶。地产必须是私人的，只有如此，陌生人或国家才无法侵犯祖先的安息地。另一方面，早期私人财产缺乏现代产权的重要特征，通常只是使用权（usufructuary），不能出售，也不得改造。[6] 其主人不是单独的业主，而是现存和死去亲戚的整个社团。财产就像一种信托，为了死去的祖先和未来的后裔。很多现代社会也有类似安排。20 世纪初，一名尼日利亚酋长说，"我想，地产属于一个大家庭，其成员中，很多已死，少数还活着，还有无数尚未出生的"。[7] 地产和亲戚关系由此而紧密相连。它使你有能力照顾前世和后世的亲人，并通过与你休戚相关的祖先和后裔来照顾你本人。

沦为殖民地前的部分非洲，其亲戚团体受土地的束缚，因为他们祖先葬在那里，就像希腊和罗马人。[8] 西非的长期定居点则有不同形式的宗教运作。首批定居者的后裔，被指定为土地祭司来维持土地庙，并主持有关土地使用的各式礼仪。新移民不是通过买卖，而是通过加入当地礼仪社团，以取得土地使用权。社团把种植、狩猎、捕鱼权，当作社团会员的特权，但不是永久的。[9]

部落社会中，财产有时由部落集体拥有。历史人类学家保罗·维诺格拉多夫（Paul Vinogradoff）如此描绘凯尔特部落（Celtic），"自由民和非自由民，依亲戚关系而聚居（父系家族）。他们集体拥有土地，其地界往往与村庄边界不同，像蜘蛛网分布在不同定居点"。[10] 集体拥有并不表示集体耕耘，像 20 世纪苏联或中国的集体农庄，个别家庭经常分到自己的耕地。其他情况下，个人可以拥有地产，但受严重限制，因为他有对亲戚的义务——活的、死的，还有未出生的。[11] 你的土地挨着你表亲的，收获时互相合作，很难想

67

象将你的土地卖给陌生人。如你死而无后，你的土地归还给亲戚团体，部落经常有权再分配地产。根据维诺格拉多夫，在印度的边界地区，战胜的部落在大块土地上定居下来，但没把土地划分给亲戚。有时或定期的重新分配，证明部落对土地的有效统治。[12]

现代的美拉尼西亚，仍有亲戚团体的共有财产。在巴布亚新几内亚和所罗门群岛，95%以上的土地仍是共有财产。采矿公司或棕榈油公司想买地产，必须应付整个一语部落。[13]任何交易，部落中每个人都享有潜在的否决权，而且不受时效法律限制。因此，某亲戚团体决定将土地卖给公司；十年后，另一团体会站出来说土地是他们的，只在数代前被人偷走了。[14]还有很多人，不愿在任何情况下出卖土地，因为祖先的神灵仍在那里居住。

亲戚团体中的个人不能充分利用其财产，不能将之出售。但这并不表示，他们会忽略或不负责任。部落社会中的产权分得很清楚，即使不是正式或法律上的。[15]部落拥有的财产是否得到很好照顾，与部落内部的聚合力有关，与部落所有权无关。哈丁叙述的共有财产灾难，在英国历史中到底造成多大灾难，尚不清楚。因议会圈地运动（Parliamentary Enclosure Movement）而告终的敞田制（open-field），并不是有效的土地使用方法。18和19世纪的富裕地主，怀有强烈动机，把农民赶出共有地产。起初，敞田制与亲戚关系有关，以邻里耕耘者的团结为前提[16]，通常没有使用过度和浪费的现象。[17]如果有，也是由于英国乡村中社会凝聚力的下降。世界上其他运作良好的部落社会里，很难找到公地悲剧的纪录。[18]此类问题，肯定没有骚扰美拉尼西亚。

努尔人那样的部落社会，从事畜牧而非农业，其规则略有不同。他们不把祖先埋入需永久保护的坟墓，乃因追随牛群而要跋涉宽广地域。他们对土地的权利不是排他的，只是为了通行和使用，就像希腊和罗马家庭的土地。[19]权利不全是私人的，但像其他的共有安排，这并不表示牧场一定会遭到过度开发。肯尼亚的图尔卡纳人

68

(Turkana）和马赛人（Masai），西非的游牧民族富来尼人（Fulani），都发展了互相可以享用牧场但拒绝外人的制度。[20]

西方人没能理解共有财产的性质，以及它与亲戚团体的难解难分，或多或少是非洲目前政治失调的根源之一。欧洲殖民官员相信，缺乏现代产权，经济发展是不可能发生的。这个产权是独立且可转让的，并获法律制度的确认。很多人相信，如听任自由，非洲人将不懂如何有效且持久地使用土地。[21]他们自己也有私心，或为天然资源，或为商业农场，或代表欧洲移民。他们想获得地契，便假设酋长"拥有"部落土地，宛如欧洲的封建君主，可以擅自签约转让。[22]在其他情况下，他们请酋长做代理人，不仅为了土地，还把他招为殖民政府的一员。非洲的部落社会中，传统领袖的权力曾受到复杂亲戚制度的有效制衡。马哈默德·马姆达尼（Mahmood Mamdani）认为，欧洲人欲建立现代产权，故意让一帮贪婪的非洲头人攫取权力，以非传统的方式欺负自己部落的伙伴，从而助长了独立后世袭政府的滋长。[23]

法律和正义

部落社会只有软弱的中央权威——头人或酋长，因此，其强制他人的能力远远低于国家。他们没有现代法律制度中的第三方执法。维诺格拉多夫指出，部落社会中的正义，有点像现代世界上国与国之间的关系：各式各样的主权决策者，有时互相谈判，有时全靠自助。[24]埃文斯-普理查德如此解说努尔人的正义：

> 血亲复仇是部落社会的规则，发生于违反法律之后，以获补偿。事实上，对血亲复仇的恐惧是部落中最重要的合法惩罚，也是个人生命和财产的主要保障……个人觉得受了损害，但投诉无门，无法得到赔偿。所以，他便向损害自己的人提出决斗，

这一挑战必须获得接受。[25]

　　显而易见，埃文斯－普理查德在此提到的"法律"和"合法惩罚"都是泛指的，因为国家层次的法律与部落社会的正义很少存在关联。

　　然而，如何实施血亲复仇，又有一套规则。遇害努尔人的亲戚，可以追缉作案者和作案者的男性近亲，但不能碰作案者母亲的兄弟、父亲的姐妹、母亲的姐妹，因为他们不是作案者的宗族成员。豹皮酋长会在中间调解，其住房又供作案者寻求避难和遵循礼仪，以净化自己沾上的遇害者的血。有关各方也需遵守精心的礼仪，以防冲突的扩大。例如，将伤害对方的矛送到受害者的村庄，以获魔法处理，从而避免伤口变得致命。豹皮酋长作为中立人士，享受一定的权威。他与被告村庄的其他长者一起，倾听对方的申述，但没权执行判决，就像无法执行现代国家之间判决的联合国仲裁人。仍以国际关系为例，实力是至关重要的，弱小的宗族很难从强大的宗族获得赔偿。[26]讨回公道的程度，则取决于争执双方出于自利的斟酌。大家都不愿看到，血亲复仇逐步升级，造成更多伤害。

　　实际上，所有部落社会都有寻求正义的相似规则：亲戚们有义务为受害者寻求报仇和赔偿；无约束力的仲裁制度，以帮助争端的和平解决；与各种犯罪相对称的赔偿表，北欧日耳曼部落将之称为赔偿金（wergeld）。《贝奥武夫》（*Beowulf*）传奇，就是一篇亲戚为遇害者寻求报仇或赔偿的英雄叙事长诗。不同的部落社会，自有不同的仲裁制度。太平洋海岸克拉马斯河（Klamath）的印第安社会中，"尤罗克（Yurok）人如想提出诉求，就要雇用二、三或四名越界者（crosser）。他们是来自其他社团的非亲人士，被告也要雇用自己的越界者。这群人合在一起充当中间人，确定诉求和反驳，并收集证据。听过所有证据之后，越界者会作出赔偿裁决"。[27]像努尔人的豹皮酋长，越界者无权执行自己的判决，如当事人拒绝接受裁决，只能付诸排斥的威胁。部落男性同居于"流汗屋"（sweathouse）的事实，使之较为有效。被告核算，如自己将来受到委屈，也需要流汗屋伙伴的支持。因此，付出赔偿是得到鼓励的。[28]

同样，自 6 世纪克洛维一世（Clovis）时代以来，萨利族法兰克人（Salian Franks）在日耳曼各部落中胜出，他们的萨利克法典（Lex Salica）也建立正义规则："萨利族法兰克部落成员，如向邻居提出诉求，在传召对方时一定要遵循精确的程序。他必须前往对方居处，在其他目击者面前宣布自己的诉求，并定下对方出席司法聚会的日期。如被告不来，他必须数次重复如此的传召。"维诺格拉多夫总结说："我们清楚看到部落社会司法的固有弱点：其法律裁决的执行，通常不靠最高权威，在很大程度上落在诉讼者和其朋友的手中。所以只能说，这是部落社会在司法上批准和认可的自助。"[29]

第三方强制执行司法裁决，还必须等待国家的出现。但部落社会确实开发了愈益复杂的制度，以便在民事和刑事纠纷中提供妥当的裁决。部落法律通常不是书面的，但为了引用前例和建立赔偿额，仍需要监护人。斯堪的纳维亚发明了雷格曼一职（laghman），他是民选的法律专家，专门在审讯时发表有关法律规则的演讲。

民众聚会起源于部落纠纷的判决。《伊利亚特》（Iliad）有关阿喀琉斯护盾（shield of Achilles）的章节，就描述一场涉及被杀男子价格的争论，在市场的大庭广众面前发生，再由部落长者读出最后的裁决。讲个更具体的案例，执行萨利克法律的是条顿制度（Teutonic），称作百户法庭，由当地村民组成，即现代模拟法庭（moot court）的源头。百户法庭在露天开会，其法官都是住在本地的自由民。百户法庭的主席（Thingman）是推选的，他主持实际上的仲裁法庭。亨利·梅因认为，"其主要功能是让热血有时间冷却，防止人们自行寻求赔偿，把争执接管过来，并协调赔偿的方法。如有不服从法庭的，最早的惩罚可能是逐入另册。不愿遵守其判决的人，将受不到法律的保护；如被杀，其亲戚们迫于舆论压力，将不得参与本属职责和权利的复仇"。[30]梅因指出，英国国王也派代表出席类似的法

庭，最初是为了分享罚款。随着国家的出现，英国国王逐渐坚持自 72
己的裁决权和更重要的执法权（参看第17章）。百户法庭和主席一职，
作为司法制度早已消失，作为地方政府的工具却得以保存。我们将
看到，它最终成为现代民主代议制的一部分。

战争和军事组织

迄今为止，我还没从理论上解说，人类为什么自族团层次过渡
到部落社会。我只提及，它与历史上出现农业后生产力大大提高有
关。农业使人口的高度密集成为可能，并间接创造了对大型社会和
私人财产的需求。如我们所见，私人财产与复杂的亲戚组织，紧密
纠结，盘根错节。

人类过渡到部落社会的另一原因是战争。定居的农业社会的发
展意味着，人类群体变成近邻。他们生产的粮食，远远超过生存所
必需，因此有更多的动产和不动产需要保护，或可供偷窃。部落社
会的规模，远远超过族团层次，在人口数量上可压倒后者。它还有
其他优势，其中最重要的是组织上的灵活性。我们在努尔人身上看
到，部落社会遇上紧急状况可迅速扩展，不同层次的分支能组成各
式联盟。恺撒在介绍他所战胜的高卢人（Gauls）时指出，一俟战
争爆发，其部落便选出联盟的共同领袖，开始对他手下行使生死权。[31]
基于此，人类学家马歇尔·萨林斯把分支式宗族描述成"掠夺性的
扩张组织"。[32]

类人猿祖先和人类的连贯性似乎是暴力倾向。霍布斯有个著名
断言：自然状态是"人人相互为敌的战争"。卢梭则不同，明确表
示霍布斯弄错了。他认为，原始人是温和隔绝的，只是在社会使人 73
腐化的较晚阶段才出现暴力。霍布斯比较接近事实，但要有重大调
整，即暴力应发生于社会群体中，而不是隔离的个人之间。人类高
度成熟的社交技术和合作能力，与黑猩猩和人类社会中常见的暴力

并不矛盾。说得确切些，前者还是后者的必要条件。这表示暴力是一项社交活动，参与者是成群结队的雄性，有时还有雌性。黑猩猩或人类都面对同类的暴力威胁，因此需要更多的社会合作。孤独者容易受到相邻领土的打劫帮派的攻击，与伙伴携手合作得以自保的，方能将自己的基因传给下一代。

对很多人来说，人性中的暴力倾向是很难接受的。众多人类学家像卢梭一样，坚信暴力是文明社会的产物。还有很多人情愿相信，早期社会懂得如何与生态环境保持平衡。但很不幸，无法找到任何证据来支撑这两种观点。人类学家劳伦斯·基利（Lawrence Keeley）和考古学家斯蒂芬·勒布朗，以详尽的考古记录显示，史前人类社会的暴力一直持续不断。[33]基利还指出，根据跨文化的调查，每五年中，70% 到 90% 的初期社会——族团、部落、酋邦的层次——参与战争。这样的社会中，只有极少数经历低水平的突袭或暴力，通常是由于环境提供了屏障阻止邻人来犯。[34]狩猎采集者的残余群体，如卡拉哈里沙漠的布须曼人和加拿大的爱斯基摩人，如果不受干涉，我行我素，其凶杀率是美国的四倍。[35]

就黑猩猩和人类而言，狩猎似乎是战争的源泉。[36]黑猩猩组织起来，成群结队地追捕猴子，再以同样技术追捕其他黑猩猩。人类也是如此，只不过人类的猎物更大、更危险，所以要求更高度的社会合作和更精良的武器。将狩猎技术用于杀人是司空见惯的，我们有历史记录。例如，蒙古人的骑术和马背上打猎，正好用来对付敌人。人类完善了追猎大动物的技术，以致考古学家往往把某处巨大动物群的绝迹，定在人类迁移至该地的时期。乳齿象、剑齿虎、巨型鸸鹋、大树懒——这些大动物，似乎都被组织良好的原始猎人斩尽杀绝了。

随着部落社会的出现，我们看到武士阶层的兴起，还看到人类最基本最持久的政治组织，即领袖和他的武装侍从。后续的历史中，这种组织实际上无孔不入，至今依然安在，如军阀和手下、民兵队、贩毒卡特尔、社区帮派。他们掌握了武器和战争的专门技术，开始行使以前族团层次中所没有的强制权力。

部落社会中，致富显然是发动战争的动机。讲到 10 世纪末战胜俄罗斯的维京人精英时，历史学家杰罗姆·布鲁姆（Jerome Blum）说：

> 君主（维京人酋长）支持和保护他的侍从，以换取他们的服务。起初，他们与君主同住，像他的家庭成员。其赡养费，则靠斩获的战利品和部落上缴的保护费……弗拉基米尔王的侍从埋怨，因为没有银勺，他们必须用木勺进食。君主旋即命令，赶快安排银勺，并说"金银难买侍从，有了侍从，就能获得金银"。[37]

20 世纪 90 年代，塞拉利昂和利比里亚两国沦为军阀混战，因为福戴·桑科（Foday Sankoh）和查尔斯·泰勒（Charles Taylor）积极招募侍从。这次，他们凭借武装侍从争夺的不是银勺，而是血钻石。

但战争的爆发，不单单依靠致富的冲动。武士可能贪婪金银，但他们在战场上表现勇敢，不是为了资源，而是为了荣誉。[38] 为一个目标而甘冒生命危险，为获得其他武士的认可，这就是荣誉。请看塔西佗（Tacitus）在 1 世纪编写的日耳曼部落历史，这是有关欧洲人祖先的罕见的同代人观察：

> 侍从中有很大竞争，决定谁是酋长手下第一副将；酋长中也有很大竞争，决定谁拥有最多、最犀利的侍从。身边有大量精选青年的簇拥，这意味着等级和实力……到达战场时，酋长的膂力比不上他人的，侍从的膂力跟不上酋长的，那是丢脸；比酋长活得更久，得以离开战场的，那是终身的奥名和耻辱；保卫酋长，以壮举颂扬酋长，那是侍从忠诚的精髓。酋长为胜利而战，侍从为酋长而战。[39]

即使从事农业或贸易的报酬更高，武士也不愿与农夫或商人交换地位，因为致富只是其动机的一部分。武士发现农夫生活可鄙，因为它不共担危险和团结：

> 如果出生地的社区长期享有和平和宁静，很多出身高贵的青年，宁可自愿寻求其时忙于战争的其他部落；休息于比赛无补，他们更容易在动乱中功成名就；再说，除了战争和暴力，你很难挽留优秀的侍从……说服他们向敌人挑战，以伤疤为荣，比让他们犁地以待丰收更为容易；凭流血可获的，你偏要通过辛苦劳作，这似乎有点窝囊和闲散。[40]

塔西佗评论，战争之间的空闲期，年轻武士们懒散度日，因为从事任何民间工作只会降低他们的身份。这种武士道德被取代，一直要等到欧洲资产阶级兴起的 17 和 18 世纪。其时，以获利和经济计算为内涵的道德规范替代荣誉，成为杰出人士的标志。[41]

政治是一门艺术，而不是一门科学，其原因之一，就是无法预知领袖与侍从之间的道德信任。他们的共同利益以经济为主，组织起来主要是为了掠夺。但单靠经济是不能把追随者与领袖捆绑在一起的。1991 年和 2003 年，美国与萨达姆·侯赛因的伊拉克作战时，它相信战场上失败将迅速导致其政府的倒台，因为他的重要部属会意识到，去掉侯赛因应是一件好事。但那些部属，由于家庭和私人的联系，加上害怕，结果却紧密团结，同舟共济。

长期互惠所建立的互相忠诚，是凝聚力的非经济原因。部落社会向亲戚关系注入宗教意义和神灵制裁。此外，民兵通常由尚未成家、没有土地和其他财产的年轻人组成。他们身上荷尔蒙高涨，偏爱冒险生活，对他们而言，经济资源不是掠夺的唯一对象。我们不应低估，性和俘获女人在造就政治组织方面的重要性，尤其是在通常用女人作为交换中介的分支式社会。这些社会相对狭小，由于缺少非亲女子，其成员往往通过对外侵略来遵循异族通婚的规则。蒙古帝国的创始者成吉思汗，据称如此宣称："最大的快乐是……击败你的敌人、追逐他们、剥夺他们的财富、看他们的亲人痛哭流涕、骑他们的马、把他们的妻女拥入怀中。"[42] 在实现最后一项抱负上，他是相当成功的。根据 DNA 的测试，亚洲很大一块地区，其现存的男性居民中约有 8% 是他的后裔，或属于他的血统。[43]

部落社会中的酋长和侍从，不同于国家层次中的将军和军队，因为两者的领导性质和权威是截然不同的。在努尔人中，豹皮酋长基本上是一名仲裁人，没有指挥权，也不是世袭的。现代的巴布亚新几内亚或所罗门群岛，其头人处于同等地位。根据传统，他是亲戚们选出的，也可能会以同样方式失去该职。塔西佗写道，日耳曼部落中，"他们国王的权力不是无限或任意的；他们的将军不是通过命令，而是通过榜样及他人由衷的赞美，站在队伍的前列来控制人民"。[44] 其他部落则组织得更为松懈。"19 世纪的科曼奇（Comanche）印第安人，甚至没有称作部落的政治组织，没有率领百姓的强悍酋长……科曼奇的人口，由大量组织松散的自治族团组成，没有应付战争的正式组织。战争头领只是战绩累累的杰出战士；如能说服他人，任何人都可动员一支战斗队伍；但其领导地位只在攻袭期间有效，还必须依赖他人的自愿。"[45] 等到欧洲移民入侵北美，施加了军事压力，夏安人（Cheyenne）等的印第安部落才开始发展出持久和集中的指挥机构，如固定的部落会议。[46]

疏松且分散的组织，对部落社会来说，既是优点，也是缺点。他们联网的组织，有时可以发起强大的攻击。配备以马匹，游牧民族的部落能奔赴远方，征服广袤的领土。阿尔莫哈德王朝就是一个案例，其柏柏尔部落在 12 世纪突然崛起，征服了北非全地和西班牙南部的安达卢斯。没人可与蒙古帝国媲美，他们来自亚洲内陆的大本营，在一个多世纪的时间里，设法攻克了中亚、中东大部、俄罗斯、部分东欧、印度北部、整个中国。但其永久领导的缺席、分支式联盟的松散、继位规则的缺乏，注定了部落社会最终衰弱的命运。他们没有永久的政治权力和行政能力，无法治理征服的领土，只好依赖当地定居社会提供的例行管理。几乎所有征战的部落社会——至少是没能迅速演进为国家层次的——都会在一代或两代以内四分五裂，因为兄弟、表亲、孙子都要争夺创始领袖的遗产。

国家层次的社会，在继承部落层次的社会后，其中的部落制并不消失。在中国、印度、中东、哥伦布到来之前的美洲，国家制度只是重叠在部落制度上，两者长期共存，处于勉强的平衡。早期现代化理论的错误，一是认为政治、经济、文化必须相互匹配，二是认为不同历史"阶段"之间的过渡是干净和不可逆转的。世界上只有欧洲，自觉自愿和个人主义的社会关系完全取代部落制，基督教发挥决定性作用，打破了以亲戚关系为凝聚基础的传统。多数早期的现代化理论家，都是欧洲人。他们假设，世界其他地区走上现代化，会经历与亲戚关系的类似告别，但他们错了。中国虽是发明现代国家的第一文明，但在社会和文化的层面，却从未能成功压抑亲戚关系的弄权。因此，其两千年政治历史的大部分，一直围绕在如何阻止亲戚关系重新渗透国家行政机构。在印度，亲戚关系与宗教互动，演变成种姓制度（caste），迄今仍是定位印度社会的最好特征。从美拉尼西亚的一语部落、阿拉伯部落、台湾人宗族，到玻利维亚的"艾柳"（ayllu）村社，复杂的亲戚关系组织仍是现代世界众多社交生活的主要场所，并塑造其与现代政治制度的互动。

从部落制到保护人—依附者和政治机器

我以亲戚关系来定位部落制（tribalism），但部落社会也在进化。分支世系制的严格系谱，慢慢变成父母双传的部落，甚至是接受无亲戚关系成员的部落。如果我们采用更广泛的定义，部落不但包括分享共同祖先的亲戚，还包括因互惠和私人关系而绑在一起的保护人和依附者，那么，部落制便成了政治发展的常数。

　　例如在罗马，甫斯特尔·德·库朗日所描述的父系亲族，叫作家族（gentes）。但到共和国初期，家族开始积累大量无亲戚关系的追随者，叫作依附者（clientes）。他们由自由民、佃户、家庭侍从所组成，到后来甚至包括愿意提供支持以换取金钱或其他好处的贫穷平民（plebeian）。从共和国晚期至帝国初期，罗马的政治离不开强悍领袖动员各自依附者来攫取国家机构，像恺撒、苏拉（Sulla）、庞培。富有的保护人，把他们的依附者编成私人军队。在考察共和国末期的罗马政治时，历史学家塞缪尔·芬纳（Samuel Finer）很小心地指出，"如果抛开具体人物……你会发现所有这些尔虞我诈、大公无私、高贵庄严，并不比一个拉丁美洲的香蕉共和国多多少。如果把罗马共和国看成是弗里多尼亚共和国（Freedonian Republic），将时间设在 19 世纪中期，将苏拉、庞培和恺撒想象成加西亚·洛佩兹、佩德罗·波德里拉和海梅·比列加斯，你会发现两者有许多相似之处，如由依附者构成的派系、私人军队和对总统职位的武装争夺"。[47]

　　宽泛意义中的部落制，仍是活生生的事实。例如，印度自 1947年建国以来，一直是成功的民主政体，但印度政治家在议会竞选中，仍需依赖保护人和依附者之间的私人关系。严格讲，这些关系有时仍属部落的，因为部落制仍存在于印度较穷、较落后的地区。其他时候，政治支持以种姓制度或宗派主义为基础。但在每一件案例中，政治家与支持者的社会关系，与在亲戚团体中的一模一样。它仍建基于领袖和追随者的相互交换恩惠：领袖帮助促进团体利益，团体帮他获得竞选。异曲同工的是美国城市的赞助政治。其政治机器所依据的，仍是谁为谁搔了痒，而不是意识形态和公共政策的"现代"动机。所以，以非人格化形式的政治关系取代"部落"政治的斗争，仍在 21 世纪继续。

第5章

"利维坦"的降临

*不同于部落社会的国家层次社会；国家的"原生"形成和
竞争形成；国家形成的不同理论，包括此路不通的灌溉论；
国家为何仅出现于部分地区*

与部落社会相比，国家层次社会具有下列重要差别：[1]

第一，它们享有集中的权力，不管是国王、总统，还是首相。
该权力委任等级分明的下属，至少在原则上，有能力在整个社会执
行统一规则。该权力超越领土中所有其他权力，这表示它享有主权。
各级行政机关，如副首脑、郡长、地方行政官，凭借与主权的正式
关联而获得决策权。

第二，该权力的后盾是对合法强制权力的垄断，体现在军队和
警察上。国家有足够权力，防止分支、部落、地区的自行退出。（这
也是国家与酋邦的分别。）

第三，国家权力是领土性的，不以亲戚关系为基础。因此，墨
洛温王朝（Merovingian）时期，法兰西还不算国家。其时，统治
法兰西的是法兰克国王，而不是法兰西国王。国家的疆土可远远超
越部落，因为其成员资格不受亲戚关系的限制。

第四，与部落社会相比，国家更为等级分明，更为不平等。统
治者和他的行政官员，常与社会中的他人分隔开来。某种情况下，
他们成为世袭的精英。部落社会中已有听闻的奴役和农奴，在国家

的庇护下获得极大发展。

　　第五，更为精心雕琢的宗教信仰，将合法性授予国家。分开的 81
僧侣阶层，则充任庇护者。有时，僧侣阶层直接参政，实施神权政治；
有时，世俗统治者掌管全部权力，被称作政教合一（caesaropapist）；
再有时，政教并存，分享权力。

　　随着国家的出现，我们退出亲戚关系，走进政治发展的本身。
下面几章将密切关注中国、印度、穆斯林世界以及欧洲如何自亲戚
关系和部落过渡到非人格化的国家机构。一旦国家出现，亲戚关系
便成为政治发展的障碍，因为它时时威胁要返回部落社会的私人关
系。所以，光发展国家是不够的，还要避免重新部落化（tribalization），
或我所谓的家族化。

　　世界上，不是所有社会都能自己过渡到国家层次。欧洲殖民者
出现之前，19世纪的大部分美拉尼西亚，由群龙无首的部落社会组
成（即缺乏集中的权力）。撒哈拉以南的非洲的一半，南亚和东南
亚的部分地区，也是如此。[2] 缺乏悠久国家历史的事实，大大影响
了它们在20世纪中期独立后的进展。与国家传统悠久的前东亚殖
民地相比，这一点显得尤其突出。中国很早就开发了国家，而巴布
亚新几内亚一直没有，尽管人类抵达后者更早。为什么？这就是我
希望回答的问题。

国家形成的理论

　　人类学家和考古学家把国家形成分成两种，"原生"和"竞争"。
国家原生形成是指国家在部落社会（或酋邦）中的首次出现。国家
竞争形成是指第一个国家出现后的仿效追随。与周边的部落社会相
比，国家通常组织得更为紧密、更为强大。所以，不是国家占领和
吸收邻里的部落社会，就是不甘被征服的部落社会起而仿效。历史
上有很多国家竞争形成的案例，但从没观察到国家原生形成的版本。

政治哲学家、人类学家、考古学家,只能猜测第一个或第一批国家　82
的出现,有众多解释,包括社会契约、灌溉、人口压力、暴力战争
以及地理界限。

国家源于自愿的社会契约

社会契约论者,如霍布斯、洛克、卢梭,一开始并不想提供国
家如何出现的实证。相反,他们只是试图弄清政府的合法性。但最
先的国家是否通过部落成员的明确协议而建立集中权力,弄清这一
点还是很值得的。

托马斯·霍布斯如此解说有关国家的"交易":国家(即利维坦)
通过权力的垄断,保证每个公民的基本安全,公民放弃各行其是的
自由以作交换。国家还可向公民提供无法独自取得的公共服务,如
产权、道路、货币、统一度量衡、对外防卫。作为回报,公民认可
国家的征税和征兵等。部落社会也可提供一定的安全,但因缺乏集
中的权力,其公共服务非常有限。假如国家确实源于社会契约,我
们必须假设,在历史上的某一天,部落群体自愿决定将独裁的统治
权委托给个人。这种委托不是临时的,如部落酋长的选举,而是永
久的,交到了国王和其后裔手中。这必须是部落中所有支系的共识,
因为如有不喜欢,每一支系仍可出走。

若说主要动机是经济,即产权的保护和公共服务的提供,国家
源于社会契约似乎是不可能的。部落社会是很平等的,在密切相处
的亲戚团体中,又很自由自在。相比之下,国家是强制、专横、等
级分明的。尼采(Friedrich Nietzsche)把国家称作"最冷酷的怪
物"。我们想象,自由的部落社会只会在极端逼迫之下才出此下策。
譬如面对即将来临的异族入侵和灭绝,委托一名独裁者;或面对即　83
将摧毁整个社团的瘟疫,委托一名宗教领袖。实际上在共和国期间,
罗马独裁者就是这样选出的,如公元前 216 年坎尼会战后,汉尼拔
(Hannibal)对罗马造成了切实的威胁。这表明,国家形成的真正

原因是暴力,或暴力的威胁。社会契约只是有效途径,并非终极原因。

国家源于水利工程

社会契约论的变种是卡尔·魏特夫(Karl Wittfogel)的"水利工程"论,前人为此花费了很多不必要的笔墨。魏特夫原是马克思主义者,后来蜕变成反共产主义者。他发展了马克思的亚细亚生产方式理论,为专政出现于非西方社会提供了经济解释。他认为,大规模的灌溉需求,只有中央集权的官僚国家方能满足,从而促进了美索不达米亚、埃及、中国和墨西哥的国家兴起。[3]

水利工程的假设要解答很多疑问。新生国家的地区,其早期灌溉工程多数都是小型的,地方上自己就能应付。像中国大运河这种大工程,是在建立强大国家之后,只能算是结果,不应该是原因。[4]魏特夫的假设若要成真,我们必须假设,部落成员聚集起来说:"我们将心爱的自由交给一名独裁者,让他来管理举世无双的大型水利工程,我们将变得更加富有。我们放弃自由,不仅在工程期间,而是永远,因为我们的后代也需要卓越的工程主管。"此种情形如有说服力,欧洲联盟早已变成一个国家了。

密集人口

人口统计学家埃斯特·博塞鲁普主张,人口的增加和密集是技术革新的主要动力。埃及、美索不达米亚、中国江河流域的密集人口,创造了精耕细作的农业。它涉及大规模灌溉、高产作物、各式农业工具。人口密集允许专业化,允许精英和百姓的分工,从而促进国家的形成。低密度人口的族团和部落社会,为减少冲突可分道扬镳;如发现不能共存,便自立门户。但新兴城市的密集人口并无如此的选择,土地匮乏,如何取得重要公共资源,这一切都可触发冲突,从而要求权力的高度集中。

即使人口密集是国家形成的必要条件,我们仍有两个未获答案

84

的疑问：一开始是什么造就了密集人口？密集人口与国家又是怎样互动的？

第一个问题似乎有简单的马尔萨斯式答案：如农业革命的技术革新大大提高了土地产量，导致父母生育更多孩子，从而造成密集人口。问题是，有些狩猎采集社会的利用率，远远低于当地环境的富饶能力。新几内亚高地居民和亚马孙印第安人开发了农业，尽管在技术上做得到，却不愿生产余粮。有了提高效率和产量的技术，可以增加人口，但并不保证这一切确实发生。[5] 人类学家表明，在某些狩猎采集社会，粮食供给的上升反而导致工作量的降低，因为其成员更在乎休闲。按平均来说，农业社会的居民比较富庶，但必须工作得更加努力，这样的交换可能并不诱人。或者说，狩猎采集者只是陷入了经济学家所谓的低平衡。那是指，他们掌握了转移至农业的技术，因为面对他人分享盈余的前景，旋又打消了转移念头。[6]

这里的因果关系，可能被颠倒了。早期社会的人们不愿生产盈余，除非挥鞭的统治者强迫他们这样做。主人自己不愿辛苦工作，却很乐意压迫他人。等级制度的出现，不在经济因素，而在政治因素，如军事征服或强迫。埃及金字塔的建造，顿时浮现在眼前。因此，密集人口可能不是国家形成的终极原因，只是中间的变数，其本身又是尚未确定原因的产物。

国家源于暴力和强迫

经济解释的弱点和空缺，把国家形成的来源指向暴力。部落到国家的过渡，涉及了自由和平等的巨大损失。很难想象，为了灌溉可能带来的巨大收益，部落社会愿意这么做。所以，牵涉的利害关系必须更大，威胁生命的有组织暴力比较可信。

我们知道，人类社会实际上一直参与暴力，尤其是在部落层次。一个部落战胜另外一个时，可能出现等级和国家。为了在政治上控制战败部落，战胜者建立了集中的强迫机构，渐渐演变成原生国家

85

的官僚系统。如果两个部落在语言或种族上是不同的，战胜者可能
建立主仆关系，等级制度慢慢变得根深蒂固。异族部落前来征服的
威胁，也会鼓励部落群体建立起更永久、更集中的指挥中心，如夏
安和普韦布洛的印第安人。[7]

　　部落征服定居社会的案例，在历史记载中屡有发生，如党项、
契丹、匈奴、女真、雅利安（Aryans）、蒙古、维京人（Vikings）、
日耳曼人，他们都是以此建国的。唯一的问题是，最早国家也是这
样起家的吗？巴布亚新几内亚和苏丹南部的部落战争，历时数世纪，
却一直没能建起国家层次的社会。人类学家认为，部落社会自有平
衡的机制，冲突之后会重新分配权力。努尔人只收纳敌人，并不统
治他们。于是，解释国家的兴起似乎还要寻找其他原因。彪悍的部
落群体，从亚洲内陆草原、阿拉伯沙漠、阿富汗山脉向外出征时，   86
才会建立更为集中的政治组织。

地理界限和其他环境因素

　　人类学家罗伯特·卡内罗（Robert Carneiro）注意到，就国家
形成而言，战争虽然是普遍和必要的，但还不够。他认为，生产力
增长，如发生于地理上被环绕的地区，或发生在敌对部落的有效包
围中，才能解释等级制国家的出现。在非环绕地区或人口稀少地区，
衰弱的部落或个人可随时跑掉。夹在沙漠和海洋中间的尼罗河峡
谷，以沙漠、丛林、高山为界的秘鲁峡谷，都不存在逃跑的选择。[8]
地理界限也能解释，由于没人搬走，生产力的增长只会导致人口密
度的增加。

　　新几内亚高地的部落也有农业，也住在被环绕的峡谷。所以单
凭这些因素，也是无法解说国家兴起的。绝对规模可能很重要，美
索不达米亚、尼罗河峡谷、墨西哥峡谷，都是相当规模的农业区，
又有山脉、沙漠、海洋的环绕。他们可以组成较大、较集中的军队，
尤其是在马或骆驼已获驯养的情况下，可在广阔地区施展威力。所

以，不仅是地理界限，还有被环绕地区的大小和交通，决定国家的形成与否。地理界限尚可提供额外的帮助，暂时保护他们免遭峡谷或岛屿外敌人的攻击，让他们有时间扩军备战。大洋洲的酋邦和雏形国家，只在斐济、汤加、夏威夷那样的大岛上出现，而不在所罗门群岛、瓦努阿图（Vanuatu）、特洛布里恩群岛（Trobriands）那样的小岛。新几内亚虽是大岛，但多山，被分割成无数个微型的生态环境。

国家源于魅力型权威

推测政治起源的考古学家，偏爱唯物主义的解释，如环境和技术；不大喜欢文化因素，如宗教。这是因为，我们对早期社会的物质环境，已有较多了解。[9]但宗教思想对早期国家的形成，很可能是至关重要的。部落社会丧失自由，过渡到等级制度，都可从宗教那里获得合法性。在传统和现代理性的权威中，马克斯·韦伯挑出了他所谓的魅力型（charisma）权威。[10]这是希腊文，意思是"上帝碰过的"。魅力型领袖行使权力，不是因为部落伙伴推崇能力而选他，而是因为他是"上帝选中的"。

宗教权威和军事威武携手并进，让部落领袖得以调度自治部落之间的大规模集体行动。它也让自由的部落成员，将永久权力委托给领袖和其亲戚，这比经济利益更有说服力。之后，领袖可使用该权力建立集中的军事机器，战胜反抗部落，确保境内的和平和安全，在良性循环中再一次加强宗教权威。祖先崇拜等宗教受到其固有规模的限制，因此需要一个有的放矢的新宗教。

展示此一过程的具体案例是正统哈里发和倭马亚王朝（Patriarchal & Umayyad caliphates）时期第一个阿拉伯国家的兴起。数世纪以来，部落群体居住在阿拉伯半岛，属埃及、波斯、罗马、拜占庭等国家层次社会的边缘地域。他们的环境恶劣，不适合农耕，所以没有遭遇他人的侵占，也没遇上仿效建国的军事压力。他们只在附近定居社会之间充任中介和商人，自己不能生产相当的粮食盈余。

公元 570 年，先知穆罕默德诞生于阿拉伯城镇的麦加，便发生了戏剧性变化。根据穆斯林传统，穆罕默德 40 岁那年获得上帝的首次启示，随即开始向麦加部落布道。他和追随者由于受到迫害，在 622 年搬至麦地那。麦地那部落的争执需要他的调解，他便草拟所谓的麦地那宪法，为超越部落忠诚的信徒团体（umma）定位。穆罕默德创立的政体，尚无真正国家的所有特征。但它脱离了亲戚关系，不靠征服，而靠社会契约，这全凭他作为先知的魅力型权威。新成立的穆斯林政治体经过数年征战，赢得信徒，占领麦加，统一阿拉伯半岛的中部，一举成为国家层次的社会。

在征战国家中，创始部落的领袖血统通常开创新朝代。但在穆罕默德的案例中，这没有发生，因为他只有女儿法蒂玛（Fatima），没有儿子。新兴国家的领导权因此传给穆罕默德的同伴，他属倭马亚氏族，也是穆罕默德的古莱什部落（Quraysh）中的支系。之后，倭马亚氏族确实开创了新王朝。倭马亚国家在奥斯曼（Uthman）和穆阿维叶（Mu'awiya）的领导下，迅速战胜叙利亚、埃及、伊拉克，在这些现存的国家层次社会中实施阿拉伯统治。[11]

就政治思想的重要性而言，先知穆罕默德促使阿拉伯国家兴起是最好的证明。之前，阿拉伯部落只在世界历史中扮演边缘角色。多亏穆罕默德的魅力型权威，他们获得统一，并把势力扩展到整个中东和北非。阿拉伯部落自己没有经济基础，但通过宗教思想和军队组织的互动，不但获得经济实力，还接管了产生盈余的农业社会。[12] 这不是纯粹国家原生形成的案例，因为阿拉伯部落已有周边如波斯和拜占庭等现成国家，先作为仿效榜样，后予以征服。不过，其部落制的力量非常强大，后来的阿拉伯国家不能完全予以控制，也建不成无部落影响的官僚机构（参看第 13 章）。这迫使后来的阿拉伯和土耳其朝代采取特别措施，如军事奴隶制和招聘外国人充当行政官，以摆脱亲戚关系和部落的影响。

第一个阿拉伯国家的创立,昭示了宗教思想的政治力量。这是非常突出的案例,但几乎所有国家,都倚靠宗教使自己获得合法地位。希腊、罗马、印度和中国的创始传说,都把统治者的祖先追溯到神灵,或至少一名半神半人的英雄。如弄不清统治者如何控制宗教礼仪以取得合法地位,就不能理解早期国家的政治力量。请看中国《诗经》中,献给商朝创始者的商颂《玄鸟》:

> 天命玄鸟,降而生商,宅殷土芒芒。古帝命武汤,正域彼四方。　89
> (天帝任命燕子降,入世生下我商王,居衍殷地广且强。古时帝命神武汤,整顿边界安四方。)

另一首颂诗《长发》称:

> 濬哲维商,长发其祥。洪水芒芒,禹敷下土方。
> (睿智的商君,早现朝代的祯祥。洪水滔滔,禹来治理大地四方。) [13]

我们似乎在接近国家原生形成的齐全解释,它需要若干因素的汇合。首先,那里必须资源丰富,除维持生活,还有盈余。这类丰裕可以是纯粹自然的,太平洋西北地区充满猎物和鱼,其狩猎采集社会得以发展成酋邦,虽然还不是国家。但更多时候,创造丰裕的是技术进步,比如农业的兴起。其次,社会的绝对规模必须够大,允许初级分工和执政精英的出现。再次,居民必须受到环境的束缚,技术机遇来到时,其密度会增高;受到逼迫时,会无处可逃。最后,部落群体必须有强烈动机,愿意放弃自由来服从国家权力。这可通过组织日益良好的团体的武力威胁,也可通过宗教领袖的魅力型权威。上述因素加在一起,国家出现于像尼罗河峡谷那样的地方,这似乎是可信的。[14]

霍布斯主张，国家或"利维坦"的产生，起源于个人之间理性的社会契约，以终止暴力不断和战争状态。在第 2 章的开头，我曾表明，全部自由社会契约论都有一个基本谬误：因为它假设在史前自然状态时期，人类生活于隔离状态。但这种最早的个人主义从没存在过。人类天生是社会的，自己组成群体，不需要出于私心。在高层次阶段，社会组织的特别形式往往是理性协议的结果；但在低层次阶段，它由人类生物本能所决定，全是自发的。 90

霍布斯式谬误，还有其另外一面。从蛮荒的自然状态到井然有序的文明社会，从来未见干净利落的过渡；而人类的暴力，也从未找到彻底的解决办法。人类合作是为了竞争；他们竞争，也是为了合作。利维坦的降临，没能永久解决暴力问题，只是将之移至更高层次。以前是部落支系之间的战斗，现在是愈益扩大的战争，主要角色换成了国家。第一个国家问世，可建立胜利者的和平。但假以时日，借用同样政治技术的新兴国家将奋起提出挑战。

国家为何不是普世共有？

我们现在明白，国家为何没在非洲和大洋洲出现，部落社会又为何持续存在于阿富汗、印度、东南亚高地。政治学家杰弗里·赫伯斯特（Jeffrey Herbst）认为，非洲很多地区缺乏自生国家，原因在于各式因素的聚合："非洲的建国者——不管是殖民地的国王和总督，还是独立后的总统——所面对的基本问题是，如何在人口稀少且不适居住的领土上行使统治权。"[15] 他指出，与大众的想象相悖，非洲大陆上仅 8% 的地区处于热带，50% 的地区降雨不够，难以支撑农业。人类虽在非洲起家，却在世界其他地域繁荣昌盛。现代农业和医学到来之前，非洲的人口密度一直很低，其在 1975 年的程度，刚刚达到欧洲在 1500 年的水平。也有例外，如非洲肥沃的大湖区和东非大裂谷（the Great Rift Valley），养活了高密度的居民，并出现集权国家的萌芽。

非洲的自然地理，使权力的行使变得艰巨。非洲只有很少适合长途航行的河流（这一规则的例外是尼罗河下游，它是世界上最早国家之一的摇篮）。萨赫勒地区（Sahel）的沙漠与欧亚的大草原迥然不同，成为贸易和征服的一大障碍。那些骑在马背上的穆斯林战士，虽然设法越过这道障碍，却发现自己的坐骑纷纷死于孑孓蝇传染的脑炎。这也解释了，西非的穆斯林区为何仅局限于尼日利亚北部、象牙海岸、加纳等。[16] 在热带森林覆盖的非洲部分，建造和维修道路的艰难是建立国家的重要障碍。罗马帝国崩溃一千多年后，其在不列颠岛上建造的硬面道路仍在使用，而热带的道路能持续数年的寥寥无几。

非洲只有少数在地理上被环绕的地区。统治者因此而遇上极大的困难，将行政管理推入内地，以控制当地居民。因为人口稀少，通常都有荒地可开；遇上被征服的威胁，居民可轻易朝灌木丛做进一步的撤退。非洲的战后国家巩固，从没达到欧洲的程度，因为战争征服的动机和可能性实在有限。[17] 根据赫伯斯特，这显示，自部落社会向欧洲式领土政体的过渡从来没有发生于非洲。[18] 非洲的被环绕地区，如尼罗河峡谷，则看到国家的出现，这也符合相关规则。

澳洲本身没有国家出现，原因可能与非洲雷同。大体上说，澳洲非常贫瘠，而且甚少差别。尽管人类在那里已居住良久，但人口密度总是很低。没有农业，也没有被环绕地区，由此解释了超越部落和宗族的政治组织的缺乏。

美拉尼西亚的处境则不同。该地区全由岛屿组成，所以有自然环境的界限，此外，农业发明也在很久以前。考虑到多数岛屿都是山脉，这里的问题与规模大小和行政困难有关。岛屿中峡谷太小，仅能养活有限人口，很难在远距离行使权力。就像较早时指出的，具大片肥沃平原的大岛，如斐济和夏威夷，确有酋邦和国家出现。

山脉也解释了部落组织为何持续存在于世界上的高山地区，包

91

92

括：阿富汗，土耳其、伊拉克、伊朗、叙利亚的库尔德地区，老挝和越南的高地，巴基斯坦的部落区域。对国家和军队来说，山脉使这些地区难以征服和占领。土耳其人、蒙古人、波斯人、英国人、俄国人，还有现在的美国人和北约，都试图降伏和安抚阿富汗部落，以建立集权国家，但仅有差强人意的成功。

弄清国家原生形成的条件是很有趣的，因为它有助于确定国家出现的物质条件。但到最后，有太多互相影响的因素，以致无法发展出一条严密且可预测的理论，以解释国家怎样形成和何时形成。这些因素或存在，或缺席，以及为之所作的解释，听起来像是吉卜林的《原来如此》（Just So Stories）。例如，美拉尼西亚的部分地区，其环境条件与斐济或汤加非常相似——都是大岛，其农业能养活密集人口——却没有国家出现。原因可能是宗教，也可能是无法复原的历史意外。

找到这样的理论并不见得有多重要，因为世界上大多数国家不是原生形成的，而是竞争形成的。很多国家的形成是在我们有书面记录的年代。中国国家的形成开始得很早，比埃及和美索不达米亚略晚，与地中海和新世界（New World）的国家兴起几乎同时。早期中国历史，有详尽的书面和考古资料，为我们提供了细致入微的中国政治纹理。但最重要的是，依马克斯·韦伯的标准，中国出现的国家比其他任何一个更为现代。中国人建立了统一和多层次的官僚行政机构，这是在希腊或罗马从未发生的。中国人发展出了明确反家庭的政治原则，其早期统治者刻意削弱豪门和亲戚团体的力量，提倡非人格化的行政机构。中国投入建国大业，建立了强大且统一的文化，足以承受两千年的政治动乱和外族入侵。中国政治和文化所控制的人口，远远超过罗马。罗马统治一个帝国，其公民权最初只限于意大利半岛上的少数人。最终，罗马帝国的版图横跨欧亚非，从不列颠到北非，从日耳曼到叙利亚。但它由各式民族所组成，并允许他们相当可观的自治权。相比之下，中国帝王把自己称作皇帝，不叫国王，但他统治的更像王国，甚至更像统一国家。

中国的国家是集权官僚制的，非常霸道。马克思和魏特夫认识到中国政治这一特点，所以用了"亚细亚生产方式"和"东方专制主义"这样的词语。我将要在后续章节论证，所谓的东方专制主义不过是政治上现代国家的早熟出世。在中国，国家巩固发生在社会其他力量建制化地组织起来之前，后者可以是拥有领土的世袭贵族，组织起来的农民，以商人、教会和其他自治团体为基础的城市。不像罗马，中国军队一直处于国家的严密控制之下，从没对政治权力构成独立威胁。这种初期的权力倾斜却被长期锁定，因为强大的国家可采取行动，防止替代力量的出现，不管是经济的，还是政治的。要到 20 世纪，充满活力的现代经济才能出现，打破这种权力分配。强大的外敌曾不时占领部分或整个中国，但他们多是文化不够成熟的部落，反被中国臣民所吸收和同化。一直到 19 世纪，欧洲人带来的外国模式向以国家为中心的发展途径提出挑战，中国这才真正需要作出应对。

中国政治发展的模式不同于西方，主要表现在：其他建制化的力量，无法抵消这早熟现代国家的发展，也无法加以束缚，例如法治。 94
在这一方面，它与印度截然不同。马克思最大错误之一是把中国和印度都归纳在"亚细亚"模式中。印度不像中国，但像欧洲，其建制化的社会抵抗力量——组织起来的祭司阶层和亲戚关系演变而成的种姓制度——在国家积累权力时发挥了制动器作用。所以，过去的二千二百年中，中国的预设政治模式是统一帝国，缀以内战、入侵、崩溃；而印度的预设模式是弱小政治体的分治，缀以短暂的统一和帝国。

中国国家形成的主要动力，不是为了建立壮观的灌溉工程，也不在魅力型宗教领袖，而是无情的战争。战争和战争的需求，在一千八百年内，把成千上万的弱小政治体凝聚成大一统的国家。它创立了永久且训练有素的官僚和行政阶层，使政治组织脱离亲戚关系成为可行。就像查尔斯·蒂利（Charles Tilly）在评论后期欧洲时所说的，"战争创造国家，国家发动战争"，这就是中国。

第二部分

国家建设

第6章

中国的部落制

中国文明的起源；古代中国的部落社会组织；中国家庭和
宗族的特征；周朝的封建扩张和政治权威的性质

自有文字记载以来，中国就有部落制，分支世系制迄今仍残留
于中国南部和台湾。历史学家谈起中国"家庭"时，不是指夫妇带
小孩的小家庭，而是指成员达数百乃至数千的父系家族。中国早期
历史有相当齐全的记载，提供了观察国家自部落社会脱颖而出的罕
见良机。

人类长居中国。早在80万年前，像古直立人的古人类已现踪
迹。智人离开非洲数千年后，也抵达中国。稷（北方）和稻（南方）
很早获得人工培植，冶金和定居社区的首次出现，则在中国朝代之
前的仰韶时期（公元前5000—前3000年）。到龙山时期（公元前
3000—前2000年），可见城郭和社会等级分化的明显遗迹。在这之
前，宗教基于祖先崇拜或鬼神崇拜，由巫师主持。他不是专家，像
在大多数其他族团层次社会，只是社区的普通一员。随着等级社会
的逐渐成形，统治者开始垄断巫术，借此来提升自己的合法性。[1]

开发农业后，最重要的技术革新恐怕是马匹驯养，公元前四千
年在乌克兰率先发生，又在公元前二千年早期传至中西亚。过渡到
草原游牧业则完成于公元前一千年初，也是马背部落向中国挺进的

开始。[2] 这种挺进主宰了中国后续历史的大部分。

古代中国的分期有点让人困惑。[3] 仰韶和龙山不是朝代，而是考古学的范畴，以中国北部黄河中下游的定居点而命名。中国王朝始于三代，即夏、商、周，公元前770年，周朝又发生分裂，从陕西的镐京迁都至现代河南的洛阳，前为西周，后为东周。东周本身又分春秋和战国前后两段。

表1. 古代中国

年份（公元前）	朝代	时期	政治体数量
5000		仰韶	
3000		龙山	
2000	夏	三代	3000
1500	商		1800
1200	西周		170
770	东周	春秋（前770—前476）	23
		战国（前475—前221）	7
221	秦		1

从远古到统一中国的秦是古代中国所涵盖的历史。我们的有关知识来自浩淼的考古资料，包括用于占卜的甲骨文（通常是羊肩骨）、青铜器彝文、官员用来记录政务的竹简。[4] 另一来源是问世于东周最后数世纪的伟大经典文献，其中最重要的是五经：《诗》、《书》、《礼》、《易》、《春秋》，嗣后成为中国官员的教育之本。据称，这五部经典是孔子编纂和传播的，再加上卷帙浩繁的注释，构成了塑造千年中国文化的儒家意识形态。这些经典的形成背景是东周时期，其时内战方兴未艾，政治分崩离析；《春秋》就是鲁国十二名国君的编年史，在孔子眼中，显示了这段时期的退化和堕落。这些经典和孔子、孟子、墨子、孙子等人的著作，虽然蕴含大量历史信息，

但大体上仍属文学作品，其精确性尚不明确。

但有确凿证据显示，中国政治体数量经历了极大的收缩，从夏初的大约一万，到西周开国时的一千二百，到战国时只剩下七个。[5]中国西部的秦孝公和谋臣商鞅，奠基了世界上第一个真正现代的国家。秦王征服所有对手，建立统一国家，并将秦首创的制度推向中国北方的大部，国家巩固由此告成。

部落的中国

从部落到国家层次的过渡在中国慢慢发生，新的国家制度重叠在亲戚关系的社会组织之上。夏商时期被称作"国"的，虽然有日益明显的等级和集中领导，实际上只是酋邦或部落。一直到商末，亲戚团体仍是中国社会组织的主要形式。到了周朝才有变更，涌现了拥有常备军队和行政机构的真正国家。

中国历史的早期社会由宗族组成，即同一祖先的父系家族。基本军事单位由宗族内大约百家男子组成，以宗族领袖为首，聚集在同一旗号下。宗族又可灵活组合，凝聚而成氏族（clan）或更高层次的宗族，而国王只是特定地区所有宗族的最高领袖。[6]

三代时期，宗族中的仪式被编纂成一系列法律。这些仪式涉及对共同祖先的崇拜，在祭有祖先神位的庙堂举行。庙堂内分划不同的祭殿，对应不同层次的宗族，宗族领袖掌控仪式以加强自身权力。未能正确遵守仪式或军事命令，会引来国王或宗族领袖的严苛处罚。依此类推，如要彻底摧毁敌人，一定要毁其祖庙，劫其珍宝，杀其子孙，绝其香火。[7]

像其他部落社会，中国社会组织的层次也时高时低。一方面，村庄范围的宗族为战争、自卫、商业而团结起来，有时出于自愿和共同利益，有时出于对个别领袖的尊敬，但更多时候是迫于强制。战争变得愈益频繁，夯土围墙的城镇在龙山时期变得星罗棋布。[8]

100

另一方面，宗族社会又在分化瓦解。年轻人开发荒野，自立门户。其时，中国仍属地广人稀，只要搬到他地就能逃避现存宗族的管辖。[9]因此，正如国家形成理论所预测的，人口稀少和缺乏界限阻碍了国家和等级制度的形成。

尽管如此，在黄河峡谷的古老地段，人口密度与农业生产力一起上升。商朝的等级制度愈加分明，这可见证于领袖对追随者施加的惩罚，以及其时流行的奴役和人祭。甲骨文提及五种处罚：墨（面部刺字涂墨）、劓（割鼻）、剕（断足）、宫（阉割）、大辟（处死）。[10]很多当时的葬地，挖掘出八至十具作揖的无首骨骼，许是奴隶，又许是战俘。高级领袖的陪葬人数竟高达五百。在殷墟出土的陪葬人总共一万，还有大量马匹、战车、三足鼎和其他珍贵工艺品。为平息死去祖先的灵魂，活人竟投入如此巨大的资源，包括人、动物、器物。[11]很明显，自部落到等级分明政体的过渡正在展开。

中国的家庭和亲戚关系

社会组织中家庭和亲戚的重要性是中国历史上重大常数之一。秦国君主试图抑制亲戚裙带，以推崇非人格化的行政管理，先在自己王国，统一成功后再推向全中国。中国共产党 1949 年上台后，也尝试使用专政权力消灭中国传统的家庭主义，使个人与国家紧密相连。但这两项政治工程，都没获得发明者所期待的成功。中国家庭证明是颇有韧性的，父系家族迄今仍活跃于中国部分地区。[12]短暂的秦朝之后，非人格化管理最终在西汉期间得以确立（公元前206—公元 9 年）。到了东汉末期和隋唐，亲戚团体又卷土重来。要到第二个千年初期的宋明，非人格化国家管理才得以恢复。尤其是在中国南方，宗族和氏族一直处于强势，直到 20 世纪。它们在地方上发挥准政治的功能，在很多事情上取代国家成为权力的来源。

关于中国亲戚关系，我们有很丰富的资料，大部分由人类学家所编撰。他们研究台湾和中国南部的现代社区，所使用的亲戚团体记载可追溯到 19 世纪。[13] 个别亲戚团体所保存的详细记录，有助于研究更为早期的家庭关系。但在古代中国亲戚关系上，我们却只有很少信息。将现代趋势投射得那么久远，风险不小。有学者主张，当代宗族是宋明理学家所提倡的政策的产物，与公元 1000 年之前的亲戚关系是迥然不同的。[14] 尽管如此，在中国数世纪的历史中，亲戚团体的某些特征是万变不离其宗的。

中国社会的亲戚关系严格遵循父系社会或父系家族的规则。有人类学家将之定义为"使用统一礼仪、显示共同祖先的集团 (corporate)"。[15] 某些现代宗族的祖先可追溯到二十五代以上，但历史上的宗族通常不超过五代。相比之下，氏族是容纳若干宗族的更高级组合，通常基于虚拟 (fictive) 的亲戚关系。这种氏族和相关的姓氏联盟之所以存在，只是为了确定异族通婚。[16]

像其他父系家族社会一样，继承和遗产只通过男子。女子不是宗族的永久成员，而是与其他重要家庭联姻的潜在资源。结婚后，她与生身家庭一刀两断，在很多中国历史时期，只可在规定时日回访娘家。妻子不再往生身的家庙祭拜，而是改去丈夫家的。香火传承全靠男子，因此，她在新家庭中没有地位，直到生下儿子。除非有了将来为父母灵魂祈祷的儿子，她的灵魂将不得安宁。讲得实在些，儿子又是她晚年的经济保障。

数世纪来，无数中国小说和戏剧记载了年轻妻子与婆婆之间的紧张关系。婆婆虐待未生儿子的媳妇是理所当然的。但一旦有了儿子，女子作为重要宗族继承人的生母，又可获很高的地位。中国王朝众多的宫廷权术，都涉及意欲提升儿子政治地位的擅权遗孀。西汉时期的皇太后，至少六次得以选择皇帝继承人。[17]

前现代 (premodern) 社会的可悲真相之一，就是很难把儿子抚养成人。现代医药发明之前，地位和财富只能提供很有限的差别。世界君主政体的历史，充斥着王后或妃嫔没能生下儿子而引起的政治危机。日本皇太子德仁亲王于1993年结婚，与妻子雅子一起尝试生个儿子（而未成功），引起众多现代日本人的急切关注。与一连串早期皇帝相比，这又算不了什么：仁孝天皇（1800—1846）十五个孩子中，仅有三个活到三岁；明治天皇（1852—1912）十五个孩子中，仅有五个活到成年。[18]

跟其他社会一样，传统中国的因应对策是纳妾。地位高级的人士可娶二房、三房甚至更多的妻子。为确定个中的继承权，中国发展了复杂的正式规章制度。妻子再年幼的儿子对妾的儿子，仍享有优先继承权，但也有违反此例的皇帝。虽然有具体规矩，继承权的不确定性仍是宫廷政治的主题。公元前71年，霍光妻霍显设法谋害了坐月子的许皇后，让女儿成君取而代之。公元115年，汉安帝多年不育的阎皇后鸩杀了刚生下儿子的皇妃李氏。[19]

像库朗日所描述的希腊和罗马，中国亲戚制度也与私人财产制度有关。周朝宣称，所有土地都是国家财产，但周天子太弱，难以付诸实现。土地日益私人化，买卖和改造也变得普遍。[20] 作为整体，宗族拥有祖庙或祠堂。较富的宗族又投资于共同财产，如水坝、桥、井、灌溉系统。单独家庭拥有自己的耕田，但不得随意处置，因为有对宗族的礼仪义务。[21]

宗族增长始终给遗产的继承制造难题。周朝早期有长子继承权制度，之后又改为儿子们平分。这一规矩延续了中国历史的大部，直到20世纪。[22] 根据这个制度，家庭的土地经常越分越小，以致无法维生。中国开发了大家庭概念，数代男子同堂。成年的儿子或在分到的祖地上安家，或试图购买邻地。对宗族的共同财产，他们仍然有份；对共同的祖先，他们仍有祭拜的责任。这一切阻止了他们的搬迁，或出售祖地。[23]

在财产和同堂方面，不同区域出现了巨大差异。中国北方，宗族力量逐渐变弱，宗族成员搬往分散的村庄，丧失了相互之间的认同。在南方，宗族和氏族成员继续并肩生活，以至整村人只有一个姓。

104

为此出现很多解释，其中之一是这么认为的：很多世纪以来，南方一直是蛮荒地带，宗族即使增长却仍能抱成一团；而在北方，战争频仍，流离失所时有发生，从而拆散了数代同堂的宗族。

要记住，宗族组织在很多情形中纯属富人特权。只有他们才能负担得起平分的庞大地产、共同财产、为传宗接代而娶的多房妻妾等。事实上，周朝首次编纂的宗法规则，只适用于精英家庭。贫困家庭只能负担很少的孩子，有时为弥补无子无孙，而让入赘女婿改用妻子的姓氏。这在日本很普通，在中国却遭否定。[24]

中国的"封建"时期

商灭于周。周的部落定居于渭河流域（当代陕西省），在商的西方。周的征服始于公元前 11 世纪初，历时数年。其时，商的军队还必须在山东应付马背游牧民族的袭击。周王杀死商的储君，谋害自己兄弟，夺取政权，建立新朝。[25]

这一征服开创了很多学者所谓的中国封建时期。其时，政治权力非常分散，掌控在一系列等级分明的氏族和宗族手中。从西周到东周早期，亲戚关系仍是社会组织的原则。到了春秋和战国，这些亲戚团体之间战火纷飞，国家开始慢慢成形。我们可仔细追溯国家形成的各项因素，所依靠的不再是考古学的重新组合，而是历史记载中的证据。

从对比角度看，中国国家的形成过程格外有趣。它在很多方面为欧洲几乎一千年后的历程树立了先例。周部落征服长期定居的商朝领土，建立了封建贵族阶层。无独有偶，日耳曼野蛮部落打败衰败凋零的罗马帝国后，也创立了类似的分散政体。不管是中国还是欧洲，发动战争的需求促使了国家的形成：封建属地逐渐聚合成领土的国家，政治权力趋于集中，现代非人格化行政脱颖而出。[26]

然而，中国和欧洲又有重要差别。英语版的中国朝代史，给中国平行制度贴上既定标签,如"封建的"、"家庭"、"国王"、"公爵"、"贵族",从而遮掩了中间的差别。所以,我们需要确定这些标签的意义,既指出重要对应,也挑明不同文明的分道扬镳。

最混乱和误用最多的,可算是"封建的"和"封建主义"。由于学者和辩论家的混乱使用,这两词基本上变得毫无意义。[27] 根据卡尔·马克思开创的传统观念,"封建主义"往往指欧洲中世纪庄园上领主和农民之间的经济剥削关系。马克思主义历史学认为,现代资本主义兴起之前有个避不开的封建阶段。这种按图索骥的僵硬,迫使传统学者到处寻找封建阶段,即使在毫不相干的社会。[28]

历史学家马克·布洛赫(Marc Bloch)关注存在于中世纪欧洲的采邑(fief)和属臣(vassalage)制度,从而给封建主义提供了历史上比较准确的定义。采邑是领主和属臣之间的契约,后者获得保护和土地,一定要向领主提供军事服务作为交换。契约在特定仪式中获得尊严,领主将属臣的手放入自己的手中,以亲吻来锁定相互的关系。这种双方兑现义务的从属关系,需要一年一度的更新。[29]属臣之后还可将采邑分割成更小的子采邑(subfief),与自己的属下再签新的契约。该制度自有一套复杂的道德规范,与荣誉、忠诚、宫廷婚姻有关。

从政治发展的角度看,欧洲封建主义的关键不是领主和属臣之间的经济关系,而是隐含的权力分散。历史学家约瑟夫·斯特雷耶(Joseph Strayer)说:"西欧的封建主义基本上是政治性的——它是一种政府……其中,一队军事领袖垄断政治权力,队员之间的权力分配却又相对平等。"[30] 这个定义与马克斯·韦伯有关,也是我在本卷所使用的。该制度的核心是分派采邑或封地,属臣可以在其上实施一定程度的政治控制权。封建契约在理论上可随意取消,但随着时间的推移,欧洲的属臣们把采邑转换成自己的家族财产。这表示,后裔得以继承采邑。他们在自己采邑享有征兵征税的政治权力,能独立作出司法裁决,不受领主的干涉。因此,他们一点不像领主的代理人，却是实打实的小领主。马克·布洛赫指出，封建制度晚期的家族性质实际上代表了该制度的退化。[31] 总之，封建制度的独特处恰恰是它分散的政治权力。

在这个意义上，周朝的中国是个封建社会 [32]，与中央集权国家没有相似之处。像很多征战的朝代，不管是之前还是之后，周天子发现自己没有足够军队或资源来直接统治所占领的土地，特别是在草原游牧部落频繁骚扰的西方，还有后来成为楚国的南方边境。所以，他分派封地给麾下的将领。考虑到周社会的部落性质，那些将领多是他的亲戚。周天子共设七十一处封地，其中五十三处由他的亲戚治理，剩下的则分给其他文武官员，以及已被击败但愿效忠的商贵族。这些属臣在治理自己封地时享有实质性的自治。[33]

107

周朝的中国封建主义与欧洲的相比，仍有重大区别。在欧洲，野蛮部落一旦皈依基督教，分支式的部落制度在封建社会初期即遭摧毁，通常在数代人的时间内。欧洲的封建主义是一种机制，把没有亲戚关系的领主和属臣绑在一起，在亲戚关系不复存在的社会中促进社会合作。相比之下，中国的政治参与者不是独立分散的领主，而是领主和他们的亲戚团体。在欧洲领主的境内，领主与农民签署封建合同，非人格化管理已开始扎根。权力在领主手中，而不在领主亲戚团体的手中。采邑只是他的家庭财产，并不属于更大的亲戚集团。

另一方面，中国的封地授予亲戚团体，之后又逐次分封给下一级的宗族或部落分支。中国贵族与欧洲领主相比，其权力比较薄弱，其等级森严比较缓和，因为他陷入了限制他擅权的亲戚架构。我曾提到，部落社会的领袖地位往往是赢取的，而不是继承得来的。周朝的中国领袖，虽然趋向于等级分明，但仍受亲戚人脉的限制，看起来比欧洲的更像是"部落的"。有位评论家指出，在春秋时期，"国家像一个放大了的家庭。君主统而不治；大夫们很重要，不是因为其职位，而是因为他们是君主的亲戚，或是显赫家庭的家长".[34]君主与其说是真正的一国之主，倒不如说是伙伴中的老大。"各种故事讲到，贵族当众责备君主，并吐口水，却没受到他的训斥或处罚；拒绝他对珍玩的索求；在他妻妾群中与他一起玩游戏；未获邀请而坐上他的桌子；上门邀他分享晚餐，却发现他在外射鸟。"[35]

周朝社会的氏族组织中，军队也是分支式的，没有中央统领。各个宗族动员自己的军队，再蜂聚到更大单位中（像努尔人的分支）。"有关战争的记述透露，战场上，征来的士兵只跟随自己的将领；重要的决定通常由将领们集体讨论决定；部队编制松散，以致将领只能指挥自己手下，而顾不上其余。"[36]很多案例显示，因为没有严格的统领制度，部将得以修改名义上君主的命令。根据第5章介绍的人类学分类，周朝早期政体是部落的，至多是酋邦的，而绝不是国家的。

中国的封建社会与欧洲的非常相似，都发展了悬殊的阶级分化和贵族阶层，起因是关于荣誉、暴力、冒险的道德信念。开始时，早期部落社会相对平等，并有防止地位悬殊的各式调整机制。然后，某些人开始在狩猎中出类拔萃。狩猎与战争有关联，这可追溯到人类的灵长目祖先。等级制度在狩猎和征战中脱颖而出，因为有些人或群体就是略胜一筹。优秀猎手往往又是优秀战士，狩猎所需要的合作技能进化成军事战术和战略。通过战绩，有些宗族获得更高的地位；宗族内，卓越的战士崛起而成为将领。

这也在中国发生。狩猎和战争的关联保存于一系列礼仪，使武士贵族的社会地位获得合法化。陆威仪（Mark Lewis）解释说，春秋时期，"君主之所以在群众中鹤立鸡群，全靠在圣坛前的'壮举'，即礼仪化的暴力，如献祭、战争、狩猎"。[37]狩猎把动物送上祖先的祭台，战争把战俘送上祖先的祭台。血祭是商朝的习俗，到周朝仍然继续，一直到公元前4世纪。军事征战出发于庙堂，为确保战争的胜利，既有牺牲品又有祈祷。礼仪中，大家分享祭肉，战鼓因战俘的血液而变得神圣，特别可恨的敌人则被剁成肉酱，供宫廷或军队成员进食。[38]

　　周朝早期的贵族战争高度礼仪化。发动战争是为了使另一氏族承认自己的霸权，或是为了荣誉受到藐视而实施报仇。军队向前冲是为了保护"继承下来的祖业"，不克尽责的领袖，死后将得不到妥善的祭拜。他们通过在仪式上展示的力量和荣誉来达到目的，不需付诸殊死的实战。战役经常在贵族之间预先安排，需要遵守复杂的规矩。敌人一旦在战场出现，军队一定要上前迎战，否则就是耻辱。不向敌人的最强部位发起攻击，有时也被认作丢脸。敌方君主去世时，为了不影响对方的哀悼义务，军队就会退出战役。春秋初期，贵族打仗多用战车。而这种战车，既昂贵，操作起来又需要高超技术。[39] 显而易见，军事战略家孙子依靠奇袭和欺骗的"迂回"战术，还要等到中国历史的后期。

　　周朝早期的中国社会，处于部落和酋邦之间。史书中称为"国"的，都不是真正的国家。周朝的中国好比是家族社会的教科书，换言之，整个国家为一系列封地君主和其亲戚团体所"拥有"。土地和定居于此的民众，都是可传给后裔的家族财产，只受父系家族亲戚规则的约束。这个社会中没有公私之分，每个占统治地位的宗族都可征兵征税，并作出自认妥善的司法裁决。然而，这一切将很快发生变化。

战争和中国国家的兴起

国家源于军事竞争；商鞅的现代化改革；法家对儒家家庭
主义的批判；没有经济和社会发展做伴的政治发展

东周时期（公元前 770—前 256 年），真正的国家开始在中国
成形。它们设立常备军，在界定领土内实行统一规则；配备官僚
机构，征税执法；颁布统一的度量衡；营造道路、运河、灌溉系统
等公共基建。尤其秦国，全力投入不寻常的现代化工程，目标直指周
朝早期亲戚家族的社会秩序。它绕过武士贵族，直接征募大量农民，
使军队趋于民主化；从事大规模土地改革，将家族大地主的土地分
给农民；破坏世袭贵族的权力和威望，从而提高社会流动性。这些
改革听起来像是"民主的"，但其唯一目的是富国强兵，打造冷酷的
专政。这些现代政治制度的优势，令秦国打败所有对手，进而一统天下。

战争与国家建设

政治学家查尔斯·蒂利有个著名论点：欧洲君主发动战争的需
求，驱动了欧洲的国家建设。[1]战争和国家建设的关联不是普世共有
的。总的来说，拉丁美洲就没有这一历史过程。[2]但毫无疑问，在
中国的东周时期，国家形成的最重要动力就是战争。从公元前 770

年的东周初期到前 221 年的秦朝统一，中国经历了连绵不绝的战争，规模、耗资、人命的牺牲有增无已，从分散封建国家到统一帝国的过渡全凭武力征服。这时所建立的几乎每一个现代国家制度，都直接或间接地与发动战争息息相关。

与其他好战社会相比，中国在东周期间的血腥记录仍然突出。有学者计算，春秋时期的 294 年，中国的"国家"之间共打了 1211 次战役，和平岁月仅有 38 年，超过 110 个政治体被灭绝。后续的 254 年战国时期，打了 468 次战役，仅有 89 年太平无事。兼并使国家数量大跌，战役总数因此减少，战国七雄灭了其余十六国。另一方面，战役的规模和历时却有显著的上升。春秋时，有些战役只打一个回合，一天就完。到战国末期，围攻可持续数月，战役可持续多年，参战将士高达 50 万。[3]

与其他军事化社会相比，周朝的中国异常残暴。有个估计，秦国成功动员了其总人口的 8% 到 20%，而古罗马共和国的仅 1%，希腊提洛同盟（Delian League）的仅 5.2%，欧洲早期现代则更低。[4] 人员伤亡也是空前未有的。李维（Livy）报道，罗马共和国在特拉西美诺湖战役（Lake Trasimene）和坎尼会战（Cannae）中，总共损失约 5 万军人。而一名中国史官称，24 万战死于公元前 293 年的战役，45 万战死于公元前 260 年的战役。总而言之，从公元前 356 年到前 236 年，秦国据说一共杀死 150 多万他国士兵。历史学家认为，这些数字夸大其词，无法证实。但它仍颇不寻常，中国的数字简直是西方对应国的 10 倍。[5]

持续战争带来的制度改革

激烈战争造就强烈的奖励，导致了旧制度被摧毁和新制度取而代之。它们都与军事组织、征税、官僚机关、民间的技术革新以及思想有关。

军事组织

　　一点也不令人惊奇，激烈战争的最初影响是参战各国军事机构的演变。

　　如早先提到的，春秋早期的战事是驾战车贵族的互相厮杀。每辆战车配备一名御手和至少两名武士，还需多达七十人的后勤支持。驾车开打是高难度的技术，需要实质性的训练，的确是适合贵族的职业。[6] 这时的步兵仅发挥辅助作用。

　　从战车到步兵加骑兵的转变逐渐发生于春秋末期。在南方湖泊和沼泽众多的吴越两国，战车用处非常有限，在多山地区更是相形见绌。很显然，与西方草原马背野蛮人打交道的经验，促使骑兵出现于战国初期。随着铁兵器、弩、盔甲的广泛使用，步兵变得更为有效。西部的秦是最早重整军队的国家之一，它淘汰战车，改换为步骑兵的混成。其主因，既是秦的地形，又是野蛮人的持续压力。楚是在他国征兵的第一国，击败陈之后，强迫当地农民提供军事服务。这些军队不再是亲戚团体的组合，而是等级分明的军事单位，统领着固定数量的部下。[7] 公元前 6 世纪中期，第一支全步兵军队投入战斗，在未来两个世纪内，完全取代战车军队。到战国初期，将农民大批征入军队已成司空见惯。[8]

　　中国军队打击力量的核心从战车转到步兵；无独有偶，欧洲也从盔甲骑士转到弓箭和长矛的步兵军队。担任战车手和骑士的贵族，在这两个转向中，根本无法提升自身的社会地位。在这两个文明中，负担得起旧式装备和培训的只有贵族精英。这个转向似乎与技术改革有关；中国贵族数量持续下降，够格的战车手日渐稀少，可能是另外原因。

　　贵族阶层的人员损失，推动了军内的论功封赏。周朝早期，军事将领全凭亲戚关系和在氏族中的地位。斗转星移，越来越多的非贵族将领，单凭自己的骁勇善战而获晋级。国家也开始分配土地、爵位、家奴给将士以作奖励,无名小卒跃升为将军时有发生。[9] 参战的野战军队中,骁勇善战不是文化规范,而是存活的前提。所以很有可能,论功封赏的原则始于军队,辗转传入文官体系。

征税和人口注册

将农民大批征入军队,需要相应的物质资源来支付和装备他们。从公元前 594 年到前 590 年,鲁国开始征收田赋,不再作为亲戚团体的财产,而是以众多农家合成的"丘"为计量单位。邻国齐的入侵,迫使鲁国快速增征甲兵。从公元前 543 年到前 539 年,子产在郑国重划带渠的田地,把农民编成五户一组以征收新税。在公元前 548 年,楚国丈量土地,登记盐池、鱼塘、沼泽、森林、人口。这项调查是为日后的征税征兵预作准备。[10]

官僚机构的发展

可以肯定地说,是中国发明了现代官僚机构。永久性的行政干部全凭能力获选,不靠亲戚关系或家族人脉。官僚机构自周朝中国的混乱中崛起,全没计划,只为征收战争所需的税金。

114

周朝头几年的管理是家族式的,像其他早期国家一样,如埃及、苏美尔、波斯、希腊、罗马。行政官位配给君主的亲戚,被视作君主家庭的延伸。决策时,并不严格遵守等级分工,而是以咨询和忠诚为依据。所以,君主可能掌控不住大夫,如有分歧,也不能予以解雇。像一语部落中的头人,面对让贤的强大共识,周朝一名君主只好束手听命;除非他铤而走险,如公元前 669 年的晋献公,把合谋反己的所有亲戚统统杀光。宫廷权术不是个人操作的,而是宗族,满门抄斩才能绝其香火。[11]

官僚化始于军队,各项职能由贵族转让给庶民。军队需要征募、装备、训练大批新兵,记录和后勤也是不可或缺的。支援军队的需要又增加了对文官体系的需求。他们帮助征税,确保大规模军事动员中的连贯性。军事机构成为文官的训练场所，并促进统领体系的形成。[12] 同时，周朝贵族内部的自相残杀，为大夫家庭提供了社会升迁良机。大夫虽在传统上也来自贵族阶层，但经常属于远离君主和其亲戚的外围。士族是低于贵族的另一阶层，包括军人和其他有功绩的庶民，也得以取代家族关系的大夫，承担重要职位。所以，随着贵族阶层的日渐式微，论功封赏而不是论出身封赏的原则开始慢慢获得认同。[13]

民间的技术革新

公元前 4 世纪到前 3 世纪，中国经历了集约型和粗放型的经济增长。集约型增长靠的是技术革新，包括青铜工具转向铁工具、基于双向活塞鼓风的生铁冶铸、牲口耕犁的改进、土地和灌溉的改善。 115
中国各区域之间的商业交流增加，人口密度也开始出现显著上升。粗放型增长靠的是人口增长，以及开发像四川那样的新边境。

在某种程度上，这些经济增长源于经济学家所谓的"外部因素"。这表示，它不是经济制度的内部逻辑所造成的，而是得益于意外的技术革新。军事上的不安全是非常重要的外部动力。战国时期的每个国家都面对增税的巨大压力，为此必须提高农业生产效率，仿效对方的技术革新以加强自己实力。[14]

思想

那么剧烈狂暴的春秋末期和战国时代，竟产生了中国历史上最伟大的文化思潮，这很值得钦佩。战乱不断所造成的流离失所，促使了对政治和道德的深刻反思，并为天才的老师、学者、谋士提供了出人头地的良机。其时，众多老师四下游学，招揽学生。其中有孔子，他出身于贵族，但只是作为学者和老师而谋生。战国初所谓的百家争鸣时期，还有很多如此的学者，包括墨子、孟子、孙子、韩非子、荀子，身后都留下影响中国未来政治的著作。当时的政治不稳定，似乎造就了文人的无根无蒂，这反映在文人的周游列国，不管何等政权，只要感兴趣，他们都愿奉献自己的服务。[15]

这种智慧横溢有两层政治意义。首先，它创建了宛如意识形态的东西，即政府如何施政的思想，后代中国人可以此来评判自己政治领袖的表现。最为著名的就是儒家，而儒家学者又与其他学派展开激烈争辩，例如法家——这些争辩其实是当时政治斗争的真实写照。中国的学者和文人享有最高级荣誉，甚至高于武士和巫师。事实上，文人和官僚的作用合二为一，在其他文明中是找不到的。

116

其次，中国文人的流动性又孕育了愈来愈像全国文化的东西。其时创作的伟大经典著作，变成精英教育的基石和中国文化的基础。有关经典著作的知识，成为国民身份的坐标。它们享受如此高的威望，以至在中华帝国无远弗届，甚至传播到边界之外。边境线上的游牧王国，有时在武力上强于中国，但无法匹配中国的智慧传统。所以，他们倾向于以中国的制度和技术来治理中国。

商鞅的反家庭运动

周朝晚期，中国各地逐渐采用现代国家制度，但都比不上西部的秦国。大多数情况下，新制度的采用全凭运气，是反复试验和政府别无选择的结果。相比之下，秦确立国家建设的意识形态，率直地阐明中央集权新国家的道理。秦的建国者清楚看到，早期的亲戚网络是中央集权的障碍，为了取而代之，特意实施把个人与国家绑在一起的新制度。这些原则被称作法家思想。

商鞅起初在魏国做官，后来投奔相对落后的秦，一举成为秦孝公的总顾问。他上任初期，就向既存的家族管理发起进攻。他攻击继承得来的特权，最终以论功封赏的二十等爵制取代了世袭官职。在这个边境国家，论功封赏中的功就是军功，土地、家臣、女奴、服饰，都按各人战绩来分配。[16] 另一方面，不服从国家法令的将面

对一系列严厉处罚。最重要的是该制度下获得的职位不可转为世袭   117
财产，像家族贵族那样，而要由国家定期重新分配。[17]

商鞅最重要的改革之一是废除井田制，再把土地分给由国家直接监护的农家。井田制中，农田分成九方块，就像中文的井字。八户农家各耕一块，中间的是公田。每个贵族家庭拥有若干井田，耕耘的农家为此需要履行徭赋和其他义务，很像封建欧洲的农民。井田上布满路径和水渠，方便管理，八户农家组成贵族地主保护下的公社。[18]废除井田制使农民挣脱对地主的传统义务，并允许他们搬往他人新开发的土地，或干脆拥有自己的土地。这使国家避开贵族，向全体地主征收以实物支付的统一地赋。

此外，为了资助军事行动，商鞅还向所有成年男子征收人头税。国家颁布，家庭如有若干儿子，长大后一定要分居，不然就要缴双倍的税。商鞅的矛头直指传统儒家的大家庭，而赞许夫妇带小孩的小家庭。对没有足够财产可分的穷苦家庭来说，该制度造成了莫大艰辛。其目的可能是提倡个人奖励，也加强了国家对个人的控制。

这次改革还与新的家庭注册有关。传统中国由庞大的亲戚团体组成，商鞅则把家庭分为五户和十户的群体，让他们相互监督。其他国家也在实施类似改革，如鲁国的"丘"，不同之处是秦在执行中的暴虐。群体中的犯罪活动，如不予检举，惩罚是腰斩；举报人有赏，等同于在战斗中斩敌首级。该制度的翻版在明朝得以复活，称为保甲。

政治学家詹姆斯·斯科特 (James Scott) 在《国家的视角》   118
(Seeing Like a State) 一书中认为，所有国家都具备共同的特征：它们都试图掌控各自的社会，一开始就"昭告"天下。[19]它们清除自生自长的弯曲小街的旧区，代之以几何图形般秩序井然的新区，就是为此。19 世纪，奥斯曼男爵 (Baron Haussmann) 在巴黎中世纪废墟上建造宽敞的林荫大道，不单是为了美观，还有控制人口的动机。

类似的事情也发生于商鞅治下的秦。除了废除井田制，他还将郡县制推向全国。他把市镇和乡村合并起来，设四十一个县；县令不是地方推举的，而是中央政府指派的。一开始，这些县位于边境地区，表明其作为军事区的起源。取代井田制的是更大的整齐矩形，与东南西北的轴心相对称。现代地图学显示，曾是秦国的地域都有这种直线布局的地貌。[20]商鞅还颁布在秦国通用的统一度量衡，以此来替代封建制度下的杂乱标准。[21]

　　商鞅竭尽全力投入社会工程，将传统亲戚关系的权力和地产制度转换成以国家为中心的非人格化统治。显而易见，他招惹了秦国家族贵族的极大反感。庇护人秦孝公一去世，继位人立即反目，商鞅只得逃亡。他最终遭人检举，所依据的恰恰就是自己颁布的严禁庇护罪犯的法律。据传，商鞅遭车裂之刑，即四车分尸，他的宗族成员全被诛杀。

　　东周的中国，每一项制度革新都与战争的需求直接相连：服役扩充至全体男子、先是军队后是文官的永久性官僚体系、家族官职减少、论功封赏、人口注册、土地改革、家族精英地产的重新洗牌、更好的通信和基建、非人格化的等级行政部门、统一的度量衡。这一切，都可在军事要求中找到根源。战争可能不是国家形成的唯一引擎，但肯定是第一个现代国家在中国涌现的主要动力。

119

儒家与法家

　　商鞅在秦国实施的政策得到后续学者的肯定，如韩非子，并被归纳成全套的法家意识形态。在法家和儒家的紧张关系中，可以读懂中国后来历史的大部，直到 1949 年共产党胜利，那份紧张都与政治中的家庭作用有关。[22]

　　儒家极力主张向后看，其合法性扎根于古代实践。孔子在春秋末期编辑他的经典作品，十分怀恋周朝的社会秩序。但它因战事不断，已在分崩离析中。家庭和亲戚关系是家族秩序的核心。在很多方面，儒家可被视作以家庭为榜样、为国家建立道德原则的意识形态。

所有部落社会都实行祖先崇拜，虽有形式上的不同，但儒家给中国版本涂上了特殊的道德色彩。儒家的道德原则规定，对父母的责任，尤其是对父亲的，要大于对妻子或子女的。对父母不敬，或在经济上没尽扶养责任，就要受到严厉惩罚。儿子对妻子或子女的关心，如超过对他父母的，也要受到严厉惩罚。如发生冲突，例如父亲被控犯了罪，父亲的利益一定高于国家的。[23]

家庭和国家的紧张关系、家庭责任高于政治责任的道德合法性，在中国历史上经久不衰。迄今，中国家庭仍是一种强有力的制度，竭力捍卫它的自治，不愿接受政治权力的干涉。家庭和国家的力量关系呈反比。19 世纪清朝式微，中国南方强大的宗族干脆接管地方事务的治理。[24] 1978 年的中国，邓小平推行包产到户的改革，农民家庭又变得生龙活虎，成为后来影响全国的经济奇迹的主要引擎。[25]

相比之下，法家向前看。它把儒家和对家庭的尊崇，看作巩固政治权力的绊脚石。儒家精致微妙的道德和责任，对他们丝毫没用。作为替代，他们追求直截了当的赏罚分明——特别是惩罚——使百姓臣服。如法家思想家韩非子所说的：

> 故韩子曰"慈母有败子而严家无格虏"者，何也？则能罚之加焉必也。故商君之法，刑弃灰于道者。夫弃灰，薄罪也，而被刑，重罚也。彼唯明主为能深督轻罪。夫罪轻且督深，而况有重罪乎？故民不敢犯也。……明主圣王之所以能久处尊位，长执重势，而独擅天下之利者，非有异道也，能独断而审督责，必深罚，故天下不敢犯也。[26]

法家建议，不可把臣民当作可以教诲的道德人，只可当作仅对赏罚有兴趣的自私人——特别是惩罚。所以，法家的国家试图打破

120

传统，废除家庭道德责任，以新形式将臣民与国家绑在一起。

1949 年后，中国共产党推动的社会工程与法家有明显关联。就像早先的商鞅，毛泽东也把传统的儒家道德和中国家庭看作社会进步的绊脚石。他的反孔运动意在铲除家庭道德的合法性，共产党、国家、公社变成帮助中国人团结起来的新式制度。一点不令人惊讶，商鞅和法家在毛泽东时代得以复兴，在很多共产党学者的眼中成为现代中国的先例。

有学者说，"儒家推崇圣王理想，可被视作道德的专制主义；作为对照，法家否定道德与政府的关联，可被视作赤裸裸的专制主义"。[27] 对皇帝的权力，儒家无法想象任何制度上的制衡。更确切地说，儒家试图教育君主，缓和他的激情，使他深感对人民的责任。让君主获得良好教育，以建良好政府，西方传统对此并不陌生。这实际上是苏格拉底在描绘合理城邦时所简述的，记载于柏拉图的《理想国》。中国皇帝到底深感多少对人民的责任，还是仅仅利用儒家道德来保护自身利益，那是后续章节的主题。法家直接剥去道德政府的外衣，公开宣称臣民是为君主而活的，不可颠倒过来。

我们不应存任何幻想，推崇法令的法家思想与我在本卷中常提的法治有任何关联。西方、印度、穆斯林世界有一套受宗教庇荫的既存法律，并获得教士等级制度的捍卫。它独立于国家，其历史比国家更长。与当前统治者相比，这套法律更古老、更高级、更合法，因此对统治者也具有约束力。法治的含义就在：甚至国王或皇帝也是受法律束缚的，不可随心所欲。

这种法治从没存在于中国，对法家来说，简直是匪夷所思。他们认为，法律只是记录国王或君主口述的典章。在弗里德里希·哈耶克（Friedrich Hayek）看来，这是命令，而不是法律。它只反映君主的利益，不是治理社区的道德共识。[28] 商鞅认为，惩罚一旦确定，适用于社会所有成员——贵族不得豁免。那是法家法令与现代法治所分享的唯一共同点。[29]

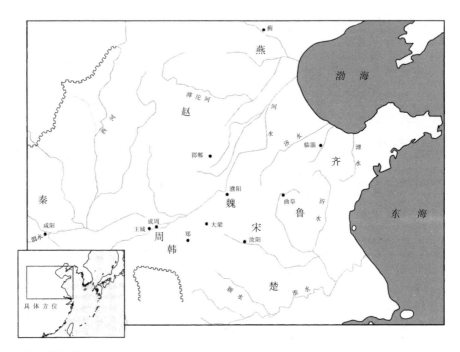

战国时期的中国

　　商鞅所创建的新式国家制度，使秦国在调动资源方面，比以前更加广泛，比邻国更加有效。但仍不是取胜的保票，因为敌对国家的强烈竞争导致了互相仿效。秦国崛起进而称霸全中国的故事，与其说是发展领域的，倒不如说是国际关系领域的。

　　春秋末期为巩固国家而发起的争战中，秦国实际上是配角，只在更强大的对手中间发挥平衡作用。它处于争战国家中的最西面，在地理上受一定保护（参看地图）。从公元前656年到前357年，涉及大国的160场战役中，秦仅发动11场。秦孝公和商鞅开展国家改革后，这就有了大变。从公元前356年到前221年，秦发动了96场大战役中的52场，打胜48场。公元前4世纪最后十年，秦打败南方大国楚，又在前293年打败东面的邻国魏和韩。东方的齐国是仅存的主要敌人，也败于前 284 年。到了公元前 257 年，所有他国都丧失了大国地位。始于公元前 236 年的统一战争，最终导致中国在前 221 年出现大一统的秦朝。[30]

　　争战国家到底图什么？在某种程度上，东周冲突背后的症结是旧贵族秩序分崩瓦解，取而代之的庶民寻觅新机会，以攀登权力阶梯。这也是意识形态问题，儒家和法家为此而争论不休。这个争论发生于一国之内，也发生于各国之间；既是争战的原因，又是争战的结果。秦国把自己当作法家的旗手，它的动机与其说是信服，倒不如说是实用。[31]

　　这里利害攸关的主导思想，不同于上述争论，而是商周统一中国的古老理念。统一中国的实现，其传说的色彩大于现实。东周的分裂始终被看作旷日弥久的异数，需要承担天命的血统崛起，予以拨乱反正。寻求承认的斗争，就是看哪个宗族获得统治整个中国的荣誉。

124

中国发展路径为何异于欧洲

　　许田波（Victoria Hui）等学者提出这样的超历史大题目：公元前 3 世纪的中国由多极国家体系组成，最后巩固成单一的庞大帝国，而欧洲却没有。欧洲国家体系实际上也有兼并巩固，从中世纪末的 400 个主权政治体降至第一次世界大战前夕的 25 个。尽管有不少尝试，包括哈布斯堡（Habsburg）的查理五世、路易十四、拿破仑、希特勒，但还是没有见到单一的欧洲大国。

　　有下列可能的解释，第一条是地理。欧洲因河流、森林、海洋、山脉而分成众多区域，如阿尔卑斯山脉、比利牛斯山、莱茵河、多瑙河、波罗的海、喀尔巴阡山脉，等等。不列颠岛屿又是很重要的因素，在欧洲历史上扮演了破坏霸权组合的平衡角色。相比之下，第一个中华帝国仅拥有今日中国的部分领土，由西向东，只是从渭河峡谷到山东半岛而已。战国时期已修筑很多道路和运河，当时的军队很容易在这个地区纵横驰骋。这个核心地区巩固成单一强国之后，才开始向南、北、西南方向拓展。

第二条与文化有关。商和周的部落之间有种族差异，但周朝时期涌现出的各国，则无种族和语言的明显区分，不像罗马人、日耳曼人、凯尔特人、法兰克人、维京人、斯拉夫人、匈人之间。中国北方有不同方言，但商鞅和孔子的周游列国，以及相互的思想交流，都证实了日益增长的文化统一。

第三条是领导，或领导的缺乏。许田波指出，多极国家体系不是自我调整的机器，不能永远取得防止霸权崛起的平衡。国家有自己领袖，解读自身利益。秦国领袖运用机智的治国术，以分而治之的策略击破敌国的联合。而敌人无视秦国的凶险，反而经常自相残杀。

最后一条与中国和欧洲政治发展走上不同路径直接相关。欧洲从没见过像秦朝那样的强大专制国家，唯一一例外是莫斯科大公国。但它发展较晚，一直处于欧洲政治的边缘，直到 18 世纪的下半叶。（俄罗斯进入欧洲国家体系后，很快占据欧洲的大部，先是在 1814 年亚历山大一世时期，后在 1945 年斯大林时代。）17 世纪晚期，像法国和西班牙那样的国家通常也被称作"专制主义"。我们将会看到，它们在征税和动员方面，远远比不上公元前 3 世纪的秦朝。潜在的专制君主开始其国家建设大业时，就会遇上组织良好团体的阻挠。例如，既得利益的世袭贵族、天主教会、组织起来的农民、独立自治的城市。所有这一切，都可在国境内外灵活运作。

中国情形很不同，它依赖广泛的亲戚体系。中国的封建贵族，从没建立起与欧洲领主一样的地方权力。根于宗族的中国贵族，其权力往往分散于各地，又纠缠于其他亲戚团体；作为对照，欧洲封建社会发展了强大且等级分明的地方政治主权。此外，不像欧洲贵族，中国贵族得不到法律、古老权利、特权的保护。中国贵族的人数，因数世纪不断的部落战争而几近耗尽；专业政客得以组织强大的庶民军队，轻易击败早期的贵族军团。周朝的中国从没发展出可与欧洲媲美的强大世袭地主贵族。君主、贵族、庶民阶层之间的交叉斗争，对欧洲现代政治制度的发展至关重要，却从没在中国发生。相反，它有个早熟的现代集权国家，一开始就打败所有的潜在对手。

　　马克斯·韦伯定为本质上的现代特征，秦朝如果没有全部，至少也有很多。很熟悉中国的韦伯为何把中华帝国描述成家族国家，这是个谜。[32] 迷惑韦伯的原因，也许是中国的政治现代化没有经济现代化的陪伴，即资本主义市场经济。它也没有社会现代化的陪伴，亲戚关系没有转换为现代个人主义，反而与非人格化管理共存，一直到今日。像其他现代化理论家一样，韦伯相信发展中的各个方面——经济、政治、社会、意识形态——都是紧密相连的。很可能是因为现代化的其他方面没在中国出现，所以韦伯认不出中国的现代政治秩序。欧洲的实际发展中，政治、经济、社会现代化也没有密切相连，有顺序上的先后，它的社会现代化早于现代国家的形成。所以，欧洲的经验是独特的，不一定能在其他社会复制。

多种现代化

　　秦统一中国后，政治现代化为何没有导致经济和社会的现代化？现代国家的出现是集约型经济发展的必要条件，但还不够。如要资本主义出现，其他制度也要到位。西方资本主义革命之前有一场认知革命，发明了科学方法、现代大学、以科学观察创造财富的技术革新、鼓励革新的产权体系。秦朝的中国在很多方面的确是智慧的沃土，但其主要学术传统是向后看，无法达到现代自然科学所需要的抽象。

　　此外，战国时期没有出现独立的商业资产阶级。城市只是政治和行政的中心，不是商业中心，也没有独立自治的传统。商人或工匠没有社会威望，崇高地位只属于地主。[33] 虽有产权存在，但其形

式无法推动现代市场经济的发展。秦朝的独裁政府，剥夺大批家族 127
地主的土地来削弱其权力，向新地主征收重税来支持军事扩张。国
家不是创造奖励，让农人的耕耘更为有效，而是订出产量定额，如
果完不成，还要加以处罚。秦朝最初的土地改革，打破了世袭的地
主庄园，开辟了土地买卖市场，但随之没有出现自耕农阶层，土地
又被新贵阶层所吸纳。[34]没有法治来限制主权国家没收私人财产的
权力。[35]

　　亲戚关系体系崩溃，被更自愿、更个人形式的团体所取代，这
就是社会现代化。但它在秦统一后没有发生，原因有二。首先，资
本主义市场经济没有出现，促进新社会团体和新身份的广泛分工也
无从说起。其次，破坏中国亲戚关系的努力是独裁国家自上而下的
计划。相比之下，破坏西方亲戚关系的是基督教，既在理论层次上，
又通过教会对家事和遗产的影响力（参看第 16 章）来进行。西方
社会现代化的生根发芽，比现代国家或资本主义市场经济的兴起，
足足早了数个世纪。

　　自上而下的社会工程经常不能达到目标。中国的父系宗族和以此
为基础的家族政府，其相关制度虽遭受痛击，但百足之虫，死而不僵。
我们将看到，昙花一现的秦朝之后，它们又卷土重来，并作为权力
和感情寄托的来源，在后续世纪中一直与国家明争暗斗。

第8章

伟大的汉朝制度

秦始皇和他所创建的朝代为何迅速倒塌；汉朝恢复儒家制
度，但仍保留法家原则；秦汉时期的中国治理

中国第一个大一统王朝的创始人嬴政（死后庙号是秦始皇帝，
生于公元前 259 年，卒于公元前 210 年），精力充沛，且不可一世，
全凭政治权力改变了中国社会。世界闻名的兵马俑是特地为他铸造
的，在 1974 年出土于一个 2 平方英里的陵墓区。汉朝历史学家司
马迁声称，造秦始皇陵动用了 70 万劳工。即便是夸大其词，但很明显，
他创建的国家掌控大量盈余，以惊人的规模调配资源。

秦始皇把秦的制度推广到全中国，其所创造的不仅是一个国家，
而且将在后继者汉朝手里变成一种统一的中国精英文化。这不同于
群众现象的现代民族主义。尽管如此，将中国社会精英链结起来这
一新意识，坚韧不拔，在朝代兴亡和内乱之后，总能浴火重生。外
邦人好几次打败中国，但无法改变中国制度，反被吸收消化，直到
19 世纪欧洲人抵达。邻居的朝鲜、日本、越南，虽独立于中国政体，
但借鉴了大量中国思想。

秦始皇用来统一中国的是赤裸裸的政治权力。他实施了商鞅所
阐述的法家原则，其时，秦仍是个边陲国家。他攻击既存传统，推
行庞大的社会工程，所作所为几近极权主义，从而激发了社会中几

乎每个阶层的强烈反对。仅十四年后，秦朝轰然倒塌，改朝换了姓。

秦朝为后世君主留下一份复杂遗产。一方面，受秦始皇攻击的儒家和传统派，在之后的世纪中，诅咒它是中国历史上最不道德、最为暴虐的政权之一。儒家在汉朝重新得势，试图推翻秦的很多革新。另一方面，秦朝凭借政治权力所建立的强大现代制度，不但活过了汉初的贵族复辟，而且在事实上定义了中国文明。尽管在后来中国王朝中，法家不再是钦准的意识形态，但在国家制度中仍可看到它留下的遗迹。

秦朝国家和崩溃

秦始皇的政策由丞相李斯执行。李斯是法家思想家韩非子的同学，但设下阴谋让后者蒙辱自杀。一旦掌权，这名建国设计师的最初行动是将帝国行政分为两级，共设三十六郡，郡以下设县。郡县的长官全由皇帝从首都咸阳指派，旨在取代地方上的家族精英。早已孱弱的封建贵族是打击对象，历史记载说，为方便监督，全国十二万贵族被迫迁至首都近郊。[1] 在人类历史这么早的时期，很难找到如此使用政治集权的案例。这显示中国离开部落社会已有多远。

秦始皇留用的儒家官员抵抗国家集权，在公元前 213 年建议皇帝重新分封，试图在乡野为自己打下新的权力基础，这似乎不是偶然的。李斯认为，这将破坏他们的国家建设大业： 130

> 如此不禁，则主势降乎上，党与成乎下。禁之便。臣请诸有文学《诗》、《书》百家语者，蠲除去之。令到满三十日弗去，黥为城旦。[2]

秦始皇表示同意，遂命令焚烧经典，据称还下令活埋了四百名不服的儒家信徒。这些行为招致了后世儒家对他经久不衰的憎恨。

商鞅治下的秦国已有统一度量衡，现在推广至全中国。秦始皇还以史籀大篆统一全国文字，这也是秦国当初改革的延伸。改革目的是为了促进政府文件中的文字统一。[3]就是今天，中国各地仍有不同方言。文字统一为确定中国身份发挥了不可估量的作用，不但行政部门有统一语言，而且全国各地都可分享经典的同一文本。

秦朝严格遵守法家方法，其统治如此暴虐，以致在全国激起一系列起义。它的轰然倒塌是在秦始皇死后不久的公元前 210 年。被押去军事营地的一队罪犯，因暴雨而受阻，遂揭竿而起。法律规定，无论什么原因，延迟到达者都是死罪。小队领袖决定，即使造反，他们的命运也不会变得更糟。[4]叛乱迅速蔓延至帝国其他地区，很多幸存的前君主和前封建贵族，看到秦朝变得衰弱，便拥兵宣告独立。同时，丞相李斯与一名宦官共谋拥戴秦始皇次子胡亥登基，反而死于宦官之手。接下来，宦官又死于他想立为皇帝的子婴之手。出身楚国贵族的项羽，还有其庶民出身的部下刘邦，组织新军队，攻入秦首都，消灭秦朝。项羽分派土地给亲戚和拥护者，试图返回周朝的封建主义。刘邦（死后谥号是汉高祖）转过身来反对项羽，四年内战后成为胜利者。他在前 202 年建立汉朝，史称西汉。[5]

在项羽封建复辟和秦始皇现代专政之间，新皇帝汉高祖的政权采取折中路线。不像秦始皇，汉高祖没有既存国家的权力基础。他的合法性来自他的魅力，他是反暴政的造反军的成功领袖。为取得政权，他统领一个由杂乱军队组成的同盟，包括很多传统家族和前君主。此外，他还须提防北方游牧部落的匈奴。因此一开始，他改造中国社会的能力，远远低于其前任秦始皇。

高祖创建双轨制度，部分地区恢复了周朝的封建主义。他把内战中支持自己的前君主和将军们分封去小王国，又给自己家庭成员分派新的封地。剩下的地区则保留秦朝的非人格化郡县制，构成高祖自己的权力核心。[6]最初几年，朝廷对小王国的控制很弱。秦朝统一中国的工作本来就不彻底，汉朝早期仍需继续努力。高祖启动这一过程，逐渐取消地方封王中不是刘姓的权力。继承者汉文帝在公元前 157 年，废了长沙最后一个小王国。皇族成员管辖的封地持续较久，与搬到长安的中央政府日益疏远。公元前 154 年，它们中的七个为取得完全独立而反叛。成功的镇压导致汉景帝宣布，剩下的封地不再享有行政权力。政府提高征税，迫使封地在兄弟姐妹中分家。西汉开国一百年后，封建统治最后的残余变得无权无势，地方官几乎都是中央政府指派的。[7]

132

家族拥有地方权力、不受中央政府管辖的周朝封建主义，在中国后来历史上定期回潮，尤其是在朝代交替的混乱时期。中央政府一旦站稳脚跟，又夺回对这些政治体的控制。从来没有一次，封王强大到可逼迫帝王作出宪法上的妥协，如英国的大宪章。中国地方上的封王，不像封建欧洲的对应阶层，从未获得法律上的合法性。我们将看到，以后的世袭贵族试图在中国掌权，不是打造地方上的权力基础，而是直接攫取中央政府。强大国家早期的中央集权，随着时间的推移，竟使自己变得永久化了。

在中国不同地区根除家族统治，代之以统一的国家政府，事实上是法家的胜利，也是秦建立集权强国传统的胜利。但在其他方面，尤其是在意识形态上，儒家的传统主义得以东山再起。汉武帝（公元前 141—前 87 年在位）治下，儒家学者重返行政高位，兴办太学，设置儒学五经博士，专门研究各自的经典。读好经典成为做官的敲门砖，著名的科举制度的雏形也于此而起。[8]

思想领域也发生重大变化。法家为君主着想的残酷统治，原是商鞅和韩非所倡导的，此时遭到贬谤，民为邦本的古代儒家见解重又获得尊敬。这离民主观念还很远，没有一名儒者相信，对皇帝的权力或权威应有制度上的正式制衡，更不用说普选或个人权利。对皇帝权力的唯一制衡是道德；也就是说，给予皇帝正确的道德教育，敦促他仁民爱物，并时常劝诫他不可辜负这些理想。

133

早期的皇权也有限制，因为皇帝身处儒家官僚机构之中。官僚机构只是皇帝的代理人，没有制衡皇帝的正式权利。但像所有的官僚，凭借专长和帝国运作的知识，他们施加了可观的非正式影响。像任何等级组织的领袖，从军队、公司到现代国家，坐在汉朝政府顶端的皇帝，必须依赖众多顾问来制定政策、执行命令、判决呈入朝廷的案件。这些官员负责训练年轻太子，等他们长大登基后，再提供咨询服务。传统和文化上的威望，增加了高级官僚左右皇帝的影响。历史记载中，丞相和尚书批评皇帝的案例很多，有时还得以扭转有争议的决定。[9]

　　武装起义是对坏皇帝的最后制裁，根据儒家天命流转的原则，又是正当合法的。天命的首次提出是为了辩解公元前 10 世纪周对商的篡夺，之后又被用来辩解对不公或腐败皇帝的造反。没有精确规则来确定谁享有天命，其获得往往是在造反成功之后（第 20 章对此有更详尽的讨论）。显而易见，这种制衡是非常极端的，带有极大风险。

　　君以民为贵的儒家思想，把负责制的原则带进了中国政府。但要注意，这个负责制不是正式或程序上的，而是基于皇帝自己的道德观念，而这观念又是官僚机构所塑造的。列文森（Levenson）和舒尔曼（Schurmann）认为，官僚机构所塑造的道德说教，主要反映了自身利益。也就是说，他们强烈反对法家君主赤裸裸的专制统治，因为儒家就是这种权力的首批受害者。他们只想在汉朝复辟时期保护自己的地位。这些官僚不是公众利益的监护人，而在代表基于亲戚关系的社会等级制度；他们自己，又恰恰身处该制度的顶端。[10]尽管如此，对这一执政的意识形态，还是要多讲几句。它至少在原则上坚持君主应对人民负责，并执意保护抗衡集权的现存社会制度。

汉朝政府的性质

　　汉朝时期涌现出的中央政府，在秦朝的独裁集权与周朝的亲戚制度之间，取得了更好的平衡。它日愈合理化和建制化，一步步解决家族统治的地方势力。在西汉末期王莽的土地改革之前，没有试图使用权力来从事大规模的社会工程。基本上，它不触及既存的社会人脉和产权。为营造公共工程，它也征用徭赋，但没有秦朝那样穷凶极恶。

汉朝时期，中国政府愈益建制化。在家族制中，无论是周朝的中国，还是当代的非洲或中亚国家，政府官员获得任命，靠的不是自己的资格，而是与统治者的亲戚或私人关系。权力不在职位，而在担任此职的人。政治制度的现代化，就是指家族统治被官僚机构所取代。根据马克斯·韦伯的经典定义，现代官僚机构的特征包括：因功能而分的官职需有明确专长、在界定清晰的等级制度中设立各级官职、官员不得有独立的政治基础、官员必须遵守等级制度中的严格纪律、薪俸官职只是谋生的职业。[11]

西汉的中国政府几乎符合现代官僚机构的全部特征。[12] 政府内确实有很多留用的家族官员，尤其是在高祖统治的早期，因为皇帝需要反秦和内战盟友，以帮助自己巩固新政权。但在中央政府，非人格化基础上选出的官员逐一取代家族官员。朝廷显贵和执行君主决策的永久官僚机构之间，出现了日益明显的差别。

始于公元前165年，皇帝昭告全国高级官员，推荐定额的优秀青年以任公职。汉武帝治下，官员被要求担保其推荐人选的孝悌和正直。在公元前124年，郡官推荐的学生赴都城长安的太学参加考试。考试成绩最好的，接受老师和学者的一年培训，以钦准的儒家经典为基础，然后再次参加考试，以担任政府要职。用人的来源也在进化，例如设立专职人员巡游帝国查找人才，或邀请公众就帝国现状撰文参加竞赛。这种非人格化用人，允许非汉族人才脱颖而出，例如出身匈奴的军事将领公孙昆邪。[13]

公元前5年，中国的编户人口是六千万，在首都和省级供职的就有大约十三万官员。政府设立专门培养公职人员的学校，训练十七岁或以上的青年，测试他们阅读不同文体、管账等能力。（到隋唐时期，科举制度将变得更为成熟。）汉朝仍有很强的家族因素，高官可推荐儿子或兄弟担任要职，推荐制度肯定不能杜绝一切私人影响。就像后续的朝代，任人唯贤仍有教育条件的限制。只有富贵人家才能培育出满腹经纶的儿子，有资格获得推荐或参加考试。

尽管尚有家族制的残余[14]，根据韦伯的定义，汉朝的中央政府日愈官僚化。职位最高的官员是三公，从高到低分别是丞相、御史大夫、太尉。有时，丞相职位一分为二，分成左右丞相，可以互相监督，互相制衡。三公之下是九卿，各有自己的僚属和预算。最重要的卿中，有掌管宗庙祭祀的奉常（后改称太常）、负责皇帝禁卫的光禄勋（秦时称郎中令）、负责皇宫和京城守军的卫尉、负责皇帝财政的少府、负责司法的廷尉、负责粮食和税收的大司农。在当时农业社会里，这最后一职无疑是非常重要的。他手下有六十五个机构，派遣高级官员去各州帮助管理谷仓、农活、水利。[15]

理性的官僚机构不一定追求理性的目的。奉常手下的机构分管奏乐（太乐）、祝祷（太祝）、牺牲（太宰）、星象（太史）、占卜（太卜）。太史向皇帝提供举办大事和仪式的凶吉日期，还监督文官考试。太祝下设三十五名僚属，太乐掌管三百八十名乐人，政府的规模于此可见一斑。[16]

汉朝政府最不寻常的特征之一，就是文官政府对军队的有效控制，这可追溯到中国历史的最早时期。中国截然不同于罗马，后者雄心勃勃的将军，如庞培（Pompey）和尤利乌斯·恺撒（Julius Caesar），经常争夺政治权力。中国也不同于军事政变频繁的现代发展中国家。

这不是因为中国缺乏军人权威或魅力，其历史上充满了常胜将军和赫赫武功。即使在战国之后，中国仍继续打仗，主要与草原游牧民族，但也包括朝鲜、西藏以及南方部落。几乎所有朝代的创始皇帝，都凭借自己的军事能耐而登上龙位。如我们所知，刘邦原是农家子，全凭军事上的组织和战略能力才当上汉高祖，他当然不会是最后一个。到了唐朝，像安禄山那样野心勃勃的将军也试图争夺王位。唐朝的最终崩溃，是因为防御北方野蛮部落的边境军队得以挣脱中央政府的控制。

一般来讲，征战成功的王朝创始人一旦登基，就会卸下戎装，实施文官统治。他们和他们的继承人，摒除将军于政治之外，放逐野心军人至遥远边境，镇压妄图起兵造反者。不像罗马近卫军（Praetorian Guards）或土耳其禁卫军（Janissaries），皇帝的宫廷卫士在中国历史上从没扮演过王者之王的角色。考虑到战争对国家形成的重要性，中国文官统治为何如此强大？弄清此事非常重要。

原因之一是军事等级的建制化比不上文官。太尉、前将军、左将军、右将军、后将军，按理说，其地位都高于九卿，但这些职位经常是空挂的。它们多被认为是仪式性的，没有真正军事权力，通常由文官担任。此时，军队中尚无专业军官，皇帝手下的官员出将入相，被认作文武双全。一旦开国的内战结束，军事长官通常被派去边远的草原或要塞，远离文明。抱负不凡者所追求的，不会是这种职业。[17]

这些理由又带出新的疑问，中国制度中的武官为何获得如此低下的威望，答案很可能是规范化。春秋和战国的严峻考验中涌现出一种思想：真正的政治权威在于教育和教养，而不在于军队威力。觊觎王位的军人发现，必须披上儒家学问的外衣，方能获得他人的信服；必须让儿子接受大儒的调教，方能继承王位。光说笔杆子比剑更为强大，这似乎还不够。我们应该考虑，文官政府得以成功控制军队，最终还得依赖有关合法权威的规范思想。如有需要，美国军队明天就可夺走总统权力，但它没有这样做。这意味着，大多数 军官即使在梦中也不想去推翻美国宪法，如果真的想做，他们指挥的大多数士兵也不会服从命令。

汉朝在两种利益群体中取得平衡：一方面，大家都想创建强大统一的中央政府，以避免东周式的动乱和战争；另一方面，全国的地方精英又试图尽量保留自己的权力和特权。秦始皇打破制度上的平衡，过于偏向集权国家，所侵犯的不仅是家族精英的利益，而且是普通农民的利益。农民以前面对地方领主的暴政，现在则换成了国家暴政。汉朝重作平衡，既考虑曾是秦朝打击对象的封王和贵族的利益，又致力于逐渐减少他们的影响。它的儒家思想，虽糅入法家精神，但又矢口否认，使自己重归合法。西汉创建的国家是稳定的，因为大家达成妥协。但与秦朝比，它又是薄弱的，尽量避免与残余的贵族影响发生正面冲突。这一新平衡是成功的。除了篡位皇帝王莽（公元前 45—公元 23 年）短命的"新朝"，汉朝存活了四个多世纪，从公元前 202 年到公元 220 年。这是颇不寻常的政治成就，但很遗憾，最终还是不免寿终正寝。

第9章

政治衰败和家族政府的复辟

四百年汉朝为何倒塌；大庄园增长的意义和马尔萨斯式
社会的不公；门阀士族攫取政府和国家变弱；中国意义
的国家

不能假定，政治秩序一旦出现就能自我持续。亨廷顿的《变化社会中的政治秩序》，开初只是一篇名叫"政治秩序和政治衰败"的文章。他认为，与现代化理论的循序渐进相反，没有理由可以假设，政治发展比政治衰败更有可能。社会中各竞争力量取得平衡，政治秩序便会涌现。随着时间的推移，内部和外部都会发生变化。当初建立平衡的参与者在进化，或干脆消失了，又出现新参与者；经济和社会条件也会发生变更，社会遭遇外部侵略，或面对新的贸易条件，或引进新的思想。因此，先前的平衡不再有效，引起政治衰败，直到现存参与者发明新的规则和制度来恢复秩序。

汉朝的崩溃原因多种多样，涉及早先政治平衡方方面面的变迁。公元2世纪，由于外戚和宦官的干涉，汉朝皇族的团结和它的合法性受到严重破坏。除了中国，宦官还在很多帝王的宫廷中扮演重要角色。他们已被阉割，不再有性感觉和性能力，所以深得信任。他们没有家庭，在心理上完全依赖主人，也不会想方设法为子女（因为不存在）争夺利益。他们扮演重要角色，帮助中国皇帝避开强大自治的官僚机构，并慢慢发展了自己的集团利益。

140

先是外戚梁太后一族的领袖挑选软弱的汉桓帝（公元 147—167 年在位）继承皇位，以便自己的宗族获得政府高位和特权。不久，大难临头。皇帝在宦官的帮助下发动了现代拉丁美洲人所谓的自我政变（auto-golpe），残杀梁氏外戚。宦官摇身一变，成了强大政治力量，获得皇帝褒奖的官职、免税等，从而威胁了官僚和儒家的地位。始于 165 年，官僚和儒家开始发起反宦官运动，最终取得彻底胜利。[1]

环境条件令形势雪上加霜。173、179、182 年发生瘟疫；176、177、182、183 年发生饥荒；175 年发大水。广大民众的悲惨导致道教的兴起，它在农民和其他庶民中吸引众多信徒。儒家是一种道德，不是超现实的宗教，一直是精英的行为准则。道教源于古老的民间信仰，现在变成非精英的抗议宗教。184 年爆发的黄巾（他们头戴黄色头巾）起义以它为精神支柱，更因过去十年中农民所忍受的艰辛，而迅速星火燎原。虽在二十年后遭到血腥镇压（据传死去五十万人），它摧毁了大量的国家设施和生产力。[2] 这些灾难的结果是中国人口的骤减，从 157 年到 280 年，骇人听闻地减少了四千万，等于人口总数的三分之二。[3]

从中国政治发展的角度看，家族精英攫取国家权力以削弱中央政府，是汉朝衰败的最重要原因之一。秦朝消灭封建主义，创建非人格化现代国家，这一努力现在遭受极大挫折。在中国，亲戚关系再次成为权力和地位的主要途径，一直延续到 9 世纪的晚唐时期。[4]

但这不是周朝封建主义的复辟。秦朝以来已有太多变动，包括强大的中央政府、官僚机构、披上礼仪合法性的宫廷。西汉已逐步消除封地上的家族影响，当贵族家庭卷土重来时，他们没有重建地方上的权力基础，而是直接参与中央政府机构。周贵族和汉贵族之间的区别，有点类似 17 世纪晚期英国贵族和法国贵族之间的区别：英国领主仍住在自己庄园，行使地方上的权力；而法国贵族被迫迁去凡尔赛，以靠近宫廷和国王来谋取权力。在中国，宫廷中的权力就是通向地产的阳关大道，有权有势的官员可获得土地、侍从、农民、免税特权。

富人更富

随着时间的推移，中国经历了大庄园（latifundia）愈益扩张。它们受贵族家庭的控制，其家人身居高位，要么在长安的中央政府，要么在地方州郡。这加剧了贫富悬殊，一小群贵族家庭掌控日益集中的财富。他们逐步剥夺政府的税收，因为自己的富饶农地无需纳税，这些家庭就是今天所谓的追求租金精英的早期版本。他们利用政治关系攫取国家权力，再使用国家权力使自己富上加富。

农业社会有条大庄园的铁律：富人将变得更富，除非遭到遏制——或是国家的，或是农民起义的，或是国家害怕农民起义而采取的。在前现代农业社会里，财富上的不均不一定反映能力或性格上的不均。技术是呆滞的，创业或创新的人得不到奖励。农业机械化之前，没有大规模生产的好处，所以无法解释大庄园的扩张。大地主的耕田都是分成小块，让单独农民家庭各自耕作。因债务机制，最初资源的小差别将与日俱增。富农或地主会借钱给较贫困的；遇上坏季节或坏收成，负债人不但赔掉家产，甚至可能沦为农奴或奴隶。[5] 大地主又可购买政治影响，以保护和扩充自己的财产，长此以往，富人优势自我更新，有增无已。

所以，把现代产权理论误用于历史场景，只会导致根本上的误会。很多经济学家相信，健全的产权促进经济成长，因为它保护私人投资的回报，从而刺激投资和经济成长。但中国汉朝的经济生活，不像工业革命后二百年的世界，却像托马斯·马尔萨斯（Thomas Malthus）《人口学原理》中所描述的。[6] 今天，我们期待技术革新所带来的劳工效率增长（人均产量）。但在 1800 年之前，效率增长全靠运气。开发农业、灌溉、印刷机、火药、帆船远航，都促进了生

142

产效率的增长。[7]但在间隔的漫长岁月中，人口增加，人均收入反而降低。很多农业社会已达到其技术可能性的顶端，进一步投资不会增加产量。唯一的经济增长是粗放增长，即开发新耕地，或干脆争夺他人的。所以，马尔萨斯的世界就是零和，一方得益，另一方必然受损。富有地主不一定比小地主更为勤劳，他只是有更多资源来挨过难关。[8]

在集约增长不可能的马尔萨斯式世界，健全产权只会巩固资源的既存分配。财富的实际分配，代表不了生产效率或勤劳与否，只能代表起初的运气，或者业主与政治权力的关联。（甚至在今天流动和创业的资本主义经济，古板的产权捍卫者经常忘记，现存财富分配并不一定反映富人美德，市场也不一定是高效的。）

如由他们自由选择，精英们倾向于扩张大庄园。在这面前，君主有两种选择。他们可与农民站在一起，运用国家权力来促进土地改革和平均地权，剪去贵族的翅膀。这发生在斯堪的纳维亚，18 世纪末瑞典和丹麦的国王与农民站在一起，反对相对较弱的贵族（参看第 28 章）。或者，君主站在贵族一边，运用国家权力来加强地方寡头对农民的控制。这发生在俄罗斯、普鲁士、易北河以东地区，那里的农民原本多是自由的，但自 17 世纪以来，由于国家的同流合污，却逐渐沦为农奴。法兰西王国的君主政体太软弱，不能剥夺贵族，也不能取消其免税地位，只好把新税负担全部压在农民头上，直到整个制度在法国大革命中自我爆炸。君主的何去何从——保护现有的寡头政治，或反戈一击——取决于很多具体因素，如贵族和农民的凝聚力、国家面临的外部威胁、宫廷内部的钩心斗角。

汉朝的中国君主最初选择支持农民，一起反对愈益强大的大地主。西汉时期，有人不时呼吁回到商鞅废除的井田制。当时，它被视作农业社会地方自治的象征，而不是封建制度。贫困农民因大庄园兼并而丧失土地，其困境促使了恢复井田制的呼吁。公元前 7 年，有人建议大庄园地产不得超过三千亩（1 亩等于 0.165 英亩），由于大地主的反对，最后无疾而终。篡夺王位终止西汉的王莽也尝试实施土地改革，使大庄园国有化。他也面对极大反抗，最终在应付赤眉军（他们把眉毛画成红色）起义中筋疲力尽。[9]

王莽土地改革的失败，反让家族贵族在东汉恢复时扩充财产，巩固权力。大庄园成功控制成百上千的侍从、佃户、族人，还经常拥有私人军队。他们为自己和部下取得免税地位，减少帝国税收以及可供劳役和征兵的农村人口。

中央政府因军队的衰退而进一步变弱。中国大部分军队专注于 144 西北部的匈奴部落，驻扎在遥远的要塞，供应线拖得很长。农民很不愿意服这样的兵役，政府只好改在当地野蛮居民中招募雇佣军，或招募奴隶和罪犯。军人愈来愈像一个特殊阶层，在边境要塞的附近居住和务农，子承父业。这种情况下，获得军人忠诚的更可能是曹操和董卓那样的当地将领，而不是遥远的中央政府。[10]

日益增加的土地不均，加上 2 世纪 70 年代的自然灾害和瘟疫，黄巾起义终于爆发。秩序荡然无存，中央政府因派系斗争而分崩瓦解，这一切促使大户家庭躲在围墙后的庄园和地区，不再接受软弱国家的控制。汉朝的最后几十年，中央国家完全崩溃，权力落到一系列地方军阀手中，他们要么选择自己中意的皇帝，要么自己黄袍加身。[11]

国家分裂和家族制复辟

秦朝统一中国之后最长命的朝代汉朝，终于在公元 220 年彻底崩溃。除了很短的例外，中国在今后的三百年中不再有统一国家。中国最伟大的历史小说之一《三国演义》，讲的就是东汉到晋朝这段时期。晋朝始于 280 年，但持续很短时间。小说作者罗贯中，在明朝写成（也许在 14 世纪晚期，但没有确定日期）这部作品。其时，明朝已从蒙古人手中解放中国，在汉人自己统治下，再度统一中国。[12]

小说的潜在主题是中国的不统一（内乱），造成混乱和外国侵略（外患），还阐述了恢复国家统一的条件。在塑造现代中国人历史意识方面，《三国演义》可与莎士比亚的历史剧媲美。它被改编成电子游戏和无数电影版本。北京要求统一台湾，其背后对分裂的痛苦记忆，就可以追溯到这一时期。

145

　　从中国政治发展的观点看，值得关注的是亲戚关系和家族制，如何在汉和隋之间的空白时期（581 年中国再度统一）重新成为中国政治的组织原则。中央国家的力量，正好与家族团体的力量成反比。即使在现代国家获得建立之后，各种形式的部落制仍是预设的政治组织。

　　汉朝终止之后的时期是非常复杂的，但从发展角度看，细节就不那么重要。中国最初分裂成所谓的三国：魏、蜀汉、吴。魏得以在西晋名下重新统一中国，但很快发生内战。西晋的都城洛阳在311 年遭到匈奴部落的洗劫和占领，匈奴国王在中国北部创建众多外族朝代中的第一个。逃至南方的西晋幸存者，在长江边上的建康（现代的南京），也建立数个南方朝代中的第一个，即东晋。北方和南方一分为二，都经受了持续动乱。在北方，洗劫洛阳导致了所谓十六国的部落战争。有两次新的野蛮人入侵，第一次是原始西藏人的氐和羌部落，第二次是拓跋部落，即突厥鲜卑人的分支。拓跋部落建立了北魏（386—534），随着时间的推移而日益汉化。他们冠中国人的姓，与汉人家庭通婚联姻。拓跋部落中的紧张导致再一次的内战，到 6 世纪早期分成东魏和西魏。在南方，迁自北方的旧宫廷重组东晋朝代，大量贵族家庭和侍从跟踪而来。到 4 世纪中，东晋灭于军事政变，之后又有武将建立的数个孱弱朝代。[13]

　　汉朝军阀曹操和儿子曹丕在 220 年建立魏国，制定九品中正制，从而加速了始于东汉的家族制倾向。每个郡和州，都派有仲裁人，官名叫中正，依据品德和能力评议官职的候选人。不像早先的汉朝推荐制度，遴选仲裁人的不是中央，而是地方，显然要受更多地方

146

精英的影响。新招聘制度将所有精英家庭排成正式等级，又与各层官位挂上钩。汉朝时，不做官的人仍可有高级地位。自从有了九品中正制，官位变成争取高级地位的唯一途径。加上对血统的愈益重视，子承父位便成家常便饭。[14]

在强大中央政府的手中，九品中正制可以是削弱豪门、加强国家的对策。17世纪和18世纪初，法国君主出售一套精细的爵位和等级给贵族阶层，从而削弱该阶层采取集体行动的能力。每个贵族家庭太忙碌了，沾沾自喜，瞧不起底下人，以致不能互相合作来保护自己广泛的阶级利益。3世纪的中国，九品中正制却似乎成了贵族攫取国家的手段。庶民人才不能再通过推荐或考试攀至高位，这些官位只保留给现任官员的孩子，好像他们是战胜部落的领袖。其时的皇帝往往不能保证自己的宠臣得到高位，因为宠臣缺乏合适的血统。这一切证明，真正的权力不在国家手中，而在贵族家庭手中。[15]

西晋垮台后，家族制在北方和南方各有不同发展。在南方，东晋宫廷由本地大户和洛阳迁来的贵族流亡者所掌控。他们把九品中正制也带来，政府操纵在王、陆、张姓的大户手中，都是高级血统的近距离表亲。[16]

大庄园的继续扩张加剧了贵族控制。早在3世纪晚期，西晋颁布土地法，规定所有农民有权获得最低数量的土地，以换取他们的徭赋负担。它也规定了贵族家庭拥有土地、免税租户和侍从的最高限额。但它和东晋时颁布的类似法律，从没得到执行。像王莽夭折的土地改革，这些失败证明了大庄园势力的日益壮大，直接威胁到国家的控制和资源。[17]

在北方，战胜的羌人和突厥人首先是部落组织，就把自己的主要宗族安插到重要官位。初期仍有持续的冲突和部落之间的争战，这些外族家庭便是整个地区的领导精英。汉朝时兴起的中国贵族家庭，要么南逃去投奔东晋宫廷，要么退回自己的庄园。他们仍拥有地方权力，但避开宫廷政治。5世纪的后半叶，北魏朝代得以集中权力，5 世纪 90 年代迁都到历史名城洛阳，事情于是开始发生转变。魏孝文帝禁止在宫廷使用鲜卑语和鲜卑服，鼓励鲜卑人与汉人通婚，邀请主要的汉贵族家庭赴宫廷供职。他得以创造统一的贵族阶层，将所有精英家庭排成正式等级，就像南方的九品中正制。在这样的环境中，多数高级官员同属一个宗族，贵族等级又是晋升高级官位的必要条件。[18] 大庄园兼并土地，贵族阶层权力日益增加，也都是北方的难题。485 年北魏颁布一条法令，限制大庄园，保证农民获得最低数量的土地。[19]

强大的中国国家

6 世纪中期，北方的东魏和西魏被北齐和北周所取代。577 年，北周进攻并打败了北齐。时任北周将领的杨坚成为风云人物，他出身鲜卑族，妻子来自匈奴一个强大氏族。杨坚在内斗中击败对手，于 581 年建立隋朝。他的军队在 587 年打败南方的梁，在 589 年打败南方的陈。这是 220 年汉朝崩溃以来，中国在单一中央政府治理下的首次统一（实际领土与秦汉时不同）。谥号为文帝的新皇帝把京城搬回长安，以汉朝为榜样重新打造强大的中央政府。他儿子兼继位人炀帝执迷于运河营造，还向朝鲜的高句丽王国发起草率的进攻最终失败。他死于 618 年，隋朝很快消失，这一段空白很短。名叫李渊的北方贵族在 617 年起兵，下一年攻取长安，宣布成立新朝代。唐朝是中国最伟大的朝代之一，持续了将近三百年，直到 10 世纪初。

148

隋唐重建中央集权，但没能终止贵族家庭的影响。他们在间隔的空白时期，攫取了众多小国的政府权力。我们将在第 20 章和第 21 章看到，反对家族制的斗争将持续随后的三个世纪，一直要到 11 世纪的宋朝，行政机构才返回汉朝时的"现代"基础。中国国家的重新集权，得以激活像科举考试和学而优则仕那样的制度。在先前的数世纪中，这些制度在门阀贵族面前一输再输。

汉隋之间三百年混乱所提出的最有趣问题之一，不是中国为何崩溃，而是中国为何再次统一。在如此广阔的领土上维持政治统一，这个命题绝对不是琐碎的。罗马帝国崩溃后，尽管有查理大帝和其他神圣罗马皇帝的努力，仍然得不到重组。汉朝之后的多国制度凝固成像欧洲一样的半永久制度，众多国家，相互竞争，这也不是不可想象的。

这个问题的部分答案已经有了。中国国家早熟的现代化，使之成为社会中最强大的社会组织。即使中央国家崩溃了，它的许多继承者在自己边界内，仍尽量复制汉朝的中央集权制度，仍尽量追求在自己领导之下完成统一大业。合法性最终来自天命的继承，而不在于偏安一隅。那些继承国家在边界内复制汉朝机构，从而防止进一步的分崩离析。所以，没有在中国出现像欧洲那样的一再分封。

中国何以再次统一的第二个原因也许更为重要，能向当代发展中国家提供启示。中国在秦汉时期所创造的，除了强大国家，还有共同文化。这种文化不能算所谓的现代民族主义的基础，因为它仅存在于中国统治阶级的精英阶层，而不存在于广大老百姓。但产生一种很强烈的感情：中国的定义就是共同的书面语、经典著作、官僚机构的传统、共同的历史、全国范围的教育制度、在政治和社会的层次主宰精英行为的价值观。即使在国家消失时，这种统一文化的意识仍然炽烈。

遇上不同传统的外族野蛮人时，这种共同文化的力量变得尤为显著。占领中国的几乎所有入侵者——匈奴、鲜卑（拓跋），或更迟的女真（满人）、蒙古、党项（西夏）、契丹——起初都希望保留自己的部落传统、文化、语言。但他们很快发现，如不采用中国精湛的政治制度，便无法治理中国。更有甚者，中国文化的威望迫使他们要么同化，要么回到老家的草原或森林以维护自身文化。

中国得以重新统一是因为秦汉两朝已创下先例，统治整体比统治其中一部更为合法。谁有此权利呢？这是个复杂题目，要作出回

149

答，先要认真弄清中国对政治合法性的概念。在这个问题上，中国朝代的间隔期尤其富有启示。这段时期无疑是一场自由竞赛，政治权力的门外汉——农家子、可疑种族背景的外族人、未受儒家教育的军人——都有机会攀爬到制度的尖顶。中国人愿意向他们和其后裔提供合法性和绝对权力，其原因有点扑朔迷离。在后面论以及其他的改朝换代时，我会重新回到这一问题。

中国是创造现代国家的第一个世界文明。但这个国家不受法治限制，也不受负责制机构的限制，中国制度中唯一的责任只是道德上的。没有法治和负责制的强大国家，无疑是一个专制国家，越是现代和制度化，它的专制就越是有效。统一中国的秦朝作出雄心勃勃的努力，想把中国社会重新整顿为一种原始极权主义国家。这个工程最终失败了，因为国家没有工具或技术来实现这个野心。它没有激励人心的意识形态来为自己辩解，也没有组织一个党派来实现它的愿望，凭借当时的通信技术还无法深入中国社会。它的权力所到之处，它的专制是如此暴虐，以至激起了导致自己迅速灭亡的农民起义。

后续的中国政府学会收敛雄心，学会与现有的社会力量并存不悖。在这一方面，它们是专制的，但不是极权的。与其他世界文明相比，中国集中政治权力的能力颇不寻常。

在这方面，中国政治发展的路程与印度截然不同。这两个社会作为"亚洲"或"东方"的文明，经常放在一起。它们在早期表现出相似特征，后来却各奔东西，南辕北辙了。过去两千年中，中国的预设政治模式是中央官僚国家，缀以分裂和衰败；而印度的预设模式是一系列弱小王国和公国，缀以短暂的政治统一。我们如果察看印度的历史长河，它是民主国家的事实就丝毫不足为奇。这不是说印度早期就有民主思想，从而创下先例；而是说很难在印度政治中，建立起专制统治。我们将在后续章节中看到，其原因在宗教和思想的领域。

150

第10章
印度的弯路

> 印度早期的发展因婆罗门教的兴起而不同于中国；瓦尔纳
> 和迦提；印度早期的部落社会；印度亲戚关系的特征；印
> 度在建国大道上的弯路

印度早期的政治发展明显与中国形成分流。一开始，它们都是分支式的部落社会组织。到公元前第一个千年的中期，第一批酋邦和国家从印度北部的部落社会中脱颖而出，比中国晚不了太多。在这两个文明中，酋邦和国家不以亲戚关系为基础，而是由等级分明的政府，开始在领土范围内行使强制权力。

就战争而言，它们的轨迹却截然不同。印度从没经历像中国的春秋和战国时期持续数世纪的暴力。原因不很明确，可能是由于印度河和恒河流域的人口密度大大低于中国，受地理局限较少；与其顺从等级分明的社会秩序，倒不如迁移他处。[1] 无论如何，早期印度国家无须像中国所经历的那样，应对社会动员的极端要求。

更为重要的是，印度出现一种独特的社会发展模式，对印度政治造成巨大影响，一直持续到今天。大约在国家刚刚形成之际，便涌现出界限分明的四大社会阶层，被称为瓦尔纳（varnas，阶层）：它们是祭司的婆罗门（Brahmins）、武士的刹帝利（Kshatriyas）、商人的吠舍（Vaishyas）、包罗其余的首陀罗（Sudras，主要是农民）。从政治观点看，这是非常重要的发展，它把世俗和宗教的权力一分为二。中国也有祭司和宗教官员，像主持宫廷礼仪和皇帝祖陵的礼部尚书，但只是国家雇员，严格屈从于皇家权力。中国祭司从没作为独立集团而存在，中国也就发展成"政教合一"的国家。另一方面，印度的婆罗门与刹帝利判然分开，甚至比武士享有更高权威。虽然它没有组成像天主教一样的严密集团，但仍享有类似的道德权威，不受国家干涉。此外，婆罗门阶层被当作神圣法律的监护人，而这法律不但独立于政治统治，且具更长历史。所以，国王必须遵从他人所编纂的法律，自己不是一言九鼎的法律制定者，如中国皇帝。跟欧洲类似，印度也有可称作法治的萌芽，以限制世俗的政治权力。

第二项重要社会发展是迦提（jatis）的涌现，最终演变成种姓制度（caste）。它把所有的瓦尔纳，再细分为数百种分支式、对内通婚的职业群体，从各式祭司、商人、鞋匠到农民，达成评论家所谓的职业秩序的神圣化。[2] 迦提重叠在现有血统结构之上，为氏族的异族通婚设定界限。也就是说，异族通婚的父系家族的血统，必须在迦提范围内谈婚论嫁，鞋匠女儿必须嫁给不同氏族的鞋匠儿子。成员相互合作，共同生活于自给自足的社区，在这一点上，迦提保留了其他部落社会的分支式特征。但他们又是相互依靠的，是更广泛分工的一部分。与工业社会相比，这种分工非常有限；尽管如此，它又远比单纯的部落社会复杂。依照涂尔干的标准，迦提显示了机械团结和有机团结的双重特征——这是指，个人既是自我复制相同单位的成员，又参与更为广泛的社会互助。

在中国，出现于周朝的国家在社会顶端取代了分支式或部落的组织。宗族仍是重要的社会组织，国家和亲戚团体之间出现了权力的此起彼落，一方强大了，另一方就变弱。到最后，塑造中国文明的决定性因素是国家。在印度，瓦尔纳和迦提所创造的社会分类成为社会基石，大大限制了国家权力的渗透和掌控。以瓦尔纳和迦提为定义的印度文明，获得广泛扩散，从开伯尔山口（Khyber Pass）到东南亚，统一了语言和种族的众多群体。不像中国，这块辽阔领土从没受

153

到独家政治权力的统治,也没发展出独家文学语言。20世纪晚期之前,
印度历史只是持久的政治分裂和政治软弱,最为成功的统一政治体
中不少是外国入侵者,其政治力量依赖完全不同的社会基础。

印度部落社会

与中国相比,我们对印度部落社会以及其向国家的过渡,所知
极其有限。虽然处于对应的社会发展阶段,印度社会的文化水平要
低得多,绝对比不上记载商朝政治活动的大量甲骨文或东周的冗长
编年史。印度最早的定居点是旁遮普(Punjab)和西部的摩亨佐—
达罗(Mohenjo-Daro),它的哈拉帕(Harappan)文明仅留存于考
古学资料。[3] 我们所了解的印度早期社会组织,都是从"吠陀本集"
(Vedic texts)中推断而来。该本集记载圣歌、祈祷、注释等,可追
溯到公元前两千年或三千年,以前是口口相传,直到公元前一千年
中期才变成书面记录。[4] 印度第一个本土帝国是孔雀王朝(Mauryas,
公元前 321—前 185 年),在很多方面,它又是最伟大的本土帝国。
但它的文字记载仅有流散到次大陆的数块法令岩石,再加上希腊、
中国和其他外国著作的提及。这里可能有因果关系:缺乏流传广泛
的书面文化,尤其是在印度统治者和行政官员中,大大阻碍了强大
集权国家的开发。

印度—雅利安部落自黑海和里海(Caspian)之间的俄罗斯南   154
部迁移至印度,由此开创了印度政治发展。某些部落群体转向西
方,成为希腊、罗马、日耳曼和其他欧洲团体的祖先;另一群体朝
南抵达波斯,第三群体向东到阿富汗东部,再穿越巴基斯坦西北部
的斯瓦特峡谷(Swat Valley),直达旁遮普和印度河—恒河(Indo-
Gangetic)分水岭。现在通过 Y 染色体和线粒体,可以追踪印度—
雅利安群体之间的血缘关联,但首次确定相互关系的却是语言学家,
他们在印度梵语(Sanskrit)和西方语言之间找出相似,因为它们

同属更大的印欧语系。

　　早期印度—雅利安部落是游牧民族，放牧牛群，以牛为食，并已驯养马匹。他们第一次迁入印度河—恒河平原时，碰上他们称作达萨（dasas）的其他定居者，后者可能属于不同种族，使用达罗毗荼语（Dravidian）或澳斯特罗—亚细亚语（Austro-Asiatic，又称南亚语）。[5]这段时期，这些部落的行为与他处部落非常相似。他们袭击达萨社区，偷他们的牛，与其他部落打仗。如果遇上强有力的军事抵抗，他们就退避三舍，该地当时仍属人烟稀少。吠陀本集中最古老的是《梨俱吠陀》（Rg Veda），它提及部落之间的频繁冲突、拉贾（Raja）或部落领袖的涌现、确保战争成功的祭司。印度—雅利安人开始在恒河平原安顿下来，从单一游牧业转为游牧业和农业的混合。种植由小麦改成稻米，农业技术因此获得改进，使更多盈余、更突出的送礼和礼仪奉献成为可能。大约同时，奶牛地位开始发生变化，从印度—雅利安人主要的蛋白质来源（像努尔人一样），到受人崇拜的图腾动物。[6]

　　在这个发展阶段，与我们已经解说的其他分支式社会相比，印度—雅利安社会似乎没有任何的别具一格。例如，拉贾一词经常被译成国王，但实际上只是当时的部落领袖。历史学家罗米拉·塔帕（Romila Thapar）指出，拉贾的主要词根是"发光、带领"，但它的另一词根是"使人满意"。这显示，拉贾在部落中的权威有赖于众人的共识。[7]拉贾又是军事领袖，帮助保卫自己的社区，率领众人向邻近部落发起袭击以攫取战利品。他的权力受亲戚团体集会的制衡，如维达萨（vidatha）、萨巴（sabha）、萨米提（samiti）。其中的维达萨，专门负责在社区内分派战利品。像美拉尼西亚社会的头人，拉贾的地位取决于他在奉献和盛宴中分配资源的能力。拉贾们彼此竞争，看谁可摆出最多的财富以及最终的浪费，很像夸扣特尔（Kwakiutl）和其他西北太平洋海岸印第安人的庆典。[8]

　　像其他部落社会，印度没有法律制度，以赔偿金解决争端（杀

155

人赔偿金是一百头奶牛）。拉贾没有征税权力，也不在现代意义上
拥有土地。所有权都在家庭手中，还有对亲戚团体的义务。像其
他分支式社会，印度—雅利安部落可团结起来，组成像般庶王朝
（Panchalas）那样的高层次分支，高层次分支之间可以再次联手，
以达成更高层次的联盟。

印度家庭和亲戚关系

　　像希腊、罗马、中国，印度—雅利安部落也组成父系家族的血
统。19 世纪的历史人类学家，包括甫斯特尔·德·库朗日和亨利·梅
因，在希腊、罗马、凯尔特、条顿、当代印度人中，找到甚多相似
的亲戚结构。我曾提及，希腊、罗马、早期印度人都在家庭祭坛供
养圣火（参看第 3 章）。从 1862 年到 1869 年，梅因是在印度度过的。
作为总督会议的法律成员，他潜心攻读印度的原始文献。他确信曾
有过统一的"雅利安"文明，包括罗马和印度。由于共同的历史起源，
他们有关财产、遗产、继承的法律条款都非常相似。他相信，印度
以某种方式保存了法律和社会实践的古代形式，人们可从印度的现
在看到欧洲的过去。[9]

　　后来的人类学家对梅因提出严格批评，认为他过于简化印度的
亲戚关系，并在它之上强加了不妥当的进化结构。在显示欧洲人和
印度人的共同种族起源上，他似乎确有强烈兴趣，也许是为了提供
英国统治印度的历史基础。但他仍是比较人类学的伟大创始人之一，
并以渊博知识展示，不同文明发展了相似方案，以解决社会组织问
题。当代人类学家都意识到，各社会的亲戚结构中存有难以置信的
微妙差异，但有时只见树木不见森林，认不清同级发展水平的不同
社会之间的相似程度。

　　像中国一样，我们也不能将当代印度亲戚组织，投射到早期的
印度—雅利安人。亲戚关系作为社会基本结构原则，从没在印度消

失，这不像西方，倒与中国相近。所以，印度的社会组织自有其潜在的持续性，我们必须心领神会，方能解释其政治发展的此起彼伏。

　　印度的亲戚组织分属三大区，与次大陆的三大民族语言区相对应：第一，北部，其居民是讲梵语的印度—雅利安后裔；第二，南部，其居民讲达罗毗荼语；第三，东部，与缅甸和东南亚其他地区非常相似。[10]几乎所有的印度亲戚团体，都形成分支式的世系，绝大多数是父系社会。然而，在印度的南部和东部又有重要团体，分属母系社会和母系中心，例如马拉巴地区（Malabar）的那雅人（Nayar）。[11]跟中国一样，后裔团体基于共同祖先，通过某种形式的共有财产而取得集团身份。

　　印度亲戚关系不同于中国，因为瓦尔纳和迦提的等级制度参与其中。迦提确立异族通婚的界限。这意味着，任何人通常不得与自己瓦尔纳或迦提之外的人谈婚论嫁。瓦尔纳和迦提的制度等级森严，较低地位女子如何"高攀"较高地位男子，或较低地位男子如何"高攀"较高地位女人（后者比较少见）（人类学家称之为向上通婚[hypergamy]和向下通婚[hypogamy]），它都设有精细规则来作规范。每个瓦尔纳和迦提的本身，在地位级别上又作进一步的条分缕析。所以，即使在自己分类中通婚，也会遇上甚多禁忌。例如，婆罗门中有些必须主持家庭仪式，而另一些则不必；有些主持葬礼，而另一些则不必。婆罗门最高级别的男子，绝不可能娶最低级别婆罗门的女儿（即主持葬礼的）。[12]

　　梵语的北方和达罗毗荼语的南方，它们在亲戚规则上的差别涉及表亲通婚，从而影响政治组织。在北方，儿子必须与父亲血统之外的人通婚，不可与第一表亲通婚。在南方，儿子同样必须与父亲血统之外的人通婚，但是，与父亲姐妹的女儿通婚，不但允许，而且获得鼓励。这种做法叫作交叉表亲（cross-cousin）的婚姻。而平行表亲（parallel cousin）的婚姻，即与父亲兄弟的女儿通婚，则不可，因为这违反了氏族的异姓通婚规矩。所以，男子可与姐姐的女儿和舅舅的女儿通婚。换言之，像很多阿拉伯部落一样，南方的印度部落倾向于把婚姻（以及相关的遗产）局限于狭窄的亲戚小圈子，相连的血统因此而聚居在一起。在北方，家庭为了孩子能找到合适的配偶，被迫在更大范围内撒网。达罗毗荼的交叉表亲婚姻，加强了其社会关系狭小内向的特征，这存在于所有的部落社会。[13] 可以假定，这样的婚姻实践降低奖励，使南方的国王不愿去寻求远方的婚姻同盟，如建立现代西班牙的阿拉贡国王（Aragon）和卡斯提尔女王（Castile）的联姻。

这段简洁的概述，尚未触及印度复杂亲戚关系的皮毛。对梵语的北方和达罗毗荼语的南方，虽然可做出一个概述，但这两个地区在亲戚规则方面，因地理位置、种姓制度以及宗教的不同，而展示出巨大的内部差异。[14]

过渡到国家

促使印度从部落社会过渡到国家，其原动力是什么？我们所拥有的相关信息，远远少于中国案例。我们有两种关于国家形成的虚幻解说，与人类学家的暴力和社会契约理论遥相呼应。第一种解说，"吠陀本集"中较晚文本的《爱达罗氏梵书》（Aitareya Brahmana，或译《他氏梵书》）解释："众神与魔鬼大打出手，但在敌人手中吃尽苦头，便聚会讨论，决定要一名拉贾来率领打仗，于是指定因陀罗（Indra）为他们的国王，战势很快获得逆转。"这个传奇显示，印度最早的国王应人们和军事的需求而生，其首要职责是率领部下打仗。[15] 第二种解说来自佛教资料：

> 当人们丧失原始的光荣，阶级差别（瓦尔纳）遂出现。他们签订协议，接受私人财产和家庭的制度，盗窃、谋杀、通奸和其他罪行由此而起。人们聚会讨论，决定要选出一名成员来

158

维持秩序，报酬是分享一份土地和畜牧的收获。他被称为"大选出王"（Mahasammata），头衔是拉贾，因为他取悦于其他成员。[16]

佛教始终是印度教的翻版，只是更为仁慈，更为温和。它强调非暴力，以及轮回转生的更为可行。所以，佛教徒认为国家形成获得大家同意，也属意料之中。但上述两种解说都不是历史记载。

实际的过渡也许牵涉到其他社会在建立国家时所遇到的所有因素。第一是征服：《梨俱吠陀》讲到印度—雅利安人遇上达萨人，发动战争，最终征服后者。最早提及的瓦尔纳，不是大家熟悉的四大社会阶层，而是两大社会阶层，分别是雅利安阶层和达萨阶层。所以很明显，从平等部落社会到等级国家社会的过渡，开始于军事征服。最初，达萨人只是因为自己的种族和语言而与征服者有所区别，到后来，达萨一词变成了从属或奴隶的代名词。这个转变是逐渐发生的，时间在印度—雅利安从游牧社会过渡到农业社会之后。[17]剥削从属阶级创造庄稼收获的盈余，自己部落不必投入劳动，便可收取一笔地租。"拉贾"的意思，也从部落领袖变为"自土地或村庄享受收入的人"。[18]大约在公元前 6 世纪早期，等级的日益分明又与永久定居、雏形城市、土地所有权紧密相连。[19]在土地上劳作的，不再是亲戚团体共同协作的家庭，而是与地主并不沾亲带故的农民。[20]为了使低级阶层永远处于被主宰的地位，为了防止他们逃逸，常备军和领土的政治控制变得不可或缺。

跟中国相似，促进政治巩固的还有技术变化。其中之一是铁器，它在公元前 800 年之后得到与日俱增的使用。铁斧可用来清除密集的森林，铁犁可帮助耕地。国家没有控制铁的生产，但铁工具的使用带来威望，并增加国家可挪用的有效盈余的总水平。[21]

像中国和其他从部落过渡到国家的社会，独特和永久的祭司阶层婆罗门，赋予部落领袖愈益增长的合法性，使后者权力获得很大提升。拉贾行使政治权力，祭司通过仪式使之合法化；拉贾又支持

159

祭司，并提供资源来补偿这些服务。早期的拉贾凭借祭司而获得神性，从而将自己职位转为祖传财产，通过渐渐流行的长子继承权再传给儿子。显而易见，半神半人不再是部落长者中的老大。所以，部落集会的萨巴失去了选择氏族领袖的能力，开始扮演咨询的角色。国王的授权仪式发展成持续一年的献祭仪式；其间，拉贾经历净化和象征性的新生；到终结时，婆罗门再赋予他职位和神性。[22]

公元前6世纪末，印度河—恒河平原上的社会已从部落过渡到雏形国家或酋邦，被称为伽那—僧伽（gana-sangha，编按：前者意为"众多"，后者意为"集合体"）。北方的国家，如鸯伽（Anga）、摩揭陀（Magadha）、俱卢（Kuru）、般庶，控制界定的领土，治理城市中相对密集的人口，完全是主权政治体。它们等级森严，王位世袭，其精英向农民抽取租金。相比之下，伽那—僧伽尚保留部落社会的特征：等级松弛，领导权模糊，不能像真正国家一样行使强制权力。[23]

弯路

到此为止，印度北部和两三千年前的中国西周，它们所经历的政治发展没有重大差别。最初，社会组成父系氏族的联合体，信奉祖先崇拜；大约在过渡到定居农业社会时，转向等级分明、世袭领袖、统治者和祭司的分工。很有可能，商朝统治者比印度的统治者行使更多权力，但差别不很惊人。

首批真正国家出现于印度河—恒河平原时，印度的政治演变以戏剧性的方式与中国模式分道扬镳。印度国家没有经历五百年日益激烈的连续战争，就像中国早期国家在东周时所承受的。之后的数世纪内，印度国家也彼此打仗，也与伽那—僧伽交战，但从没达到中国所实施的相互灭绝的惨烈程度。如我们所知，中国独立政治体的总数，从东周初的数百持续下跌到东周末的一枝独秀。相比之下，

160

印度只有较少较不激烈的战争，以及较低程度的统一。较为原始的伽那—僧伽，没被强大的国家所兼并，一直生存至公元第一个千年的中期，这就很说明问题了。在发展现代国家制度方面，战国时期的中国政治体不得不仿效邻国，而印度政治体显然没有此种压力。公元前 3 世纪末，孔雀王朝得以统一次大陆的大部，建成单一帝国，但仍有部分地区从没被征服，甚至其核心地带的统治也没得到彻底的巩固。孔雀王朝持续仅 136 年，这种幅员辽阔的政治体再也没有在本土政权下重现，直到 1947 年印度共和国出现。

差别的第二领域涉及宗教。中国设立了专业祭司，主持向国王和皇帝赋予合法性的礼仪，但其国家宗教从没超越祖先崇拜的层次。祭司主持对皇帝祖先的崇拜，但没有自己的司法权。末代皇帝失去合法性时，或朝代之间没有合法统治者时，没有作为机构的祭司来宣布谁享有天命。这种合法性可由任何人赋予，从农民、军人到官僚。

印度宗教则走上迥然不同的路。印度—雅利安部落的原始宗教，可能也像中国那样基于祖先崇拜。但始于公元前第二个千年，即"吠陀本集"创作时，它发展成精细的形而上学系统，以无形超然的世界来解释尘世的全部现象。新兴的婆罗门宗教，把重点从个人的祖先和后裔转到包罗万象的宇宙系统。为这超然世界把关的就是婆罗门阶层，其权威是很重要的。他们在未来世界中所保障的，不但是国王的血统，而且是最低级农民的福祉。

在婆罗门教的影响下，分别是雅利安人和达萨人的两大瓦尔纳，进化成四大瓦尔纳：婆罗门、刹帝利、吠舍、首陀罗。处于顶端的是祭司阶层，他们创作了构成"吠陀本集"的仪式祈祷。随着宗教的发展，历代的婆罗门默记这些祈祷。这礼仪咒语的倒背如流成为他们的专业，与其他瓦尔纳争夺社会地位时，又变成其优势。法律就从这些仪式中脱颖而出，起初只是惯例，口口相传，最终写入法律书籍，像英国人所称的《摩奴法典》(*Manava-Dharmasastra*)。所以在印度传统中，法律并不来自政治权力，这不像中国；它的源

161

泉既独立于统治者，又比统治者更为崇高。事实上，《摩奴法典》讲得很清楚，国王之存在是为了保护瓦尔纳制度，不可颠倒过来。[24]

如果我们把中国案例当作政治发展的标准直线，印度社会大约在公元前 600 年走上一条大弯路。印度没有经历漫长的战争，以开发现代非人格化的集权国家。[25] 权力没有集中于国王，而在界限分明的祭司阶层和武士阶层之间平分。他们相互依赖，以求生存。印度虽然没在当时开发出像中国一样的现代国家，但创造了限制国家权力和权威的法治雏形，中国则没有。很明显，印度始终不能以中国方式集中权力，其根源就是印度宗教，我们将对此作更仔细的审视。

第11章

瓦尔纳和迦提

经济与宗教，作为社会变化的源头；印度的社会生活因宗教而变得包罗万象；印度宗教对政治权力的启示

　　作为社会变化的源头，经济利益与思想到底谁占鳌头？这是社会理论家最古老的争辩之一。从卡尔·马克思到持现代理性选择理论的经济学家都认为，物质利益享有优先权。马克思认为，宗教是大众的"麻醉剂"，这个神话是精英编出的，为了辩护其对社会他人的掌控。很多现代经济学家不像马克思那么尖刻，但仍认为他们的功利最大化的理性架构（rational utility-maximizing framework），足以解释几乎所有的社会行为。诺贝尔奖得主加里·贝克（Gary Becker）曾表示，不同意者只是研究得不够认真。[1] 思想被认为是外在因素，也就是说，为了解释物质利益，它只是在事后建立的，并不是社会行为的独立原因。

　　站在该论点对面的是一批现代社会学创始人，包括韦伯和涂尔干。他们认为，宗教和宗教观念是主要因素，既是人类行动的动力，又是社会身份的来源。韦伯坚持，在现代经济学家所运作的架构中，个人是主要决策者，物质利益是主要动机；但最终，这架构本身又是新教改革的观念的产品。写完《新教伦理与资本主义精神》后，韦伯继续写出有关中国、印度和其他非西方文明的著作。它们显示，

要理解经济生活是如何组织的，宗教观念不可或缺。

　　如果要举马克思一方的例子，即宗教在为少数精英掌控他人作辩护，一定不会选普世平等的基督教或伊斯兰教，而要选公元前最后两个千年出现在印度的婆罗门教。根据《梨俱吠陀》：

> 众神奉献牺牲时，以普鲁沙（Man）为祭品……
>
> 他们分解普鲁沙时，将他分成多少块？
>
> 他的嘴和双臂叫什么？双腿和两足又叫什么？
>
> 婆罗门是他的嘴，他的双臂成为武士。
>
> 他的双腿成为吠舍，从两足生出首陀罗……
>
> 众神作完奉献，这是神圣法律之首。
>
> 这些大力神飞天，那里住有永久神灵。[2]

　　婆罗门不仅将自己安置在这四大社会阶层的顶端，而且授予自己对祈祷和圣歌的永久垄断。那些祈祷和圣歌在赋予合法性的各种仪式中不可或缺，从最高级的国王授权，到最低级的婚礼或葬礼。

　　以纯唯物主义来解释印度社会中的宗教功能，难以让人满意。首先，它无法解释神话中的实际内容。如我们所见，在过渡到国家的前夕，中国社会和印度社会有很多结构上的相似。中国精英，像每个已知社会的精英，也利用赋予合法性的仪式来提升自己的权力。但中国人想象不出一个像印度那样的既深刻又复杂的形而上学系统。事实上，即使没有超然宗教的帮助，他们仍能有效夺取和保有权力。

　　此外，在印度占居首位的不是拥有强制和经济权力的精英，反而是仅有仪式权力的精英。即使有人相信物质原因是最重要的，他仍要回答这一疑问：为什么刹帝利和吠舍——武士和商人——甘愿臣服于婆罗门，不仅向后者提供土地和经济资源，而且让后者控制自己个人生活的隐私。

　　最终，就印度社会而言，不管是经济解释，还是唯物主义解释，都必须解释该制度为何经久不衰。公元前 600 年，婆罗门教适合精英小团体的利益，但随着时间的推移，它并不适合印度社会中其他阶层和团体的利益。为何没有反精英运动的兴起，宣扬新的宗教思想，以提倡普世平等？在某种意义上，佛教和耆那教就是抗议宗教。两者继承了很多婆罗门教的形而上学假设，但在次大陆却得不到广泛接纳。对婆罗门教霸权的最大挑战，却是外国入侵者凭借武力进口的——莫卧儿帝国带来了伊斯兰教，英国人带来了西方自由和民主的思想。所以，必须把宗教和政治本身看作行为和变化的动力，不可视之为宏大经济力量的副产品。

印度宗教的合理性

就现代经济的需求而言，很难想象还有另外一个社会制度，其兼容度低于婆罗门教迦提制度。现代劳工市场理论要求，每个人通过在教育和技能方面的投资，自由地与人签约来出售自己的服务，从而"改善自己的处境"，这是亚当·斯密（Adam Smith）的原话。信息流通的灵活劳工市场，能够导致个人处境的最大改善和资源的优化分配。相比之下，根据迦提制度，个人天生只能从事有限行业。他们必须继承父业，必须与同一迦提团体的成员通婚。投资教育是没有意义的，因为个人永远都不能在生活中提高自己的地位。在迦提制度中，社会升迁只适用社区总体，不适用个人。所以，迦提的团体可决定搬往新区，或开发新的商机，但不允许个人创业。该制度对社会合作造成了巨大障碍，对某些婆罗门来说，光是看见贱民就需要一个冗长的净化仪式。

从现代经济观点看，这很不合理；对接受婆罗门教根本前提的人来说，这又完全合理。整个社会制度，包括种姓制度中最细微的规则，作为宏观形而上学系统的逻辑结论，却是非常完美的。现代评论家经常试图以实用或经济功利来解释印度的社会规则，例如，禁食奶牛刚开始只是卫生措施，为了避开受污染的牛肉。除了不符合早期印度—雅利安人像努尔人一样吃奶牛的事实，这种解释无法看透主观上体验到的社会凝聚，反而折射了评论家自己的世俗偏见。

韦伯认识到婆罗门教理后面的高度合理性 —— 自然神学（theodicy），或上帝的理由，他称之为"天才的手笔"。[3] 去印度修道院研读的西方皈依者，往往能体会到这一天才，其始于否认现实的现象世界。下面是皈依者自己的话语：

> 所有印度宗教系统，其终级目的是为了超越生命（moksha）。它们都假设，感知的存在是对现实（maya）的误解，仅是外表，躲在背后的才是终级存在的梵（brahman）。它无形无体，正因为无形无体，所以永恒。它是唯一的现实。我们所感觉的，我们因自己的物质存在而有所依恋的，都是稍纵即逝的（都会凋零和死亡），所以是虚无缥缈的（maya）。不像有些解说者所宣称的，存在的"目的"实际上不是"获得"对梵的认同，而是排除万难去体会，个人内心（atman）中真实永久的东西就是梵。[4]

凡人的生存涉及物质的生物生存，其对立面，就是超越此时此地的无形无体的真正存在。早期婆罗门认为，"与分娩有关的流血、与疾病和暴力有关的痛苦和变形、与人体排泄物有关的污浊恶臭、与死亡有关的衰败腐烂"，都会牵涉凡人生命，都需要得到超度。这就是为什么婆罗门在社会等级制度中授予自己特权地位："污染物质渗透了凡人的生存，在现世和漫长的上升轮回（samsara）中，需要婆罗门主持的仪式来予以控制和削减，这是获得解脱（moksha）的必要途径。"[5]

迦提制度源于业力（karma），即个人在现世所做的一切。职业的地位有高有低，取决于它们离污染源有多远——诸如血液、死亡、泥土、腐败的有机物。皮革匠、屠夫、理发匠、清扫夫、收生婆，

166

以及处理动物尸体或死人的行业，被认为是最不洁净的。相比之下，婆罗门是最完美的，因为遇上血液、死亡、泥土时，他们可依赖他人的服务。这解释了婆罗门的素食主义，因为吃肉就好比吃尸体。[6]

　　社会升迁在现世是不可能的，但可以指望来世。业力只在代代相传时才有变更，因此，个人一生都陷于自己的业力。在迦提等级制度中，个人到底获得升级还是降级，则取决于自己是否履行了所属迦提的法（dharma），即良好行为的准则。未能遵守准则的，将在来世等级制度中降级，从而更加远离真正的存在。婆罗门教将神圣化赋予现有的社会秩序，履行现存迦提的法变成了宗教责任。

　　瓦尔纳秩序发展自同样的形而上学前提。前三级瓦尔纳——婆罗门、刹帝利、吠舍——被认为是"两次投胎"，所以获得允许，进入仪式地位。包含大多数人口的首陀罗是"一次投胎"，只能希望在来世获得仪式地位。历史上不是很清楚，印度社会离开部落组织时，瓦尔纳和迦提的出现谁早谁晚。可能是宗族进化为迦提，它们在很多方面非常相似，都有精细的亲戚关系规则。但也有可能是先进化为瓦尔纳，再为随后出现的迦提设置架构。[7]

　　宗教信仰所造成的迦提制度，创造了颇不寻常的组合，既有分支式的隔离，同时又有社会中的相互依赖。每个迦提成为世袭地位，以调整现存的宗族系统。迦提设置了氏族的异姓通婚的外限，在众多分支式单位中，又倾向于成为自给自足的社区。另一方面，每种职业又是更大分工的一部分，所以需要相互依赖，从高级祭司到葬礼工。[8] 法国人类学家路易·杜蒙（Louis Dumont）引用布兰特（编按：E. A. H. Blunt, 1877—1941，英属印度殖民地官员）的资料：

　　　　理发匠联合抵制曾拒绝为他们婚礼跳舞的舞女。

　　　　在格拉克珀（Gorakhpur），一名地主试图中断皮革匠的生意。他相信他们在毒死自己的牛群（经常有如此的怀疑），便命令他的租户将无缘无故死去的牛的皮革故意割碎。皮革匠奋起反抗，命令他们的女人停止收生婆的服务。地主只好让步。

在艾哈迈达巴德（Ahmedabad，又译阿默达巴德，位于古吉拉特邦），一名正在重盖屋顶的钱庄老板与糖果店主发生争执，糖果店主说服瓦片制造商，拒绝为钱庄老板提供瓦片。[9]

这不单是经济上的相互依赖，因为每个执行自己功能的迦提，对其他迦提都具有仪式上的重要意义。

思想及其政治后果

瓦尔纳制度对政治有巨大影响，它要求武士的刹帝利服从婆罗门。[10]根据哈罗德·古尔德（Harold Gould），"婆罗门和刹帝利之间……有共生的相互依赖。王室权力需要连续获得祭司（即仪式）权力所赋予的神圣化，以维持神圣的合法性"。[11]每位统治者需要与宫廷祭司（purohita）建立私人关系，他作为世俗领袖所采取的每一次行动，都要得到宫廷祭司所赋予的神圣化。

宗教权威和世俗权力在理论上的分离，何以在实践中对后者设限，初看上去不很清楚。婆罗门教的等级制度，没有像天主教那样组成正式的中央权威机构。它有点像巨大的社会网络，单独的婆罗门互相交流和合作，但并不行使制度化的权威。单独婆罗门拥有土地，但作为制度的祭司阶层，不像欧洲教会，却没有自己的领地和资源。婆罗门肯定不能像中世纪的教皇，召集统领自己的军队。教皇格里高利七世在1076年将神圣罗马帝国皇帝革出教门，并迫使后者赤脚来卡诺莎（Canossa）请求赦免，这在印度历史中绝对找不出可媲美的案例。世俗统治者需要宫廷祭司来祝福自己的政治计划，在收买后者一事上，好像总能如愿以偿。印度宗教和社会的制度等级分明，各有分支，但它们如何使政治集权难以实现，我们还需寻找其他原委。

　　瓦尔纳和迦提的制度限制了军事组织的发展，这个影响很明显。武士的刹帝利是瓦尔纳制度四大阶层之一，自动限制了印度社会军事动员的潜力。像匈奴、匈人、蒙古人的武装游牧民族，之所以如此强大，原因之一就是可以动员几近 100% 的健壮男子。就必不可少的技能或组织而言，武装掠夺和游牧漂泊没有什么两样。仍是游牧民族时，印度—雅利安人曾经也很强大，但现已定居下来，建立了瓦尔纳社会。武士地位成为少数贵族精英的专业，如想加入，不但讲究训练和出身，还具有强烈的宗教意义。

　　在实践中，该制度并没有始终限制他人的加入。很多印度统治者出生于刹帝利阶层，但也有不少来自婆罗门、吠舍、首陀罗。新统治者夺取政治权力后，倾向于在事后获得刹帝利地位。以这种方式成为刹帝利，比成为婆罗门更为容易。[12] 瓦尔纳四个阶层都参与战争，婆罗门中有级别很高的军事将领，首陀罗倾向于充当辅助部队。就从属关系而言，军队的等级制度就是社会等级制度的拷贝。[13] 不像秦国和其他后期东周列国，印度政体从未能动员大部分的农民。[14] 考虑到仪式上对血液和尸体的厌恶，很难想象，受伤军人能从高贵战友手中获得很多救助。在采用新兴军事技术方面，如此保守的社会显然是迟疑不决的。他们在基督时代之后才放弃战车，比中国人晚了好多世纪；大象继续用于战争，尽管其效用早已被人怀疑。印度军队从没开发有效的射箭骑兵，以致惨败于公元前 4 世纪的希腊人和 12 世纪的穆斯林。[15]

169

　　从社会上层一直到底层，印度社会以迦提为基础形成众多紧密结合的小集团，其组织动力正是由婆罗门教提供的。这是限制政治权力的第二条途径。这些集团自我管理，不需要国家帮忙组织。事实上，它们抵抗国家的渗透和控制，政治学家乔尔·米格代尔（Joel Migdal）称之为软弱国家和强势社会。[16] 这种情形维持至今，种姓制度和村民组织仍是印度社会的支柱。

　　19 世纪的西方评论家，包括卡尔·马克思和亨利·梅因，注意到印度社会自我组织的特征。马克思宣称国王拥有一切土地，但又指出，印度村庄在经济上偏向于自治，以一种原始共产主义为基础（这种解释有点自相矛盾）。梅因指的是自我调整、一成不变的村庄社区，这种看法在维多利亚的英国非常流行。19世纪早期，英国行政官员把印度村庄当作能幸存于帝国毁灭的"小小共和国"。[17]

20世纪的印度民族主义者，部分原因是依据上述解释，想象出一幅本土村庄民主的田园画像，即潘查亚特制度（panchayat）。他们声称，这是印度政治秩序的源头，直到被英国殖民者破坏。现代印度宪法的第40条，详细解释了复原的潘查亚特机构，旨在促进地方民主，曾在1989年获得拉吉夫·甘地政府的特别关注。其时，政府正试图在印度联邦制中推动权力分散。但印度早期的地方统治，不像后来评论家和民族主义者所宣称的，实际上不是民主和世俗的，而是基于迦提或种姓制度的。每座村庄倾向于有个强势种姓，也就是说，其人数和拥有的土地都超过其他种姓，而潘查亚特制度仅仅是该强势种姓的传统领导组织。[18]

单独村庄自有地方的统治机构，不需要国家从外部提供服务。潘查亚特制度的重要功能之一是司法，它依据惯例来裁决迦提成员之间的争论。村庄中的产权不是共有的，这有悖于马克思的想象。像其他分支世系社会，财产为复杂的亲戚团体所拥有，单独家庭在处理土地时要面临很多责任和限制。这意味着，国王虽是名义上的主权君主，却没有真正"拥有"村庄土地。我们将在后续章节看到，在征税和征地时，印度政治统治者的权力往往非常有限。

商业活动也依据迦提，宛如不需外界支持的自控公司。从9世纪到14世纪，印度南部的贸易大多由像阿育尔（Ayyvole）那样的商人行会控制。它们派出的代表满布次大陆，与印度之外的阿拉伯人商人打交道。古吉拉特邦的商人，不管是穆斯林还是印度教徒，长期控制印度洋、东非、阿拉伯半岛南部、东南亚的贸易。艾哈迈达巴德商人组成全市大公司，吸引所有主要职业团体的成员。[19]在中国，贸易网络只靠宗族，不像印度同行那样组织良好。中国宗族的司法权，往往局限于家法、遗产和其他家庭琐事（尤其在强大政府时期）。印度的迦提除了地方社会的行政管理，还发挥公开的政治功能。根据萨提希·萨贝瓦尔（Satish Saberwal），"迦提提供了社会动员的各式场合：进攻性的，则争取掌控权和统治权……防御性的，则抵制国家和帝国入侵迦提领域……破坏性的，则任职于更大政治体，运用其权力和高位来谋取私人利益"。[20]迦提还为成员提供地理和社会上的升迁。例如，泰米尔（Tamil）纺织种姓的凯寇拉（Kaikolar），在朱罗王朝（Chola）时期改行，变成商人和军人；19 世纪后期，锡克人的木匠和铁匠离开家乡的旁遮普，迁往阿萨姆邦（印度的 Assam）和肯尼亚（非洲的 Kenya）。[21]这些决定由众多家庭集体作出，以便在新环境中相互依赖、相互支持。在印度北部，拉杰普特（Rajput）迦提在扩充地域方面尤为成功，得以控制大片土地。

　　限制政治权力的第三条途径是婆罗门教社会制度对文化的控制，这一习俗延续至今，使大批印度人陷于贫穷和绝望。现代印度处于某种吊诡状态。一方面有大量印度人接受良好教育，攀登众多领域的世界顶峰，从信息技术、医药、娱乐到经济。境外印度人始终享受较多的社会升迁机会，这一事实多年前便引起小说家奈保尔爵士（V.S. Naipaul）的注意。[22]经济改革在 20 世纪 80 年代晚期和 90 年代出现，境内印度人也开始兴旺起来。另一方面，接受良好教育的居民仍是少数，国内文盲和贫穷的程度高得惊人。快速增长的城市，如班加罗尔（Bangalore）和海得拉巴（Hyderabad），其郊外是广阔的乡村内地，那里的人类发展指数在世界上竟名列底层。[23]

　　这些差距的历史根源最终还归罪于瓦尔纳和迦提的制度。作为仪式监护人，婆罗门当然掌控学习和知识。一直到公元前第一个千年末期，他们坚决反对把最重要的"吠陀本集"付诸文字。根据萨贝瓦尔，"为仪式上的使用而默记圣歌——既为自己，又为主顾——

171

是婆罗门最独特的学习方式。仪式上和学习过程中的高效，并不要求弄懂所背诵的东西……很多婆罗门献身于浩瀚的默记、逻辑分析、辩论"。[24]为达到所需求的仪式效果，精确默记"吠陀本集"是必须的。据说，朗诵中的小错将导致灾难。

也许并非偶然，婆罗门坚持口头传诵"吠陀本集"，设置加入婆罗门的额外障碍，更加强自己的至高无上。犹太人、基督徒、穆斯林，从他们宗教传统的一开始就是"圣书上的民族"，婆罗门却顽强抵抗文字和有关的书写技术。5世纪和7世纪，中国取经人来印度寻求佛教传统的文献，竟找不到书面文本。中国人和欧洲人改用羊皮纸之后很久，印度人仍在使用棕榈树叶和树皮。讨厌耐用的羊皮纸有宗教起源，因为它来自动物的皮肤。11世纪造纸技术来到时，婆罗门仍然迟迟不用。[25]在马哈拉施特拉（Maharashtra）的乡村，日常行政管理中的纸张使用一直要等到17世纪中期。一出现，它们就大大改善了记账和监管的效率。[26]

公元1000年之后，书写才变得普遍，自婆罗门扩散到印度社会其他群体。商人开始制作商业记录，迦提开始记载家庭谱系。在喀拉拉邦（Kerala），"王家和贵族血统"的那雅人开始学习书面梵语，该邦的统治阶级开始制作大量政治和商业的记录。(20世纪晚期，当地共产党政府治理的喀拉拉邦成为印度治绩最佳的邦之一。有人怀疑，这样的治绩是否植根于数世纪前的文化传统。)

与中国相比，婆罗门垄断知识，抵制书写，严重影响了现代国家的发展。从商朝以来，中国统治者一直使用文字传递命令、记录法律、保管账目、书写详尽的政治历史。在中国，对官僚的教育集中于识字、攻读漫长复杂的文学传统；对行政官员的训练，依现代标准看仍属有限，但仍涉及反复分析书本、以史为鉴。汉朝以来，科举制度获得采用，政府用人基于对文学技能的掌握，并不局限于特定阶层。虽然在实际情形中，普通老百姓登上政府高位的机遇非常有限，但中国人都知道，教育是社会升迁的重要途径。所以，宗族和地方社区在儿子的教育上全力以赴，充分利用科举制度。

如此情形在印度是不存在的。统治者自己是文盲，依靠同样无知的家族官员来维持治理。文化是婆罗门阶层的特权，他们维持对知识和仪式的垄断来保障自身利益。跟军队的情形一样，瓦尔纳和迦提的等级制度阻止了大多数人获得教育和文化，从而减少了可为国家所用的称职人才。

在印度发展历史中，宗教影响政治权力的最后途径是建立了所谓法治的基础。法治的本质是一组反映社会正义感的规则，比国王的意愿更为崇高。这就是印度的情形，各种法典中的法律不是国王创建的，而是婆罗门依据仪式知识所制定的。这些法律讲得很清楚，瓦尔纳不是为国王服务的，更确切地说，国王只有变成瓦尔纳的保护人，方可获得合法性。[27] 如果国王触犯了神圣法律，史诗《摩诃婆罗多》公开认可反抗，宣称此人已不再是国王，而是一条疯狗。在《摩奴法典》中，主权在法律，而不在国王："在本质上，法律（danda）即是国王，享有权力，维持秩序，发挥领导作用。"（《摩奴法典》第 7 章第 17 节）[28]

不少古典文献叙述有关梵那（Vena）国王的警世故事，他禁止除了给自己的所有其他祭品，还推行种姓之间的通婚。结果，神圣的众神向他发起攻击，以奇迹般化成矛的青草叶，将他杀死。很多印度朝代，包括难陀王朝（Nanda）、孔雀王朝、巽伽王朝（Sunga），都因婆罗门的阴谋而变弱。[29] 当然，就像中世纪的天主教，很难弄清婆罗门是在捍卫神圣法律，还是在保护自己利益。像欧洲而非中国，印度的权威是分裂的，对政治权力造成了颇具意义的制衡。

印度的社会制度源于宗教，大大限制了国家的集权能力。统治者不能动员大批人口以建立强大军队；不能渗透存在于每座村庄的自治且严密组织的迦提；自己和部下缺乏教育和文化；还要面对维护规范化秩序的严密的祭司阶层；自己在这一秩序中仅扮演从属角色。就上述的方方面面而言，印度统治者的处境非常不同于中国。

第12章
印度政体的弱点

孔雀王朝何以成为印度第一个且最成功的本土统治者；孔
雀王朝治下的国家性质；阿育王的性格；式微、分裂、笈
多王朝的复兴；印度为何被外国所征服

　　一开始，印度的社会发展就压倒政治和经济的发展。次大陆获
得一种以宗教信仰和社会实践为特征的共同文化，在尝试取得政治
统一之前，就被标为与众不同的文明。统一过程中，社会力量足以
抵制政治权力，阻止后者对社会的改造。中国发展了强大国家，其
社会因此而处于孱弱地位，并自我延续。印度有个强大社会，先发
制人，反而阻止了强大国家的兴起。

　　公元前第一个千年初的印度次大陆，成千上万的小国和酋邦，
自部落社会脱颖而出。其中三个王国——迦尸（Kashi）、拘萨罗
（Kosala）、摩揭陀——和酋邦（或伽那—僧伽）的弗栗恃（Vrijji），
成为印度河—恒河平原上的逐鹿者。摩揭陀（其核心地区在现代的
比哈尔邦[Bihar]）注定要扮演秦国角色，统一印度次大陆的大部。
公元前6世纪的下半世纪，频毗娑罗王（Bimbisara）登基，凭借一
系列战略性的婚姻和征服，使摩揭陀成为印度东部的主要国家。摩
揭陀开始征收土地税和收成税，以代替国家形成之前低级血统的自
愿进贡，由此而招聘征税人员。税率据说是农业产品的六分之一，
如果属实，这在早期农业社会是相当高的。[1]国王并不拥有国内所

有土地，只享有荒地，其时人口稀少，应该是相当广袤的。

儿子阿阇世王（Ajatashatru）谋杀频毗娑罗，兼并西部的拘萨罗和迦尸，并与弗栗恃展开持久斗争。后来，他在伽那—僧伽领袖中挑拨离间，终获大胜。他死于公元前 461 年，其时，摩揭陀已迁都至华氏城（Pataliputra），控制了恒河三角洲和恒河下游的大部。统治权传给一系列国王，包括出身首陀罗的短命的难陀王朝（Nanda）。亚历山大大帝曾遭遇难陀军队，由于军队哗变，而不得不转向旁遮普。希腊的资料称，难陀军队有两万骑兵、二十万步兵、一千辆战车、三千头大象。这些数字肯定是夸大的，以证明希腊人的退却是正确战略。[2]

继承难陀王朝的是旃陀罗笈多·孔雀（Chandragupta Maurya，又称月护王）。他极力扩充领土，在公元前 321 年建立了印度次大陆第一个本土政治体——孔雀帝国。他是婆罗门学者兼大臣考底利耶（Kautilya）的门生，后者的《政事论》（Arthasastra）被视作是印度经世王道的经典论文。月护王率军攻击亚历山大大帝的继承者塞琉古一世（Seleucus Nicator），征服西北部，并将旁遮普、阿富汗东部、俾路支地区并入孔雀王朝的版图。至此，他的帝国西到波斯，东到阿萨姆邦。

对印度南方达罗毗荼人的征服，则留给了月护王的儿子宾头娑罗（Bindusara）和孙子阿育王（Ashoka）。宾头娑罗将帝国扩展到南方德干高原的卡纳塔克（Karnataka）。经过一场众所周知的持久的血腥征战，阿育王在公元前 260 年占领东南部的羯陵伽（Kalinga）（包含现代奥里萨邦 [Orissa] 和部分安得拉邦 [Andhra Pradesh]）。其时，印度缺乏文学文化，阿育王的功绩从未见于史书，像中国的《尚书》和《春秋》。后代印度人一直要等到 1915 年，方才把他视作伟大的国王；其时，大批法令岩石的古文字获得译解，考古学家终于拼搭出他治下的帝国疆域。[3]

孔雀王朝历经三代而建起的帝国，占据了喜马拉雅山脉以南的整个印度北方，西至波斯，东至阿萨姆，南至卡纳塔克。印度次大陆上，唯一没被统一的是南方边缘地带，分别是现代的喀拉拉邦、泰米尔纳德邦（Tamil Nadu）、斯里兰卡。没有单独的印度本土政权再一次统治这么辽阔的领土。[4]莫卧儿帝国所征服的德里苏丹国要小得多，英国人在次大陆的帝国更大，但不得不问：说阿育王、阿克巴（Akhbar）、英国总督统治印度，这到底意味着什么？

孔雀帝国：何等国家？

历史学家在古印度国家的性质上争论不休。[5]如果从比较眼光看，特别是对照阿育王的印度和秦始皇的中国，我们也许能看得更加清楚。这两个帝国几乎在同时形成（公元前 3 世纪的中到晚期），但它们政体的性质可说相差十万八千里。

两个帝国都环绕一个核心而组成，分别为摩揭陀国和秦国。秦国是个真正的国家，具有马克斯·韦伯所界定的现代国家政府的许多特征。管理国家的世族精英，大多已在数世纪的战争中战死，取而代之的是日益凭借非人格化基础而获选的新人。秦国废除井田制，推翻传统的产权，以统一的郡县制取代世族封地。它最终打败对手，建立大一统帝国，便将这中央集权政府推向全中国。推广至被征服国家的，还有郡县制、统一度量衡、统一文字。我们已在第 8 章看到，秦朝君主的社会工程最终还是归于失败，因为在某种程度上，家族统治在西汉卷土重来。但汉朝统治者坚持中央集权，逐渐取消剩余的封地。它所建立的不算帝国，而是统一的中央国家。

此类事项在孔雀帝国发生得很少，核心国的摩揭陀好像没有任何现代特征。与秦国相比，我们对其行政管理的性质了解得实在太少。政府用人完全是家族式的，受种姓制度的严格限制。考底利耶在《政事论》中讲明，高级官位的主要资格应是高尚出身，其"父亲和爷爷"必须是大臣（amatya）或更高，他们几乎全是婆

179

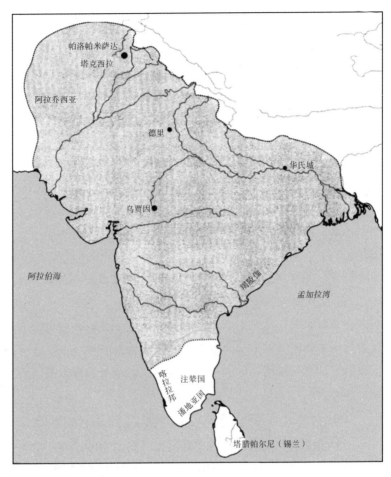

阿育王的帝国

罗门。官僚的薪俸非常悬殊，最低与最高之间的比率是 1∶4 800。[6]
没有证据显示，官府用人是选贤与能的，或前三级瓦尔纳之外
的人也可申请公职。这些事实曾得到希腊旅行家麦加斯梯尼
（Megasthenes）的确认。[7] 将摩揭陀推上战胜国地位的战争没有那么
持久和残忍，不像秦国所经历的那样。旧精英得以留存，摩揭陀的
处境从没恶化到非要动员男子总人口的地步。据我们所知，孔雀王

朝没有统一度量衡，也没有在管辖地区统一语言。事实上，迟至公元 16 世纪，印度国家仍在努力推行统一标准，其最终实行是在英国治下，距孔雀王朝已将近整整两千年。[8]

通过联姻和征服获得的地区，其与摩揭陀的关系也大大不同于中国。秦国灭绝他国，往往是消灭或放逐整个统治宗族，并鲸吞其领土。东周时期，中国精英宗族的数量大幅下降。孔雀帝国的建立则较为温和，涉及大量伤亡和焦土战术的唯一战役是对羯陵伽的攻占，给战胜者阿育王带来很大震撼。其他情形中，现有统治者吃了败仗后，便接受孔雀帝国在名义上的主权。《政事论》建议，孱弱的国王最好屈服，自愿向强大邻国进贡。没有出现中国或欧洲式的"封建主义"，即剥夺现有统治者，把领土赏赐给王室成员或侍从。印度历史学家有时谈到属臣国（vassal），但它没有欧洲属臣的契约意义。[9]说孔雀王朝重新分配权力是不准确的，因为它一开始就没有中央集权。孔雀王朝也没有设法将其国家制度，自核心国推向帝国其他地方。地方政府完全是家族的，没有试图建立永久且专业的行政制度。这意味着，每位新国王带来新的忠诚侍从，替换现有的行政官员。[10]

180

孔雀帝国在它管辖区域内，仅行使松弛的统治；它称霸的整段时期，部落联盟或酋邦（伽那—僧伽）始终存活，就是明证。与等级分明的王国相比，伽那—僧伽的政治决策涉及较多的参与和共识，但它仍是基于亲戚关系的幸存的部落政体。印度历史学家有时称之为"共和国"，这只是在为它涂上现代光彩。[11]

考底利耶在《政事论》中详尽讨论了财政政策和征税，只是不清楚他的建议究竟有多少被付诸实践。与"东方专制主义"的信徒相悖，国王并不"拥有"全部土地。他有自己地盘，另外宣称掌控荒地、森林等，但通常不向现存产权提出挑战。不过，国家坚持向各式地主征税的权利，缴税可依据个人、土地、收成、村庄、边界的小统治者，基本上以实物或劳役的形式。[12]似乎没有一名印度统

治者尝试大型变革，像商鞅的废除井田制，或王莽雄心勃勃但一败
涂地的土地改革。

阿育王死于公元前 232 年，他的帝国旋即衰落。西北部落到了
大夏国（Bactrian Greek）手中，部落的伽那—僧伽在西部的旁遮
普和拉贾斯坦（Rajasthan）重又兴起，南方的羯陵伽、卡纳塔克和
其他领土纷纷脱离，返回独立王国的地位。孔雀王朝重又回到中央
恒河平原的摩揭陀王国，其末代国王波罗诃德罗陀（Brihadratha）
于公元前 185 年遇害。还要等五百多年，笈多王朝（Gupta）方才
崛起，再次统一印度，其规模可与孔雀帝国媲美。次大陆的孔雀帝
国仅维持一代，它的王朝持续一百三十五年。孔雀王朝的终止导致
帝国分崩离析，分割成数百个政治体，很多尚处于国家之前的层次。

孔雀帝国的统治如此短暂，至少从外表上看，它对下辖区域从
没实施强有力的控制。事实上，这不是牵强附会。孔雀王朝从没建
立强大的国家制度，也从没自家族政府过渡到非人格化政府。它在
整个帝国维持广泛的间谍网，但没有证据显示，它像中国一样建造
道路或运河，以促进交通。很不寻常，除了首都华氏城，孔雀王朝
没在任何地方留下有关它强盛国力的纪念物。后代没把阿育王当作
帝国创建者，这也许是原因之一。[13]

孔雀王朝的统治者从没想到国家建设，也就是说，没有尝试以
一套新颖的共同规范和价值穿透整个社会。孔雀王朝没有真正的主
权概念，即在全国范围实施非人格化统治的权利。次大陆没有统一
的印度刑法，直到英国统治下诗人兼政治家托马斯·巴宾顿·麦考
莱（Thomas Babington McCaulay）第一次引入。[14] 国王没有从事大
规模的社会工程，反而保护现存的各式社会秩序。

印度从没开发出像中国法家一样的思想，即政治目标就是赤裸
裸地集权。《政事论》之类的论述，可向马基雅维利式（Machiavellian）
的君主提供建议，但只针对价值观和社会结构，与政治无关。此外，
婆罗门教的精神孵育了非军事思想。非暴力主义（ahimsa）可在"吠

陀本集"中找到根源，认为杀生对业力造成负面影响。它的有些文本批评吃肉和动物祭品，但另一些却予以批准。如我们所知，像佛教和耆那教的抗议宗教，非暴力更是中心思想。

孔雀王朝第一位国王旃陀罗笈多最后皈依耆那教，为了遂愿当一名苦行者，而自动让位给儿子宾头娑罗。他与一批僧侣搬到印度南方，据说，最后以耆那教的方式慢慢饿死。[15] 他的孙子阿育王起初是正统的印度教徒，在生命后期皈依佛教。羯陵伽征战中的伤亡激起阿育王深深的悔恨，据传十五万羯陵伽人被杀或受逐。根据他的岩石赦令（Rock Edicts），"羯陵伽已被兼并，此后，陛下便开始了对宗教法律的热诚追求"。他还宣布，"曾遭杀戮和俘虏的羯陵伽人，其百分之一或千分之一，如在今天遭受同样厄运，也会是陛下的遗憾。此外，如果有人冒犯他，只要还可以忍受，陛下也必须忍耐"。阿育王继续敦促仍在帝国边境的外人，"不用怕他，应信任他，应从他那里获得幸福，而不是悲伤"。他还呼吁他的儿子和孙子避免进一步征战。[16] 帝国扩展由此戛然而止。不管阿育王后裔究竟是遵从他的意愿，还是本身就不中用，反正他们治下的帝国冰消瓦解。有人会问，如果印度开发了像中国法家一样的权力原则，而不是婆罗门教、耆那教、佛教，阿育王的帝国会变成怎样——如果真是这样，它就不是印度了。

社会战胜政治

孔雀帝国崩溃后，印度经历了政治衰败，尤其是在北方，部落政体在西部的拉贾斯坦和旁遮普再次出现。该地区又受到来自中亚部落的侵略者的骚扰，部分原因是中华帝国的政治发展太具优势。秦朝开始建设长城以御外人，迫使游牧的匈奴返回中亚，取代当地一系列部落。这一连锁反应又导致斯基台人（Scythians，即塞克人[Shakas]）对印度北部的侵犯，紧跟在后的是月氏，它在现为阿富汗的地方建起贵霜帝国（Kushana）。印度北方的王国中，没有一个组织良好，可以考虑像长城那样的浩大工程。所以，部分印度北方平原为这些部落所占。[17]

在遥远的南方，地方上的酋邦发展成王国，例如公元前 1 世纪统治西部的等乘王朝（Satavahana）。但这个政治体持续不长，没有发展出强大的中央机构，尚比不上孔雀王朝。为了控制德干北部，它与其他小王国发生冲突。此外，小王国之间也在争斗，如注辇国（Cholas）、潘地亚国（Pandyas）、萨提亚普特拉国（Satiyaputras）。这段历史相当复杂，难以融入政治发展的大叙述，也就缺乏启发功能，从中呈现出来的只是普遍的政治衰败。南方国家经常无法发挥最基本的政府功能，例如征税，因为其治下的社区既强大，又组织严密。[18]没有一国得以在永久基础上扩展疆域，实现霸权，也没开发更为复杂的行政机构，以实施更为有效的统治。这个地区的政治分裂状态还要持续一千多年。[19]

在印度第二次成功创建大型帝国的是笈多王朝（Guptas），始于旃陀罗笈多一世（Chandra Gupta I）。公元 320 年，他在摩揭陀国当政，其权力基础与孔雀王朝相同。他和儿子沙摩陀罗笈多（Samudra Gupta），再次统一印度北方的大部。沙摩陀罗笈多在拉贾斯坦和印度西北部其他地区，兼并了众多伽那—僧伽，这种政治机构因此而寿终正寝。他还征服克什米尔，逼迫贵霜帝国和塞克国进贡。在他儿子旃陀罗笈多二世（375—415）的治下，文化生活变得繁荣，建了不少印度教、佛教、耆那教的庙宇。笈多王朝再持续两代，直到塞建陀笈多国王（Skanda Gupta）死于 5 世纪的下半叶。其时，西北部的酋邦变得衰弱，中亚新兴的游牧部落匈人（Huns或 Huna）趁虚而入。笈多帝国在这场战争中耗尽自身，在 515 年将克什米尔、旁遮普、恒河平原的大部都输给匈人。[20]

姑且不论它的文化成就，笈多王朝没在国家制度方面作出任何革新，也没有试图把征服的政治体整合成统一的行政机构。被打败

的统治者，以典型的印度方式留下来继续执政，只是以后需要上缴
贡品。笈多王朝的官僚，甚至比孔雀王朝的前任更为分散，能力更差。   184
它征收农业收成税，拥有关键的生产资料，像盐场和矿山，但没有
干预现存的社会安排。笈多帝国的疆土更小，因为没能统一印度南
方。它持续了将近两百年，最后分裂为相互竞争的众多小国，从而
进入政治衰败的新时期。

外国人的国家建设

10 世纪后，印度的政治历史不再是本土发展史，而是一连串外
国入侵史，先是穆斯林，后是英国人。从今以后，政治发展成为外
国人如何将自己制度移植到印度土壤。他们仅取得部分成功。每个
外国入侵者必须对付这同一的"小王国"社会，四分五裂，却又组
织紧密；它们不团结，所以很容易征服；它们屈服后，又很难统治。
外国入侵者留下了一层层新制度和新价值，在某些方面是移风易俗
的，但在另外很多方面，又没触碰内在社会秩序的一根毫毛。

10 世纪末之后，一系列突厥—阿富汗的穆斯林侵入印度北方。
伊斯兰教在 7 世纪涌现后，阿拉伯人和突厥人，先后从部落过渡到
国家层次，在很多方面开发了比印度本土政体更为精细的政治制度。
其中最重要的是军事奴隶制和外国人充任行政官的制度（将在后续
章节中讨论），允许阿拉伯人和突厥人超越亲戚关系，实施选贤与
能的用人制度。一批批穆斯林入侵者来自阿富汗，最为著名的是拉
杰普特人部队（Rajputs）。印度国家的军队竭力抵抗，但实在太薄弱、
太分散。13 世纪早期，马穆鲁克（Mamluk）朝代的顾特布-乌德-丁·艾
贝克（Qutb-ud-din Aybak）得以建立德里苏丹国。

德里苏丹国维持三百二十年，长过任何一个本土印度帝国。虽
然穆斯林建立持久的政治秩序，但其国家权力有限，仍不能改造印   185
度社会。跟笈多王朝一样，它也没能向印度南方推进太多。用苏迪

普塔·卡维拉吉（Sudipta Kaviraj）的话说，"伊斯兰政治统治者，在社会习俗方面，含蓄地接受了对自己权力的限制，这与印度本土统治者非常相像……伊斯兰国家知道自己像其他印度国家，既有局限，又游离于社会之外"。[21] 今天，穆斯林统治的遗产体现在巴基斯坦和孟加拉两个国家，还有印度一亿五千多万的穆斯林公民。就幸存的制度而言，穆斯林的政治遗产不是很大，除了像查明达利（zamindari）土地所有制之类的实践。

英国统治则不同，其影响既持久又深远。在很多方面，现代印度是外国人建国计划的产物。卡维拉吉认为，与印度民族主义者的叙述相悖，"英国人没有征服一个既存的印度。更确切地说，他们只是征服了一系列独立王国。在他们的统治时期，这些独立王国又聚合成政治层次的印度，也算是对英国统治的答复"。[22] 这呼应了苏尼尔·基尔纳尼（Sunil Khilnani）的见解，与社会层次相对，政治层次的"印度"在英国统治之前是不存在的。[23] 将印度凝成政治体的重要制度，如行政机构、军队、共同的行政语言（英语）、实施统一和非人格化的法律制度、民主本身，既是印度人与英国殖民政府互动之后的成果，又是西方思想和价值融入印度历史经验之后的产物。

另一方面，就社会层次的印度而言，英国的影响又很有限。英国人修改了他们发现的可恶社会习俗，例如自焚殉夫（Sati），引进了人人平等的西方观念，促使印度人反思种姓制度的哲学前提，鼓励对社会平等的追求。自由主义和民族主义的印度精英，在 20 世纪争取独立的斗争中，以子之矛，攻子之盾。但种姓制度本身、自给自足的村庄社区、高度地方化的社会秩序，基本上完整无缺，远离殖民政府的权力。

中国和印度

186

21 世纪初，中国和印度作为快速增长的新兴市场国家，其前景引起极大的讨论。[24] 讨论的大部分围绕它们各自政治制度的性质。作为威权国家，中国在推动大型基建工程方面比印度更为成功，像高速公路、机场、发电厂、大型水电项目。它的三峡大坝需要在漫水区迁走百万以上的居民。中国的人均储水量是印度的五倍，主要依靠大坝和灌溉工程。[25] 中国政府一旦决定拆除街区，以建设工厂或公寓大厦，可以直接要求居民搬走。后者几乎没有途径保护自身权利或表述愿望。另一方面，印度是个多元的民主政体，各式社会团体都能组织起来，利用政治制度来达到自身的目标。印度的市或邦政府想建造新发电厂或新机场，很可能遭到反对，从环保非政府组织到传统的种姓协会。很多人认为，这会使决策程序瘫痪，经济增长的远景因此而变得暗淡。

这类比较都有问题，因为他们没有考虑到，各自的政治制度均植根于自己的社会结构和历史。例如，很多人相信当代印度民主只是历史发展的副产品，而这历史发展又是相对近代的，甚至是出乎意料的。有些民主理论认为，印度自 1947 年独立以来一直维持成功的民主，这使很多人感到惊奇。印度丝毫不符合稳定民主"结构上"的前提：它过去非常贫困，从某种角度看，现在依然如此；在宗教、种族、语言、阶级等方面，它又是高度分裂的；它在公众暴力的狂乱中诞生，随着不同小团体的相互争斗，公众暴力又会定期重现。根据这个见解，在印度高度不平等的文化中，民主只是文化舶来品，由殖民政权输入，并不深植于国家传统。

这是对当代印度政治相当肤浅的见解。这倒不是说，现代制度所表现出的民主深深植根于古代印度实践，如阿马蒂亚·森等评论家所提示的。[26] 而是说，印度政治发展的历程显示，它从来没有为暴政国家的发展提供社会基础，以便其有效集中权力来渗透社会和改造基本社会制度。在中国或俄罗斯出现的专制政府，即剥夺全社会（包括精英阶层）财产和私人权利的制度，从没存在于印度大地——不管是印度本土政府，还是蒙古人和英国人的外来政府。[27]

因此而引发了如下的吊诡事态：印度有很多对社会不公的抗议，但不像欧洲和中国，大体上从不针对印度的执政当局。更确切地说，它们只是针对婆罗门所控制的社会秩序，经常表现为异端的宗教运动，像耆那教或佛教，以否定现世秩序的形而上学基础。政治当局被认为离日常生活太遥远，也就太不相干了。

中国情形则不同。那里，拥有现代制度的强大国家早已产生，可刻意追求对现有社会秩序的广泛干预，并在塑造国家的文化和身份上取得成功。当新的社会组合出现并提出挑战时，国家的早期独尊给自己带来优势。今天，由于经济发展和融入世界全球化，有迹象显示，中国公民社会正在渐渐成形，但中国的社会参与者始终比印度的更为薄弱，更加不能抵抗国家。公元前 3 世纪，秦始皇和阿育王正在建造各自的帝国，这一比照在当时很明显，在今天依然真实。

中国早熟出世的强大国家，始终能够完成印度所做不到的任务，从建造阻挡游牧入侵者的长城，到兴建 21 世纪的大型水电工程。从长远看，中国人是否因此而得益，那是另外一个故事。中国强大的国家从来不受法治的约束，也就无法遏制其统治者的异想天开。它可睹的成绩，都以普通中国人的生命和生活作为代价，而老百姓基本上无力（过去和现在）来抵制国家的征召。

印度人也身历专横，不是中国特色的政治专横，而是我前文提出的"表亲的专横"。在印度，个人自由受到诸多限制，如亲戚关系、种姓制度、宗教义务、风俗习惯。在某种意义上，印度的表亲专横允许他们对抗暴君的专横，社会层次的强大组织平衡和抑制了国家层次的强大机构。

中国和印度的经验表明，强大国家和强大社会同时出现，随着时间的流逝，而互相平衡，互相抵消，这样才会有较好形式的自由。这个主题，我以后还会回顾。但此时，我将考察浮现于穆斯林世界的国家及其独特制度，它们允许阿拉伯和土耳其的政体走出部落制。

第13章

军事奴隶制与穆斯林走出部落制

奥斯曼帝国的军事奴隶制；部落制是阿拉伯政治发展的主
要障碍；军事奴隶制最早兴起于阿拔斯王朝；部落成员长
于征服，却短于管理；柏拉图应付家族制的对策

16世纪早期，奥斯曼帝国正处权力的巅峰，大约每隔四年就会看到一次非同寻常的征召。1453年，拜占庭首都君士坦丁堡（Constantinople）落到土耳其手中。1526年，奥斯曼帝国军队在莫哈奇（Mohács）战役中征服匈牙利；到1529年，才受挫于维也纳城门。在帝国的巴尔干半岛省份，官员分头寻找十二至二十岁的年轻男子，这便是德米舍梅征募制（devshirme）[1]，或基督徒壮丁征募制。这些官员像寻找足球明星的探子，在评判年轻人潜在体力和智力方面经验丰富，要完成首都伊斯坦布尔（Istanbul）规定的配额。官员访问村庄时，基督教士被要求提供所有获洗礼男童的名单，适龄的被带来供官员检验。多数富有潜力的男孩被强行从父母身边带走，编成一百至一百五十人的小组。他们的名字仔细登记在两本花名册中，一本是在家乡获选时，另一本是在抵达伊斯坦布尔时，互相对照，以防止父母把孩子赎回。如果儿子们长得特别强壮，父母身边可能一个也留不住。官员带着俘虏一起返回伊斯坦布尔，家人将永远见不到自己孩子。那段时期，这样带走的孩子估计为每年三千。[2]

他们不是注定在卑微和耻辱中度过一生。恰恰相反，最优秀的

10% 会在伊斯坦布尔和埃迪尔内（Edirne）的宫殿中长大，受伊斯兰教世界中最好的培训，为充任帝国高级官员而作准备。其余的则被抚养成说土耳其语的穆斯林，加入著名的土耳其禁卫军。这是精英的步兵部队，陪伴苏丹左右，在欧洲和亚洲南征北战。

服务于宫殿的精英男孩，在宦官的监督下接受两至八年的训练。最为杰出的，再被派去托普卡帕宫（Topkapi），以获取进一步的调教，那是苏丹在伊斯坦布尔的居所。他们在那里攻读《古兰经》，学阿拉伯语、波斯语、土耳其语、音乐、书法、数学，还参与严格的体育锻炼，以及学习马术、剑术和其他武器，甚至要涉猎绘画和书籍装订。那些进不了宫殿的，则在皇家骑士队（sipahis of the Porte）中担任高级职位。[3] 如果年轻的奴隶军人证明是强壮能干的，可逐步升级为将军、维齐尔（vizier，大臣）、外省总督，甚至是苏丹治下最高级的大维齐尔（grand vizier），即政府首相。在苏丹皇家军队服完役之后，很多军人会被安置在指定的庄园，靠居民的缴税而安享晚年。

另有一个平行的女奴制度，不属于军事奴隶制度。这些女孩是在奴隶市场从巴尔干半岛和南俄罗斯的掠夺者手中买来的。她们将担任奥斯曼帝国高级官员的妻妾，像男孩一样，也被养在宫殿，高度制度化的规则督导她们的成长和教育。很多苏丹是奴隶母亲的儿子，像其他君主的母亲，她们也可通过儿子施展重要影响。[4]

但这些奴隶必须面对一个重要禁忌。他们的职位和庄园不算私人财产，既不可出售，也不能传予子女。事实上，这些军人中的多数被迫终生保持单身。也有人与来自基督教省份的女奴组织家庭，但孩子不能继承父亲的地位或职位。不管如何有权有势，他们永远是苏丹的奴隶。苏丹稍有不满，就可对他们罚以降级或砍头。

奥斯曼帝国的军事奴隶制度是非常奇特的。没有一名穆斯林可成为合法的奴隶，所以，也就没有帝国的穆斯林居民追求政府高位。像中国一样，文武官员都是量才录用，以固定的程序招聘和提拔最

191

能干的军人和文官。但又不像中国，这个招聘和提拔只对外国人开放，他们在种族上不同于自己所治理的社会各阶层。这些奴隶的军人和官僚在泡沫中长大，与主人和同僚建立亲密纽带，但与自己所治理的社会却格格不入。像在封闭阶层工作的许多人一样，他们发展了高度的内部团结，成为一个凝聚的团体。在帝国的晚期，他们变成了王者之王，擅自决定苏丹的废黜和任命。

不出意料，面临此种征召的基督教欧洲人，包括那些住得遥远只是听说此事的人，都心怀恐惧。等级分明的奴隶在治理一个强盛的帝国，这一图像在基督教西方的眼中，成了东方专制主义的象征。到了 19 世纪，奥斯曼帝国已趋式微。不少评论家认为，土耳其禁卫军是怪诞且过时的制度，在阻挡土耳其帝国的现代化。禁卫军在1807 年罢免塞利姆三世（Selim Ⅲ），在下一年拥戴马哈茂德二世（Mahmud Ⅱ）登基。后者在后续年份中巩固自己的地位，在 1826年放火焚烧禁卫军兵营，害死大约四千人。扫除了挡道的禁卫军，奥斯曼帝国统治者现在可以推动改革，照现代欧洲的模式重建一支军队。[5]

显而易见，把孩子从父母身边抢走，使之成为改信伊斯兰教的奴隶，这种制度非常残酷，与现代民主价值格格不入，即使这些奴隶享有特权。穆斯林世界之外，没有看到可以媲美的相似制度，丹尼尔·派普斯（Daniel Pipes）等评论家认为，它的创建最终归于伊斯兰教深处的宗教原因。[6]

但进一步观察后发现，穆斯林的军事奴隶制并不从宗教原则进化而来，仅仅是强大部落社会中建国的对策。它发明于阿拉伯的阿拔斯王朝，其统治者发现，不能依赖部落组织的军队来维持帝国。阿拉伯部落的征召和扩军很快，以取得速胜。统一后，他们凭借伊斯兰教的激励，又成功占领中东的大部和地中海世界的南部。如我们所知，中国、印度、欧洲的部落层次制度，因不能完成持续的集体行动，而被国家层次的制度所取代。部落社会高度平等，以共识为基础，不轻易服从，倾向于发生内讧和分裂，很难长期守卫领土。

为了创建国家层次的强大制度，军事奴隶制在世界最强大部落社会之一应运而生，成为一个精彩的适应。它作为集中和巩固国家权力的措施，极为成功，哲学家伊本·赫勒敦（Ibn Khaldun）认为，它挽救了伊斯兰教，使之成为世界主要宗教之一。[7]

创建穆斯林国家

先知穆罕默德诞生于阿拉伯半岛西部的古莱什部落，其时，该地不属于任何国家。如第 5 章所提及的，他运用社会契约、实力、超凡魅力的组合，首先统一了争吵不休的麦地那部落，然后是麦加和周边城镇的部落，从而建成了国家层次的社会。在某个意义上，先知的布道是故意反部落的。它宣称有个信徒团体，其忠诚只献给上帝和上帝的话语，而不是自己的部落。这个意识形态上的发展，在内争好斗的分支式社会中，为拓宽集体行动的范围和延伸信任的半径打下了非常重要的基础。

维持政治统一始终是阿拉伯部落制背景下的艰辛斗争。穆罕默德死于公元 632 年，麻烦立即露出端倪。先知的超凡魅力足以凝聚他所创建的政治体，现在却面临四分五裂的威胁，其组成部分很有可能分道扬镳，如以麦加为基的古莱什部落、来自麦地那的"辅士"（Ansar）和其他部落的信徒。穆罕默德同伴之一的艾布·伯克尔（Abu Bakr），以他娴熟的政治运作，说服部落团体承认自己为第一任哈里发（caliph），即继承者。此外，他还是部落系谱的专家，借用他在部落政治上的渊博知识而赢得拥护自己的共识。[8]

在头三个哈里发的治下——艾布·伯克尔（632—634 年在位）、欧麦尔（Umar，634—644 年在位）、奥斯曼（644—656 年在位）——穆斯林帝国以惊人的速度扩张，兼并整个阿拉伯半岛，以及今日的黎巴嫩、叙利亚、伊拉克、伊朗、埃及的主要地区。[9] 最壮观的胜仗是卡迪西亚会战（Qadisiyyah），打败了波斯的萨珊帝国。20 世纪 80 年代两伊战争时期，萨达姆·侯赛因（Saddam Hussein）曾大肆庆祝这一历史战役。661 年，随着倭马亚王朝建立于大马士革，版图扩展仍在继续，进一步征服了北非、小亚细亚（Anatolia）、信德（Sind）和中亚。阿拉伯军队在 711 年占领西班牙，在比利牛斯山的北边继续挺进，直到 732 年在法国的图尔战役（Battle of Poitiers）中受到查理·马特（Charles Martel）的遏制。

阿拉伯部落虽有宗教动机，但同样重要的是经济奖励。他们所征服的定居农业社会，可提供大量土地、奴隶、女子、马匹、动产。最初的统治问题是所有掠夺游牧民族所面临的：如何分配战利品，以避免各部落之间的内讧。通常当场分配可搬走的战利品，五分之一给哈里发，运回麦地那。被征服地区的土地变成哈里发治下的国家领土，不少干脆落到参与战役的各部落手中。[10]

过不多久，阿拉伯部落男子必须由征服者变为管理富饶农地和居民的统治者。哈里发不需要重新开发国家制度，因为四周都是成熟的国家或帝国。被阿拉伯人征服之后，萨珊帝国提供最及时的中央管理模式。曾属君士坦丁堡的领土现已被阿拉伯征服，居住于此的很多基督徒前来参加穆斯林政府的工作，从而带来拜占庭政府的治理方法。

真正的穆斯林国家何时出现？与文学描述相对的历史记载，相 194 对来说比较缺乏，使精确判定变得异常困难。维持常备军队和警察、定期向居民征税、设立行政机构以收税、裁定司法以解决争端、主持像大清真寺那样的公共建设，从事上述这一切的政体，肯定存在于倭马亚王朝阿卜杜勒－马利克（Abd al-Malik，685—705 年在位）时期。或许更早，甚至在倭马亚王朝第二任哈里发穆阿维叶（Mu'awiya，661—680 年在位）时期。[11] 很难说先知穆罕默德创建的不是部落联合体而是国家，因为上述的制度特征在他生前尚未出现。

波斯的理想绝对君主制中，其国王强大得能够维护和平和遏制贪婪的武装精英，后者是农业社会中冲突和混乱的主要来源。从现代民主角度看这样的社会，我们倾向于认为，农业社会的君主只是掠夺性精英团体的一员，也许由其他寡头选出来保护他们的租金和利益。[12]但实际上，这些社会中几乎总有三角斗争，分别是国王、精英的贵族或寡头、非精英的农民和市民。国王经常站在非精英一边来反对寡头，既可削弱潜在的政治挑战，又可争到份下的税收。于此，我们可看到国王代表大众利益的概念的雏形。我们已经知道，中国寡头精英的大庄园扩展，皇帝为此而受到威胁，遂运用国家权力来予以限制和破坏。同样道理，萨珊帝国的绝对君主政体被视作秩序的壁垒，以反对损害大众利益的精英的相互争执。所以有人强调，君主执行法律便是正义的标志。[13]

从部落过渡到国家层次的社会，早期阿拉伯统治者享有几点优势。绝对君主制的中央行政官僚模式，作为国家层次社会的规范，早已存在于周边国家。更重要的是，他们拥有上帝之下人人平等的宗教意识形态。就某种意义而言，以巴士拉（Basra）和阿拉伯半岛为基地的哈瓦利吉派（Kharijites），从先知布道中得出了最符合逻辑的结论。他们认为，穆罕默德的继承人只要是穆斯林就够，不管他是不是阿拉伯人，也不管他来自哪个部落。如果穆罕默德的继承者如此照办，他们可能会尝试创建一个包容不同种族的超级帝国，基于意识形态，不靠亲戚关系，就像神圣罗马帝国。但对倭马亚王朝来说，光是维持帝国统一，且不谈建立横跨各地域的中央政府，已证明是一项异常艰巨的任务。顽强的部落忠诚胜过意识形态，穆斯林国家继续受困于亲戚关系的争吵和仇恨。

先知死去不久就爆发了一起最重要的冲突。穆罕默德属于古莱什部落的哈希姆（Hashemite）血统，但又与竞争的倭马亚血统共享曾祖父阿卜杜·玛纳夫（Abd Manaf）。倭马亚血统和哈希姆血统争吵得很厉害，不管是先知出生之前，还是先知在世时，前者甚

195

至起兵，反对穆罕默德和他在麦地那的穆斯林信徒。穆罕默德征服麦加后，倭马亚血统改信伊斯兰教，但两个血统之间的仇恨仍在继续。穆罕默德没有儿子，只跟最心爱的妻子阿以莎（Aisha）生了女儿法蒂玛（Fatima），长大后嫁给先知的表亲阿里（Ali）。第三位哈里发奥斯曼属于倭马亚血统，把很多亲戚带入权力圈，最终死于行刺。继承他的是阿里，却被赶出阿拉伯半岛，在库法（Kufa，今日伊拉克）祈祷时，又被哈瓦利吉派系的人杀死。随之，哈希姆血统、哈瓦利吉派、倭马亚血统之间爆发了一系列内战（fitnas）。等到阿里儿子侯赛因（Husain）战死于伊拉克南部的卡尔巴拉（Karbala）战役，倭马亚血统才得以巩固政权，开拓新朝代。阿里的党羽被称为什叶派（Shiites），信奉正统主义，认为阿拉伯帝国只能属于穆罕默德的直系后裔。[14] 倭马亚王朝穆阿维叶的追随者发展成为逊尼派（Sunnis），声称自己是正统理论与实践的奉行者。[15] 逊尼派和什叶派的大分裂，起源于阿拉伯部落竞争，在 21 世纪的今天，仍引发汽车爆炸、对清真寺的恐怖袭击等。

　　早期的哈里发尝试创建超越部落忠诚的国家组织，尤其是在军队里，其十人和百人单位都是跨越部落的。如一位历史学家所说，新兴的穆斯林精英"知道部落身份在阿拉伯社会中植根太深，既不能以法令废除，也不能以超越部落排外性的措施将之驱走。他们能否将部落成员成功融入国家，既取决于为自身利益利用部落关系的能力，也取决于自己超越部落关系的能力"。[16] 占领伊拉克安巴（Anbar）省的美国人，在 2003 年入侵之后发现，倚靠部落领袖的传统权威，比创建无视社会现实的非人格化单位，更容易掌控部落军人。部落成员与指挥官发生争吵，可能会悄悄溜走，返回自己的亲人中。如指挥官又是自己部落的酋长，他就会三思而不行了。

　　但是，以部落为基础的国家本质上是屠弱和动荡的，部落领袖的暴躁闻名遐迩。他们缺乏纪律，经常因为争吵，或受到忽略，而与亲戚们逃之夭夭。早期哈里发对所招募的部落领袖满腹狐疑，通

196

常不让他们担任重要的指挥职位。此外，新建国家经常受到独立游牧部落的威胁，穆斯林领袖对之只有轻蔑。据传，哈里发奥斯曼不愿理会一名重要部落领袖的见解，斥之为"低能贝都因人"的唠叨。[17]

军事奴隶制的起源

　　军事奴隶制发展于 9 世纪中期的阿拔斯王朝，用以克服之前穆斯林军队基于部落征召的重重弊端。[18]阿拔斯王朝属于哈希姆血统，在什叶派和波斯的呼罗珊（Khorasani）义军帮助下，于 750 年推翻倭马亚王朝，并把首都从大马士革迁至巴格达。[19]早期的阿拔斯王朝在巩固其统治方面非常残忍，尽量灭绝倭马亚王朝的血统，并镇压曾经的盟友什叶派和呼罗珊义军。国家集权有增无减，大权独揽的是称为维齐尔的首相。宫廷的规模和奢华均有增加，定居城市的帝国与其发源的部落区域则更加分隔。[20]

　　一开始，阿拔斯王朝统治者就暗示，基于亲戚关系的政治权力趋于浮躁善变，可能的解决之道就是军事奴隶制。哈里发马赫迪（al-Mahdi，775—785 年在位）宁可选择一批毛拉（mawali，释奴）作为自己的仆人或助手，也不愿挑选亲戚或呼罗珊盟军。他解释道： 198

　　　　我坐在观众席里，可以唤来毛拉，让他坐在身边，他的膝盖触碰我的膝盖。等到散席，我可命令他去侍候我的坐骑，他仍然高兴，不会生气。如果我要求其他人做同样的事，他会说："我可是你的拥护者和亲密盟友的儿子"，或"我可是你（阿拔斯王朝）霸业的老兵"，或"我可是首先投入你霸业的人的儿子"。而且我不能改变他的（顽固）立场。[21]

　　到马蒙（al-Ma'mun，813—833 年在位）和穆尔台绥姆（al-Mu'tasim，833—842 年在位）的治下，阿拔斯王朝征服中亚的河中地区（Transoxania），大批突厥部落投靠帝国，外国人充当国家军事力量的核心方才成为惯例。当阿拉伯人遇上生活在中亚大草原的突厥部落时，其领土扩展受到阻止，后者优秀的打仗能力获得很多阿拉伯学者的承认。[22] 哈里发不能招募整个突厥部落为自己打仗出力，因为它们同样有着部落组织的缺陷。所以，突厥人只是作为个别奴隶，在非部落军队中接受训练。马蒙创建了四千突厥奴隶的卫兵队，称作马穆鲁克，到穆尔台绥姆时期，壮大至将近七万人。[23]他们是凶悍的游牧人，新近皈依伊斯兰教，充满了对穆斯林事业的热情。他们成为阿拔斯军队的核心，"因为他们在威力、血气、勇敢、无畏方面，都比其他种族优越"。根据一名见证马蒙征战的观察员，

> 停战区道路两侧站着两行骑士……右首一侧是一百名突厥骑士，左首一侧是一百名"其他"骑士（即阿拉伯人）……大家都排成战斗行列，等待马蒙的莅临……时值正午，天气愈益炎热。马蒙到达时发现，除三四人外，突厥骑士依然危坐于马背，而"混杂的其他人"……早在地上东倒西歪。[24]

穆尔台绥姆把突厥人组成马穆鲁克团，因为本地居民与突厥士兵的暴力争端，而把首都从巴格达迁至萨迈拉（Samarra）。他让他们在自己学院中接受训练，购买突厥女奴配给他们成家，但不准与本地人混杂，由此创建了一个与周围社会分隔的军事种姓。[25]

忠于家庭，还是忠于公正的政治秩序，两者之间存在矛盾。这种思想在西方政治哲学中具有悠久历史。柏拉图的《理想国》记载了哲学家苏格拉底和一群年轻人的讨论，他们试图在"讲说中"创造一个"正义之城"。苏格拉底说服他们，正义之城需要特别激昂的保卫者阶层，为防御自己城邦而感到无比自豪；保卫者是武士，其首要原则是对朋友友善、对敌人凶狠；他们必须接受妥善的音乐和体操的训练，以培养公益精神。

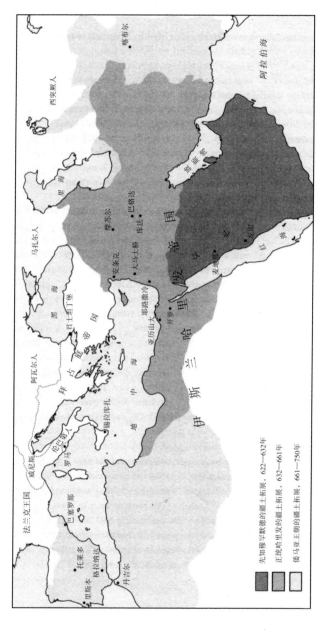

早期阿拉伯帝国治下的扩张

《理想国》第五卷有段著名论述，谈到保卫者应实行妻小共有制度。苏格拉底指出，性欲和生儿育女都是自然的，但保卫者又要忠于自己防御的城邦，两者会有竞争；为此，必须告诉孩子一个"高尚谎言"，他们没有生身父母，只是大地之子。他还主张，保卫者必须过集体生活，可有不同的性伙伴，但不可跟单独女子结婚，生下的孩子也必须过集体生活。自然家庭是公益的敌人：

> 那么，我们已讲过的和我们正在这里讲的这些规划，是不是能确保他们成为更名副其实的保卫者，防止他们把国家弄得四分五裂，把公有的东西各各说成"这是我的"，各人把他所能从公家弄到手的东西拖到自己家里去，把妇女儿童看作私产，各家有各家的悲欢苦乐呢？[26]

不很清楚，苏格拉底或柏拉图是否相信此举的可行性。事实上，苏格拉底的对话者，对"讲说中"的正义之城能否成为现实，表示了巨大疑问。讨论的目的在于指明，亲戚关系和对公共政治秩序的义务之间永远存在紧张关系。它的启示是，成功的秩序需要通过某种机制来抑制亲戚关系，使保卫者把国家利益放在自己的家庭之上。

如果说马蒙、穆尔台绥姆或其他早期穆斯林领袖读到了柏拉图的著作，或知道他的想法，这非常可疑。但军事奴隶制确实应答了柏拉图所提出的必需，没说他们是大地的孩子，只知道出生地非常遥远，除了代表国家和公益的哈里发，不欠任何人。奴隶们不知道生身父母，只认主人，忠心耿耿。他们获得通常是突厥语的普通新名，身处基于血统的社会，却与任何血统毫不关联。他们没有实行女人和孩子的共产主义，但隔离于阿拉伯社会，不准扎根，尤其不可自立门户，以避免"把能弄到手的所有东西都搬回家"。传统的阿拉伯社会中，裙带关系和部落忠诚的难题，就此获得一劳永逸的解决。

作为军事制度的马穆鲁克来得太迟，以致不能保住阿拔斯王朝。

200

9 世纪中期，帝国已分裂成一系列独立主权政治体。756 年，逃亡的倭马亚王子在西班牙设立第一个独立伊斯兰国，帝国分裂自此开始。8 世纪末 9 世纪初，独立王朝建立于摩洛哥和突尼斯；9 世纪末 10 世纪初，独立王朝又在伊朗东部出现。到 10 世纪中期，埃及、叙利亚、阿拉伯半岛也从版图上消失，阿拔斯国家只保留伊拉克的部分地区。阿拉伯政权，不管是王朝还是现代，再也没有统一的穆斯林或阿拉伯世界。统一大业只好留给土耳其的奥斯曼帝国。

　　阿拔斯帝国灭亡了，但军事奴隶制得以幸存。事实上，它在后续世纪中，为伊斯兰教本身的生存发挥了至关重要的作用。三个新的权力中心涌现出来，都基于军事奴隶制的行之有效。第一个是伽色尼（Ghaznavid）帝国，曾在前一章中提及。它以阿富汗的伽色尼为中心，统一了波斯东部和中亚，还渗入印度北部，为穆斯林统治次大陆铺平道路。第二个是埃及的马穆鲁克苏丹国，在阻止基督教十字军和蒙古军方面，扮演了生死攸关的角色，可能因此而挽救了作为世界宗教的伊斯兰教。最后一个就是奥斯曼帝国，它改善军事奴隶制，为自己作为世界强国的崛起打下基础。所有三个案例中，军事奴隶制解决了部落社会中建立持久军事工具的难题。但在伽色尼和埃及马穆鲁克的案例中，亲戚关系和家族制渗入马穆鲁克制度，使该制度衰落。此外，作为埃及社会最强大制度的马穆鲁克，不愿接受文官的控制，进而接管国家，预示了 20 世纪发展中国家的军事专政。只有奥斯曼帝国清楚看到，必须把家族制赶出国家机器，其照章办事将近三个世纪。尽管文官政府严格控制军队，但从 17 世纪晚期起，当家族制和世袭原则重新抬头时，它也开始走下坡路。

第14章

马穆鲁克挽救伊斯兰教

马穆鲁克如何在埃及上台；中东阿拉伯的权力却在突厥奴
隶之手；马穆鲁克挽救伊斯兰教于十字军和蒙古军；马穆
鲁克实施军事奴隶制的缺陷导致政权的最终衰落

军事奴隶制帮助穆斯林政权在埃及和叙利亚掌权近三百年，从
阿尤布（Ayyubid）王朝终结的1250年到1517年。其时，马穆鲁
克苏丹国败在奥斯曼帝国的手中。今天，我们把伊斯兰教和全球的
穆斯林社区(现今总人口约15亿)视作理所当然。但伊斯兰教的扩张，
不仅取决于宗教思想的号召和吸引力，很大程度上，还取决于政治
权力。根据穆斯林的信念，穆斯林军队必须向身处战争土地（Dar-ul
Harb）的非信徒发起圣战（jihad），再把他们带入伊斯兰土地（Dar
al-Islam）。归功于穆斯林，基督教和琐罗亚斯德教（Zoroastrianism）
在中东不再是主要宗教。同样道理，如果十字军得以掌控中东，或
蒙古军一路扫到北非，伊斯兰教也可能成为次要流派。尼日利亚、
象牙海岸、多哥、加纳等北部边界，就是当初穆斯林部队的远征终
点线。要不是穆斯林部队的打仗威力，巴基斯坦、孟加拉、印度的
穆斯林少数派就不复存在。它的出现不仅靠宗教狂热，还靠国家建
立有效制度来集中使用权力——最重要的就是军事奴隶制。

伊斯兰教本身的生存取决于军事奴隶制，这一见解与阿拉伯
伟大的历史学家和哲学家伊本·赫勒敦不谋而合。他活在14世纪

的北非，与埃及的马穆鲁克苏丹国同一时代。他在《历史绪论》
(*Muqadimmah*) 中说：

> （阿拔斯）国家淹没于颓废和奢华，披上灾难和衰弱的外衣，
> 被异教的鞑靼所推翻。鞑靼废了哈里发的宝座，毁掉该地的辉煌，
> 使非信徒在信念之地得逞。这全是因为信徒们自我放纵，只顾
> 享乐，追求奢侈，精力日衰，不愿在防卫中重振旗鼓，放弃了
> 勇敢的脸面和男子汉的象征——然后，善良的上帝伸出救援之
> 手，复苏气息奄奄的人，在埃及恢复穆斯林的团结，维持秩序，
> 保卫伊斯兰教的城墙。上帝从突厥人和其众多部落给穆斯林送
> 来保护他们的统治者和忠实助手。这些助手借助奴役的渠道，
> 从战争土地来到伊斯兰土地，本身便藏有神的祝福。他们通过
> 奴役学习荣誉和祝福，荣获上帝的恩惠；受了奴役的治疗，他
> 们以真正信徒的决心走进穆斯林宗教，保持游牧人的美德，没
> 受低级品行的玷污、享乐的腐蚀、文明生活的污染，他们的激
> 情不受奢华的影响，仍完好无缺。[1]

马穆鲁克制度创立于库尔德人的阿尤布王朝末期，那是 12 世
纪末 13 世纪初，阿尤布王朝短暂统治埃及和叙利亚，其最著名的
子孙是萨拉丁 (Salah al-Din，在西方被称作 Saladin)。阿尤布王朝
曾在巴勒斯坦和叙利亚的反十字军战争中，投入了突厥奴隶军。它
的最后一任苏丹萨里 (al-Salih Ayyub)，创建了伯海里 (Bahri，编
按：意即河洲) 团，以总部所在地的尼罗河小岛的城堡命名。据传，
库尔德士兵的不可靠使他转向突厥人。[2] 该团含八百至一千的奴隶
骑士，主要是钦察突厥人 (Kipchak Turkish)。像钦察一样的众多突
厥部落，开始在中东扮演日渐重要的角色。其时，他们受到另一强
大游牧民族的挤压，蒙古人正在把他们从中亚传统的部落地域赶走。

伯海里团很早就证明了自己的骁勇善战。法王路易九世 1249

年在埃及登陆,发动第七次十字军东征。翌年,他败在伯海里团手中。率领伯海里团的是一名钦察人,名叫拜伯尔斯(Baybars)。他曾是蒙古人的俘虏,作为奴隶卖到叙利亚,最后被招聘为新马穆鲁克的领袖。由此,十字军在埃及遭到驱逐,路易九世的赎金相当于法国一年的国民生产总值。

1260年,拜伯尔斯和伯海里团,在巴勒斯坦的阿音札鲁特(Ayn Jalut)战役中取得更为重大的胜利,他们打败了蒙古军。其时,蒙古军已经征服欧亚大陆的大部。成吉思汗于1227年去世,此前蒙古各部落已经在他手上完成统一。13世纪30年代,他们摧毁了统治中国北方的金朝;打败了中亚的花剌子模帝国;同时又战胜了阿塞拜疆、格鲁吉亚、亚美尼亚的王国;侵犯和占领了俄罗斯的大部,1240年洗劫基辅;在13世纪40年代挺进东欧和中欧。他们最终停止前进,不是由于基督教军队的威力,而是因为大汗窝阔台(成吉思汗的儿子)的去世。蒙古指挥官奉召撤退,以讨论继承人选。1255年,蒙哥命令成吉思汗的孙子旭烈兀征服中东。他占领伊朗,建立伊儿汗国(Ilkhanid),再朝叙利亚挺进,旨在征服埃及。1258年,陷落的巴格达遭到彻底蹂躏,阿拔斯王朝的末代哈里发也被处死。

马穆鲁克在阿音札鲁特的胜利,一定程度上归功于兵力优势,由于蒙哥的去世,旭烈兀不得不率领主力部队撤退。尽管如此,为了攻击马穆鲁克,他仍留下最好的指挥官之一和实质性的兵力。蒙古人是优秀的战术家和战略家,以迅速转移和简易给养,设法包抄敌人。相比之下,马穆鲁克装备得更好,战马更为高大,携带更为坚实的盔甲、弓、矛、剑,并且纪律异常严明。[3]阿音札鲁特的胜利不只是侥幸,马穆鲁克曾与伊儿汗国发生一连串战役,以保卫叙利亚,直到1281年战争结束。它后来在1299、1300、1303年,又三次阻挡蒙古人的入侵。[4]

马穆鲁克取代阿尤布王朝,与伊儿汗国开战时,就以拜伯尔斯为第一任苏丹,开始了他们的统治。[5]以马穆鲁克为基础的政权比

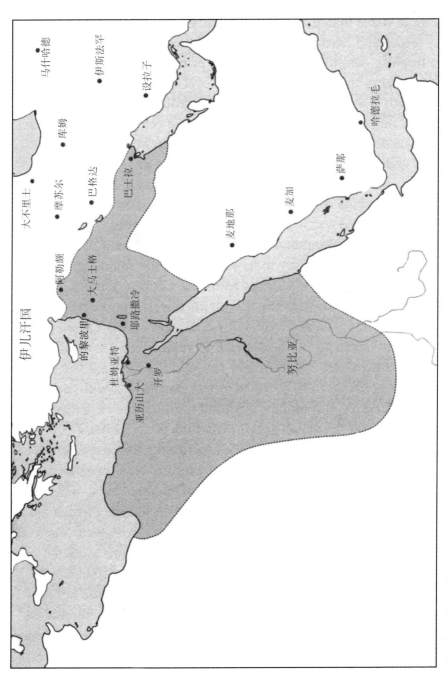

伯海里系马穆鲁克苏丹国，1250—1392年

之前的王朝更为稳定。萨拉丁是伟大的军事领袖和穆斯林的英雄，但他组建的政体非常脆弱，与其说是一个国家，倒不如说是基于亲戚关系的公国联邦。他的军队并不忠于王朝，在萨拉丁死后，分裂成一群相互竞争的民兵。相比之下，马穆鲁克治理一个真正的国家，设有中央官僚机构和专业军队——实际上军队就是国家，这既是优点也是缺点。[6] 不像阿尤布王朝，马穆鲁克没有瓜分国家，也没有分发封地给亲戚或宠臣。不像萨拉丁死后，叙利亚在马穆鲁克的治理下，也没有马上脱离埃及。[7]

马穆鲁克制度在埃及马穆鲁克政权的统治下获得进一步的加强。苏丹国得以从中亚草原、西北和北方的拜占庭领土获得一波波新兵，这是成功的关键之一。有些新兵已是穆斯林，另外的是异教徒和基督徒。皈依伊斯兰教的过程是至关重要的，重建了他们的忠诚，并拉近了他们与新主人的感情。新兵与家庭和部落完全隔绝，经过从小伊始的培训而获得新家，即苏丹家庭和马穆鲁克相互的手足情谊，这是另一个关键。[8]

太监在制度运作上也扮演重要角色。不像中国或拜占庭帝国的太监，穆斯林太监几乎都是在穆斯林土地之外出生的外国人。有位评论家这么说，"穆斯林没有生下他。他也没生下一名穆斯林"。[9] 马穆鲁克几乎都是突厥人或欧洲人，太监则有可能是从努比亚（Nubia）或南方其他地区招募来的非洲黑人。跟马穆鲁克一样，他们也与自己家庭完全隔绝，因此对主人忠心耿耿。去势得以让他们发挥重要作用，成为年轻马穆鲁克的教师。后者的获选，除了体力和尚武，还取决于他们的健美。作为只有袍泽之谊而难近女色的军人集体，老牌马穆鲁克的同性恋索求，始终是一件头痛事，太监还可从中发挥缓冲的作用。[10]

作为政治制度的马穆鲁克之所以成功，除了教育特殊，还因为贵不过一代的原则。他们不能将马穆鲁克地位传给孩子，儿子会融入普通老百姓，孙子则完全享受不到任何特权。其中的道理简单明了：穆斯林不能是奴隶，而马穆鲁克的孩子生来就是穆斯林。此外，马穆鲁克的孩子生于城市，没经历过草原上流浪生涯的锻炼，在那里，孱弱就等于夭亡。假如马穆鲁克地位变成世袭，就会违反当年获选时严格的量才录用原则。[11]

马穆鲁克的衰退

马穆鲁克制度的设计中至少有两个问题，随着时间的推移，使它本身变得日益软弱。第一，马穆鲁克军中没有制度化的统治机制。苏丹以下有等级分明的指挥链，但苏丹本身却没有明确的选任规则。有两条相互竞争的原则，第一条是王朝原则，当政的苏丹选择一个儿子来继位；第二条是非世袭原则，各派马穆鲁克一边争权夺利，一边试图达成人选的共识。[12]第二条比较占上风时，各资深埃米尔（emir，王公）所选出的苏丹，经常只是门面装饰。

马穆鲁克国家结构的第二个缺陷是缺乏最高的政治权威。马穆鲁克创建时，仅是阿尤布王朝的军事工具。到最后一任阿尤布苏丹去世，马穆鲁克却接管了国家，造成了逆向的代理。大多数政治等级制度中，主人拥有权力，委任代理人去执行自己的政策。很多政体发生功能的紊乱，因为代理人自有打算，与主人的目标大相径庭。制度的设计就是要鼓励代理人遵循主人的命令。[13]

相比之下，在马穆鲁克的案例中，代理人自己又变成了主人。他们既是服务苏丹的军事等级机构，同时自己又在争夺苏丹职位。这意味着，他们既要做军官工作，又要图谋攫取权力并削弱对手。这自然给纪律和等级制度造成极坏的影响，就像现代发展中国家的军政府。这个问题在 1399 年变得异常尖锐，其时，蒙古的帖木儿国侵犯叙利亚，洗劫阿勒颇（Aleppo），而马穆鲁克忙于内斗，无暇组织防御，竟撤回开罗。此外，他们也让地方部落夺走对上埃及的控制。最终幸免于难，只是因为帖木儿国需要应对另一新兴力量

208

的威胁，即奥斯曼帝国。[14] 如果马穆鲁克服从于文官政府，像奥斯曼帝国那样，文官政府就可采取措施予以解决。[15]

反世袭原则逐渐衰退，最终导致埃及马穆鲁克国家的崩溃。随着时间的推移，世袭不但用于苏丹，甚至蔓延至马穆鲁克，他们也试图建立自己的朝代。像中国的非人格化科举制度，贵不过一代的原则违背人们的生物性追求，马穆鲁克都试图保障家人和后裔的社会地位。富有的马穆鲁克发现，他们可以捐赠给伊斯兰宗教慈善事业瓦克夫（waqf）、伊斯兰学校（madrassa）、医院和其他信托机构，让自己的后裔担任主管，从而战胜贵不过一代的原则。[16] 此外，有些马穆鲁克没有直系亲戚，却把种族关系当作团结基础。苏丹盖拉温（Qalawun）废弃钦察人，开始招募切尔克斯人（Circassian）和阿布哈兹人（Abkhaz）的奴隶，以组建新的布尔吉团（Burji）。最终，切尔克斯派从钦察派的手中夺走苏丹国。[17]

到 14 世纪中期，马穆鲁克制度的严重退化已经相当明显。事实上，其时的情形是一片和平繁荣，对马穆鲁克的纪律却有灾难性的影响。圣地巴勒斯坦的基督徒多已消失，马穆鲁克在 1323 年与蒙古人签订和平条约。自己不是马穆鲁克的苏丹纳绥尔·穆罕默德（al-Nasir Muhammad），开始委派非马穆鲁克的效忠者担任高级军职，并清洗他心疑的能干军官。[18]

政府随着苏丹巴库克（Barquq）在 1390 年的上台而获得短暂活力。他的掌权全靠布尔吉，即切尔克斯人的马穆鲁克，他还恢复了招募外国奴隶的旧制度。后续的苏丹使用国家垄断所积累的资源，大大扩充了对年轻马穆鲁克的招募，从而造成代沟问题。老牌马穆鲁克开始演变成军事贵族，像现代美国大学的终身制教授，在等级制度中盘根错节，固守现状，以应对年轻一代的挑战。资深首领的平均年龄开始上升，人员流通显著减缓，古老贵族分为氏族。马穆鲁克开始提拔自己的家人，以财富的炫耀来确立自己的地位，女眷也在争取子孙利益上扮演更大角色。马穆鲁克制度，最初创建时是为了在军事招募中克服部落制，自己现在反而变成部落。[19] 新的部落不一定基于亲戚关系，但反映出人们内心深处的冲动：应付非人格化社会制度，以促进和保障后裔、朋友、依附者的利益。

　　久而久之，马穆鲁克制度从中央国家退化成军阀的寻租联合体。年轻的马穆鲁克不再忠于苏丹，如一名历史学家所说的，反而变成

> 　　一个利益团体，它在战场上的可靠性是可疑的，它的造反倾向却是自然的。苏丹国的最后几十年，开罗的逐日编年史就是一个不断要求苏丹付款以换取国内稍稍稳定的故事。招募来的马穆鲁克以掠夺……欢迎甘素卧·胡里（al-Ghawri，一位晚期苏丹）的登基。受训新兵烧了五名高级长官的豪宅，以表达对自己低报酬的不满，作为对照，大首领通常聚敛巨额的财富。[20]

　　将马穆鲁克与早期苏丹绑在一起的道德关系，已被经济考虑所替代。高级马穆鲁克向低级军人购买忠诚，后者再向国家或平民百姓榨取租金，以期获得赞助人的奖励。苏丹只是伙伴中的老大，有些遭到了马穆鲁克派系的行刺或撤职，所有晚期的苏丹都不免会提心吊胆。

　　除了政治上的不稳定，政府在 15 世纪晚期又遭遇财政危机。葡萄牙海军在印度洋取得首要地位，切断了香料贸易，苏丹的收入在 14 世纪末开始下跌，只好依靠税率的增加。这迫使经济主体——农民、商人、手艺人——想方设法隐瞒资产来逃税，征税官员愿意低报税率来换取自己荷包的回扣。结果，虽然税率增高，实际税收反而下降。政府只好诉诸没收所能找到的资产，包括马穆鲁克用来为后裔隐藏财富的伊斯兰慈善事业瓦克夫。[21]

作为犯罪集团的国家

政治学家将早期现代的欧洲国家比作有组织犯罪。他们的意思是，国家统治者使用自己组织暴力的专长，向社会上其他人榨取资源，经济学家称之为租金。[22] 有些学者使用"掠夺国家"的字眼来描绘一系列现代发展中国家的政权，像蒙博托·塞塞·塞科（Mobutu Sese Seko）治下的扎伊尔（刚果），或查尔斯·泰勒治下的利比里亚。在掠夺国家里，掌权精英试图向社会提取最高程度的资源，以供自己的私人消费。这些精英之所以追求权力，就是因为权力可向他们提供经济租金。[23]

毫无疑问，有些国家是高度掠夺性的。在一定意义上，所有国家都是掠夺性的。在理解政治发展时要面对一个重要议题，即国家是否在掠夺最大化的租金，或出于其他考虑，仅在提取远远低于理论上最大化的租金。以租金最大化来描绘成熟的农业社会，如奥斯曼土耳其、明朝中国、"旧制度"下的法兰西王国，并不一定恰当。但对有些政治秩序来说，如蒙古人等游牧部落所设置的征服政权，这肯定是精确的，也愈来愈成为后期马穆鲁克政权的特征。马穆鲁克苏丹的征税，既是没收性的，又是任意的，使长期投资变得难以想象，主人只好将财产投入非优化的用途，像宗教慈善事业瓦克夫。有个有意思的推测：当商业资本主义开始在意大利、荷兰、英国起飞时，在埃及却被扼杀在摇篮中。[24]

另一方面，高水平征税仅出现于埃及马穆鲁克三百年统治的末期。这表明，早期苏丹的征税远远低于最大化。换言之，最大化的租金提取并不是农业社会中前现代国家不可避免的特征。根据波斯的中东国家理论，君主功能之一就是保护农民，以正义和稳定的名义来对抗贪婪的地主和其他追求租金最大化的精英。这个理论为阿拉伯人所采用。所以，国家不单是占据领土的强盗，更是新兴公共利益的监护人。马穆鲁克国家最终走向完全的掠夺，归因于内外力

211

量的交汇。

诸多原因导致马穆鲁克政权的政治衰败，它在 1517 年遭到奥斯曼帝国的摧毁。从 1388 年到 1514 年，埃及承受二十六年的瘟疫。由于奥斯曼帝国的兴起，马穆鲁克越来越难以招募奴隶军，因为奥斯曼帝国直接挡在赴中亚的贸易途径上。最后，马穆鲁克制度证明太僵硬，不愿采用新军事技术，尤其是步兵军队的火器。面对欧洲敌人的奥斯曼帝国，早在 1425 年就开始使用火器，约在欧洲探索此项革新的一个世纪之后。[25] 他们很快掌握这些新武器，其大炮在 1453 年攻陷君士坦丁堡时发挥了重要作用。相比之下，马穆鲁克要到甘素卧·胡里苏丹（1501—1516 年在位）时期，方才认真试验火器，离他们毁灭于奥斯曼帝国已经不远。马穆鲁克骑士发现使用火器有损自己尊严，而政府又受铜铁矿产匮乏的限制。经过一些夭折的测试（十五门火炮在试用时全部炸坏），苏丹国设法装备了有限数量的火炮，并组建了非马穆鲁克的火枪第五军团。[26] 但这些革新姗姗来迟，无法保住这个资金短缺、堕落、传统的政权。

阿尤布苏丹创建伯海里团，所想解决的问题与早期中国建国者所面临的完全相同，即在高度部落化的社会中组建军队，不得忠于自己的部落，只能忠于以他为代表的国家。他的对策是购买年轻外国人，切断其对家庭的忠诚。他们进入马穆鲁克奴隶大家庭后，在选贤与能的基础上获得晋升；每年招募新人，前途全凭自己的才干。如此建起的军事机器令人印象深刻，顶住两代蒙古军的进攻，将十字军战士赶出圣地巴勒斯坦，为保卫埃及而打退帖木儿国。如伊本·赫勒敦所说的，马穆鲁克在历史的关键时刻挽救了伊斯兰教，否则，后者可能早已变得无足轻重。

另一方面，马穆鲁克的制度设计又包含了自己消亡的种子。马穆鲁克直接参政，不满足于担任国家的代理人。没人可以管教他们，每一名马穆鲁克都能追求苏丹一职，因此蓄谋弄权。王朝原则很早为最高层领袖所接受，很快传染给整个马穆鲁克上层，变成既得利益的世袭贵族精英。同时，这些精英没有安全产权，想方设法从苏丹手中保住自己的收入，以传给后裔。在布尔吉系马穆鲁克的治下，精英群体分化于年龄的差异，老牌马穆鲁克将年轻者招入自己的家族网络。曾将年轻马穆鲁克与国家绑在一起的训练不见了，只有为自己派别的赤裸裸的租金追求，他们使用强制力量，从平民百姓和其他马穆鲁克那里榨取资源。马穆鲁克精英为这些权力斗争煞费苦心，以致不得不采用非常谨慎的外交政策。仅仅凭运气，15 世纪早期的帖木儿国侵略，没给他们带来巨大的外部威胁，一直到奥斯曼帝国和葡萄牙逐一崛起的世纪末。由于瘟疫造成的人口减少和外贸的丧失，马穆鲁克的财政日渐捉襟见肘。没有外部威胁，也就没有 213 军事现代化的激励。奥斯曼帝国完善了军事奴隶制，并组建了更为强大的国家。所以，马穆鲁克 1517 年败于奥斯曼帝国，早成定局。

第15章
奥斯曼帝国的运作和衰退

> 奥斯曼帝国以欧洲君主做不到的方式集中权力；奥斯曼帝国
> 完善军事奴隶制；不稳定的土耳其国家依赖持续的对外扩展；
> 奥斯曼制度衰退的原因；军事奴隶制走进发展的死胡同

尼科洛·马基雅维利 (Niccolò Machiavelli) 著名的政论《君主论》写于 1513 年。其时，奥斯曼帝国正处在权力的巅峰，将征服匈牙利，还将向哈布斯堡首都维也纳发起首次进攻。在该书第 4 章中，马基雅维利作出以下观察：

> 在我们的时代，两种各异的政府是土耳其和法国国王。土耳其整个君主政体由一人统治，其余的都是他的仆人。他将王国分割为众多桑贾克 (sanjaks，编按：相当于中国的县或区)，派去不同的行政官，可以随意调换。而法国国王身处自古就有的领主中间，后者在国内获得百姓的认可和爱戴，享有自己的特权，国王不可予以取消，否则会有危险。因此，无论谁在觊觎这两个国家，你将发现很难征服土耳其，但一旦征服，维持非常容易；作为对照，在某些方面，你会发现攫取法国比较容易，但很难维持。[1]

马基雅维利抓住了奥斯曼帝国的本质：它在 16 世纪早期的治

理,比法国更加集中、更加非人格化,因此更加现代化。16 世纪后期,法国国王攻击地主贵族的特权,试图创建同样集中统一的政权。他从巴黎派遣总督(intendents)——现代地方长官的前身——去直接管理王国,像治理各桑贾克的土耳其长官贝伊(bey,县长或区长),以取代地方的家族精英。奥斯曼帝国采用的制度与众不同,以征募制和军事奴隶制为基础,建成了高度强大且稳定的国家,可匹敌欧洲其时的任何政权,治理着比阿拉伯哈里发或苏丹所打造的任何一个都要大的帝国。奥斯曼社会与同时代的中国明朝有相似处,它们都有强大的中央国家,国家之外的社会参与者都相当薄弱,缺乏组织。(不同之处在于,奥斯曼政权仍受法律限制。)奥斯曼的国家制度是现代和家族制的奇怪混合体。家族制一旦以现代因素为代价来保护既得利益,国家制度就会衰败。奥斯曼帝国完善了马穆鲁克的军事奴隶制,但最终还是屈服于精英把地位和资源传给孩子的天性。

仅一代的贵族

马基雅维利所描述的行政制度,即土耳其苏丹随意派遣和调换去外省的行政官,其根源在于,奥斯曼帝国尚是新兴的征战朝代,没有古老的制度可以继承,只能创建全新的制度。蒙古人 13 世纪的征服把一系列土库曼(Turcoman)部落,从中亚和中东赶到小亚细亚西部的边境地区,使之夹在西方的拜占庭帝国和东方的塞尔柱(Seijuk,自 1243 年起成为蒙古伊儿汗国的属国)苏丹国之间。这些部落组织起来,向拜占庭发动攻击(gaza)。领袖之一的奥斯曼(Osman)1302 年在巴菲翁(Baphaeon)打败拜占庭军队,因此而声名鹊起,鹤立鸡群,吸引其他边境领袖前来投靠。于是,宛如暴发户的边境国家奥斯曼得以站稳脚跟。它东西出击,以征服新领土,并向周边的成熟国家借用现成制度。[2]

奥斯曼帝国的地方行政制度源于 15 世纪的西帕希骑士(sipahi)

215

216

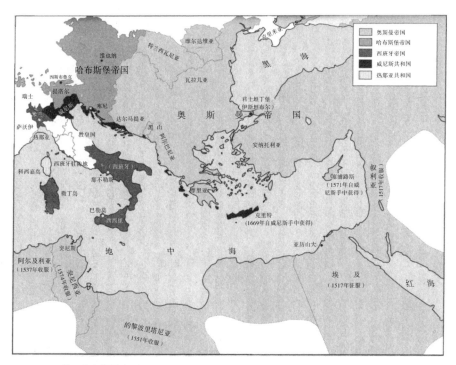

16世纪的奥斯曼帝国

和其封地蒂玛(timar,养马的意思)。最小的封地只有一至数座村庄,其税收只能负担拥有马和其他装备的单名骑士。较大的封地叫扎美(zeamet),分配给称为扎伊姆(zaim)的中级官员,高级官员分到的封地叫哈斯(has)。骑士或扎伊姆住在自己的封地,向本地农民征收实物税,通常是每个农民每年上缴一车木材和饲料,再加上半车干草。该制度是拜占庭的,奥斯曼帝国只是信手拈来。像欧洲的领主,骑士也提供地方政府的功能,如安全和司法。他还要想方设法将实物转换成现金,以支付装备和奔赴前线的旅费。较大封地的主人被要求提供第二名骑士,包括侍从和装备。整个制度称作迪立克采邑制(dirlik),迪立克意即生计,这也是它的功能。其时的经济仅取得部分货币化,苏丹的军队由此获得维持,无须增税以付军饷。[3]

　　地方政府围绕桑贾克组成，包括数千平方英里和将近十万人口。奥斯曼帝国征服新领土，便组成新的桑贾克，并实施详尽的土地清查，列出每个村庄的人力和经济资源，目的就是为了纳税和分配封地。起初，用于各地的规则因地制宜，但随着时间的推移和新领土的快速增加，法律和规则趋于统一。[4]桑贾克长官贝伊不是从本地招聘的，而由伊斯坦布尔的中央政府指派。跟中国的地方官一样，他们任职三年后必须改任他职。[5]参战时，他们又是率领自己治下的骑士军队的将领。[6]比桑贾克级别更高的行政区是州（beylerbeyilik），他们构成了帝国的主要区域。

　　如马基雅维利承认的，迪立克制度与欧洲封建制的最重要区别 218
在于，土耳其封地不能转换成遗传财产，不能传给骑士的后裔。由于新兴帝国的多数领土都是新近征服的，国家拥有大量土地（约87%在1528年获得），封给骑士的期限只是他的一生。封地是为了换取军事服务，如果没有提供军事服务，苏丹就可收回封地。跟欧洲不同，大片封地的主人不可再作进一步的分封。骑士太老不能参与战役，或中途夭亡时，他的封地便要上缴，被分配给新骑士。骑士的地位不可遗传，军人的孩子必须回归平民。[7]在封地上耕种的农民，只有使用权，但不像他们的主人，其孩子可继承这种使用权。[8]所以，奥斯曼帝国创造出仅一代的贵族，防止了享有资源基础和世袭特权的强大地主贵族涌现。[9]

　　防止领土贵族的出现还有其他实际的原因。奥斯曼帝国经常处于战争，因此要求骑士在夏季前来报到候战。所以每年有好几个月，封地主人外出，既减轻农民的负担，又削弱了骑士与封地的联系。有时，骑士必须在他处过冬，妻子和孩子要在家里独立谋生。骑士经常利用外出机会，挑上新的配偶。所有这一切都在破坏贵族与封地的联系，而这种联系在欧洲发展中是异常重要的。[10]

完善军事奴隶制

迪立克采邑制得靠军事奴隶制，不然就会管理失当。奥斯曼帝国以阿拔斯王朝、马穆鲁克和其他土耳其统治者的军事奴隶制为基础，但剔除了使马穆鲁克制度失灵的缺陷。

219

最重要的是文官和军官之间有明确差别，后者严格服从前者。军事奴隶制始于苏丹家庭的延伸，像阿尤布的马穆鲁克。但又有不像之处，奥斯曼帝国统治者一直保留对军事奴隶制的控制，直到帝国晚期。王朝原则仅适用于奥斯曼统治者的家庭。不管职位多高，才能多大，奴隶永远都不能成为苏丹，或在军事机构中创建自己的小朝廷。因此，文官政府可建立招收、训练、晋升的明确规则，侧重于建立高效的军事管理机构，不必担心其以军政府名义夺取政权。

为了防止军事机构中的小朝廷，遂定下有关孩子和遗产的严格规则。禁卫军的儿子不得加入禁卫军，在帝国早期，他们甚至不得结婚和组织家庭。皇家禁卫骑士（sipahis of the Porte）的儿子可加入骑士团队充任侍从，但孙子绝对不可。奥斯曼帝国似乎一开始就明白，军事奴隶制就是为了避免既得利益的世袭精英。军事奴隶制中的招收和晋升全靠能力和服务，他们的奖励是免税地位和庄园。[11]神圣罗马皇帝查理五世派驻苏莱曼一世（Suleiman the Magnificent）宫廷的大使布斯贝克（Ogier Ghiselin de Busbecq）提及，缺乏世袭贵族的事实允许苏丹挑选奴隶，全凭能力来提拔，"出身于牧羊人的杰出大维齐尔，欧洲评论家对他一直着迷不止"。[12]

奥斯曼帝国改善了马穆鲁克制度，将招募进执政机构的非穆斯林奴隶（askeri）与帝国的穆斯林和非穆斯林的百姓（reaya）严格分开。后者可有家庭和财产，可将财产和土地遗传给子孙。他们也可根据宗派附属关系，组织成半自治的社区米勒特（millets），但不能成为执政精英的一员，不能携带兵器，不能当兵或在奥斯曼政府中当官。

220

非穆斯林奴隶的干部通常每年更新，因为年年都有新招募的基督徒。他们被切断与家庭的关联，只对奥斯曼国家效忠，没有行会、派别、自治协会，一切忠诚献给统治者。[13]

作为治理机构的奥斯曼国家

有证据显示，初期的奥斯曼帝国没有实施最大化征税。说得更确切些，他们视自己为监护人，除了较低水平的征税，还在保护农民对抗更像有组织犯罪的精英。我们这样说，是因为奥斯曼帝国晚期发生财政困难，苏丹不得不大大提高征税水平。

继承于早期中东政权的自我约束已融入奥斯曼的国家理论。波斯萨珊王朝的库思老一世（Chosroes I，531—579 年在位）曾说，"如有公正和适度，百姓将生产更多，税收将增加，国家将变得富强，公正是强国的基石"。[14] 这里的"公正"意味着适度的征税。[15] 我们可能发现，这无疑是里根执政时流行的拉弗曲线（Laffer curve）的中东版本：低税率给予个人较多奖励，个人因此生产较多，最后的总税收也水涨船高。这种想法获得早期土耳其学者的赞同[16]，并进入所谓的公平圆圈（circle of equity），由八条谚语组成：

1. 没有军队就没有皇家权力。
2. 没有财富就没有军队。
3. 百姓生产财富。
4. 苏丹以公正统治来留住百姓。
5. 公正需要世界的和谐。
6. 世界是花园，国家是花园的围墙。
7. 国家支柱是宗教法律。
8. 没有皇家权力，宗教法律就失去支持。

221

　　这些谚语通常环绕一个圆圈写下，到了第八条再轮回到第一条。这显示，对皇家权力（第一条）来说，宗教合法性（第八条）又是不可或缺的。[17]这是一份异常简洁的声明，阐述军事力量、经济资源、公正（包括税率）、宗教合法性的相互关系。这表明，土耳其统治者的目标不是经济租金最大化，而是平衡了权力、资源和合法性的综合国力最大化。[18]

　　与同期的欧洲君主政体相比，奥斯曼制度有个重大缺陷，因此而变得不稳定，那就是缺乏成熟的长子继承制或其他继承规则。按照中东的古老传统，统治者的继承权在上帝手中，建立继承规则有悖上帝的愿望。[19]在继承权未定时，不同候选人急需禁卫军、宫廷官员、乌里玛（ulama，教权阶层）、行政机器的支持。苏丹青春期的儿子跟导师一起去不同省城，以获取总督的工作经验，最靠近首都的儿子在影响禁卫军和宫廷方面就占了便宜。苏丹死后，儿子之间经常发生内战。偶尔，苏丹尚未死去就有人抢班夺权。在这些情况下，兄弟之间的残杀在所难免。穆罕默德三世（Mehmed Ⅲ，1595—1603 年在位）夺权时，在宫殿里处决了十九个兄弟。他终止将儿子送去外省的安排，让他们住在宫殿内特别居所，其生活宛如囚犯。[20]有人会说，这种制度确保新苏丹将是最严厉最残忍的儿子。但没有制度化的继承规则，往往造成致命弱点，在继承期间容易受到外国威胁，并让制度中的参与者获得过度的影响力，如仅是苏丹代理人的禁卫军。

　　奥斯曼帝国混乱的继承机制，让人们怀疑其制度在总体上的建制化。像处理中国情形一样，马克斯·韦伯也把奥斯曼制度归为家族制，而不属于现代。如果把"家族制"定位为整个政府听从统治者家庭，一切取决于统治者的心血来潮，奥斯曼制度确实如此。几乎国家的所有雇员，其正式地位都是奴隶，这表明苏丹对整个官僚机构享有绝对控制权。跟中国皇帝一样，他可以命令处决上至大维齐尔（首相）的任何官员。苏丹还有权更改制度上的任何规则，如

222

苏莱曼一世决定放松禁卫军不得组织家庭的禁令。

另一方面，不管苏丹在理论上的权力，他治下的政府照章办事，所作的决定可以预测。首先，奥斯曼苏丹受穆斯林宗教法律——伊斯兰教法（sharia）——的束缚，不管是理论上还是实践中。像中世纪的基督教君主，苏丹正式承认上帝的主权和法律，他自己的权力只是来自上帝的委托。法律的监护人是庞大庄严的宗教机构，乌里玛（神职学者）解说法律，主持宗教法庭，裁决家庭、婚姻、遗产和其他私人事务。对日常层次的执法，苏丹不予干涉。私人产权和国家土地的使用权受到类似保护（参看第 19 章）。甚至混乱的继承权争斗，在一定意义上也以伊斯兰法律为依据，其原则就是禁止长子继承权。

奥斯曼政府照章办事，还出于代理制的需要。绝对统治者必须将自己的权力和权威委托给代理人，这是简单的生活常识。由于专长和能力，代理人开始营建自己的权力。这在统治像奥斯曼帝国这样辽阔、多样、复杂的地域时，尤其如此。

很奇怪，征募制和军事奴隶制却是奥斯曼帝国最现代的特征之一。在功能上，它的目标与中国科举完全相同：都是国家非人格化招聘的来源，确保源源不断的候选人面对激烈的选择，只效忠于国家，与家庭和亲戚没有牵连，以攀高位。与中国相比，它比较不合理，因为它只允许外国人参与。另一方面，这种限制是为了防止家族化，可以撇开与家庭或地方藕断丝连的本地精英。[21]

衡量国家制度现代性的另一尺度是法律和程序在帝国的统一。理所当然，中国人设下了最佳标准，很早就创造了不同寻常的统一行政制度，很少例外。奥斯曼制度则允许较多的差异，帝国的中央地区、小亚细亚、巴尔干半岛开始实施相当统一的规则，如土地租佃、征税、司法等。奥斯曼帝国强迫奴隶军改信伊斯兰教，但没将自己的社会制度强加于外省的行政机构。希腊人、亚美尼亚基督徒、犹太人，虽然享受不到穆斯林的法律权利，但仍能组织半自治社区。

这些社区的宗教领袖负责财政、教育、执法和其他有关家庭法律和人身地位的事务。[22] 离帝国的中心越远，地方上的制度就越偏离核心规则。在 1517 年打败马穆鲁克之后，中东的重要地区，包括埃及、叙利亚、汉志（Hejaz，现代沙特阿拉伯沿红海的西部地区），并入帝国的版图。马穆鲁克获准保留自己的军事奴隶制，但必须承认奥斯曼帝国的主权。汉志则实施自己的特殊规则，因为拥有穆斯林圣城麦加和麦地那，奥斯曼帝国现是穆斯林的监护人。

家族制的复辟和衰败

奥斯曼制度的衰退归罪于内外两种因素。外部因素包括帝国的地理极限，以及人口和环境的巨大变化。这些 16 世纪末 17 世纪初的变化，不仅影响了土耳其，而且影响了所有的农业大国。内部因素包括军事奴隶制的崩溃、禁卫军由国家权力的工具蜕变成既得利益团体。

如我们所知，奥斯曼制度一开始就是一个征服王朝，依赖领土的持续扩张来增加税收和封地。到 16 世纪 30 年代末，奥斯曼帝国面对两条战线，相隔几乎两千英里：在东欧与奥地利人对峙，在波斯与新近崛起的萨非王朝（Safavid）争锋。奥斯曼帝国虽能动员其人力的大部，但军队不能整年驻扎在外。以当时的技术，他们开发了先进的物流制度，但军队仍需在春天聚合，行军数百英里，奔赴前线。第一次征服维也纳败北，因为军队抵达维也纳郊外已是 1529 年 9 月 27 日，围攻不到三个星期，就不得不放弃，因为军队要在冬天之前返回自己的土地和家庭。类似的局限也存在于波斯前线。[23]

奥斯曼帝国为此决定全年防守匈牙利，并改善海军，以开展地中海的军事行动。他们继续赢得战利品（如塞浦路斯岛和克里特岛），直到 17 世纪中期。但是，轻易的领土征服到 16 世纪中已近尾声，武装的外部掠夺不再是经济租金的良好来源。这给内部统治造成严重后果，因为更高水平的资源榨取必须来自帝国核心地区，而不是边境地区。没有新的基督教领土，也就减少了征募制人选的供应。

　　另一个外部发展是持续的通货膨胀和人口增长，互为表里。从1489 年到 1616 年，小亚细亚谷物的恒定银价上升了 400%。很多学者将价格上升归罪于来自西班牙新大陆的金银增长，但杰克·戈德斯通（Jack Goldstone）认为，有理由说奥斯曼帝国的通货膨胀不是货币事件，因为没有找到新金银进入奥斯曼土地的证据。实际上，政府因为白银短缺而一再降低铸币的含银量。更确切地说，通货膨胀是由于快速的人口增长。从 1520 年到 1580 年，小亚细亚的人口增长了 50% 到 70%。从 1520 年到 1600 年，伊斯坦布尔的人口从十万增至七十万。这种人口增长同时也在欧洲和中国发生，原因不明，但一定与 15 世纪摧毁欧亚大陆人口的瘟疫的退潮有关。戈德斯通认为这可能与气候有关，再加上人类由此而增强的免疫力。[24]

　　这些变化大大影响了奥斯曼帝国的制度，通货膨胀使采邑制度愈来愈靠不住。采邑的骑士靠土地生活，但另有土地和军事装备的货币开支，现在变得不堪忍受。很多人拒绝参与战役，另外的干脆放弃封地，开始组成掠夺农民和地主的强盗帮派。驻扎在城市的禁卫军，为应付开支，获准从事手艺人或商人的民间职业，这模糊了奴隶和百姓之间的明显界限。有些禁卫军当上财政官员，操纵采邑登记以谋私利，或授予自己土地，或分配土地给百姓以换取贿赂。[25]

　　16 世纪晚期，中央国家也面对财政危机。火器的引进使曾是15 世纪奥斯曼部队支柱的骑士变成老皇历，国家必须以骑士为代价迅速扩充步兵。从 1527 年到 1609 年，禁卫军的人数从五千增至三万八千，再增至 1669 年的六万七千五百。此外，政府开始招募无地农民（sekbans）充任临时火枪手。[26] 不像自我负担的旧骑士，这些新式步兵需配备现代武器，领取现金薪水。所以，政府急需将征税得来的实物，转换成已是经济交易基础的现金。骑士人数的跌幅相当于步兵人数的涨幅，放弃的采邑现在租给私人经营者，出身

225

于非奴隶的税务承包商向他们征收现金。先前，政府约束对农民的剥削，现在为应付财政收入的燃眉之急，也就顾不上了。[27]

考虑到财政困境，军事奴隶制的规则受到腐蚀也许是不可避免的。根据马穆鲁克的经验，阻止奴隶军人将地位和资源传给孩子的规则很难执行，因为这有悖人性。奥斯曼帝国的原始制度非常严格，规定禁卫军坚持独身，不得组织家庭。但在制度内部，一直有放松规则的压力。当遇上与日俱增的财政压力时，政府只得作出让步。这一过程始于塞利姆一世（Selim the Grim，1512—1520 年在位）和苏莱曼一世（1520—1566 年在位），先允许禁卫军结婚和组织家庭。随之，这些禁卫军又向宫廷施加压力，允许他们的儿子加入军队。这发生于塞利姆二世（Selim Ⅱ，1566—1574 年在位）时期，设立了专收禁卫军儿子的定额。苏丹穆拉德四世（Murad Ⅳ）在 1638 年正式废除征募制，这等于确认了禁卫军子承父业的纳新制度，甚至百姓也被允许加入军人阶层。[28] 晋升不再依据规则，愈来愈靠国家制度中的私人关系。以前局限于宫廷政治的家族制，现在扩散到整个体系。[29]

跟布尔吉马穆鲁克一样，将禁卫军与苏丹绑在一起的道德关系也受到蛀蚀，他们全神贯注于自己的福利和家庭，变成一个为己谋利的利益团体。纪律趋于崩溃，禁卫军开始定期在首都发动骚乱，以抗议薪酬的拖欠或铸币的贬值。跟马穆鲁克相似，他们与民用经济挂钩，收购商业，或提取被人遗弃的采邑的租金。[30]

很多历史学家认为，奥斯曼帝国从 17 世纪初开始的衰落并非不可避免。事实上它还维持了三百多年，直到 1908 年的青年土耳其党人运动。奥斯曼帝国仍能展示令人惊讶的精力，例如 17 世纪的下半世纪，科普鲁律（Köprülüs）大维齐尔得以在帝国的中央省恢复秩序，在地中海继续扩张，征服克里特岛，并于 1683 年再一次向维也纳发起进攻。[31] 但这次中兴又遭逆转。什叶派的萨非王朝在波斯崛起，导致什叶派和逊尼派的长期战争。奥斯曼帝国鼓励在全

国贯彻逊尼派的正统观念，并杜绝外部新思想。它发现自己愈来愈   227
无法赶上邻近欧洲帝国在技术和组织上的革新，从而不得不割让
领土，每隔十年再来一次。虽然如此，土耳其仍在加里波利(Gallipoli)
打败英国人，进入 20 世纪时，继续是欧洲政治的主要角色。

奥斯曼帝国的遗产

奥斯曼帝国是穆斯林世界中迄今最成功的政权。他们凭借自己
创造的制度基础，集中权力，其规模在那个地区是空前的。他们在
异常短暂的时间内，从部落过渡到国家层次的社会，然后发展了具
有显著现代特征的国家制度。他们建立了中央集权的官僚和军队，
以非人格化的择优标准，挑选和晋升有限的外国招聘对象。这一制
度得以克服中东社会的部落机构的局限。

此外，奥斯曼帝国创造了可从中央遥控的省级行政制度。通过
这个制度，他们实施相对统一的规则，确定经济的日常运作，维护
辽阔帝国的治安。不像欧洲的封建主义，奥斯曼帝国从没允许制造
政治分裂的地方贵族涌现。所以，不像早期现代的欧洲君主，苏丹
也无需向贵族讨回权力。奥斯曼帝国的制度，比 15 世纪同期的欧
洲政治组织更为成熟和先进。

就集权和支配社会的能力而言，鼎盛时期的奥斯曼帝国，比较
不像同期的欧洲国家和印度次大陆上建立的本土国家，而更接近于
中华帝国。跟中国类似，它只有很少独立于国家的组织良好的社会
团体。如马基雅维利所注意到的，没有古老的贵族血统，没有获得
宪章的独立商业城市，没有民兵组织和法律制度。跟印度不同，村   228
庄没有依照古老的宗教社会规则组织起来。

奥斯曼国家和其他阿拉伯先驱者，其不同于中国之处是存在立
法的宗教机构，至少在理论上独立于国家。它能否限制国家的集权，
说到底，取决于宗教权威本身的制度化程度。(我在第 21 章讨论法

治起源时，将回到这一题目。）

就全球的政治发展而言，作为奥斯曼帝国核心力量的军事奴隶制只是一条死胡同。它的产生基于一种担忧，同样的担忧促使中国人发明了科举制度。今天，中国科举制度的实用等同物都在应用之中，不管是现代欧洲和亚洲的官僚招聘，还是美国的学术能力评估测试（SAT）和法国的高中毕业会考（baccalauréate）。相比之下，军事奴隶制作为一种制度已从世界政治舞台消失，不留任何痕迹。穆斯林世界之外的人，从未认为它是合法的。问题不在奴隶，众所周知，直到19世纪西方都视奴隶制为合法制度。欧洲人或美国人所无法想象的，是奴隶后来又变成政府高官。

从14世纪到16世纪，军事奴隶制充任奥斯曼帝国迅速崛起的基石。但它面对各种内部矛盾，不能幸免于16世纪晚期帝国面临的外部变化。奥斯曼帝国从没发展出本土的资本主义，不能长期取得持续的生产力增长，所以只能依赖粗放式增长来增加财政资源。经济和外交的政策失败，彼此雪上加霜，使本土制度无法承受。它继续生存于20世纪，多亏了创新的苏丹和最后的青年土耳其党人改用西方制度。但这一切不足以保住政权，继承它的土耳其共和国则依据截然不同的制度原则。

第16章

基督教打破家庭观念

令欧洲退出亲戚关系的是宗教，不是政治；对欧洲家庭性质的普遍误会；天主教会摧毁延伸的亲戚团体；英国个人主义甚至在欧洲也属极端

我迄今所叙述的世界三个地区，其国家制度都自部落社会脱颖而出。中国、印度和中东的早期社会组织，都以父系家族的血统为基础，建立国家是为了克服部落社会的局限。每一个案例中，建国者想方设法让个人忠于国家，而不是忠于地方上的亲族团体。以领土和中央合法统治权力为基础的制度，不得不重叠在顽固的分支式社会之上。最极端的对策来自阿拉伯和奥斯曼帝国，他们绑架儿童，使之在人造家庭中长大，只忠于国家，不忠于自己的亲戚。

但在这些案例中，不让亲戚关系成为社会组织基础的建国努力，自上而下，都归于失败。事实上，这些社会的制度发展历史，大多涉及亲族团体的重新问政——我称之为家族制复辟。所以，秦朝和西汉所创建的非人格化国家制度，在东汉崩溃时又落到强大宗族手中，这些家庭继续成为中国政坛中的重要角色，直到隋唐。印度在创建强大的非人格化制度上，一开始就成绩平平，以分支式迦提组织起来的印度村庄，其社会生活大体上又与这些制度毫不相干。土耳其国家是最为成功的，在小亚细亚和巴尔干半岛的心脏地区削弱了部落组织的影响，但在治理不严的阿拉伯省却不如人意。事实上，

奥斯曼帝国在边远的贝都因（Bedouin）社区，仅行使非常有限的统治，其部落组织至今保持原样。所有这些地区——中国、印度、中东——家庭和亲戚团体至今仍然强大，成为社会组织和身份的来源，远远超过欧洲或北美。在中国台湾和南方地区尚有成熟的分支世系家族，印度婚姻仍是家庭而不是个人的结合。部落的依附关系在阿拉伯中东无所不在，尤其是在贝都因的群体中。

例外的欧洲

欧洲的亲戚关系采纳不同形式。人口统计学家约翰·哈吉那尔（John Hajnal）在 1965 年的文章中注意到，西欧婚姻模式与世界上几乎任何其他地方形成强烈对照。[1]西欧男女倾向于晚婚，从总体上讲，不结婚的比率较高，这两个因素导致相对较低的出生率；更多年轻女子参加工作，家庭中有更多平等，由于晚婚，女子又有较多机会获取财产。这不仅是当代现象，哈吉那尔把这种模式的时期定在 1400 年到 1650 年。

西欧与世界其他地方的其他差异也很突出。共同祖先的亲戚团体所组成的社区，其在欧洲的消失远远早于哈吉那尔所指出的。对欧洲人而言，亲戚和后裔很重要，特别是国王和贵族，他们有实质性的经济资源传给子孙。但跟中国贵族不同，他们没有陷入表亲的专横，因为分割遗产和长子继承权的原则早已深入人心。在中世纪，欧洲人享有更多自由，无须征得大批亲戚的同意，便可任意处置自己的土地和动产。

换言之，欧洲社会很早就是个人主义的。在婚姻、财产和其他私人事务上，当家做主的是个人，而不是家庭或亲戚团体。家庭中的个人主义是所有其他个人主义的基础。个人主义无须等待国家的出现，无须等待它来宣告个人法律权利，并行使强制权力来予以保障。更确切地说，个人已在享受实质性的自由，无须承担对亲戚的社会义务，先有这样的社会，再来建起国家。在欧洲，社会发展走在政治发展的前列。

欧洲何时退出亲戚关系？如果不是政治，转型动力何在？前者的答案是：蹂躏罗马帝国的日耳曼部落，在皈依基督教后不久，就开始退出。后者的答案是：天主教会。

马克思的错误

很明显，现代欧洲人的祖先都曾组成部落。他们的亲戚关系、法律、习惯、宗教实践，只要能找到的，19世纪伟大的历史人类学家都已作了详细记载，如甫斯特尔·德·库朗日、亨利·梅因[2]、弗雷德里克·波洛克（Frederick Pollock）、弗雷德里克·梅特兰（Frederic Maitland）[3]、保罗·维诺格拉多夫（Paul Vinogradoff）。他们是比较人类学家，掌握不同文化的渊博知识，为父系亲戚组织之间的相似而感到吃惊。那些组织分布于世界各地，如印度、希腊、日耳曼的社会。[4]

19世纪的历史人类学家相信，亲戚组织随着时间的推移而进化，人类社会有普遍的发展模式，从亲戚团体的大集团，转向个别男女自愿结合的小家庭。梅因有个著名概念：现代化涉及从"身份到契约"的过渡。[5]换言之，早期社会将社会地位赋予个人，安排一切，从婚配、职业到宗教信仰。相比之下，现代社会的个人可随意与人签约，走进不同社会关系，其中最重要的是婚姻合同。但梅因没有提出一种动态理论，以解说过渡是何时和如何发生的。

实际上，对欧洲亲戚模式的过渡时间和过渡原因存在很多误解。很多人相信，跟世界上的其他民族类似，欧洲人始终居住在部落或庞大的家庭团体，一直到工业革命。其时，机器生产的压力和社会流动的必要性，才将之打破。根据这个见解，工业化带来经济变化和核心小家庭出现，都属于这同一过程。[6]

这个见解很可能来自早期现代化理论。卡尔·马克思在《共产党宣言》中宣称，资产阶级"撕下了罩在家庭关系上的温情脉脉的面纱，把这种关系变成了纯粹的金钱关系"。促使资产阶级兴起的，依次是技术革新和物质生产方式的变化。马克斯·韦伯指出，传统社会和现代社会之间有严重断裂。传统社会的特征是：广泛的亲戚关系，宗教或亲戚的约束对市场交易设限，缺乏个人社会流动性，基于传统、宗教、超凡魅力的非正式社会规范。而现代社会是个人主义的、平等的、以优秀和市场为导向的、流动的，并以法理型合法性权威组建起来。韦伯主张，这些特征属于一个整体，如果由教士指定价格，或财产受亲戚义务束缚，这样社会就不能发展出高效的市场经济。他相信，这种理性的现代化仅在西方出现，并把向现代化的过渡定在 16 世纪和 17 世纪的一系列事件，包括宗教改革（Protestant Reformation）和启蒙运动（Enlightenment）。所以，马克思主义者倾向于认为，经济变化促使个人主义和核心小家庭的兴起，而韦伯则把基督新教当作主要动力。总之，依他们看，这个变化仅有几百年历史。

从身份到契约

20 世纪的社会历史学家和人类学家，把从身份到契约的过渡一直往前提。我已提及，哈吉那尔认为欧洲的特殊模式始于 15 世纪和 16 世纪。艾伦·麦克法兰（Alan MacFarlane）对英国个人主义起源的研究显示，生前任意处置财产和死后在遗嘱中剥夺子女继承权，早在 16 世纪初就获得英国普通法的承认。[7] 这很重要，因为他所标志的"农民社会"中，如东欧和世界大部分区域，亲戚义务大大限制了业主出售土地的能力。农民社会的特征就是大家庭，产权要么共有，要么陷于亲戚的相互依赖之中。这样的社会中，许多非经济因素把农民牢牢绑在他们所耕种的土地上，诸如祖先葬于此之

233

类的理由。

但麦克法兰注意到，土地所有权（seisin）流行于英国，至少还要往前再提三个世纪。根据一项研究，15 世纪晚期英国某区的地产转户中，生前赠与家人的占 15%，死后遗赠给家人的占 10%。[8] 更早的是 12 世纪末 13 世纪初，英国的佃户（villeins，不得随意离开土地）无须获得领主的许可，已在购买、出售、出租土地。[9]

如要衡量复杂亲戚组织的衰退，就要考量女子拥有和处置财产的法律权利。父系家族的社会中，女子嫁与宗族中的男子，或给宗族生下男性后裔，方才取得法律地位。寡妇和未婚女儿有分享遗产的权利，但通常必须将宗族的财产留在父系家族中。1066 年的诺曼征服（Norman Conquest）之后不久，英国女子就可自由拥有和处置财产，并可将之卖给外人。至少从 13 世纪起，她们不但可拥有土地和动产，而且可起诉他人，或被他人起诉，甚至可签署遗嘱和合同，无须征得男子监护人的许可。父系社会一旦承认这种权利，就会破坏宗族控制财产的能力，从而破坏社会制度的整体。[10] 所以，女子拥有和遗赠财产的能力是部落组织退化的标志。它显示，严格的父系社会规则已经消失。

根据麦克法兰，早期英国个人主义的一个有趣标志是"扶养合 234 同"。它最早出现于 13 世纪，由孩子和父母签署。共同祖先的后裔团体所组成的部落社会，通常崇拜共同祖先。儒家道德的大部分涉及孩子照料父母的义务，尤其是儿子。儒家道德家讲得很清楚，对父母的义务大于对自己孩子的，中国法律严惩不孝子女。

英国的习俗却不同，父母活着时，如把产权愚蠢地转移给孩子，就得不到惯例的剩余权利。中世纪有一首诗歌，描述了父亲将财产移交给儿子的故事：儿子后来觉得扶养父亲的负担太重，便开始施以虐待。一天，父亲冷得直打寒战，儿子叫孙子送去一只麻布袋，"小男孩把麻布袋一割为二，一半留给爷爷，另一半带回给父亲。他的意思是，现在父亲虐待爷爷，等到自己长大，也会如法炮制，给他半个麻布袋以御寒"。[11] 为了避免如此的困境，父母与孩子签署扶养合同，规定孩子在继承父母财产后所承担的扶养责任。"贝德福德的一对夫妇在 1294 年放弃财产，作为回报，将得到食物、饮料、主屋的居住；如果两对夫妇发生争吵，老夫妇会搬到另外房子，将在圣米迦勒节（Michaelmas）获得五十六蒲式耳的谷物，其中二十四蒲式耳的小麦，十二蒲式耳的大麦，十二蒲式耳的大豆和豌豆，八蒲式耳的燕麦。此外，他们还将得到这另外房子的一切，可动的和固定的。"[12]

让马克思暴跳如雷的"纯粹的金钱关系"，似乎不是 18 世纪资产阶级的发明，其在英国的出现比资产阶级的兴起早了好多世纪。将父母寄放在疗养院，在西欧有很深的历史根源。这显示，与马克思的主张恰恰相反，资本主义只是社会关系和习俗变化的后果，而不是原因。

如果说欧洲在 13 世纪离开复杂的亲戚关系，即从身份过渡到契约，这依然太迟。伟大的法国历史学家马克·布洛赫注意到，封 235 建主义在 9 至 10 世纪兴起之前，亲戚关系是社会组织的基础。部落宗族之间的血亲复仇在欧洲社会有悠久历史，我们对此很熟悉，只要看看莎士比亚的《罗密欧与朱丽叶》就知道了。此外，布洛赫证明，在那段时期，亲戚团体或庞大家族共同拥有财产，即使个人已开始随意处置土地，卖主仍需获得亲戚团体的同意。[13]

不过，布洛赫提示，可以追溯到像中国、印度、中东那样单一祖先的巨大父系宗族，很久以前就在欧洲消失了。"罗马家族视男性后裔为绝对重要，立场异常坚定。但此事到了封建时代，已变成闻所未闻。"作为证据，他指出，中世纪的欧洲人从不单凭父亲来追溯他们的后裔；而在部落社会中，为了维持宗族分支的界线，这是不可或缺的。在整个中世纪时期，母亲让女儿冠母姓是很普遍的，这在中国那样的父系社会是不可想象的。个人经常认为自己属于两个相互平等的家庭，母亲的和父亲的。两个杰出家庭的子孙往往

合并两个宗族的姓氏（如瓦勒里·季斯卡·德斯坦 Valéry Giscard
d'Estaing，其中季斯卡和德斯坦都是姓氏 [编按：瓦勒里·季斯卡·德
斯坦系法国前总统，1974—1981 年任职]。今日西班牙人喜用父母
的双姓）。到 13 世纪，类似当代的核心家庭已在欧洲遍地开花。血
亲复仇很难继续，因为报仇圆圈变得越来越小，很多人觉得，自己
与争论双方都有关联。[14]

　　在布洛赫看来，某种意义上，封建主义的整个制度可被理解
为迫不得已的调整，这是为了适应社会上的隔绝，因为亲戚关系
不再是社会团结的来源。自 7 世纪晚期起，欧洲遭受了一系列外国
侵略者的蹂躏：来自北方的维京人、来自南方借道于北非和西班牙
的阿拉伯人或撒拉森人（Saracens）、来自东方的匈牙利人。即使
阿拉伯人受挫于图尔战役，穆斯林对地中海的控制仍然切断欧洲与
拜占庭和北非的贸易，它曾是罗马经济的基础。[15] 随着卡洛林帝国
（Carolingian）在 9 世纪的式微，城市也开始凋零，受无数军阀骚   236
扰的居民撤回自给自足的村庄。

　　在这欧洲文明的最低点，由于更大政治结构的倒塌，亲戚关系
试图卷土重来。但其时，欧洲的父系宗族结构已变得如此脆弱，以
致不能成为社会支持的来源。封建主义兴起，成为亲戚关系的替代：

　　　　暴力气氛所孕育的无数危险，时时都在威胁个人。甚至在
　　封建的初期，亲戚团体似乎不能提供足够的保护。根据它们当
　　时存在的形式，这些团体的范围太模糊，太多变。父母都可界
　　定后裔这种二元性，更造成了深刻的破坏。这就是为什么，人
　　们被迫寻求或接纳其他的纽带。在这点上，历史是决定性的。
　　仍有强大父系团体的地区——北海边上的日耳曼地区和英伦岛
　　上的凯尔特地区——对属臣、采邑、庄园一无所知。亲戚关系
　　只是封建社会的必要元素之一，它的相对屠弱解释了封建主义
　　的出现。[16]

封建主义是指，个人自愿屈服于无亲戚关系的他人，仅仅是以服务交换保护。"国家和家庭不再提供足够的保护，村庄的社区仅能维持界线之内的秩序，城市的社区几乎不存在。各处软弱者觉得有必要获得强人的庇护，而强人必须通过说服或强制来获得签约下属的支持，以保障自己的威望、财富、人身安全。"[17]

但我们还没算出欧洲脱离亲戚关系的日期，以及合适的因果关系。[18] 社会人类学家杰克·古迪（Jack Goody），为过渡日期作出了最令人信服的解释。他把过渡的起点提至 6 世纪，将责任放在基督教身上——具体地说，放在天主教会的机构利益上。[19]

古迪注意到，罗马帝国结束时，与众不同的西欧婚姻模式从主要的地中海模式分化出来。包括罗马家族的地中海模式，属于严格的父系家族或父系社会，具有分支式的社会组织。父系团体倾向于同族通婚，有些更偏爱交叉表亲的婚姻。（我在第 11 章提及，交叉表亲的婚姻在印度南部的达罗毗荼文化中非常流行，在阿拉伯世界、普什图人 [Pashtuns]、库尔德人、众多突厥人中也很普遍。）男女有严格的分隔，女子拥有财产或参与公共事务的机会很少。在所有这些方面，西欧的模式是截然不同的：分配遗产时男女都有份、禁止交叉表亲的婚姻、提倡异族通婚、女子有更多的产权和参与权。

天主教会促动了这一分化，它极力反对四种行为：与近亲结婚、与兄弟的寡妇结婚（levirate，即所谓的兄终弟及或夫兄弟婚）、领养孩子、离婚。教皇格里高利一世在 6 世纪敦使异教的盎格鲁—萨克逊人皈依基督教，尊敬的比德（Venerable Bede）在报告此事时就提及，格里高利直率谴责部落实行的与近亲和兄弟的寡妇的婚姻。后来的教堂法令禁止纳妾，提倡一生不分的一夫一妻婚姻。[20]

古迪认为，这些禁令并不直接依据《圣经》或基督教经典。被禁的行为在耶稣诞生的巴勒斯坦是很普遍的，耶稣父母可能就是交叉表亲的婚姻，与兄弟的寡妇结婚在犹太人中也很流行。事实上，基督教福音是反家庭的：在《马太福音》中，耶稣说，"爱父母超

过爱我的人，不配我；爱子女超过爱我的人，也不配我"。古迪又称，
这些话语来自宣称耶稣将统治尘世一千年的先知，他试图招募人们
离开安全的亲戚团体，进入新兴的分裂教派。赞成禁令的神学观点
则经常来自《旧约》，犹太人对此却有不同见解。

　　根据古迪，教会坚持这个立场的原因，与其说为了神学，倒不
如说为了教堂自己的物质利益。交叉表亲的婚姻（或任何其他近亲
的婚姻）、与兄弟的寡妇结婚、纳妾、领养孩子、离婚都是他所谓的"继
承策略"；借此，亲戚团体得以继续控制代代相传的财产。其时，
欧洲和地中海世界的居民寿命低于 35 岁。夫妇生下儿子、长到成人、
再一次传宗接代的可能性相当低。因此，为了让人们得以孕育继承
人，社会提供各式合法途径。讨论中国时，已解说过纳妾一事。在
一夫一妻的社会，离婚可被视作变相纳妾。哥哥在生孩子之前就已
去世，嫂子就与弟弟结婚，以确保哥哥的财产将与弟弟的融合在一
起。交叉表亲的婚姻能保证家产留在自家人的手中。无论什么情形，
教会有计划地切断将财产传给后裔的各种途径。同时，它又强烈提
倡信徒向教会自愿捐出土地和财产。拥有财产但无继承人的基督徒
日益增多，得益的便是教会。[21]

　　西欧女子相对较高的地位也是教会追求自身利益的意外结果。
寡妇若在家庭团体内重新结婚，会将财产归还部落。教会尽量使之
难以实现，所以她本人必须拥有财产。女子有权拥有和处置自己的
财产，对教会大有裨益，无子女寡妇和老处女变成了捐献的一大
来源。女子有权拥有财产破坏了单传原则，从而敲响了父系宗族的
丧钟。[22]

　　规则发生变化后的数世纪中，天主教会在财政上非常成功，这
绝对不是牵强附会。7 世纪结束之前，法国富饶土地的三分之一
都在教会手中；从 8 世纪到 9 世纪，在法国北部、日耳曼、意大
利的教会财产翻了一番。[23] 这些捐献使教会成为一个在经济和政
治上都很强大的机构，为格里高利七世的叙任权斗争（investiture

238

conflict）铺平道路（见后文第 18 章）。这些捐献，跟富裕穆斯林给伊斯兰慈善事业瓦克夫的捐赠有相似之处，但后者主要是富人避税和遗赠子女的对策。而在天主教的欧洲，无子女寡妇和老处女所捐出的土地，则没有附带任何条件。教会因此发现自己成了大地主，在欧洲各地管理庄园，监督农奴的经济生产。这帮助教会履行其赈济饥民和照顾病人的使命，使教士阶层和男女修道院的大幅扩充成为可能，也使内部规则和等级制度的发展变得必不可少。这一切让教会在中世纪的政治舞台中成为一名独立角色。

　　这些变化对西欧的部落组织构成相当大的破坏。日耳曼、挪威、马札尔（Magyar）、斯拉夫的部落皈依基督教后，仅在两代或三代的时间就见证了其亲戚架构的解散。事实上，这种皈依植根于政治，如马札尔国王伊斯特万（István，或 St. Stephen）在 1000 年接受圣餐。但社会风俗和家庭规则中的实质性变化，不靠政治当局，而靠运作于社会和文化层次的教会。

欧洲建国的社会背景

　　欧洲（以及其殖民地）是个例外，因为它脱离复杂的亲戚关系，首先在社会和文化层次，而不在政治层次。在某种意义上，教会采取政治行为，更改了婚姻和遗产的规则，但其动机却是经济的。教会不是其所在领土的主权统治者，更确切地说，只是一个社会参与者，它的影响只在制定文化规则。因此，中世纪时，欧洲社会已经非常个人主义了。它早于欧洲国家建设的开端，比宗教改革、启蒙运动、工业革命更早了数个世纪。家庭中的变化，与其说是这些现代化巨变的结果，倒不如说是促进现代化发生的有利条件。16 世纪在意大利、英国、荷兰兴起的资本主义，不必去克服印度和中国那样的亲戚大集团的抵抗，后者亟欲保护自己拥有的实质性财产。相反，资本主义在那些社会顺利扎根，它们已有私人产权的传统，财产经常在陌生人之间转手。

这不是说，欧洲的建国者一帆风顺，没有遇上既得利益的社会建制。恰恰相反，我们在第 21 章继续讲述欧洲国家起源时，将看到各式强大的社会参与者，他们在创建法治和负责制政府方面至关重要。虽然没有氏族或部落，但有既得利益的贵族，他们在封建时期积累下了财富、军队、法律地位。

这些社会建制是封建的，并不基于亲戚关系。这一事实，对后世的欧洲政治发展来说，造成了重大差别。属臣的封建关系是强者和弱者自愿签署的合同，规定了双方的法律义务。它将高度不平等和等级化的社会形式化，但也为个人主义（签署合同的是个人而不是亲戚团体）和法律人的理解树立先例。历史学家杰诺·苏克斯(Jenö Szücs) 认为，地主与农民之间的关系到 1200 年便获得契约特征，从而打下了将尊严扩充到农民阶层的基础。自那以后，"西方每一次农民反抗，都在表述地主违反合同所激怒的尊严，都在诉求自己的'自由'权利"。[24] 但这种事没有发生于下列社会：土地产权以亲戚关系和惯例为基础的，或以某亲戚团体称王称霸于另一亲戚团体为基础的。

以封建制度替代亲戚关系建制，对地方治理的功效而言，另有重要的政治影响。宗族和封建制度都在不同时期发挥主权和统治的功能，尤其是在中央国家式微时。它们都可提供地方安全、司法和经济生活的组织。但封建制度更为灵活，因为依据的是合同，更能组织决定性的集体行动，因为其等级分明。跟宗族中的权威不同，封建领主的权利一旦获得合法确认，便不需要持续的重新谈判。财产的法律文件，无论在强者或弱者的手中，都代表自由买卖的权利，不受基于亲戚的社会制度的限制。地方上的领主可"代表"社区讲话，但部落领袖做不到。如我们所知，欧洲殖民者在印度和非洲经常犯的错误，就是假设部落领袖相当于封建社会的地方领主。在事实上，两者截然不同。

马克斯·韦伯的遗产之一，就是以价值概念来考量宗教对政治和经济的影响。他的新教工作伦理（work ethic），据说通过工作的神圣化，而直接影响工业革命中企业家的行为。价值肯定是重要的，上帝之下人人平等的基督原则，使女子更容易获得拥有财产的平等权利。

但此类解释经常引申新的疑问，为何有些宗教价值首先在社会中获得提倡，并深入人心。教会攻击延展的亲戚关系，就是一例，这些价值并不起源于基督教原则。毕竟，同是基督徒的君士坦丁堡东正教，并没有设法改变婚姻和遗产的法律。所以，紧密相关的亲戚社区在拜占庭统治的地区存活很久。例如，塞尔维亚代代相传的著名乡村团体"杂住盖"（zadruga），以长期血亲复仇著称的阿尔巴尼亚氏族。这些建制消失于西欧，归功于教会的物质利益和权力。教会对社会价值的控制，变成了为己谋利的工具。从这个角度看，经济龟站在宗教龟的上面；但从另一角度看，宗教龟又站在更为底下的经济龟上。

不管其动机是宗教的，还是经济的，天主教会变成了独立的政治参与者，其建制化的程度，远远超过其他社会的宗教权力。中国从没发展出超越祖先崇拜或鬼神崇拜的本土宗教。相比之下，宗教发明一开始就塑造了印度和穆斯林世界，成为政治权力的重要制衡。但在伊斯兰教逊尼派的世界，以及印度次大陆，宗教权力从没凝聚成国家之外的中央官僚机构。它只在欧洲出现，与现代欧洲国家的发展和今天所谓的法治的出现又密不可分。

第三部分

法　治

第17章

法治的起源

法律在早期国家形成中的作用凸显欧洲的例外；法治的定
义和争论；法律优先于立法的哈耶克理论；英国普通法依
据皇家权力来加强国家的合法性

欧洲的政治发展是个例外。欧洲社会得以较早脱离部落组织，
却没有依靠自上而下的政治权力。欧洲例外还表现在，其早期建国
者的杰出能力，与其说是在军事上，倒不如说在分配正义上。欧洲
国家权力和合法性的增长，与法治的涌现密不可分。

早期欧洲国家分配的只是正义，不一定是法律。法律植根于
他处，或在宗教（像上一章所讨论的有关婚姻和家庭的法令），或
在部落和其他社区的习俗。早期欧洲国家偶尔立法——即制定新法
律——但其权力和合法性更多依赖公正执法，所执的法无须是自己
订出的。

弄清法律和立法之间的差异，对理解法治是至关重要的。似乎
有多少法律学者，就会有多少"法治"的定义，很像"民主"这个字眼。[1]
我所使用的，符合思考此一现象的西方重要潮流：法律是凝聚社区
的有关正义的一组抽象规则。在前现代社会，制定法律的权威据信
是超凡的，或神权，或古老习俗，或自然。[2] 另一方面，立法属于
现在所谓的制定法（positive law），它在发挥政治权力的功能。就
像国王、男爵、总统、立法院、军阀，凭借自己的权力和权威，在

制定和执行新的规则。如果有高于任何立法的现存法律，方能说有法治的存在。这意味着，拥有政治权力的个人必须接受法律的束缚。这不是说，立法机构不可制定新法，它们如想在法治中发挥作用，必须依据现存法律的规则来制定新法，不可随心所欲。

法律的最初理解，即制定者是神权、古老习俗或自然，指的是人们不得更改法律，但可以为特殊情境作出妥善解释，有时还是必须的。现代时期，随着宗教权威的走低，自然法信徒的锐减，我们开始将法律视作人造的东西，但必须经过严格程序，以确保它符合基本规则的广泛共识。法律和立法之间的差异，现在相当于宪法和一般法律之间的差异。前者具有更严格的要求，例如绝大多数人的投票同意。在当代美国，这表示国会通过的新法律，必须符合现存的更为重要的宪法，一切以最高法院的解释为准。

迄今为止，我讨论了政治发展中的建国以及国家集中和使用权力的能力。法治是政治秩序中的另一组件，以限制国家权力。对行政权力的最初制衡不是民主集会或选举，而是人们坚信统治者必须依法行事。所以，国家建设和法治一直在紧张氛围中共存。一方面，统治者在法律范围内行事，或以法律的名义行事，这可提高自己的权威。另一方面，法律可防止他们做随心所欲的事，不能只考虑私人利益，还要考虑整个共同体的利益。所以，政治权力的欲望经常威胁法治，从 17 世纪避开议会自筹税收的英国国王，到 20 世纪以法外行刑队来对付恐怖主义的拉丁美洲政府，皆是如此。

法治的现代迷惑

在当代发展中国家，最大政治缺点之一就是法治的相对软弱。当代国家的所有组件中，高效法律机构也许是最难构建的。军事和征税的机构，天然来自人类基本的掠夺本能。军阀组织民兵向社区榨取资源，这并不困难。在另一极端，民主选举的安排也相对容易

（只是比较昂贵），何况今天还有国际组织的援助。[3] 但法律机构必须遍布整个国家，持续不断，长期运作。它们需要设施，投资于律师、法官及法庭其他职员的训练，还有最终执法的警察。但最重要的，法律机构必须被视作合法和权威的，不仅在普通人眼中，而且在更有力的精英眼中。做到这一点，证明是颇不容易的。今天，拉丁美洲绝大多数国家是民主的，但其法治却非常软弱，到处是收贿的警官和逃税的法官。俄罗斯联邦仍举行民主选举，自总统而下的精英都违法乱纪，肆无忌惮，尤其是在弗拉基米尔·普京当政之后。

　　有很多文献，将法治的建立与经济发展挂起钩来。[4] 这些文献从根本上反映出一条重要观点，即现代资本经济世界的涌现，在很大程度上归功于既存的法治，缺乏高效的法治是贫困国家不能取得较高增长的主要原因。

　　但这些文献非常混乱，在法治的基本定义和它的存在与否上，前后又不一致。此外，将法治的不同组件与经济增长挂钩的理论，其实证经验有点靠不住；将它投射到马尔萨斯经济条件下的社会，困惑只会加倍。我们在讲法治起源的历史之前，需要清除一下当代讨论所留下的累赘。

　　经济学家谈论法治时，通常指现代产权和合同执行。[5] 现代产权是指个人拥有的财产，可自由买卖，不受亲戚团体、宗教当局、国家的限制。经济增长受产权和合同的影响，这理论非常直截了当。没人会做长期投资，除非知道自己的产权是安全的。如果政府突然对某种投资增税，像乌克兰在 20 世纪 90 年代签署移动电话基建协议后所作的，投资者可能会在中途改弦易辙，并对将来项目心灰意冷。同样，贸易需要法律机构来维持合同，裁判合同双方不可避免的争执。合同的规则越透明，合同的维持越公正，就会鼓励越多的贸易。这就是为何很多经济学家强调，"可信承诺"是国家制度发展的重要标志。

　　这个法治定义与本章开头的那个略有重叠。显而易见，如果政府觉得自己在各方面都享有主权，不受既存法治的束缚，那么无人可阻止它充公自己公民或外国贸易伙伴的财产。如果普遍的法律规则，一旦牵涉到强大的精英阶层或最强大的政府本身，就无法得到执行，那么产权或贸易的安全可能只是空头支票。政治学家巴里·温加斯特（Barry Weingast）注意到，强大的国家既可保护产权，也可取消产权。[6]

另一方面，有"足够好"的产权和合同执行，允许经济的发展，但没有真正的法治（即法律是至高无上的意思），这完全可行。[7]……中国经济取得三十多年的两位数增长，并不需要"法治"的抽象承诺。1978 年，共产党以包产到户的法律解散了人民公社，但没有恢复中国农民的现代产权（个人转让土地的权利）。更确切地说，他们只获得可遗传的土地使用权（长期租赁权），类似于奥斯曼帝国中央省的农民。这些权利已经"足够好"，导致农业产量在改革后的四年功夫翻了一番。 249

古代帝制中国没有法治。另一方面，正常时期的中华帝国很可能在地方层次享有"足够好"的产权，至少将农业生产效率提高到其时技术所容许的极限。那时的产权与今天中国农民的产权相比，不会相差很多，与其说受到掠夺性国家的约束，倒不如说受到亲戚关系的约束。父系宗族将无数的权利和习俗强加于财产之上，一直到 20 世纪的中华民国，家庭仍有权利限制土地的出售。[8]

此外，不是很清楚，最好的现代产权足以在实质上提高生产效率，还是足以在马尔萨斯式社会中创建出现代资本主义。确保技术持续进步的其他建制（如科学方法、大学、人力资源、研究实验室、鼓励探险和试验的文化氛围，等等）尚未问世时，单凭良好产权所创造的生产效率增长仍然有限，因此不能假设技术的持续进步。[9]

所以，经济学家对法治下现代产权和合同执行的强调，可能有两个错位。首先，在技术持续革新的当代世界，虽然没有至高无上的法治，"足够好"的产权仍足以创造高度的经济增长。其次，在

马尔萨斯式世界中，即使有现代产权和法治的存在，还是无法取得
如此的增长，因为限制增长的约束出自其他地方。

　　法治还有一个定义，对经济生活具有极大影响，不管是在前现
代还是在当代。这就是人身安全，即从暴力的自然状态中退出，从
事日常活动，不用担心被杀或被抢。它存在时，我们视之为理所当然；
它缺席时，我们会尤其珍惜。

　　最终，谈论法治时一定要弄清法律对象，即是说，受法律保护
的法人群体。社会的基本执法对大家是一视同仁的，但保护公民免
受国家任意侵犯的法治，最初往往只适用于特权阶层的少数。换言之，
法律仅仅保护靠近或控制国家的精英的利益。在此意义上，法律就
像苏格拉底在柏拉图《理想国》中所标榜的"强盗帮派的正义。"

　　举塞维涅夫人（Mme. de Sévigné）写给女儿的信为例，她是
17 世纪法国最著名的沙龙赞助人之一。这位聪明敏感的女子描绘，
士兵在布列塔尼征集新税，把老人和孩子从家中赶出，再在屋子里
寻找可供夺取的财产。因为不付税，大约六十名市民将在下一天上
绞刑架。她继续写道："那个手舞足蹈、想偷印花税纸的闲汉在车
轮上就刑，被割成四块，分别在城市四个角落示众。"[10]

　　显而易见，法国国家不会向塞维涅夫人和她朋友圈子施以如此
激烈的惩罚。我们将在第 23 章看到，它将繁重税赋仅仅加给平民，
因为它太尊重贵族的产权和私人安全。所以，说 17 世纪法国没有
法治是不正确的，但法律并没认为平民也是法人，也享有与贵族相
同的权利。美国初创时也是如此，否定非裔美国人、妇女、美洲原
住民——除了拥有财产的白人男子——的选举权。民主化的过程逐
渐拓展法治范围，以包纳所有的居民。

　　法治定义的混乱，其所造成的后果之一是富国设计的改善法治
计划，很少在贫穷国家产生效果。[11]住在法治国家的幸运儿，往往
不懂它如何首次涌现，误把法治的外表当作法治的实质。例如，"相
互制衡"是强大法治社会的特征，政府各部门监督彼此的行为。但

250

251

制衡的正式存在，并不等于强有力的民主统治。法庭可被用来阻挠
集体行动，如当代印度，其冗长的司法上诉可拖死重要的基建项目。
它又可被用来对抗政府的愿望，以保护精英利益。1905 年最高法院
的洛克纳诉纽约州案（Lochner v. New York），其宗旨就是击败限
制工时的立法，以保护企业利益。所以，分权的形式常常名不副实，
与守法社会的主旨无法对应。

在接踵而来的讨论中，我们将从尽量广阔的角度去关注法治的
发展：法律本身——整套正义规则——来自何方？产权、合同执行、
商法的特定规则如何发展至今？最高政治当局如何接受法律的至高
无上？

法律早于立法的哈耶克理论

伟大的奥地利经济学家弗里德里希·哈耶克，发展了关于法律
起源的精深理论，为法治的涵义提供了重要见解，成为今日人们思
考法律的框架。哈耶克被称作当代自由至上主义的教父，但自由至
上主义者并不反对规则。根据哈耶克，"共同规则的存在使社会中
个人的和平共处成为可能"。[12] 在法律起源上，哈耶克把批判矛头指
向所谓的"唯理主义"或"建构主义"理解。这种理解思路认为，
立法者理性地研究社会问题，从而发明法律，以建立自以为更好的
社会秩序。在哈耶克看来，建构主义只是过去三百年的自负，尤其
是部分法国思想家，包括笛卡尔（Descartes）和伏尔泰（Voltaire），
都认为人的大脑足以理解人类社会的工作方式。这导致了哈耶克所
谓的铸成大错，如法国和布尔什维克的革命。其时，自上而下的政
治权力以公正社会的预设重整社会。在哈耶克的时代（20 世纪的中
期），这个错误不仅发生在社会主义国家，如依赖理性计划和中央
集权的苏联，还发生在欧洲的社会民主党执政的福利国家。

在哈耶克看来，错误原因很多，最重要的是没有一名计划者，

能掌握足够的社会实际运作知识，以作出理性的重新安排。社会中的知识，大部分具有本地特性，再向整个社会扩散，没人能掌握足够信息来预测法律或规则改革后的效果。[13]

哈耶克认为，社会秩序不是自上而下的理性计划的结果，而是在数百或数千分散个人的互动中自发产生的。那些个人尝试各式规则，保留有效的，拒绝无效的。社会秩序产生的过程是递增、进化、分散的，只有借用无数个人的本地知识，有效的"大型社会"方能出现。自发的秩序获得发展，以达尔文为生物有机体所安排的方式——分散的适应和选择，并不倚靠创世主的专门设计。

在哈耶克看来，法律本身便构成一种自发秩序，"毫无疑问，人们发现可以制作或更改法律之前，它已存在良久"。事实上，"个人学会观察（和遵守）行为规则之后的很久，才用语言将之表述出来"。立法——有意识颁布的新规则——"发生于人类历史的相对晚期……所有的法律都是、能够是、也应该是，立法者的自由发明……事实上，这是一种谬误，一个建构论唯理主义的谬种"。[14]

哈耶克心目中的自发秩序模型就是英国的普通法，无数法官设法将普遍规则用于所面对的特定案例，其判决的累积促使法律的进化发展：

> 英国人享有的自由在 18 世纪令其他欧洲国家的人们羡慕不已……它是这样一个事实的结果，即支配法院审判的法律乃是普通法。该法律独立于任何个人意志，它既约束独立的法院，又为这些法院所发展。对于普通法，议会很少加以干预，即便有所干预，其目的也主要是为了澄清某一法律系统内的疑点。[15]

哈耶克由此锁定法治的本质：代表整个共同体愿望的既存法律，高于当前政府的意志，它限制着政府的立法范围。他对英国普通法的偏爱，获得当代经济学家的赞同，他们也认为，它比欧洲大陆的民法传统更为灵活，对市场更为友好。[16]

　　哈耶克在解说其法律起源理论时作出两项声明，一项是实证性的，另一项是规范性的。他主张在大多数社会中，法律以自发的进化方式发展，这种自然生成的法律应该优于有意识制定的法律。这一解释也是伟大的英国法学家爱德华·柯克（Sir Edward Coke）所推崇的，他认为普通法始于太古时代。埃德蒙·伯克（Edmund Burke）在为渐进主义（Incrementalism）辩护时，也援引此一解释。[17]哈耶克是强大国家的伟大敌人，不管是苏联风格的共产党专政，还是以再分配和调节来实现"社会公正"的欧洲社会民主政体。在法律学者罗伯特·埃里克森（Robert Ellickson）所谓的"法律中心论"和"法律外围论"的长久争论上，哈耶克立场鲜明地站在后者一边。前者认为，正式制定的法律创立和塑造了道德规则；后者主张，它们只是编纂了非正式的既存规范。[18]

　　然而，哈耶克对最低限度国家的规范性偏爱，扭曲了他对法律起源的实证性见解。在很多社会，法律的存在确实早于立法，但政治当局经常介入以作修改，甚至在早期社会也是这样。现代法治的出现全靠强大中央国家的执法，其显而易见之处甚至可在他偏爱的普通法的起源中找到。

从惯例法到普通法   254

　　哈耶克认为，法律在社会规则分散演变的基础上获得发展，这一基本见解在广义上是正确的，无论是古代还是现代。但法律发展有重要中断，只能以政治权力的干预来解释，而不是"自发秩序"进程的结果。哈耶克只是把历史事实搞错了。[19]

　　这些过渡中有一个是英国从惯例法到普通法的过渡。普通法不只是惯例法的正规文本，它们之间有根本的差别。如我们在第4章中看到的，社会从部落组织过渡到国家组织，法律的意义便发生了重大变化。在部落社会中，个人之间的正义有点像当代国际关系，以竞争团体的自助为基础，没有更高级别的第三方执法。相比之下，国家层次的社会恰恰有如此的执法者，那就是国家本身。[20]

罗马帝国终结后的英格兰仍是部落组织，由盎格鲁人（Angles）、西萨克逊人（West Saxons）、朱特人（Jutes）、凯尔特人（Celts）等组成，尚无国家。家庭组成村庄，村庄再组成所谓的百户（足以承受百户居民）或县的更大单位。该层次之上就是国王，但早期君主没有武力的垄断，也不能对部落单位执行强制规定。他们不把自己当作领土的统治者，只是民众的国王——如盎格鲁人的国王（Rex Anglorum）。如我们在上一章看到的，6 世纪末，本笃派（Benedictine）的修道士奥古斯丁（Augustine）抵达英格兰，基督教便开始破坏盎格鲁—萨克逊的部落组织。但部落法律受到的侵蚀只是日渐月染的，到公元第一个千年后半期的混乱时代，仍然盛行。亲戚团体内有深深的信任，但竞争氏族之间却有敌意和警惕。所以，正义牵涉亲戚团体之间的相处规则。

盎格鲁—萨克逊编纂的第一本部落法律，是公元 600 年左右的《埃塞尔伯特法典》（Laws of Ethelbert），与稍早的墨洛温（Merovingian）国王克洛维一世的《萨利克法典》非常相似，罗列出各种受伤的赔偿金：

> 四个前门牙，每个价值六先令；其旁边的牙齿价值四先令，剩下的牙齿价值一先令；大拇指、大拇指指甲、食指、中指、戒指手指、小手指，各自的指甲都有区分，分别定价。相似分类也用在耳朵上，损失听力、耳朵削掉、耳朵穿孔、耳朵割裂；用在骨头上，骨头暴裸、骨头损坏、骨头断裂、头骨打破、肩膀失灵、下巴断裂、领子骨断裂、手臂断裂、大腿骨断裂、肋骨断裂；用在瘀伤上，衣服外的瘀伤、衣服内的瘀伤、没显黑色的瘀伤。[21]

基于赔偿金的惩罚，其特征是不公平，因受伤者社会地位的不同而有差异。所以，杀死一名自由人的赔偿金，也许是杀死仆人或奴隶的好几倍。

日耳曼的部落法律在本质上类似于其他部落社会，从努尔人，到当代的巴布亚新几内亚一语部落。如果有人伤害了你或你的亲戚，你的氏族为了保护自己的荣誉和可靠性，必须施以报复。受伤和报复都是集体的，报复对象不一定是行凶者，他的近亲通常就也足够。赔偿金的存在就是为了解决争端，以防升级，成为无休止的血亲复仇或部落间的仇杀。

现代法庭的遥远起源就是调停血亲复仇的氏族聚会。在盎格鲁—萨克逊部落，这就是模拟法庭，倾听控告和被告的作证，然后商讨适当的赔偿。但它没有现代的传讯权利，以逼迫证人出庭。它的裁决也得不到执行，除非达成协议。法律的证据往往有赖于用刑，譬如迫使被告赤脚走过火红的煤炭或犁头，或干脆将他们扔进冷水和热水，看是沉还是浮。[22]

如尼采所观察到的，基督教传入日耳曼部落后，给道德带来了深远启示。基督教的英雄是和平圣徒和烈士，不是武士或报仇的征服者；其传道的普遍平等，又相悖于部落社会基于荣誉的等级制度。基督教有关婚姻和遗产的新规则，不仅破坏部落团结，还创造新社区观念，其成员不再忠于亲戚团体，而分享共同信仰。国王的概念也从共同祖先团体的领袖，变成广大基督徒社区的领袖和保护人。不过，这个改变是循序渐进的。

部落制在基督教社会中的消亡并不意味家族制的死亡。在东正教中，这段时期的主教和教士可以结婚生子，还可实行宗教名义下的纳妾（nicolaism）。教会通过信徒的捐献获取愈来愈多的财产。教会领袖争取将圣俸传给孩子，加入地方的氏族和部落的政治运作，都变得不可避免。教会职位经手这么多的财富，本身也变成可供交易的珍贵财产，该做法叫作圣职买卖（simony）。

　　日耳曼异教徒皈依基督教，就像阿拉伯或突厥部落社会中不信者之皈依伊斯兰教，向哈耶克自发秩序的理论提出了有趣挑战。浏览哈耶克的相关阐述，找不到点滴的宗教因素。然而众所周知，在犹太教、基督教、印度教、穆斯林的社会中，宗教是法律规则的重要来源。基督教进入欧洲，给刚从部落习俗中脱颖而出的惯例法带来第一次主要中断。婚姻和产权规则发生变化，允许女子拥有财产，但这不是地方法官或社区的自发试验，而是强大的天主教等级制度所颁布的革新。教会并不反映地方上不同的价值观念，东正教和穆斯林的宗教当局，都没以相似方式来改造社会上现存的亲戚规则。教会很清楚，它不只是在批准惯例法：教皇乌尔班二世（Urban Ⅱ）在 1092 年告诉佛兰德伯爵（Count of Flanders）："你宣称，你只不过是照地方上的古代习俗行事？即使如此，你应该知道，创世主说过：我的名字是真理；他没有说过：我的名字是习俗。"[23]

　　英国法律发展中第二个主要中断是普通法的引入。普通法并不是惯例法的自发演变，它与早期国家的兴起密切相关，并凭借国家权力而取得最终的统治地位。事实上在诺曼征服之后，向全国颁布统一的普通法，已变成扩展国家权力的主要工具。伟大的法律学者弗雷德里克·梅特兰和弗雷德里克·波洛克，如此解说普通法的起源：

　　　　国王法庭（royal court）的习俗就是英国的习俗，从而变成了普通法。对于地方习俗，国王法官以一般性的语言表示尊敬，我们并没有看到任何可移风易俗的主观愿望。不管如何，地方习俗即使没遭破坏，也得不到成长。尤其是程序，国王法庭取得了对所有其他法庭的彻底控制，将自己的规则视为唯一公正的。[24]

　　弄不清早期欧洲国王的作用，就不能理解这个过程。11 世纪的国王不是领土统治者，更像分散封建秩序中伙伴中的老大。像威廉一世和亨利一世那样的国王，花大部时间在旅途中察看国土的各部分。其时，大家都已退回各自分隔的村庄和庄园层次的小社会，这也是国王宣告权力和保持联系的唯一方法。国王的主要服务是充作上诉法庭，若有人不满意领主法庭（seigneurial）或庄园法庭（manor）所提供的正义。从自身利益出发，国王也希望扩充自己法庭的司法权，因为它的服务是收费的。向国王法庭提出上诉增强国王的威望，他可以推翻地方领主的裁决，从而削弱后者的权威。[25]

起初，各类法庭相互竞争，以取得司法生意。随着时间的推移，国王法庭开始占据优势。人们避开地方法庭有多种原因。巡回的国王法庭被视为更加公平，与领主法庭相比，它与本地诉讼人的牵连更少。它们也有程序上的优势，如强迫民众参与陪审团的工作。[26]长年累月，它们又获益于规模和范围上的经济效益，司法需要人力、专长、教育。第一个全国官僚机构是国王法庭所建立的，它开始编纂惯例规则，建立先例系统。显而易见的，写作是必要的前提。每过十年，熟悉先例的法律专家越来越多，再被指定为法官，派往全国。

顾名思义，普通法就是不特殊，普遍适用。也就是说，英国不同地区的众多惯例规则，现由单一的普通法所取代。各地的先例适用于全国，即遵循先例的原则（stare decisis）。执法的是法官网络，其工作环境是统一的法律系统，比以前拼凑的惯例规则更为系统、更为正式。普通法基于惯例法所订下的先例，但国家权力的兴起，创造了惯例规则不敷使用的全新环境。例如，以前亲戚团体以赔偿金解决的犯罪，现受到更高级别的第三方的起诉，或是庄园主，或是国王本人。国王法庭也开始变成无争议事项的登记场所，如财产注册和土地转移。[27]

因此，普通法代表了英国法律发展的中断。它依据较早的先例，如果没有诺曼征服，绝不可能成为全国法律。诺曼征服赶走了古老的丹麦和盎格鲁—萨克逊人的贵族，建立起愈益强大的大一统中央政权。以后的普通法演变可能是自发的，但它作为法律裁决的架构，又需要中央政治权力的干涉。[28]

历史学家约瑟夫·斯特雷耶认为,中世纪时,早期国家的创建涉及法律制度和财政制度,而不是军事组织;军事动员促进国家建设,则要等到早期现代。在某种意义上,法律机构甚至早于财政机构,因为国王法庭是国王收入的最重要来源之一。国王提供平等正义的能力——不像惯例法中,依据受害者社会地位而定不同的赔偿金——加强了自己的威望和权威。[29] 像中东传统中的君主,国王不一定被视为最大最具掠夺性的军阀。他又可充任受地方领主掠夺的牺牲者的保护人,一个主持正义的人。

259

中央国家的法律功能,对英国后来的产权发展和国家的合法性至关重要。对地方领主与自由佃户和非自由佃户的交易,领主法庭享有专门司法权,直到大约 1400 年。这种情形下,一旦发生财产争执,就有点像由狐狸来守护鸡笼。逐渐地,国王法庭宣称有权过问这些纠纷。13 世纪早期,有人提出国王在全国范围享有司法权,低级法庭的司法权来自国王的委托。原告偏爱把诉讼送到国王法庭,久而久之,领主法庭慢慢失去对土地租佃纠纷的司法权。[30] 这一市场驱动的选择显示,国王法庭肯定被视作更加公平,更少偏向地方领主,更可能执行裁决。

其他欧洲国家没有发生类似的改变。尤其在法国,领主法庭保留对土地租佃纠纷的司法权,直到法国大革命。在某种意义上,这很讽刺。一般认为,17 世纪的法国国王,如路易十三和路易十四,明显不同于英国国王,通过坚持自己的绝对权力来削弱贵族阶层,但他们却把地方法庭的司法权留给省城贵族。亨利·梅因爵士在他的论文《法国和英国》中指出,革命爆发之后,全法国的庄园主住宅被烧,纵火的第一对象是储存财产文件的契约房(muniment room)。不像英国农民,法国农民觉得地主手中的地契不合法,由于地方领主控制的法庭一直抱有偏见。[31]

最后的案例点明了法治性质的要点。法治依靠法律本身和可见的管理机构——法官、律师、法庭等,也依靠制度运作的正式程序。

但法治的正常运作，既是制度或程序上的事务，也是规范性的事务。
和平社会中的大多数人服从法律，不是因为做了理性的利弊计算，
恐惧处罚；而是因为相信法律基本上是公平的，在道德观念上已习
惯于遵守。如果相信它是不公平的，他们就比较不愿服从。[32]

被视作公平的法律，如果执行不均，或有钱有势者得以豁免，
也将被认作不公平。这似乎将负担重又放回制度和程序，以及其公
平执法的能力。这里仍有规范化的问题，如果有钱有势者在某种程
度上不相信自我约束的必要，甚至不相信有约束同类的必要，光是
制度何以遏制他们？在很多法治软弱的国家，法官、检察官、警察
可被收买，或可被胁迫，正式制度的存在又能发生什么效用呢？

要建立规范化的法律秩序，不但国王接受，老百姓也愿接受，
宗教就很有必要。波洛克和梅特兰写道，国王并不在法律之上："每
个国家一定要有某人或某些人在法律之上，一名既无义务又无权利
的'君主'，这样的理论一定会遭到拒绝……没人假设，国王可以
更改天主教会的普通法，即使获得高级教士和男爵的同意。"[33] 国王
受到约束，因为百姓会以造反来反对他们所认定的不公。什么是不
公，什么会动员百姓起来反抗国王，全看国王的做法合不合法。[34]

即使是公平的规范化秩序，也需要权力。如果国王不情愿执行
针对精英的法律，或心有余而力不足，法律的合法性就会受损，不
管其来源是宗教、传统还是习俗，这是哈耶克和他的自由至上主义
追随者所疏忽的。普通法可能是分散各地法官的业绩，倘若没有强
大的中央国家，它首先不会形成，之后也得不到执行。

英国很早就完成了从惯例法到现代法律制度的过渡，让人印象
深刻，这构成了国家合法性的基础。其他欧洲国家在 13 世纪完成
类似过渡，但依据的是完全不同的法律制度，即来自《查士丁尼法典》
的民法。欧洲大陆的过渡，其关键也是天主教会的行为。这个故事，
以及教会如何不同于印度和穆斯林世界的宗教机构，将是下一章的
主题。

教会变为国家

> 天主教会对法治在欧洲的形成至关重要；叙任权斗争和后
> 果；教会获得国家般的特征；世俗统治领域的出现；当代
> 法治植根于上述发展

最深刻意义上的法治意味着：社会产生共识，其法律是公正和既存的，能够约束其时统治者的行为；享有主权的不是统治者，而是法律；统治者的正当权力只能来自法律，方才享有合法性。

在我们的世俗现代之前，在政治秩序之外，公正法律的最显著来源是宗教。宗教权威只有独立于政治权威，基于宗教的法律才能约束统治者；如果宗教权威组织涣散，或国家控制着教会的财产及教士的任免，那么宗教法律更有可能是在支持而不是限制政治权威。要理解法治的发展，不但要看宗教规则的来源和性质，还要关注宗教权威的组成和建制化。

欧洲的法治植根于基督教。欧洲国家出现之前，罗马就有颁布权威法律的基督教主教（pontiff）。欧洲关于婚姻和遗产的规则，最初不是君主所规定的，而是来自像教皇格里高利那样的个别人士。他的特使奥古斯丁带着他一清二楚的指示，远赴不列颠岛，以说服异教的埃塞尔伯特国王皈依基督教。

激进伊斯兰主义在 20 世纪晚期兴起以来，很多人指出，西方263的教会和国家截然分开，但是，像沙特阿拉伯那样的穆斯林国家却政教不分。但这一差别经不起仔细的推敲。自基督教出现以来，西方的政教分离并不是常数，而是时断时续的。

基督教起初只是一个千禧宗派，在其存在的头三个世纪受到残酷的迫害，先是犹太人，再是罗马政治当局。到公元 313 年，君士坦丁（Constantine）皈依基督教，它从非正统宗派一下子变成罗马帝国的国教。罗马帝国的西部遭到异教野蛮人的征服，宗教和政治权力又一次分开。西方政权的孱弱给予天主教更多的独立机会，教皇哲拉修一世（Gelasius，492—496 年在位）在教条中争辩，高级教士拥有比君主行政权更高的立法权。[1] 到了黑暗时代之末，政治权力重新恢复，政教第二次交融。

政教合一（Caesaropapism）是一种制度，它的宗教权威完全服从于国家，像基督教向罗马国教的转化。现保留给教皇的最高教士（pontifex maximus）头衔，曾是罗马皇帝的，因为他也是罗马国教的首脑。中国始终是政教合一（唐朝可能是例外。其时，佛教在精英中颇受欢迎），此外还有什叶派掌控地区之外的大部分穆斯林世界。拜占庭的东罗马帝国是现代东正教的老祖宗，也是政教合一称号的发源地。它始终不变，直到土耳其在 1453 年征服君士坦丁堡。大家所忽视的是，到了 11 世纪初，西方基督教世界的大部都已变成实际上的政教合一。

政教合一的实际意义是指政治当局对教会享有委任权，中世纪早期的欧洲都是如此。全欧洲的皇帝、国王、封建领主都在任命主教，也有权力召开教会会议，颁布教会法律。教皇将合法性赋予皇帝，皇帝却也在指定和罢黜教皇。1059 年之前的二十五位教皇中，皇帝任命了二十一位，罢黜了五位。教会当局对文官当局的惩罚，欧洲国王都享有否决权。[2]

在多数欧洲国家中，教会确实拥有四分之一到三分之一的土地，从而得到收入和自治。由于政治当局控制了教会圣职的任命，教会的独立程度还相当有限。教会的土地经常被认为是皇家的赞助，统治者经常委任亲戚为主教，主教和教士又允许结婚，经常会卷入他们所管辖地域的家庭和宫廷的政治。教会土地可变成遗产，传给主教的孩子。教会官员也担任政治职位，进一步增强了宗教和政权的牵连。[3] 所以，教会本身就是前现代的家族组织。

天主教会宣告独立

11 世纪晚期，天主教开始独立于政治权力。领衔带头的是一位名叫希尔德布兰德的修道士（Hilderbrand），后来他成为教皇格里高利七世（1073—1085 年在位）。[4] 他在教皇派中凝聚了一帮人，包括彼得·达米安（Peter Damiani）、红衣主教汉伯特（Humbert）、教皇帕斯卡尔二世（Pascal II）。他们认为，教皇应对所有的基督徒和政治当局行使至高无上的法律权力，并有罢免皇帝的权利。他还宣称，任命主教的唯一机构是教会，而不是世俗当局。其时背景是神圣罗马皇帝亨利三世（Henry III）的阴谋诡计。为了出席加冕典礼，他抵达罗马，马上罢免作为对手的三位教皇，以推举自己的候选人。[5]

根据希尔德布兰德，教会一定要实施改革，才能独立于政治权力，最重要的一点就是要严禁教士、主教结婚和生儿育女。他攻击常见的宗教纳妾和圣职买卖，它们让教会职位变成了可供交易和遗传的财产。[6] 希尔德布兰德派发起了一场传单战役，敦促基督徒不要接受已婚或纳妾教士的圣礼，并抨击为赚钱而提供教会服务的行径。[7] 成为格里高利七世后，他把教士独身订为教会的正式原则，并迫使已婚教士在教会义务和家庭义务之间作出选择。这是向教士既得利益的挑战，导致教会内部艰巨而激烈的斗争。教皇格里高利的目标是想在教会内终止腐败和寻租，所以攻击家族制的根源，即主教和神父的生儿育女。他的思维逻辑无异于中国和拜占庭依赖太监、奥斯曼帝国从家人手中夺走军事奴隶。如果在忠于国家和忠于

265

家庭之间作出选择，大多数人出于生物本能会选后者。所以，减少腐败的最直接方法，就是禁止官员组织家庭。

这项改革自然遭到现有主教的反对。教皇格里高利明白，他赢不了这场战役，除非他有权任免主教，而不是皇帝。在 1075 年的教皇宣言中，他要将罢免主教和世俗教职的权利从国王手中收回。神圣罗马皇帝亨利四世的答复，是要将他罢黜，"下台，下台，你这个受诅咒的"。格里高利的回应是将皇帝逐出教会。[8] 很多日耳曼君主和一部分主教支持教皇，迫使亨利四世在 1077 年赶来格里高利在卡诺莎的住所。他足足等了三天，赤脚站在雪地，以求教皇的宽赦。

有些历史性事件全由个人引起，如不提及他们特殊的道德品质，就难以解释。叙任权斗争就是这样的事件。格里高利有不屈不挠的坚强意志，在教皇派中，曾被伙伴称作"我神圣的撒旦"。就像四个世纪后的马丁·路德，他对改革之后的教会以及其在社会中发挥的作用，抱有恢宏的远见。他不怕胁迫，愿意看到与皇帝的冲突逐步升级，直至全面对抗。

但这历史上的著名冲突，仅靠个人意志是解释不清的。天主教会成为自治的政治参与者，其重要背景是欧洲普遍的政治软弱。拜占庭的东正教及其在俄国的正统继承者，不得不接受其所在帝国的监护。相比之下，西方教会位于政治上分崩离析的意大利半岛，北方邻国的日耳曼人也是散沙一般，神圣罗马帝国只取得名义上的统一。11 世纪的法国并不团结，无法果断地干涉教皇政治。这段时期的教会虽然没有自己的军事力量，但很容易在周边政治体的相互竞争中合纵连横。

亨利四世在卡诺莎接受教皇的权威，但仍不愿承认教皇委任主教的权利，依旧拒绝格里高利的要求。他继续占领罗马，罢免格里高利，让自己提供的候选人克雷芒三世（Clement Ⅲ）成为一位对立教皇（antipope）。格里高利向意大利南部的诺曼国王们求救。他

266

们答应，但到最后洗劫罗马，引起罗马居民的反抗。格里高利被迫与诺曼同盟一起撤回南方，于 1085 年死于萨莱诺（Salerno），身名俱败。叙任权斗争延续到下一代，格里高利的继承者，再将亨利四世和其儿子亨利五世逐出教会。另一方面，皇帝罢免教皇，扶持自己的候选人成为对立教皇。最终达成协议的是 1122 年的沃尔姆斯宗教协定（Concordat of Worms），皇帝基本上放弃叙任权，而教会承认皇帝在一系列世俗事务上的权力。

叙任权斗争对欧洲后续发展非常重要。首先，它允许天主教会进化成现代的、等级制的、官僚化的、依法而治的机构，.如法律历史学家哈罗德·伯尔曼（Harold Berman）所认为的，还为后来建国者树立了榜样。根据亨廷顿，机构发展的标准之一就是自治，如果不能控制对自己官员的任命，机构就不可能是自治的。这也是叙任权斗争的中心争执。沃尔姆斯宗教协定之后，教皇变成教会等级制度中无可争辩的执行总裁，在红衣主教学院的建议下，可随意任免主教。

教会也纯洁自己的行止。教士的独身制消除了将圣俸授予亲戚和后裔的诱惑，并给教职出售涂上新的道德色彩。教会可以什一税（tithe）的形式征收税赋，由于教职人士脱离地方氏族的政治，而变得更善于处置自己的财政资源。它还显示出真正国家的特征，有时组织自己的军队，在确定领土中（尽管很小）行使直接司法权。

教会对世俗事务的介入，当然未因叙任权斗争而告结束。世俗统治者也在继续设法操纵教皇职位，安置自己的候选人，例如 14世纪的阿维农教皇（Avignon）。随着时间的推移，又出现新式滥权，最终为宗教改革铺平道路。与世界任何其他宗教机构相比，天主教在适应性、复杂性、自治性、连贯性方面的建制化更为高级。

叙任权斗争的第二个重要成果是精神领域和尘世领域的明确分离，从而为现代世俗国家铺平道路。如早先提及的，这个分离只在基督教中隐性存在。沃尔姆斯宗教协定，在西方教会的历史上永远终止了政教合一时代。这种方式，从没出现于东正教或穆斯林世界。

为了削弱政治统治者的权力，格里高利的改革宣告教会的普遍权威，不管是精神还是尘世，甚至还包括罢免国王和皇帝的权利。事实上，基督教皇是在要求印度婆罗门从一开始就在行使的权威。然而，经过漫长的政治和军事的博弈，教会被迫妥协。它划出明确界定的精神领域，让自己实施无可争辩的控制，同时又承认，世俗统治者有权在另外范围行使统治权。这一分工，为后来世俗国家的兴起打下基础。[9]

最后，叙任权斗争对欧洲法律和法治的发展产生了重大影响。第一，教会阐述系统性的教会法规取得合法化；第二，教会创造了建制化的精神权威的单独领域。

罗马法的再现

268

与皇帝发生冲突时，格里高利和继承者没有自己的军队可以调动，只能通过呼吁合法性来加强自己的力量。于是，教皇派发动了一次对法律源头的搜索，以支持教会享有普遍司法权的主张。搜索结果之一是 11 世纪末，在意大利北部的图书馆内重新发现《查士丁尼法典》（*Corpus Iuris Civilis*）。[10] 迄今，《查士丁尼法典》仍是民法传统的基础，不管是欧洲大陆，还是受其殖民或影响的其他国家，包括从阿根廷到日本。很多基本的法律常识，如民法和刑法、公法和私法之间的差别，都可从中找到起源。

《查士丁尼法典》是罗马法律高度精细的汇集，6 世纪初，在查士丁尼皇帝治下的君士坦丁堡成书问世。[11] 重被发现的文本包含四部分：摘要、制度、法典、案例，其中摘要最为重要，涵盖的题目包括个人地位、民事侵权、不公平致富、合同、补偿。查士丁尼时代的法学家相信，它是早期罗马法（现已遗失）最重要遗产的汇总，并变成 12 世纪新一代欧洲法学家的研究主题。[12]

　　罗马法的复兴之所以可行，是因为在新式机构中开展了法律研究，那就是新兴的现代大学。11 世纪末，博洛尼亚（Bologna）大学成为研究中心，来自欧洲各地的数千学生聚集起来，聆听像伊尔纳留斯（Irnerius）那样的教授讲解摘要。[13]新的法律课程让欧洲人看到一套详尽的法律系统，可立即用于自己的社会。《查士丁尼法典》的知识由此传播到欧洲大陆最遥远的角落，法律学院在其他城市纷纷涌现，如巴黎、牛津、海德堡（Heidelberg）、克拉科夫（Cracow）、哥本哈根。[14]有点像英国普通法的情形，罗马法的恢复突然取代了盛行于欧洲的日耳曼惯例法，代之以更为统一的跨国规则。[15]

　　推介《查士丁尼法典》的第一代学者被称为训诂者(glossators)，其主要工作是重建罗马法。后续一代的学者，如托马斯·阿奎那（Thomas Aquinas），则看得更远，为寻求法律的思想基础而直抵古希腊。亚里士多德等古典哲学家认为，习俗和见解需要接受人们的理性考量，并对照于更普遍的真理标准。阿奎那将这条原则，用于自己对亚里士多德的研究。他所建立的哲学传统，鼓励后代法律评论家不要机械复制现存法律，而要推论法律来源，以做到活学活用。[16]欧洲大学所复原的古典传统，不仅是向静态的文本寻求权威，而是对文本的涵义进行理性查询。

　　新兴大学培养了一批特别律师，既能解释古典文本，又掌握专门知识。教会和世俗的当局开始认为，他们需要依赖律师的专长来作出裁决，尤其是在极为重要的商业合同和产权方面。律师依次发展自己的机构利益，拒绝非专家和自私的政治派别闯入他们的专业领域。

　　格里高利改革之前，教会法律包括宗教会议的法令、教父的著作、教皇法令、代表教会的国王和皇帝所颁布的法令。此外，还混杂有罗马法的残余和日耳曼的惯例法。[17]随着教会等级制度的建立，教会第一次有可能权威地制定法律，凭借愈益专业的教会法

律专家，将统一性注入新法典。受过法律训练的修道士格拉提安
（Gratian），分析、校对、调和了数世纪以来的几千条正典（canons），
再将之综合成统一的法规。这本《教会法规汇编》（*Concordance
of Discordant Canons*）出版于 1140 年，洋洋洒洒一千四百页。格
拉提安建立了神圣法、自然法、制定法、惯例法的法律等级制度，
又设计了理性程序，以解决相互之间的矛盾。格拉提安之后的一个
世纪，教会法规得到极大扩充，涵盖了广泛的法律题目，包括刑法、
家庭、财产、合同、遗嘱。[18]

　　天主教会通过统一教会法规的概念而取得国家属性，又通过发
展行政官僚机构，而变得更像一个国家。法律学者认为，韦伯所定
义的现代官僚的"职位"（office），其第一个模型是在 12 世纪教会
等级制度中产生的。[19] 现代职位的特征之一是职位和官员的分离，
职位不是私人财产，执掌职位的只是领薪官员，身受所处等级制度
的纪律约束；职位依功能而分，执掌职位要有技术专长。如我们所知，
所有这些都是秦朝以来中国官僚制的特征，尽管有不少"职位"在
后续朝代中重新家族化了。教会的叙任权从世俗政权的手中获得解
放，教士独身制又得到强行的实施，自此以后，教会的官僚制特征
愈益明显。例如，教会开始在 12 世纪早期区分教职（officium）与
圣俸（beneficium）。教职人士不一定收到封建圣俸，现只是领薪的
教会员工，根据自己的工作表现或被雇用，或被辞退。这些官僚开
始任职于教皇秘书处（Papal Chancery），很快又变成世俗统治者秘
书处的榜样。[20]

法律和现代国家的兴起

　　9 世纪卡洛林王朝崩溃之后，权力四下分散。到格里高利改革
时期，欧洲的政治秩序见证了逆转的开头。权力流向一系列的地区
领袖，当地方领主在 10 世纪末纷纷建造城堡时，又受到进一步的

分割。庄园——基本上自给自足的生产和军事的单位，以领主的城堡和土地为中心——变成整个欧洲的统治来源。这个系统之上又出现几家王室，如以法兰西岛（Île de France）为中心的卡佩家族（Capetians）、征服英国和意大利南部的各式诺曼男爵。他们只是比对手拥有更多土地，遂变成新型领土国家的核心。

271

格里高利的改革不仅向领土国家提供了官僚和法律的榜样，并鼓励他们发展自己的建制。世俗统治者负责领土内的和平和秩序，并提供规则以促进新兴商业。这导致了独特法律领域的形成，分别与封建、庄园、城市、长途贸易有关。哈罗德·伯尔曼认为，法律形式的多样化激发了司法辖区之间的竞争和革新，从而促进自由在欧洲的发展。尤其重要的是独立城市的兴起，它的自由人口和对外贸的依赖，刺激了对商业法律的新型需求。[21]

教会在建制上趋向独立，更刺激了封建社会其他领域的集团组织。在 11 世纪，主教杰拉德·德·坎布雷（Gérard de Cambrai）和主教阿尔德贝隆·德·拉昂（Aldabéron de Laon）创立社会等级一分为三的原则：贵族、神职人士、平民——即打仗者、祈祷者、支持前两者的劳作者。这些功能组织与地域没有关系，其为三个代表阶层的形成打下意识形态的基础。统治者定期召集各代表阶层，以批准征税和讨论国家大事。如后续章节所显示的，欧洲国家今后发展的是负责制政府还是专制政府，将取决于这些阶层能否顶住中央君主的压力。[22]

欧洲国家建设的特征之一，是很早就非常依赖法律。法律在国家制度成长方面，既是动机，又是过程。专家习惯于认为，战争和暴力是欧洲政治发展的主要动力。这在早期现代肯定没错，其时，专制主义的兴起与军事动员的财政需求休戚相关。但在中世纪，国家获得合法性和权威，靠的是分配正义的能力，其早期机构多为执法部门。

最能体现这一点的，非英国莫属。21 世纪初，我们习惯把英国

及其衍生品美国，当作盎格鲁—萨克逊经济自由主义的家园，把法 272
国当作中央集权政府的诞生地。然而在 14 世纪之前，这正好恰恰
相反。所有的欧洲政治体中，英国国家是最集中最强大的，其基础
就是国王法庭，以及它向全国提供正义的职能。到 1200 年，它已
拥有常设机构，配置以专业或半专业官员。它颁布法令规定，与土
地权有关的案例，一定要得到国王法庭的命令方可成立。它还向全
国征税。[23] 中央权力的证据就在《末日书》(Domesday Book，即《土
地调查清册》)，它的编纂在诺曼征服后不久，核查了国内每一郡的
居民。[24]

当时已有了英格兰国家身份的雏形。1215 年男爵们在兰尼米
德（Runnymede）对抗国王约翰，强行施加《大宪章》(Magna
Carta)。他们这样做，不是作为只想为自己争取豁免权的军阀。他
们期待统一的中央政府，通过国王法庭来更好地保护自己的权利。
在这一点上，他们把自己当作更大社区的代表。[25] 相比之下，法国
其时比较分散，各地区之间有重要的语言和文化上的差异，国王筹
集税赋，只能在法兰西岛周围的自己领地。

中世纪教会为法治树立先例

天主教会在 12 世纪成为现代官僚机构，并颁布统一连贯的教
会法规，但这离现代法治还很远。法治牢固的发达国家，向政府统
治提供合法性的通常是书面宪法。但这套法律并不起源于宗教权威，
事实上很多宪法规定，在牵涉宗教的道德问题上必须维持政治的中
立。现代宪法的合法性来自某种民主的批准程序。这套法律可被看
作扎根于永恒或普遍的原则之中，在亚伯拉罕·林肯看来，美国宪
法就是一例。[26] 但多数现代宪法对其合法性的最终来源都有点隐约
其词。[27] 从实用角度看，那些原则的解释仍然取决于政治上的争论。 273
到最后，借民主取得合法性的行政和立法的机构，其权力仍然要受

制于借民主取得合法性的宪法。后者取决于更严格的社会共识，如某种形式的超多数选举。在最近发展中，各国政府也要受制于跨国法律机构，如欧洲人权法庭（European Court of Human Rights）和国际战犯法庭（International Criminal Court）。不过，与国家层次的法庭相比，它们的合法基础比较暧昧。[28] 包括以色列和印度的自由民主国家中，宗教法庭仍在家庭法上享有司法权。但这只是例外，宗教权威不得参与法律制度是普遍规则。

那么，为何要说基于宗教的法律为现代法治奠下了基石？

宗教权威的分开存在，使统治者倾向于承认，自己不是法律的最终来源。弗雷德里克·梅特兰坚信，没有一位英国国王认为自己高于法律。但这不适用于任何一位中国皇帝，因为没有一条法律是他们承认的，除非是自己的金口玉言。在这方面，像印度的拉贾和刹帝利、阿拉伯和土耳其的苏丹，基督教君主同意自己身处法律之下。

在每个实行以宗教为基础的法律的社会中，政治统治者都制定法律，试图侵入宗教法律的领域。在许多情况中这种侵入是必要的，因为有很多方面宗教法律不敷使用，但最危险的侵入是针对原则的。早期现代欧洲的重要政治斗争（将在后续章节中作详细说明）涉及崛起的君主，他们凭借新颖的主权原则，将自己置于等级制度的顶部，以取代上帝。这些国王像中国皇帝，声称自己可单独制作法律，不受既存法律、习俗和宗教的束缚。成功抵制这些声称，重申法律的至高无上，那就是现代法治兴起的故事。法律本身可能还不够，所以又从宗教传统那里获得圣洁、自治和连贯性，从而更易实行这种抵制。

法律体现有关正义规则的广泛社会共识，如果明白这一点，那么中世纪法治和现代法治之间的中断，与其说是实质性的，倒不如说是表面上的。这也是哈耶克所说的法律早于立法的涵义。在 12 世纪的宗教年代，或在同时期的穆斯林或印度世界，社会共识往往通过宗教表述出来。与今天相比，那时宗教在日常生活中发挥更为

重要的作用。宗教法律不是从外空掉入社会的，一开始可能伴随暴
力和征服而至，再与社会共同进化，渐渐演变成本土的道德规则。[29]
当时，宗教和世俗的领域互不分离，阐明社会共识就不得不使用宗
教语言。在宗教扮演较为局限角色的今天，无可避免地，必须通过
其他途径来确定社会共识，譬如通过民主选举。无论用宗教语言还
是世俗语言，法律始终是广泛分享的正义规则的表述。

12世纪浮现的宗教法律，对现代法治施加了重大影响，它帮助
促进了法律的建制化和理性化。法治若要存在，光是建立统治者服
从法律的理论原则还不够。还要有体现有关法律的具体机构，并取
得独立于国家之外的某种程度的自治，否则就很难控制国家的随心
所欲。此外，如果法律不是一套连贯和清晰的规则，就不能限制行
政权力。宪法上的分权，必须依靠一个切实的法律体系，该体系掌
控自己的用人和晋升，设立自己的专业标准，训练自己的律师和法
官，在解释法律时，享有不受行政机构干涉的真正权力。英国国王
负责创建了以国王法庭为终极权威的普通法，他也将大量权力下放
给法官，允许法律专业的茁壮成长，其就业和收入并不完全依赖国
家。在欧洲大陆，查士丁尼的民法传统，意味着较为集中的法律诠释，
但也有自治的法律专业的平行成长——事实上，出现了多种法律的
多门专业。两种情形中，西方法律的理性化程度都要大于印度或穆
斯林逊尼派。后两种传统文明中，没有涌现像修道士格拉提安那样
的人，将整套既存的宗教法令统一连贯起来。

西欧出现的法律传统明显不同于东正教。影响后来政治发展的
不是基督教本身，而是西方基督教所采用的特别制度。东正教的主
教继续接受皇帝或本地统治者的任命，教会在总体上也从没宣告自
己的独立。不像西方的教会，东正教从未丧失罗马法的传统，也从
未宣称法律有高于拜占庭皇帝的至上地位。

法治的涌现是构成现代政治发展的三大组件中第二个。跟确定
欧洲脱离部落或亲戚社会组织的过渡时间一样，法治出现的时间也

需要再往前提,其远远早于早期现代时期——至少要提到到12世纪。这也点出了本卷的中心主题,即现代化的不同组件,并不全是某种一揽子解释的一部分,它们并非都是伴随宗教改革、启蒙运动和工业革命而来的。独立城市和新兴贸易的需求,促使了现代商业法律的发展。但法治一开始不是经济力量的产品,而是宗教产品。所以,作为经济现代化关键的两个基本制度——可以自由选择个人的社会关系和财产关系,透明预知的法律为政治统治设限——都是前现代中世纪教会所创造的。只是到了后来,这些制度证明在经济范围内也相当有用。

第19章

国家变为教会

法治在印度和中东的发展，但在中国缺席；中东世俗和宗教的当局有效分享权力；前现代中东政权遵守产权；穆斯林乌里玛不能以基督教会的方式制衡国家权力；当代阿拉伯世界没有法治；现代法治的比较

在中国，宗教并不反映社会和文化的共识，毋宁说是社会抗议的手段。这体现在汉朝的道教、唐朝的佛教、19 世纪受基督教影响的太平天国等。中国的国家轻易掌控各式祭司团体，从不承认比国家本身更高的宗教权威。

所以，中国没有基于宗教的法治的历史基础。中国的传统以法家思想为基石，中国人心目中的法律主要是制定法（positive law），也就是皇帝所颁布的王法。秦、汉、隋、唐、明等朝都出版了重要法典，很多篇幅只是各式违法的处罚表。7 至 8 世纪陆续颁布的《唐律》，不提法律的神圣来源，只说法律是世俗统治者所制作的，以控制百姓的行止和避免自然和社会的失衡。[1]

印度则完全不同，与印度国家形成同期或稍早的婆罗门教，规定政治／武士阶层——刹帝利——必须从属于祭司阶层的婆罗门。印度宗教以四大社会阶层的瓦尔纳为基础，印度统治者必须向身处顶端的祭司取得合法性和社会支持。所以，法律深深植根于宗教，而非政治。最早的法律文本《法论》（Dharmasastras），不是像中国那样的皇帝法令，而是宗教权威所写下的文本。[2] 印度后来的法律发

展有点像英国的普通法，没有严格遵循这些法律文本，反而依据判例，并把班智达（panditas，精通宗教典籍的学者）所创造的先例前后连接。[3] 执行裁决的经常是婆罗门，而不是政治当局，不允许分开的世俗领域来制订规则。法律有很多哈耶克提及的特征，通常是不可更改的，除非能找到与当前法律有关的更古老先例。[4] 独立后，印度议会试图修改婚姻和离婚的法律，据称有名保守印度人这样说："议会的权力不可推翻经典（Shastras）的命令，那是上帝说的话，由圣人（Rishis）为我们抄录下的。印度人不可接受经典之外的任何权威。"[5]

　　然而，婆罗门阶层没有组织成单一的等级制度，不能对国王和皇帝发号施令，没有印度教皇，也没有印度教会。婆罗门阶层仅代表一个网络，其成员居住在无数的村庄和城市，彼此联络而已。婆罗门内部又分出不同的迦提，由此而充满等级差别。主持国王授权仪式的婆罗门，可能不愿与主持葬礼仪式的交往。宗教权威在地方上享有极大影响，几乎每一项社会事务都需要他们的服务。他们从不臣服于国家，或成为国家的雇员，但也无法凭借建制化的等级制度来采取集体行动。迦提所造成的权威碎片化，不单影响政治权力，也影响宗教权力。

中东的法治

　　除了印度和欧洲，出现法治的另一个世界文明是伊斯兰教的中东。今天，不管是境内还是境外的很多人都知道，那里的很多政权是残酷的独裁专制政府，尤其是在阿拉伯世界内，不受任何更高法律或正义的约束。[6] 西方人通常认为，教会和国家的交融合一是伊斯兰教的本质，对基督教欧洲来说，才是天方夜谭。伊朗 1979 年革命后所建立的神权政府，只是返回传统的穆斯林统治。但这一切都不准确。

278

　　现代穆斯林独裁专制政府的出现是偶然事件的结果。这个偶然就是该地区与西方的碰撞对峙，以及之后向现代性的过渡。在基督教的欧洲，政治和宗教的权力经常联合起来。在穆斯林世界，它们在历史上很长一段时期倒是有效隔离的。法律在穆斯林世界中扮演的角色，与在基督教领土上的完全相同：制衡政治统治者的随心所欲——虽然较弱。法治是穆斯林文明的基础，实际上它在很多方面定义着这一文明。

　　让我们总结一下法律在穆斯林和基督教世界的社会作用的相同之处。在这两个传统中，法律都植根于宗教，只有一位上帝，行使普世的司法权，是所有真理和正义的源泉。这两个传统，再加上犹太教，都深深倚靠宗教的经典，其基本社会规则很早就被编纂成书。在伊斯兰教中，这些规则不仅是神圣的《古兰经》，还有圣行（sunna）和圣训（hadith），后者是穆罕默德生前的故事和训话，可作人们行为的指针。但这些规则的解释，在许多情况中又是模棱不定的，必须拜托专门的教士阶层——基督教中的牧师和伊斯兰教中的乌里玛（宗教学者）。在穆斯林和基督教世界，法律并不像中国那样出自政治权力，而是来自对政治当局享有统治权的上帝。穆罕默德生前可能已是部落的统治者，但在阿拉伯伙伴的眼中，他的权威并不在他所指挥的军队，而在他是上帝启示的使者。

　　跟穆罕默德一样，最初几位哈里发集宗教和政治的权力于一身，这在倭马亚朝代始终如此。该朝代结束时，政治和哈里发的权力才开始分隔。其时，倭马亚王子逃离阿拔斯王朝，在西班牙建立了分立的西方哈里发政权。阿拉伯帝国的不同省份，随着岁月的消逝而逐一分离出去，哈里发的权力只达首都巴格达和周边地区，甚至变成掌权军事指挥官的傀儡。[7]法蒂玛王朝（Fatimids）先后在突尼斯和埃及分别建立分立的哈里发政权。巴格达哈里发的权威从没获得什叶派和哈瓦利吉派的承认。哈里发可以宣称享有普遍的精神权威，但其真正的司法权非常有限。

279

到了 11 世纪，哈里发和在领土中行使政治权力的人分享权力。真正的掌权者——世俗君主——披上了"埃米尔中的埃米尔"的头衔。通过立法上的巧立名目，哈里发声称把世俗权力委托他人，以换取自己在狭窄宗教事务中的权威。[8]中世纪伊斯兰教法律学者艾布·哈桑·马沃尔迪（Abu al-Hasan al-Mawardi）解说这是合法的，因为哈里发通过代理人仍在行使世俗的权力，真相恰恰相反，哈里发只是埃米尔的傀儡。[9]伊斯兰教的世界实质上是政教合一，而不是神权。世俗统治者掌控权力，请哈里发和乌里玛来到自己领土，帮助管理伊斯兰教法。[10]

在逊尼派穆斯林世界中所缺乏的，恰好是哈里发和乌里玛脱离政治，发展成为分立的单独机构，享有分明的等级制度、司法权、人事权。也就是说，没能建成单独的穆斯林"教会"，可与格里高利改革之后涌现的天主教会媲美。跟叙任权斗争之前的天主教会一样，穆斯林知识阶层只是分散的网络，由教士、法官、阅读和应用穆斯林判例的学者所组成。逊尼派的传统内，有四家主要的穆斯林法律学派，相互竞争，在哲学上各持己见，其地位起伏有赖于权力的惠顾。乌里玛一直没有形成建制化的等级制度，无法建成单独法律传统和穆斯林等级制度，以罗马教皇的方式向政治权力提出挑战。

国家与清真寺的分离

但这并不意味宗教和世俗权力之间没有功能的分离。图森·贝（Tursun Bey）写道，15 世纪的奥斯曼帝国，苏丹可在伊斯兰教法之外自行制定世俗法律。这套世俗法律叫作卡奴纳莫（kanunname，该词源自欧洲使用的 canon law [教会法]），用于传统伊斯兰教法鞭长莫及的领域，如公共和行政的法律。所征服领土的征税和产权、发行货币、贸易管理，全靠这套世俗法律。[11]传统的伊斯兰教法主要涉及婚姻、家庭、遗产和其他私人事务，由教法专家卡迪和穆智

280

泰希德（kadis and mujtahids）执行。他们熟谙穆斯林经典，能将这一庞杂的法典应用到特定案例，很像印度的班智达。[12]这就需要平行的两套司法建制，一个是世俗的，另一个是宗教的。卡迪应用伊斯兰教法，但其裁决必须依赖世俗当局的执法。[13]

在理论上，奥斯曼帝国日益增长的世俗法律从属于伊斯兰教法，需要接受宗教权威的审阅。哈里发在理论上高于苏丹，但在实际上却依赖苏丹。同样道理，因为日益增长的商业社会需要越来越多的规则，实际上的宗教法律反而遭受排挤。等到奥斯曼法庭设立大穆夫提（grand mufti，教法说明官）一职时，宗教权威的独立受到更大限制。以前，政府从学者圈中选任教法执行官卡迪，让他们自主处置法律内容。新的大穆夫提和他的属下，现在有权就伊斯兰教法的内容，发布不受限制的意见或论断（fatwas）。土耳其愈益增加对宗教的政治控制，所走的方向与欧洲恰恰相反。[14]如果说罗马教会展示出国家特征，土耳其国家则展示出教会特征。

前现代的中东究竟在什么程度上遵守法治？如第17章所提到的，今天普遍认可的法治至少有两层分开的意义：第一，遵守产权和合同的法律，允许商业和投资的发生；第二，统治者和统治阶级自愿接受法律所规定的限制。第二层意思直接影响第一层，如果社会精英不遵守法治，使用权力随意攫取弱势群体的财产，便成为巨大的诱惑。如前所述，统治者仍有可能在实践中遵守日常法治，但在理论上却有任意侵犯产权的权力。

对我们深入研究的两个中东政权来说，即埃及的马穆鲁克和土耳其的奥斯曼，第一意义中的法治作为预设条件而存在。也就是说，它们有关于财产和遗产的完善规则，允许长期的投资和可预知的商业交易。第二意义中的法治也同样存在，马穆鲁克和奥斯曼苏丹都承认，他们的权力受上帝创建的既存法律的限制。但在实践中，他们在解释法律以袒护自己私利时，仍享有相当大的余地，尤其在财政严峻时期。对税收的迫切需求，促使他们违反长期的法律规范。

281

但这两个案例都没有完全的现代产权，现代产权的付之阙如是否限制了穆斯林世界的经济发展，这不很清楚。[15]奥斯曼帝国拥有大量土地，分配给提供军事服务的骑士。替骑士耕种土地的农民，可把自己的使用权传给孩子。手艺人和商人等其他百姓享有私人产权，如果幸运和技术精湛，可积累大笔财富。所有传统的中东统治者，非常清楚苛捐杂税的危险，尽可能以"正义"名义予以回避。此外，他们像其他君主一样，把自己视作保护人，使平民免受贵族精英本能上的掠夺。甚至苏丹也不可越过法律。如果苏丹的骑士遵命来执行处罚，他们仍需要把被控者带到卡迪那里，以取得法律的裁决。如个人去世而未留遗嘱，财产在国家能够拿走之前必须由理论上的遗嘱执行者保管。非穆斯林的外国人过世后，其财产同样由法学家记录下来，直到继承人出现。[16]

法律如何限制传统穆斯林政府的权力，可在慈善性质的瓦克夫的作用中找到明显证据。如我们所知，掌权的奴隶军精英最初不可拥有后裔，也不可积累财产。马穆鲁克和土耳其禁卫军，首先避开规则以组织家庭，然后再设立慈善基金，安置自己孩子或亲信来运转这些基金，其收入将保证后代的生计。阿拉伯和土耳其的统治者，让这些瓦克夫完整无缺地持续数代，但有对改动遗产的严格限制，从而束缚了它们的经济效率。[17]

如果瓦克夫限定了国家攫取私人财产的能力，它的频繁使用意味着，其他不受宗教保护的财产往往面临随意的征税。尽管不是每个国家都堪称匪寇，但如有紧急情形，所有国家都可能成为掠夺者。15 世纪的切尔克斯系马穆鲁克政权，随着岁月的流逝，而陷入愈益可怕的财政困局，导致苏丹寻求火烧眉毛的计策以增加收入。他们任意提高税率，截获各种财富，导致富人寻找越来越具创意的方法来隐藏财产，不愿做任何投资。同样，奥斯曼在 16 世纪后半叶面临财政危机，导致税率增长，并威胁到传统产权。禁卫军职业的制度化老规矩，不得成家的禁令，都被一一放松。国家的封地不再留

282

作军事服务的报酬，而被腐败当权人售给出价最高的投标者。像基督教统治者时时觊觎修道院的财富和其他教会财产，马穆鲁克甚至也突袭瓦克夫来筹措资金。

教皇的师团

据说，斯大林曾鄙视地问："教皇手下有多少师团？"如我所说，既然法治植根于宗教，我们可向法官和律师提出一个类似的问题：他们在法治国家中部署了多少师团？他们凭什么来迫使统治者服从他们所解释的法律？

答案当然是零，行政部门和司法部门之间的分权只是隐喻性的。行政官拥有强制权力，可召集军队和警察来执行他（她）的意志。司法部门的权力，或身为法律监护人的宗教权威，体现在可向统治者提供合法性，以及作为社会共识保护人而获得广泛支持。格里高利七世可迫使亨利四世来卡诺莎，但实际上无法罢免这个皇帝。对此，他必须依赖军事同盟，比如嫉妒亨利四世的日耳曼君主和意大利南部的诺曼国王。教皇能否吸引世俗的同盟，则要依赖其事业的合法性，以及他们为自己短期利益所打的小算盘。叙任权斗争的结果是个复杂的混合体，既有物质因素，也有道德因素。最终，拥有军队和经济资源的世俗统治者，被迫与具有部分经济资源但全无强制权力的精神领袖达成妥协。教皇的权威确实存在，并不依赖他的师团。

穆斯林乌里玛的权威在于可向苏丹授予合法性，就像教皇的权威。遇上继承权的斗争，这种权威就变得非常重要。在穆斯林世界，伊斯兰教和突厥部落习俗，都反对建立王朝继承的明确规则，比如长子继承权。苏丹可指定继承人，但实际的继承过程经常变成一场苏丹儿子的自由参赛，或在马穆鲁克的情况中，变成一场主要派系领袖的自由参赛。在这种情境下，乌里玛给予或保留其支持的权力就是举足轻重的。如果权力斗争中的干预变得太公开，像切尔克斯

283

系马穆鲁克时期的哈里发事件，他们可能会搬起石头砸自己的脚。

然而，我们不应夸大法治在前现代穆斯林社会中的作用。在保护产权和商业上，法律的运作尚属"足够好"，但提供不了像宪法保障的东西，以对抗存心违法乱纪的统治者。大穆夫提和卡迪都是国家选择和雇用的，明显减弱了他们的自治性，全然不同于 12 世纪之后天主教会聘请的独立法官。奥斯曼国家从头到尾都是政教合一，随着时间的推移，对穆斯林学者的控制程度日益增加。

印度和伊斯兰教的法治无法幸免于西方的叩门

在变成殖民地或接受西方重大影响之前，印度和中东的法治互相之间有很多类似之处。它们都有传统的书面法律，仰承宗教权威的保护，还有数世纪宗教法官（印度的班智达和穆斯林的卡迪）所积累的判例，作为先例而被继承下来。它们的宗教法律都是正义的最终来源。至少在理论上，政治统治者获得授权或代理权来执政。

印度和中东在这一方面，与基督教欧洲的距离，远远近于这三个地区与中国的距离。它们不同于欧洲的地方，在于其宗教机构都没有脱离政治秩序。婆罗门教中从来没有教皇，穆斯林的哈里发在倭马亚王朝之后，基本上成为伊斯兰地域中执政统治者的俘虏。这两种宗教机构不能独立于政府，也就无法发展成为自主控制用人和晋升的现代等级制官僚机构。没有自治，宗教法律的机构难以对国家发挥强大制衡。宗教机构与国家相互渗透，国家本身也不能发展成单独的世俗机构。

不管是印度还是穆斯林世界，传统的法治都没能在现代化之后继续幸存，对后者来说尤属悲剧。在 1772 年的印度，以瓦伦·哈斯丁斯（Warren Hastings）为首的东印度公司管辖区，决定将印度的法论用于印度教徒，将伊斯兰教法用于穆斯林，将英国版本的"正义、公平、良心"的法律用于其他案例。[18] 在应用"印度教法"时，英国人误解了法律在印度社会中的作用。他们相信，法论（Dharmasastra）相当于欧洲的教会法，也就是，与世俗法律相对的、纂成法典并统一适用于所有印度教徒的宗教法。如我们所知，欧洲的教会法规发展至今，经历了漫长演变，但印度法律从没有过类似的进化。它与其说是基于文本的法律，倒不如说是一套鲜活衍变的规则，接受班智达的审视，依据语境而用于印度不同区域。[19] 此外，英国统治者还因阅读梵语的能力有限而跌跌撞撞。英国人起初把班智达当作法论专家使用，随着更多梵语文本译成英语，遂改持不信任和回避的态度。班智达的使用到 1864 年完全废除，取而代之的是英国法官，全靠自己来设法解读传统的印度教法。（用于印度穆斯林的伊斯兰教法也遇上同样的中断。）[20] 此时，作为活的传统的印度教法全然崩溃，到了印度共和国方才复兴，但传统的连续性已被腰斩。

285

　　穆斯林的法治传统发生更为彻底的中断。奥斯曼政府像英国人对待印度法律那样改革伊斯兰教法。它从 1869 年到 1876 年编纂了马雅拉法典（Mecelle，又译麦吉拉）。其目标是整顿伊斯兰教法，将之汇集成统一连贯的法典，以期达到 1140 年格拉提安整理基督教法规的效果（编按：参见本书第 18 章）。在这个过程中，他们削弱了乌里玛的传统社会作用。因为与灵活不定的体系相比，在严密编纂的体系中，法官作用完全不同，其重要性下跌。1877 年的奥斯曼宪法将伊斯兰教法降为各种法律之一，剥夺了它赋予政权合法性的作用。接受西方法律训练的法官，逐渐取代传统学者阶层。凯末尔（Kemal Ataturk）和土耳其共和国兴起于第一次世界大战之后，废除伊斯兰王朝，以世俗民族主义取代土耳其国家的伊斯兰基础。[21] 阿拉伯人从不接受马雅拉法典的完全合法性，随着奥斯曼和青年土耳其党人等运动的展开，认同感的分裂日益增强。独立之后，他们发现自己陷于尴尬境地，一边是已简化的传统伊斯兰教法，另一边是殖民者带来的西方法律。

从殖民地走到独立之后，印度和阿拉伯的途径分道扬镳。印度共和国建立了宪法秩序，行政权力接受法律和立法选举的限制。独立后的印度法律一直都其貌不扬——像是现代和传统法律的拼凑物，以讲究程序和慢条斯理而声名狼藉。但它至少是一套法律，除了 20 世纪 70 年代英迪拉·甘地（Indira Gandhi）宣布的短暂紧急状态，印度领袖愿意在它的约束下运作。

阿拉伯世界走上截然不同的道路。英国、法国、意大利的殖民当局，其安插在埃及、利比亚、叙利亚、伊拉克的传统君主，很快被世俗的民族主义军官所取代。后者继而组织强大的中央政府，不受立法机关和法庭的限制。在这些政权当中，乌里玛的传统作用均遭废除，换成来自行政机构的"现代化"法律。唯一例外是沙特阿拉伯，它从没沦为殖民地，维持新原教旨主义（neofundamentalist）的政权，其行政权力受到瓦哈比派（Wahhabi）宗教机构的制衡。很多行政权力高于一切的阿拉伯政权，蜕化成压制性的独裁，无法为国民提供经济增长或人身自由。

法律学者挪亚·费尔德曼（Noah Feldman）认为，21 世纪早期的阿拉伯世界，伊斯兰教重新兴起，人们纷纷要求返回伊斯兰教法，既不满意当代威权政府的无法无天，又在怀念行政权力曾经尊崇法律的旧时代。他声称，回到伊斯兰教法的呼吁，与其说是反拨时钟，倒退回中世纪的伊斯兰教，倒不如说是在祈求政治权力遵守规则的平衡社会。反复诉求"正义"，甚至融入很多伊斯兰政党的名字。这不是在追求社会平等，而是在追求法律面前的人人平等。现代的强大国家，如果没有法治或负责制的制衡，能够成功实施完完全全的暴政。[22]

现代伊斯兰主义者能否建成接受法治制衡的民主政权？这是个很微妙的问题。1979 年革命后，伊朗伊斯兰教共和国的经验差强人意。自从 19 世纪以来，什叶派的伊朗一直拥有组织良好的神职等

286

级制度,胜过逊尼派世界中任何其他组织。它在霍梅尼(Khomeini)阿亚图拉的领导下，夺取伊朗政权，建起真正的神权国家，政府部门都受神职人员的控制。该国发展成为神职的独裁政府，监禁和杀害政治对手，为达目的甘愿徇私枉法。

在理论上，伊朗共和国1979年宪法可以是温和、民主、守法国家的基础。它允许立法机关和总统的选举，但要接受限制。限制来自一名非民选的最高领袖，以及代表上帝的高级神职人员所组成的监督委员会(Guardian Council)。此类安排不一定是"中世纪"或前现代的。马克斯·韦伯认为是现代理性国家典型的德意志帝国(Wilhelmine Germany)，其宪法规定要有民选的立法机关，但受非民选的恺撒的制衡。如果伊朗的最高领袖或监督委员会，把自己当作高级的传统乌里玛，享有类似最高法院的权威，不时宣布民选伊斯兰会议(Majlis)的立法不符伊斯兰教法，那么将之称作新式的伊斯兰教的法治，这还有一点道理。然而，1979年宪法赋予最高领袖的，不仅是司法权，更是实质性的行政权。他控制伊斯兰教革命卫队军团和民兵(Basij)，主动干涉让选举候选人丧失资格，操纵选举以制造有利结局。[23]像俾斯麦(Bismarck)宪法，或模拟它的日本明治宪法，伊朗宪法特地保留部分行政权力，不是给皇帝，而是给神职等级制度。与在日本和德国发生的情形一样，这种行政权力使人堕落，军队因此而加强对知识阶层的控制，恰恰与宪法所规定的相反。

国家建设旨在集权，法治却在一旁掣肘。因此，法治发展将遭遇政治竞争，并受制于特殊参与者的政治利益，如早期英王、雄心勃勃的教皇、要求回到伊斯兰教法的伊斯兰反对派。欧洲法治的基础始建于12世纪，其最终巩固还得有赖数世纪的政治斗争。后来，法治的故事开始与负责制政府兴起的故事水乳交融，因为负责制政府的倡导者不但要求民主选举，还要求行政部门遵守法律。我将在第27章再次讨论这个故事。

287

西欧的法治为何较强

过渡到现代化之前，法治便存在于中世纪的欧洲、中东、印度。这些社会的统治者承认，必须在并非由自己创造的法律下过活。然而，限制他们行为的实际程度，不仅取决于理论上的认可，还要依赖立法和执法的建制化状况。要想让法律对统治者构成更为有效的约束，需要某些特定的条件：它被编纂成权威的文本；法律的内容不由政治当局而由法律专家来确定；最后，法律被有别于政治等级的建制性秩序所保护，拥有自己的资源和任免权。

与中东或印度相比，西欧的法治获得更大程度的建制化。这与其说是宗教思想的缘故，倒不如说是欧洲发展中历史性的偶然情形所致，因为东正教就从未有过类似的发展。一个重要因素是欧洲权力的极端分裂，给了教会极大的机遇。这导致了颇不寻常的情形：法治得以在欧洲社会中生根发芽，不但早于民主和负责制政府的出现，而且早于现代国家的构建。这在建制化法律的方方面面都是昭然若揭的。

编纂

印度的"吠陀本集"口传心授，到后期方才写成文字。明显不同的是一神的犹太教、基督教、伊斯兰教，很早就开始以权威的经典为基础。他们都被称作"圣书上的民族"。但只有在西欧，混乱的文本、法令、解释和评论被梳理成逻辑统一的整体。在穆斯林、印度和东正教的传统中，找不到《查士丁尼法典》和格拉提安的《教会法规》的等同物。

法律专业化

在这一方面，基督教与其他传统基本上大同小异，大家都培养

了解释和执行法律的专家。只是法律教育在先进大学系统中获得的
开发和正规化，西欧要胜过其他地方。

机构自治

　　按照亨廷顿的分类，自治是机构发展的典型特征。在这一方面，
跟其他地方相比，西方法律获得更多进展。世界其他地方都没有类
似格里高利改革和叙任权斗争的经历。其时，整个基督教会机构都
投入与世俗统治者的持久政治冲突，造成势均力敌的僵局。最后的
沃尔姆斯宗教协定，确保教会作为一个机构的自治地位，并大大鼓
励它发展自己的官僚机构和正式规则。

289

　　所以在前现代，与中东、印度和东正教相比，西欧的法治对世
俗统治者的权力实施了更为强大的制衡。就后来自由制度的发展而
言，这个意义重大。

　　欧洲的法治得以存活下来，尽管它的合法性基础在向现代化的
过渡中发生了变化。这是内部有机发展的结果，宗教改革破坏了教
会权威，启蒙运动的世俗思想又腐蚀了当时的宗教信念。基于国王、
民族或人民的新主权思想，开始取代上帝的主权，而变成法律合法
性的基础。许多评论家指出，西方法治比现代民主足足早了数个世
纪，所以 18 世纪的普鲁士可以成为一个法治国家（Rechtsstaat），
在人民主权原则获得承认之前，已在制衡行政权力。到 19 世纪的
晚期，民主思想获得合法性，法律越来越被视为民主社会的正面措
施。此时，法治所造成的习惯已在西方社会深入人心。文明生活与
法律共存的观念、强大自治的法律机构的存在、资本主义繁荣经济
的需求，合在一起加强了法治，尽管其合法性的基础已有变更。

　　我反复强调，一个没有法治的伟大世界文明是中国。中国皇帝
当然有能力实施暴政，如秦始皇以法家的严刑峻法为基础创建大一
统国家。然而，中国历代皇朝并不以严酷统治著称。在有关产权、
征税及为重塑传统社会风俗而行干预的程度上，中国国家遵守明确

的限制。如果这些限制不是来自法律，那源头到底是什么？作为成熟的农业社会，中国如何治理？这是下面两章的主题。

第20章

东方专制主义

> 唐朝之后，现代国家重获巩固；女皇帝武则天的篡位和从
> 中透露出的中国政治制度；天命和政治合法性在王朝中国
> 的确立

在王朝中国，没有皇帝承认法律权威的至高无上，法律只是皇帝自己颁布的制定法。换言之，没有对皇帝权力的司法制衡，遂给暴政留下充分余地。

对中国政治制度而言，这至少提出四个基本问题。第一，缺乏法治给政治带来的影响。西方有悠久的传统，把中国列作"东方专制主义"。这种想法是出于无知、傲慢和欧洲中心主义吗？或者，中国皇帝的确比西欧的君主掌握更大权力？

第二，中国制度中的合法性来自何方？中国历史充满无数起义、篡位、内战和改朝换代的尝试。然而，中国人始终返回平衡，让他们的君主掌控巨大权力，这样做的原因何在？

第三，尽管存在着周期性的皇权专制，中国统治者为何没有尽量行使理论上所享有的权力？虽然没有法律，他们的权力仍有实实在在的制衡；中国历史上有很长时期，皇帝主持稳定和守序的政体，没有肆意侵犯百姓的日常权益。还有很多时期，皇帝确实很弱，无法在刁蛮社会中强制执行规则。在传统中国，究竟什么在设置国家权力的真正极限？

最后，就仁政的性质而言，中国历史为我们提供何种教训？中国人发明了现代国家，但阻止不了国家的重新家族化。中国王朝历史的后续世纪就是一段持久的斗争史，防止这些制度的衰退，抵制权贵为自己和家庭谋求特权的权力家族化。什么力量促进政治衰败，以及它的逆转？

我将尝试在本章解答头两个问题，以下一章解答后两个。但首先得概述一下从唐朝到明朝的中国历史。

唐宋过渡之后的中国现代化

我最后一次讨论中国是在第 9 章。从 3 世纪到 6 世纪，中国经历了三百年的政治衰败。我们追踪它的发展，直到隋唐的重新统一。我提到，秦汉时期就已到位的现代国家制度，遭受严重的崩溃，政府重又家族化。汉朝之后的继承国，多半由贵族家庭掌控，他们将亲戚安插在主要职位，竞相攫取更多权力。重新统一中国的隋唐两朝的创始人，杨坚和李渊，都出自这个阶层。前者来自北周重要的贵族家庭，后者来自中国西北部的李氏望族，曾被封为唐国公。[1]像大部分继承国，隋朝和唐朝早期都操纵在贵族手中，他们官居要职，统帅军队，掌控地方政权。这个精英由北方军事贵族组成，其成员与鲜卑等野蛮血统进行广泛的通婚。605 年重新建立的科举制度，只是敷衍了事，在招纳非精英进入仕途上乏善可陈。[2]

唐朝持续近三百年，但在后期非常不稳定（请看表 2 的朝代排列）。从 7 世纪中期"邪恶"皇后武则天崛起开始，贵族精英杀死很多自己的同伴。到 8 世纪中期，帝国东北边境上的粟特—突厥（Soghdian-Turkish）将军安禄山发动叛乱，唐朝皇帝和太子不得不在深更半夜朝不同方向逃出首都长安。叛乱在八年后终告平息，但帝国中心区域的内战导致了人口的大量损失和经济衰退。帝国再也没有获得全盘恢复，权力流失到愈益自治的边境节度使。中国政治

292

制度始终保持文官政府对军队的控制，但从此时开始像罗马帝国，强悍的将军将辖下的藩镇当作权力基础，追求自己的政治前程。唐朝最终在 10 世纪第一个十年中崩溃于叛乱和内战，北方出现军人掌权的五个短命朝代，南方则看到十个王国你方唱罢我登场。

293

表 2. 后期中国朝代

年份	朝代	创始人／庙号
618	唐	李渊／高祖
907	后梁	朱温
923	后唐	李克用
936	后晋	石敬瑭
947	后汉	刘知远
951	后周	郭威
960	北宋	赵匡胤／太祖
1127	南宋	赵构／高宗
1272	元	忽必烈
1368	明	朱元璋／太祖
1644	清	

尽管有将近五十年的中断，中央国家的合法性在唐朝末年仍然获得广泛的认同，以致将领之一的赵匡胤在 960 年重新统一中国，以太祖皇帝的名号开创宋朝。在很多方面，宋朝在文化思想上是最多产丰饶的朝代。佛教和道教在隋唐两朝广受中国百姓和精英的欢迎，而儒家在北宋期间得到巨大的复兴，夺回不少信徒。宋明理学是一次强大的思想运动，波及邻国的朝鲜和日本，大大影响了整个东亚的思想文化生活。[3]

同时，中国开始承受一系列来自北方部落的入侵，他们得以占领大片领土，最终竟是整个国家。[4]边患始于契丹，它是蒙古边界的一个突厥—蒙古民族，在中国北方建立了庞大的辽国，夺得汉族聚居的燕云十六州。党项人在辽国西边创建了西夏，包括前几朝已受中国控制的边界地区。下一个出现的是来自东北的女真部落（满族的老祖宗），它击溃辽国，并把契丹赶到中亚。（他们向西逃得很远，竟然碰上俄罗斯人。自此，后者把所有中国人都叫作契丹斯基Kitaiskiy。）1127 年，女真人洗劫宋朝首都开封，囚禁刚退位的皇帝和其儿子，迫使宋朝播迁南方，开创南宋朝代。女真人的金国在最旺盛时控制大约中国的三分之一，直到 1234 年败于另一入侵的游牧民族蒙古人。[5] 占领中国北部之后，忽必烈可汗率领的蒙古军向西南发起进攻，一举占领整个中国。1279 年，蒙古军追逐南宋朝廷到广东沿海小岛的崖山。在蒙古军的团团包围下，数千朝臣自悬崖跳入海中自尽 [6]，忽必烈可汗成为新创元朝的第一任皇帝。元朝统治者最终在1368年的民族起义中遭到驱逐，为本土的明朝所取代。

294

春秋战国时期的持久战争激发了愈演愈烈的建国举措，宋朝时的外敌入侵，却没对中国政治秩序发挥类似的作用。尽管有北宋兴起的理学派的辉煌成就，这仍是一段相当令人沮丧的时期，中国朝廷内部的派系斗争，阻止了政权对迫在眉睫的边患作出充分准备。军事压力来自社会发展程度远远低于中国的游牧民族，反而成为骄傲自满的理由。在当时的人类历史节点上，国家层次的社会与组成灵活骑兵的部落民族对峙，并不一定因先进的政治发展而取得决定性的军事优势。如阿拉伯哲学家伊本·赫勒敦所指出的，中国、中东和欧洲，因为邻接中亚辽阔的大草原，而遭遇周而复始的衰落—野蛮人征服—文明复苏。契丹、党项、女真和蒙古一旦征服中国领土后，最终都采用中国制度，走后也没留下重要的政治遗产。只有欧洲先进"野蛮人"前来征服，方才刺激中国政治制度酝酿更为根本的改革。

从隋朝开国的 581 年到 12 世纪的宋朝晚期，中国最普遍的政治发展之一是家族政府的逆转，中央集权得以复原到西汉的古典官僚制。到结束时，中国政府已不再受贵族家庭小圈子的控制，治理国家的是从社会广泛阶层招纳来的士绅精英。官僚作为儒家价值的监护人，其道德节操获得修复，并为 14 世纪明朝的可观政府打下基础。中国人口在这段时期急剧增加，到 1000 年已有五千九百万，到 1300 年更高达一亿。[7] 中国开发南方的大片边境地区后，其领土也扩充到几近今日的版图。在这巨大的疆域上，随着运河和道路的建造，商业和通信获得实质性的增长。尽管疆域辽阔，中国还是发明了中央集权的政治制度，在错综复杂的社会中设定规则，征收税赋。统治如此广阔领土的欧洲国家，还要再等五百年。

中国建立（或重建）较为现代的政治制度，不是在 17 世纪和 18 世纪与西方接触之后，而是在唐宋之间的过渡期，这一见解首先来自第一次世界大战之后的日本新闻记者兼学者的内藤虎次郎（Naito Torajiro），即内藤湖南。[8] 内藤认为，贵族统治在公元 750 年之后的动乱时期遭到席卷。其时，唐朝经历一系列叛乱和战争，非贵族背景的军事强人乘机掌权。宋朝在 960 年当政，皇帝不再受贵族家庭的威胁，形成更为纯粹的中央专制主义。科举制度成为选拔官员更为公开的途径，平民对贵族地主的农奴般的义务终告结束，其地位得到改善。共同的生活模式在全国建成，较少依赖世袭特权，白话文和平易近人的通俗文学和历史话本，逐一取代唐朝高度正规的文体。内藤从中找到与早期现代欧洲的显著平行，其时的欧洲，在强大专制国家的庇护之下，终止封建特权，引进公民平等。[9] 虽然内藤的假设引起很大争议（尤其是他将西方分期法套用在东亚历史上的努力），但他的主要结论中，已有很多获得了晚近学者的认可。[10]

我们现可以返回本章开头的中国政治秩序的四个问题，首先是专制问题，中国的专制是否比其他文明中的更为严峻？

"毒侔蛇虺"的女皇武则天

被后世中国史家称为"毒侔蛇虺"的武曌（624—705），其故事值得在此重提，其意义不只是它可以告诉我们中国政治的性质。

295

女皇武则天是以自己名义统治中国、并建立自己朝代的唯一女子。　296
她的起伏是一部有关阴谋、残忍、恐怖、性、神秘、女人掌权的编
年史。她是极具天赋的政治家，单凭自己的意志和狡猾而获得权力。
儒家意识形态以歧视女子著称，在这样背景之下，她的成就显得格
外刺目。[11]

　　我以前讨论法治时曾提到，它最初往往只适用于精英，而不是
广大的民众，普通大众被认为不算完整意义上的人，不值得法律的
保护。另一方面，在法治不存在的地方，精英成员通常比普通人面
临更多危险，因为在上层赌注更大、权力斗争更激烈。这就是武则
天治下的情形，她向中国的古老贵族家庭撒出恐怖的天罗地网。

　　有些历史学家，尤其是马克思主义的，在武则天的兴起中看到
重大的社会启示。有的认为，她代表了上升的资产阶级；有的说，
她是人民大众的斗士；还有的认为，她发挥了重要作用，把隋和唐
初的家族精英赶走，代之以非贵族官员。尚不清楚，这些理论中哪
一条最终证明是正确的。她自己拥有无懈可击的贵族血统，与隋朝
皇族杨家有渊源。她并没有提携能干的平民，事实上她取消科举考
试数年，为的是在官僚机构安插自己的宠臣。她对唐宋过渡的贡献，
表现在她清洗实际上和受怀疑的贵族对手，大大削弱他们的人数，
使整个贵族阶层变得孱弱，从而为安禄山的叛乱铺平道路。安史之
乱标志唐朝走向末路的开始，促动了中国社会的巨大转型。

　　像中国宫廷的很多其他女人，武曌发迹于当上唐朝第二个皇帝
太宗的低级嫔妃。她父亲是唐朝第一个皇帝高祖的拥护者，后来升
任高职。如上所述，她母亲是隋朝皇室的后裔。据谣传，她与太宗
的儿子高宗甚至在太宗去世之前就已有染。太宗死后，她削发为尼，
搬到佛教寺庵。但新皇帝高宗的王皇后，想转移丈夫对淑妃的宠爱，　297
故意将她带进宫，以观鹬蚌之争。

　　这证明是个致命的大错。高宗皇帝为武曌神魂颠倒，在他漫长
的当政时期，证明自己是软弱的，很易受武曌的迷惑。武曌与皇帝

生得一女，在无儿女的王皇后来访之后，设法让女儿窒息而死。王皇后被控杀死武曌的女儿，与淑妃一起被废成庶人，家人都被放逐到遥远的南方。随之，武曌获得晋升，到 655 年当上皇后，遂下令将王皇后和淑妃截去手足，投入酒瓮。曾支持王皇后、反对武曌为皇后的宫廷官员，包括曾忠实服务于前代皇帝的，或被放逐，或被处死。

很多中国女子躲在当上君王的儿子或丈夫的幕后，却行使实质上的大权，但武皇后决心变成真正的共同皇帝（编按：与高宗一同上朝，临朝听政，合称"二圣"），在公共场合中愈益显示自己的自主权。皇帝为了摆脱她的操纵，曾指责她玩弄巫蛊和妖术。但她当面力争，反而迫使皇帝杀死控告者，并从宫廷中清洗他们的拥护者。她恢复古代仪式，为自己和丈夫加封，震撼宫廷；为了逃避所谋杀的很多对手的鬼魂，她从长安迁都到洛阳。武皇后安排毒死自己身为太子的长子，诬蔑二子阴谋篡夺父位，将他放逐，迫他自杀。她丈夫最终于 683 年去世，她又把继承者（她的三子）中宗从皇位上拖下，处以幽禁。

不出意外，武皇后的兴起导致了 684 年的公开叛乱，叛乱来自身受其害的唐朝贵族家庭。武皇后迅速予以镇压，然后设置间谍和告密者的网络，厚赏检举者，从而对整个贵族阶层实施恐怖统治。她任用酷吏广泛从事现在所谓的"法外扑杀"（extrajudicial killings）。等恐怖发作完毕，她又把矛头指向酷吏头目，把他们也给杀了，这一切为她建立新朝铺平道路。690 年，她改国号为周，298 不再以她男性亲戚的名义，而以自己的名义单独执政。

武则天提倡爱民政策，减轻赋役，削减靡费的公共开支，扶助老弱病贫。她也推动为女子著书立传，延长对母丧的哀悼，封自己母亲为荣国夫人。她确实发动了一场社会革命，杀死大量在朝做官的唐代贵族和儒家学者。但她提拔的，不是有才能的平民干部，而是自己的宠臣和阿谀奉承之人，为此而特别放松相关考试和教育的标准。她统治的末期充斥着神秘主义、众多男宠（往往与她的宗教激情有关）、公开的贪污受贿，对于这些她并未试图加以遏制。几近八十岁的她，最终在政变阴谋中被迫让位；儿子中宗登基，改回唐朝国号。

　　武则天的行为在中国统治者中不算典型，后世的儒家卫道士申斥她是尤其恶劣的统治者。但作为暴君，对政权内的精英进行大肆的恐怖统治，她在中国不是第一个，也不是最后一个。多数的欧洲君主，其行事处世较守规则，但对治下的农民和其他平民，往往更加残酷。

　　武则天的兴起反而给中国女子掌权带来挫折，因为后来的文人学士将她当作女人干政只会坏事的例证。明朝皇帝在宫门上悬挂一块铁牌，告诫自己和继承者，时刻小心后宫女子的阴谋。后者不得不回到幕后，重新操起遥控儿子或丈夫的故技。[12]

天命

　　武则天试图攫取皇位，创建自己的新朝代，这引出中国君主一开始如何取得合法性的问题。托马斯·霍布斯在《利维坦》中认为，主权国家的合法性来自不成文的社会契约；在这份契约中，每个人放弃随心所欲的自由，以保障自己的生命权，否则就会面对"人人相互为敌的战争"。如果我们以"群体"替代"人"，很明显，很多前现代社会的运作就凭借这种社会契约，包括中国。人类愿意放弃大量自由，将相应程度的酌情权力授予皇帝，让他施政，以保障社会和平。他们宁愿这样，而不愿看到历史上一再出现的交战状态。其时，寡头强人一边彼此厮杀，一边尽情剥削自己的臣民。这就是天命的涵义，中国社会将合法性赋予具体的个人和其后裔，让他们享有统治百姓的独裁权力。

　　中国制度使人困惑的，首先不是天命存在与否，所有君主社会中都有类似的东西。它其实是程序问题:觊觎皇位者如何知悉他（在武则天的案例中就是她）已获得天命？一旦得到，其他觊觎皇位者如有机会为何又不来抢走（要知道皇帝享有巨大的权力和财富）？

前现代社会的统治者，其合法性可来自多方面。在狩猎采集和部落的社会，它通常是某种形式的选举的结果，参与的如果不是全体成员，就是主要氏族。或者，部落的长者开会来投票决定谁当领袖。在封建欧洲，某种形式的选举程序一直存活到早期现代。名叫三级会议（Estates General）或议会（Cortes）的机构，聚集起来开会，以批准新朝代的当政。这甚至发生于俄罗斯，1613 年将权力转给罗曼诺夫王朝，为取得合法性而召开了缙绅会议（zemskiy sobor，编按：俄语 зе́мскийсобо́р）。

王朝合法性的其他主要来源是宗教。在基督教欧洲、中东和印度，有强大的宗教机构，既可将合法性赋予统治者，也可将之收回（如格里高利七世与神圣罗马皇帝的较量）。通常，这些宗教机构在政治当局的掌控之下，别无选择，只好确认。但在权力斗争时期，这些宗教权威又可通过授予合法性的能力，而发挥举足轻重的作用。

中国不同于其他文明，因为天命涉及的既不是选举，也不是宗教赋予的合法性。中国没有类似三级会议的机构，可供社会精英开会，以批准新王朝的创始人；也没有宗教等级制度可提供合法性。中国制度中没有超凡的上帝，天命中的"天"，不是犹太教、基督教和伊斯兰教中的神。此外，后三种宗教各有自己明确的书面规则。更确切地说，天命更像"自然"或"大道"，可被打乱，但必须返回平衡。此外，基督教皇或穆斯林哈里发，将合法性赋予国王或苏丹，但中国不同，它没有宗教机构可代表"天"来授"命"。[13]

改朝换代永远涉及合法性，因为新朝代上台往往通过简单的篡政或暴力。天命概念第一次出现于公元前 12 世纪的商周更替，周武王很明显从合法持有人那里夺得王位。在随后四千多年的历史中，中国经历了多次的改朝换代。不但有主要朝代，像秦、汉、唐、宋、明，还有无数小朝代，像汉朝崩溃后的三国，唐朝之后的五代。此外，有时中国分裂成众多区域，各有自己的朝代。

成为王朝创始人不需要社会先决条件。有的是前朝的贵族和高级官员，如隋唐的创始人。也有的是平民，如汉朝的刘邦和明朝的朱元璋。事实上，明朝开国皇帝一开始只是农家孤儿，幸免于饥荒和瘟疫，在佛寺里充任小沙弥，后来成为红巾军的将领。红巾军是一起宗教运动，聚集农民、强盗和投机者向地方当局的不公正提出挑战。自那以后，他在愈益澎湃的反元运动中统领越来越多的军队。元朝末年的中国沦落到一系列地方军阀手中，朱元璋就是其中之一。像很多其他的王朝创始人，在某种意义上，他证明自己是最能干最严厉的军阀，最终攀上顶峰。

在中国，是否胜者为王，败者为寇？天命是否只是军阀权力斗争的事后核准？这在很大程度上是正确的。一点也不奇怪，这个命题已有大批中国文献，如公元 1 世纪班彪的文章，解释为何有些统治者应得天命，而其他的却不值。但很难从这些文章中，提取一整套原则或程序，既能明确解说天命的授予，又不便在事后套在成功者的头上。[14] 个别领袖的统治能否享有"朝代"的称号，往往要等很久才能得到历史学家的确认，从而使当时颇为可疑的政权赢得合法性。历史学家牟复礼（Frederic Mote）指出，默默无闻的北周创始人郭威和十年后创建强大宋朝的赵匡胤，他们都事涉篡位，上台都与背叛和欺骗有关，很难分辨。郭威的北周早早夭折，只因为儿子郭荣在三十八岁意外去世。如果郭荣活得长久，赵匡胤可能只是历史上一名试图搞叛国政变的能干将领。[15]

但皇帝和强悍军阀之间的道德距离还是非常遥远的。前者是合法统治者，他的权力得到大家的自愿服从，后者只是暴力的篡位者。哪些领袖有资格获得天命，哪些没有，中国精英自有一套理念，虽然不能付诸明确的程序规则。儒家的正名思想意味着，皇帝必须遵循理想前任的榜样，还必须拥有马基雅维利所谓的成功君主的美德。

301

显而易见，未来皇帝必须是天生领袖，能激励他人追随自己的权威，敢于冒险以实现自己的目标。最常见的领导能力是指挥军事（武功），所以有很多王朝创始人都是以军事将领起家。但与其他文明相比，中国又比较不重视军事威力。儒家心目中的理想人选，是饱学的士大夫，而非粗野的军阀。觊觎皇位者，如果展示不出对儒家价值的恭敬和自身的教养素质（文治），便招揽不到宫廷内外各式派别的支持。牟复礼把明朝创始人朱元璋和他的竞争对手张士诚对照起来：

302

> 张士诚当过走私犯和强盗，在潜在的精英顾问和政治伙伴眼中，成了他的先天不足。很难在他的痞子经历中找到将会有大造化的证据……其早期谋士在他身上开了一个文人玩笑，朱元璋对此津津乐道。那些早期谋士给他和他兄弟换上雅致的大名，选了"士诚"二字，但没告诉他，《孟子》中有一名句，也包含依次出现的这两个字。但只要移动一下句读，该名句便变成："士诚，小人也"。这一巧妙的蔑视让朱元璋哈哈大笑，直到有一天他怀疑，身边的文人顾问也有可能在用同样的妙计诋毁自己。[16]

中国的社会精英没有投票批准新朝代，但在潜在统治者的权力斗争中，仍发挥重要的幕后影响。天命并不总是授给最残忍最暴虐的军阀，虽然这样的人不时在中国上台执政。

很多像武后那样的觊觎皇位者，安排参与使自己获得君王权威的仪式——选择自己的庙号和朝代开始的年号——但很快垮台。中国制度能在建制化上做得特别讲究。一旦呈现某人拥有天命的社会共识，其合法性通常不会受到挑战，除非出现异常。在这一方面，中国的政治制度远比周遭的部落社会先进。

皇帝收到天命后，其权力实际上是无限的。然而，中国皇帝很少充分行使他们的权力。暴政永远可能，但往往不是现实。其何以如此，将是下一章的主题。

第21章
"坐寇"

所有国家都是掠夺性的吗？能否给明朝的中国贴上如此标签；中国历史后期的独断专行；没有对行政权力的制衡，能否维持清廉政府

经济学家曼瑟尔·奥尔森在一篇颇有影响的文章中，提出政治发展的一个简单模式。[1]世界最初落在"流寇"（roving bandit）的手中，像20世纪早期中国的军阀混战，或21世纪初在阿富汗和索马里的军阀割据。这些强盗纯粹是掠夺性的，经常在短时间向居民榨取尽可能多的资源，以便移往他处，寻找其他受害者。到一定时刻，其中一员变得鹤立鸡群，掌控整个社会："这些暴力企业家当然不会自称为强盗，恰恰相反，他们会给自己和后裔冠上高贵的名号，有时甚至宣称享有神授君权。"换言之，自称合法统治的国王只不过是"坐寇"（stationary bandit），其动机与他所取代的流寇，没有什么差异。坐寇知道，如果不做短期的掠夺，反而向社会提供稳定、秩序和其他公共服务，让它在长远时期变得更加富饶，更能承担税赋，自己也就得到更多的收获。对受统治者而言，与流寇相比，这是一大进步。"流寇定居下来，向百姓提供政府服务，这出自他的理性自私。这理性自私将使他从社会中榨取最大化的资源，以供自己的享用。他将使用垄断的强制权力，攫取最大化的税赋和其他勒索。"

奥尔森继续指出，坐寇的最大化税率可与微观经济中的垄断价 304
格媲美。如果实际税率超过这个限制，将打消生产动机，从而导致
总税收的下跌。奥尔森认为，专制统治者不可避免总是制订最大化
税率，而民主政权总是制订比专制政权更低的税率，因为它们必须
求助于承担主要税责的"中间选民"（median voter）。

统治者就是坐寇，从社会中榨取最大值的税赋，除非在政治上
受到阻止。奥尔森解说政府如何运作的这一概念，虽然愤世嫉俗，
却讨人喜欢。这符合经济学家的努力，他们试图将理性的功利最大
化行为模型推进政治领域，把政治看作经济的衍生物。这非常吻合
美国政治文化的反中央集权的传统，后者对政府和征税始终保持怀
疑态度。这还为政治经济学和政治发展理论，提供了预言性的漂亮
模式，近年来得到了其他社会学家的极大扩展。[2]

但奥尔森理论是不正确的。传统农业社会的统治者，经常无法
使用奥尔森的最大化税率向臣民征税。要回到一个不完全货币化的
社会，凭借残缺不齐的历史税收数据，估算出当年的最大化税率，
当然非常困难。但我们知道，前现代统治者经常增税，以满足像战
争等的特定需求，待到紧急状态结束时再予以减税。仅在特定时期，
统治者才会把社会逼上适得其反的绝境，这通常发生于朝代末期，
以救燃眉之急。正常年代，他们向社会的征税一定远远低于最大值。

奥尔森模式的欠缺，最佳例证就是明朝中国。广泛的共识认为，
当时的税率远远低于理论上的最大值，甚至低于最基本服务所必需
的水平，譬如保障社会生存的国防。在明朝中国发生的，同样也会
在其他农业社会发生，如奥斯曼帝国和欧洲的君主政体。这还可成
为其他理论的组件，以解释传统政权为何很少采用最大化税率。[3] 305

皇帝并没行使理论上的权力，不单表现在征税上。武则天式的
专制只是偶见，并不是持续现象。很多中国统治者对治下的百姓，
表露出可被称为仁慈或忍让的态度，或儒家所谓的"仁"。中国有
悠久的抗税历史，儒家的传统更认为，重赋代表了国家的道德缺陷。

《诗经》就有如下的诗歌：

> 硕鼠硕鼠，无食我黍！三岁贯女，莫我肯顾。
>
> 逝将去女，适彼乐土。乐土乐土，爰得我所。[4]

　　明朝皇帝在权力上受到的约束并不来自法律。如我们在武则天的例子中所看到的，中国统治者不像欧洲统治者，如要增税，无须征求高等法院或议会的同意。他们不但可以颁发行政命令，任意调整税率，甚至可以随意没收他人财产。早期现代的法国和西班牙"绝对"君主，遇上强大精英时必须小心翼翼（参看第 23 章和第 24 章）。相比之下，明朝开国皇帝太祖，一下子就没收了全国最大几个地主的地产。据说，他清算了"无数"富裕家庭，尤其是在长江三角洲，因为他相信那里有特别顽固的反抗。[5]

　　对中国权力的真正约束大体有三种。第一，缺乏诱因来设置庞大的行政机关以执行命令，尤其是征收较高的税赋。明初，中国已是大国，其人口在 1368 年超过六千万，到 17 世纪末更增至一亿三千八百万。[6] 在这样辽阔的领土上征税并不容易。在 14 世纪，货币流通很少，每个居民要缴的基本农业税都是实物[7]，通常是谷物，也可能是丝、棉花、木材和其他货物。当时没有综合的货币制度，以记录这些税赋，或将之转换成共同的计量单位。很多税赋归当地消耗（纳入预算），其余的运到逐级而升的粮仓，最终抵达首都（先在南京，后在北京）。纳税人承担的运输费用，往往超过所运货物的价值。地方和中央的收入和预算不做分门别类。有学者将之比作老式的电话接线板，电线来自各方，再插入各方，复杂得像一团乱麻。[8] 户部人手不足，根本无法控制或理解这个制度。作为土地税基础的土地清查，实施于朝代早期，但并不齐全，之后又没有更新。人口增长、所有权变更、地理变化（洪水淹没或开辟荒地），很快使人口登记册过时。像其他民族，中国人也非常擅长于隐藏资产，并策

306

划掩饰收入的计谋。[9]

皇帝征税和没收的无限权力常常是闲置的。它的使用多在朝代初期，皇帝正在巩固权力，与早先的对手一一算账。但随着时间的推移，宫廷经常需要那些精英的合作，便在早先没收财产的地区实施显著较低的税率。

第二，缺乏行政能力所限制的只是供应方面，而不同的皇帝也有自己不同的税收需求。奥尔森假定，任何统治者都想获得税收最大化。这反映了现代经济学的普通假设：最大化是人类行为的共同特征。但这是时代倒错，将现代价值向历史投射，当时社会并不一定同享这种价值。明朝开国的太祖皇帝是一名非常节俭的独裁者，他削减中央政府，避免涉外战争，粮仓实际上常有盈余。他的继承者明成祖朱棣（1360—1424）则截然不同，启动了雄心勃勃的营造运河和宫殿的大工程。明成祖也资助宦官将领郑和（1371—1435）下西洋，其巨型舰队抵达非洲，甚至可能更远。其政府开支是太祖时的两至三倍，额外税赋和徭役都有相应提高，引发了抗税起义和普遍不满。结果，第三任皇帝和后续继承者只好降低税率，向太祖时的水平靠拢，还向受触犯的士绅阶层作出其他政治让步。[10]明朝的大部分时期，土地税定在总产量的 5%，远远低于其他农业社会。[11]

中国君主一点也不逊于其他前现代社会的统治者，却往往展示出经济学家赫伯特·西蒙（Herbert Simon，中文名司马贺）所谓的"适可而止"（satisficing）行为，而不是最大化行为。[12]也就是说，如果没有如战争所引起的急需，他们经常满足于让睡着的狗继续躺着，仅仅征收应付正常需要的税赋。[13]下定决心的皇帝可能追求最大化税收，如明成祖，但所有专制政治领袖都会自动追求最大化的想法，显然不是真实的。

对皇帝权力的第三种限制不在征税和财政，而是权威的转授（delegation）。所有大型机构，无论是政府还是私人公司，都必须转授权威。这样做时，位居行政等级顶端的"领袖"，便会对机构失去相当程度的控制。转授的权威可以给功能专家，如预算官员或军队后勤，也可以给省、州、市和地方当局。这种权威转授是不可或缺的，因为统治者从来没有足够的时间或知识作出国内所有的重要决定。

权威转授的背后是权力转授。代理人以专门知识向委托人行使反制的权威。它可能是管理特殊部门的技术知识，也可能是某地区特别情形的本地知识。因此，像赫伯特·西蒙那样的组织专家认为，大型官僚机构中的权威不是一味从高到低，有时竟往往是反方向的。[14]

308

像现代的总统和首相，中国皇帝也遇上这类难题，官僚机构要么反应迟钝，要么蓄意违抗。尚书们或者反对皇帝的提议，或者悄悄地阳奉阴违。当然，中国统治者享有现代主管所没有的手段：他可以廷杖各级官员的赤裸屁股，或随便判以监禁和处决。[15]但这种强制方案，并没解决委托人和代理人之间潜在的信息问题。官僚经常不执行领袖的意愿，因为他们比较了解帝国的实际情形——并可欺上瞒下。

像中国那样的大国，其治理必须转授权力，必须依赖地方政府。不过，地方政府会滥用职权，腐化堕落，甚至共谋以反中央。正规的行政机构不足以对付此类问题。命令自上而下层层传达，但信息不一定回馈上去。如果他根本不知道滥权的发生，最独裁的皇帝也不会去惩治恣意妄为的官员。

君主权力的局限，曾在"封建制"和"郡县制"孰是孰非的标题下，在前现代中国受到讨论。这里的封建与欧洲封建主义的复杂内涵毫不相干，只表示权力的分散，而郡县制的地方官员都是中央指派的。根据明朝学者顾炎武（1613—1682）：

> 封建之失，其专在下；郡县之失，其专在上。古之圣人，以公心待天下之人，胙之土而分之国。今之君人者，尽四海之

内为我郡县犹不足也。人人而疑之，事事而制之，科条文簿日
多于一日。而又设之监司，设之督抚，以为如此，守令不得以
残害其民矣。不知有司之官，凛凛焉救过之不给，以得代为幸，
而无肯为其民兴一日之利者。[16]

为了应付反应迟钝的行政机构，中国统治者的典型对策是设置
间谍和告密者的平行网络，完全脱离正式政府，只是重叠在其上。
这显示宦官所扮演的重要作用。不像普通官僚，宦官可以直访皇帝
居所，通常获得比政府官员更大的信任。皇宫因此派他们外出，或
刺探情报，或惩罚正式官僚。到明末，皇宫估计有十万宦官。[17] 从
1420 年开始，他们组织成奥威尔式（Orwellian）的秘密警察，全
名叫东缉事厂，受东厂掌印宦官的管辖，在朝代晚期演变成"极权
恐怖主义的机关"。[18] 但皇帝又发现，他也控制不了宦官。尽管有内
正司（编按：明代负责惩处违纪太监的专门机构），他们还是自订政策，
上演政变，共谋反对皇帝。[19] 中国政治制度没有任何政治负责制的
机制——没有地方选举或独立媒体，以保证官员的诚信。因此，皇
帝不得不将一套自上而下的中央控制系统，叠放在另一套之上。虽
然如此，他仍然无法取得对国家的严密控制。

明朝不愿和不能征收它所需要的税赋，最终导致它的倒塌。明
朝统治的头两个世纪，中国基本上没有外患威胁。到 16 世纪末，
安全情形急剧恶化。日本海盗开始突袭富庶的东南海岸，幕府将军
丰臣秀吉在 1592 年侵犯朝鲜。同年，内蒙古发生战争，南方的土
著也纷纷起义。最为严峻的是北方的后金，它变得更加强悍，组织
得更加严密，已在东北边境频作骚扰。

政府对危机的回应完全无力。面临攀升的开支，它耗尽银子储
备，但仍然拒绝向士绅阶层增税，最终坐失良机。虽然军事威胁变
得愈益明显，累计欠税在 17 世纪最初几十年仍持续上升。皇帝甚
至几次颁布税赋大赦，在征收欠税上显然认输。戍边军队早先组织

成自给自足的军事屯垦区，现再也无法支撑，必须仰赖中央政府长途运来的给养。政府没能组织妥善的押运制度，因此做不到准时支付军饷。朝廷步履蹒跚，勉强维持到 1644 年。其时，北京政府因李自成的汉族起义军的打击而愈益衰弱，最终毁于获得明军降将帮助的满洲军队。

好政府，坏政府

20 世纪之前，明朝是统治中国的最后一个本土政权，其传统政治制度已发展到登峰造极的地步。它的机构现在看来是非常现代和有效的，但其他方面却落后和失灵得难以置信。

首先是帝国的官僚选拔制度。科举制度的根源可追溯到汉朝，但在隋、唐、宋初，出仕人选仍局限于精英家庭的小圈子。到了明朝，科举制度才成为进入政府的主要途径，赢得了威望和自主，使之成为所有后世科举制度的榜样。

科举制度与更广泛的教育机构相连。全国各地都有儒家学校，接受望子成龙的父母送来的孩子。最好的学生由老师推荐去南京和北京的国子监深造，将来参加科举考试。（推荐不争气学生的老师要受罚。此法现代大学可以借鉴，用以抵制贬值的分数。）精英家庭仍有可能以"例监"的名义，将自己的孩子送进去。但这些靠捐纳取得资格的监生（类似于当代哈佛和耶鲁的遗产特选生，即富裕校友的孩子），很少抵达官僚机构的最高层，那里仍然严格要求选贤与能。[20] 最高荣誉属于连中三元者，即在三级考试中都获第一名：省的乡试、京城的会试、宫廷的殿试。在明朝历史中，完成此一壮举的仅商辂一人。他在官僚机构中级级高升，到 15 世纪晚期成为谨身殿大学士。[21]

中国的官僚机构树立了一个模版，几乎所有现代的官僚机构都是它的复制品。它有中央集权的委任和晋升制度，各等官职从顶端

311

的一品到底部的九品（很像美国政府的文官序列表），每一品又分正从两级，所以，官职提升可从正六品到从五品。经科举而入仕的官员，会被派到全国各地担任低层官职，但不得在自己家乡。如果亲戚碰巧分配在同一衙署，年少的通常必须引退。三年之后，官员得到部门主管的评估，再直接上报吏部。不鼓励官僚的水平调动。经受住这个制度淘汰、并被提升到顶端的官员，往往是才华特别出众的。[22]

然而，这些才干优长、组织良好的官员在为一位独裁者服务。他无须遵守任何规则，大笔一挥便可否决仔细谋划出来的政策。他们面对皇帝变化无常的处罚和清洗，只有很少高官得以结束自己的任期，而没有受到羞辱。最坏的决策出自开国的太祖皇帝，他对自己的丞相产生怀疑，不但废除丞相制，而且规定"以后嗣君，勿得议置丞相，臣下此请者，置之重典"。这意味着，后代皇帝不能有相当于总理的助手，只好亲自与掌管实际工作的数十部门打交道。这个制度在精力充沛、巨细无遗的明太祖手中，尚能勉强运转；在能力较差的后代统治者手中，简直就是一场灾难。十天内，太祖必须应答 1 660 本奏章，处理 3 391 件不同事项。[23]可以想象，继任者对太祖所规定的工作量的愤慨。

很多后代皇帝不胜其任。传统上认为，明神宗（万历皇帝）是最不堪者之一。他自 1572 年到 1620 年的漫长统治，正好对应着明朝的式微。[24]在位的后半期，他干脆拒绝与尚书们见面和主持朝廷。数千份奏折留中不发，在宫廷里堆积如山，既不看也不予答复。事实上，他一连数年不出宫殿，其间重要的政府决策都无法制定。他也非常贪心，挪用国家财政来支付私人费用，例如建造壮观的定陵。17 世纪早期的军事危机中，国家储备仅剩二十七万两银子，他自己名下却累积两百多万两。不顾户部尚书的屡屡请求，他仍拒绝发放足够的帑银来支付军饷。[25]他的行动直接导致了最终摧毁明朝的满族力量的增长。

"坏皇帝"的问题

我们所讨论的政治发展三大组件中——国家建设、法治、负责制——中国在历史早期就获得了第一件。在某种意义上说,中国人发明了好政府。他们设计的行政机构是理性的,按照功能而组织起来,以非人格化标准进行招聘和晋升,这绝对是世界第一。也许因为中国社会如此重视家庭,国家建设者认定,他们的特别任务就是在政府中杜绝腐败根源的家族或裙带的影响。

在战国时期的战争洪炉中建立如此制度是一回事,要在后续两千年中维持下去是另外一回事。早已获得现代性的官僚机构,在国家崩溃或遭受贵族家庭的瓜分时,又变成衰败和家族制复辟的牺牲品。国家衰退在数世纪内逐渐发生,再要恢复到当初秦汉创建者的设计,也要花费数世纪。到了明朝,古典制度在很多方面获得完善。它更加任人唯才,所控制的社会比汉朝的更为庞大,更为复杂。

在其他方面,中国政治制度又是落后的。它从没创立法治和政治负责制的机制。国家之外的社会像以前一样,与欧洲或印度相比,组织得更为松散,很难采取政治行动。没有拥有土地的独立贵族,也没有独立城市。四下分散的士绅和农民,只可被动地抵制政府命令,不时爆发激烈的起义,又遭到残酷的镇压。他们从来没有像斯堪的纳维亚农民所做的那样,组织成集团向国家争取权利。随着佛教和道教的流传,独立的宗教团体在隋唐时期蓬勃兴起。在中国历史的不同时期,这些宗教团体发挥反国家的作用,从红巾军到太平天国。但宗教始终只是小宗派现象,在正统儒家当局的眼中是可疑对象,从没能代表强大的社会共识,也不能以法律监护人的资格来限制国家权力。

中国王朝的重大遗产是高品质的威权政府。世界上几乎所有成功的威权现代化者,包括韩国、新加坡,现代中国大陆、台湾地区,都是分享中国共同文化遗产的东亚国家,这不是偶然现象。很难在非洲、拉丁美洲或中东，找到像新加坡的李光耀或韩国的朴正熙那样素质的威权统治者。

但明朝和中国其他历史时期的经验，提出一个令人不安的问题：在没有法治或负责制的情况下，良好统治能否长久。如遇坚强能干的皇帝，该制度卓有成效，雷厉风行，简直令人难以置信。如遇变化无常或庸碌无能的君主，他们大权独揽，经常破坏行政制度的效率。武则天清洗官僚机构，安插自己不合格的追随者；明太祖废除丞相制，让继任者束缚于这一困境；明神宗完全不理政事，导致政府瘫痪。中国人视之为"坏皇帝"问题。 314

中国制度中确有一种负责制。皇帝接受教育，深感对人民的责任。他们中的优秀者，尽量回应人民的需求和抱怨。尽责的统治者还经常以人民名义惩戒手下官员，并依靠宦官网络来刺探谁在做好事，谁在做坏事。但制度中唯一正式的负责制是向上的，即对皇帝负责。地方官员必须担忧，宫廷如何看待他们的表现，但绝对不会在意普通老百姓的意见，因为后者无法依赖司法或选举的程序来反对自己。对普通中国人而言，遇上昏官的唯一求援是上诉，希望皇帝有可能获悉。即使是好皇帝，在如此辽阔的帝国中，要想得到他的注意简直是缘木求鱼。

……

然而，法治和政治负责制在中国是不存在的。滥权的绝大多数，并不来自暴政的中央政府，而是来自散布四方的各级地方官员。他们狼狈为奸，或偷窃农民的土地，或接受商人的贿赂，或漠视环保和安全的规则，或遵循历来地方官员所从事的。如有灾难发生，例如地震披露的豆腐渣学校工程和管理不善的公司的奶粉污染，中国人的唯一求援就是向中央政府上诉。而中央政府则不一定作答。有时，它会对犯法官员采取严厉措施，但在其他时候，它自己太忙，或心不在焉，或要应付更为紧要的事务。 315

法治和政治负责制本身很好，但有时会搅乱卓有成效政府的运作，如印度国家由于诉讼和公众抗议，而无法作出基建项目的决策；或美国国会由于说客和利益团体，而不愿面对像社会福利这样的紧迫问题。

但在其他时候，为维护卓有成效的政府，法治和负责制又属必不可少。在适当条件下，强大的威权制度可以建立非常有效的政府。政治制度要能承受外部条件的变化，以及内部领袖的变更。法治和负责制制衡国家权力，从而减少政府表现的参差不齐。它们约束最好的政府，但也防止坏政府的失控。相比之下，中国人从未能解决坏皇帝的问题。

光有制度还不够

传统中国为何发展不出本土的资本主义？这引起了广泛争论，包括马克斯·韦伯的《中国的宗教：儒教与道教》和李约瑟（Joseph Needham）的巨著《中国的科学与文明》。本卷目的不是为了参与争论，只是想解说，遏制资本主义在中国发展的大概不是由于良好制度的缺席。

现被认为与现代经济发展休戚相关的制度，明朝中国已拥有大部。它有强大和组织良好的国家，可提供稳定性和可预测性。卖官鬻爵和其他公开的腐败虽然存在，但不像 17 世纪的法国和西班牙（参看 23 章和 24 章）那么猖獗。[26]暴力处于控制之中，与很多当代发展中国家相比，中国实现了文官政府对军队的高度控制。其弱点当然是法治的缺乏，产权因此而受害于政府的朝令夕改。如我在第 17 章中所争论的，对经济增长而言，宪政意义上的法治并不是必须的。虽然土地不时被征用，尤其是在朝代初期，但国家得以维持几十年"足够好"的产权，在农村的征税也尤其偏低。今天的中华人民共和国，也有足够好的产权，以支持异乎寻常的经济增长。[27]

当然，明朝中国奉行经济上不理性的政策，严格控制商人和贸易。它对食盐生产的垄断将价格人为提高，像法国和奥斯曼帝国一样，导致大量走私和腐败。对发展来说，政策远远没有制度那么重要，朝令可以夕改，而制度的建立则艰难得多。

中国所缺乏的，恰恰是经济学家假设为人类共同特征的利益最大化精神。明朝中国的各行各业，都沉浸在巨大的满足之中。皇帝觉得没有必要收取力所能及的税赋，其他种类的革新和变更也都不值一试。下西洋总兵正使郑和远航印度洋时，发现了全新的贸易通道和文明社会，但没有激起好奇心，也没有后续的远航。下一个皇帝为了节约而削减海军预算，中国的大发现时代（Age of Discovery）刚刚开始，便告结束。同样，名叫苏颂的宋朝科学家发明了世界上第一座机械时钟，由水轮推动庞大多层的齿轮系统，因女真人攻陷首都开封而遭遗弃。时钟的部件散落各地，如何制作，乃至它的曾经存在，经过几代人就湮没无闻了。[28]

阻碍明清中国取得经济增长的因素，今天已不复存在。早期西方评论家认为拖中国后腿的文化缺陷，现也不再是原因。20世纪初，大家都嘲笑儒家理想中的士绅学者，留长指甲，除了当官，拒绝做任何其他工作，成为现代化的障碍。这一独有的士绅理想已在20世纪消失，但重视教育和私人进取的文化遗产仍然生龙活虎，非常有利于中国的经济增长。它体现在全世界无数中国母亲身上，省吃俭用，把孩子送到最好的学校，敦促他们在标准化考试中出人头地。导致明成祖的继任者取消远航的自满，已被异乎寻常的强烈意愿所取代，中国领导人渴望学习外国经验，如果合适便加以采用。首创门户开放的政治家邓小平说，"不管黑猫白猫，捉住老鼠就是好猫"。中国在前一世纪全球经济比赛中表现得如此糟糕，现在又如此杰出。较为信服的解释是它对科学、知识和革新的态度，而不是它的政治制度的根本缺陷。

第四部分

负责制政府

第22章

政治负责制的兴起

何谓政治负责制；欧洲建国的迟到反成自由的来源；辉格
史观错在何处；比较各国才能理解政治发展；欧洲五种不
同的结果

负责制政府意味着，统治者相信自己应对治下的民众负责，应
将民众利益置于自身利益之上。

负责制可以多种方式获得，如道德教育，这是中国和受儒家影
响国家所奉行的。君主接受教育，深感对社会的责任，并从老练通
达的幕僚那里，接受经邦纬国的咨询。今天，统治者自称关心民众，
但又不受法治或选举在程序上的限制，如此的政治制度，西方人士
往往嗤之以鼻。但道德负责制在威权社会中仍有实际意义，约旦哈
希姆王国与萨达姆·侯赛因治下的伊拉克复兴党（Ba'athist）政权
形成明显的对照。它们都不是民主政体，但后者实施残酷和无孔不
入的专政，主要为萨达姆亲朋好友的利益服务。相比之下，除了权
力极其有限的议会，约旦国王无须对人民负责，但还在尽量满足约
旦社会各团体的需求。

正式的负责制只是程序上的：政府愿意屈服于限制其随心所欲
的机制。归根结蒂，这些程序（通常在宪法中得到详细说明）允许
社会公民因政府渎职、无能或滥权而将之完全取代。今天，程序上
负责制的主要形式是选举，其中最好的是成人普选的多党选举。但

程序上的负责制并不局限于选举。在英国，对负责制政府的早期要求是以法律名义，公民相信国王也应服从法律。其中最重要的是普通法，基本上是由非民选法官所塑造，再加上非普选议会所制订的。所以，最早形式的政治负责制，其对象不是全体人民，而只是代表社会共识的传统法律，以及寡头的立法机关。我在此使用"负责制"，而不用"民主"，道理就在这里。

久而久之，民主渐渐发生。选举权逐一抵达更为广泛的阶层，包括无产男子、女子、少数种族、少数民族。此外愈来愈明显，法律不再依据宗教，而要求得到民主的批准，即使其执行仍留给专业法官。在英国、美国和西欧，程序上负责制的完全民主化，一直要等到 20 世纪。

姗姗来迟的欧洲建国

早期现代时期，欧洲国家建设者方才投入等同于中国和土耳其的工程——建造强大的中央国家，在全国领土上实施统一的行政管理，并宣称主权。这些努力开始得很晚，始于 15 世纪末，成于 17 世纪末。国家主权的理论来自学者的笔尖，如格劳秀斯（Hugo Grotius）和霍布斯。他们主张，真正享有主权的不是上帝，而是国王。

总的来说，欧洲君主在此项工程中遇上更大阻力，与中国或土耳其相比，欧洲社会中其他政治参与者组织得更为严密。国家建设继续进行，但经常遭遇有组织的反抗，迫使统治者寻找同盟以求折中。地主贵族早已根深蒂固，坚守在固若金汤的城堡，拥有独立的收入和军队。中国贵族从未获得如此的独立；如我们所知，奥斯曼帝国从不允许此种贵族阶层诞生。国家建设广泛开展时，西欧涌现了资本主义经济的元素。商人和早期制造商创造大量财富，不受国家的控制。自治城市愈益成熟，尤其在西欧，还依据自己的规则来组织自己的民兵。

323

欧洲法律的早期发展在限制国家权力上发挥重要作用。君主经常侵占百姓的产权，但漠视法律依据而随意没收私人财产的却很少。因此，他们并不享受无限的征税权力，为了资助战争还要向银行家借钱。就任意的逮捕或处决而言，欧洲贵族享有更多的人身安全。除了俄罗斯，欧洲君主也避免在自己社会中向精英发动赤裸裸的恐怖和威胁。

欧洲国家建设的迟到，恰恰是欧洲人后来享受的政治自由的来源。早熟形成的国家，如果缺乏法治和负责制，能对百姓实施更为有效的暴政。物质条件和技术的每一项进步，落在不受制衡的国家手中，便意味国家更有能力为自身目的而严格控制社会。

向平等进军

托克维尔（Alexis de Tocqueville）在《论美国的民主》中开门见山：过去八百年中，人人平等的思想在世界各地得到认可，这一事实是天赐的（providential）。[1] 贵族的合法性——有人生来就高贵——不再是理所当然。没有奴隶的改变意识和寻求承认，主子和奴隶之间的关系就无法颠倒过来。这一思想革命有很多来源。所有的人，尽管在自然和社会的层次有明显差异，但在尊严和价值上却是平等的。这个概念是基督教的，但在中世纪教会的眼中，其实现并不在今生今世。宗教改革，加上印刷机的发明，赋予个人阅读圣经和追求信仰的权利，不再需要像教会那样的中介。始于中世纪晚期和文艺复兴时期，欧洲人已开始质疑既存权威，现在这种质疑得到进一步的加强。那时，人们开始重新学习古典文献。现代自然科学——从大量实证数据中提炼普遍规则，通过可控试验来测试因果理论——树立了新式权威，很快在各大学中获得建制化。它所孵化的科学和技术，可供统治者利用，但不受控制。

奴隶日益意识到自己的价值而变得理直气壮，这种转变表现在

324

政治上，就是追求自己的政治权利。换言之，他们要求分享共同决策权。该权利曾存在于部落社会，只因国家兴起而湮灭。这项追求导致了社会团体的大动员，像资产阶级、农民和法国大革命中的城市"群众"，曾经都是治下的消极老百姓。

这项追求寓于普世的字眼之中，对现代负责制政府的兴起至关重要——如托马斯·杰斐逊在美国《独立宣言》中所宣告的，它是基于"人人生而平等"的前提。纵观人类历史的先前阶段，不同个人和团体为获得承认而斗争，但其寻求的承认是为他们自己、他们的亲戚团体和社会阶层；他们试图自己成为主人，而从不质疑主子和奴隶的关系。对普遍权利的新式理解显示，接踵而至的政治革命，不再以新的狭窄精英团体去替换旧的，而在为全体人口逐渐获得选举权而铺平道路。

思想变化的累积效果是极其巨大的。法国有中世纪机构三级会议，如有国家大事，可召集全国代表来开会作出决定。1614 年，玛丽·德·美第奇（Marie de Medicis）摄政王召开的三级会议，对腐败和税赋频发牢骚，怨声载道，但最终还是接受皇家的权威。到 1789 年，由于启蒙和人权思想的影响，它的再次召开遂激发法国大革命。[2]

如果没有权力和利益的潜在平衡，使参与者认为它是糟糕选择中最好的，单凭思想观念，还不足以建成稳定的自由民主政体。强大国家既执行法律，又受法律和立法机关的制衡，这种奇迹全靠社会上不同的政治参与者彼此之间维持大致的均势。他们当中，谁也不是龙头老大，便不得不达成妥协。我们所理解的现代立宪政体，就是这些不受欢迎、计划之外的妥协的结果。

自共产主义倒塌和亨廷顿的第三波民主化以来，我们目睹了这种动态。第三波始于西班牙、葡萄牙和土耳其在 20 世纪 70 年代的民主过渡；到 70 年代和 80 年代，再转移至拉丁美洲和东亚；随着 1989 年后东欧共产主义的倒塌而抵达顶峰。民主政体是最为合法的，甚至是唯一合法的，这种思想已传遍世界每一个角落。民主宪法在非洲、亚洲、拉丁美洲和前共产主义世界获得重订，或首次制订。但稳定的自由民主政体，仅占参与民主过渡国家的一部分，因为社会力量的对比，未能迫使不同参与者达成宪政上的妥协。这个或那个参与者——通常是继承了行政权威的——总会比其他参与者更为强大，并以他人为代价扩充自己的势力。

支持现代民主的启蒙思想在欧洲广泛传播，一直抵达俄罗斯。各国接受程度则有显著的差别，取决于不同政治参与者对自身利益所受影响的估量。要了解负责制政府的出现，必须了解欧洲各地既存的政治力量，有些提倡负责制，另一些并不反对专制主义的抬头。

仅了解一个国家等于不懂国家

326

我谈论欧洲时，好像它是与中国或中东作比的单独社会，但在事实上，它拥有政治发展的多种模式。现代宪政民主的故事经常基于胜利者的观点，即老是依据英国和其殖民衍生品美国的经验。在所谓的"辉格史观"（Whig history）中，自由、繁荣和代议政府的同步成长，被视为人类制度无可阻挡的进步，其始于希腊民主和罗马法律，铭记于大宪章，虽受到斯图亚特王朝的威胁，但在英国内战和光荣革命期间，获得了捍卫和昭雪。这些制度通过英国在北美的殖民地，再输给世界各国。[3]

辉格史观的问题，不是指它的基本结论是错的。实际上，强调征税在驱动负责制政府出现上的首要作用，大体是正确的。问题在于，像所有仅从单一国家历史出发所作的论证一样，它不能解释议会制度为何出现于英国，而缺席于情形相近的其他欧洲国家。这种史观经常导致评论家断定，已然发生的事必然发生，因为他们不清楚导致特别结果的复杂背景关联。

举例说明，在兰尼米德七年之后的1222年，皇家侍从阶层

迫使匈牙利国王安德鲁二世（Andrew Ⅱ）签署让步的金玺诏书
（Golden Bull），被誉为东欧的大宪章。该诏书保护精英免受国王的
随心所欲，如果国王违诺，主教和议会要员享有抵制权利。但这诏
书从没成为匈牙利自由的基础。这部早期宪法在限制匈牙利国王权
力上颇为有效，实际统治权竟而落到了不愿自律的贵族阶层手中。
该宪法并没开发新政治制度，以立法机关来制衡行政权力，反而阻
碍了强大中央政府的出现，以致国家无法抵抗外来侵略。国王也无
法保护国内农民免遭寡头的贪得无厌。到了 1526 年的莫哈奇战役，
匈牙利完全丧失自由，成为奥斯曼帝国的战利品。

　　负责制政府兴起的任何解释，既要看成功案例，也要看不成功
的。这样才能了解，为何代议制度出现于欧洲某地而专制主义却盛
行于其他地方。从德国历史学家奥托·欣策（Otto Hintze）开始，
已有人在作出努力。查尔斯·蒂利再接再厉，认为外部军事压力
和征税能力是主要的变量。[4] 最近的卓越努力来自托马斯·埃特曼
（Thomas Ertman），他查阅的案例远远超过大多数比较历史研究，
并对大部分观察到的差异作出了较为信服的解说。[5]

　　这种研究还无法成为政治发展的真正理论。说到底，能否创立
这样理论都还是未知数。从社会科学的角度看，麻烦在于有太多变
量，而没有足够案例。该理论尝试解释的政治结局，不仅是代议政
府和专制主义的黑白之分。如下所述，至少有五种不同类型的国家
在欧洲出现，其起源都需要得到解释。例如，法国和西班牙的专制
主义，跟普鲁士和俄罗斯的就相当不同。事实上，普鲁士和俄罗斯
彼此之间又有很大差异。有实证显示，发挥作用从而导致不同结局
的变量，其数字是很大的，既有蒂利说的外部军事压力和征税能力，
还有内部阶级关系的结构、国际谷物价格、宗教和思想、统治者和
民众接受变量的方式。要想从这么多因果关系中，找出可预测性的
普遍理论，其前景确实微茫。

　　我将在后续章节中，尝试描述欧洲政治发展的重要路径，以及

与此相关的各种原因。也许可从一系列案例中概括出哪些因素最重要哪些最不重要，但远远不能成为真正的预测性理论。

欧洲的东周时期

在很多方面，1100 年的封建欧洲很像周朝的中国。有名义上的君主或统治朝代，但实际权力落到高度分散的封建领主手中。他们保持军队，维持秩序，主持正义，在经济上基本上自给自足。也像中国一样，有些王室凭借严密的组织能力、冷酷无情以及运气，而变得出类拔萃，并开始在愈益扩展的地域中巩固自己的领土。

15 世纪到 17 世纪，欧洲发生巨大的政治变动，导致强大国家的兴起，可与中国公元前 5 世纪到公元前 3 世纪的国家建设媲美。变更背景是人口的大幅增长，尤其是在 16 世纪，再加上人均财富的递升。这是一个全球现象，如我们以前讲到的，也影响奥斯曼帝国。它在欧洲造成的效果，比在中东也许更为良性。欧洲人口从 1500 年的六千九百万，增至 1600 年的八千九百万，增长率几近 30%。[6]大量金银来自西班牙在新大陆的殖民地，经济货币化在迅速流行。贸易增长开始超过国内生产总值的增长，从 1470 年到 19 世纪初，西欧商船的规模增长十七倍。[7]

这段时期的一开始，多数欧洲政体只是"领地国家"（domain states）。国王的全部收入来自自己的领地，只占他名义上统治疆土的一小部分。行政人员很少，来自国王家庭。实际权力分散在各级封建属臣手中。他们都是自治的政治实体，保持自己的军队，向自己的百姓征税，在地方上主持正义。如果自己是强大的男爵，就提供服务给国王。如果自己是较低等级的属臣，就提供服务给男爵。他们不是以税赋而是以自己的鲜血来履行义务，或亲自披挂上阵，或率领侍从。事实上，大多数贵族因此而免缴税赋。国王的领地可能散播于辽阔的疆土，分成数块，互不相连。他的王国只是各级属臣领土的拼凑图，甚至忠于敌对国王的属臣也会间杂其中。

　　到这段时期结束，大部分欧洲政治秩序已转化成国家体系。领地国家转化成缴税属国，君主的收入不仅来自国王自己的领土，而且来自他所能征税的整个疆域。管理这个制度需要更大的国家官僚机构，最开始是秘书处和财政部，以掌控收入的征集和支付。地方领主的自治受到严重限制，现在需要缴税，而不再提供服务。中央政府向农民直接征税，从而破坏了领主与农民的传统关系。欧洲教会的地产都被国家夺走，国家直接控制的领地显著增加。国家司法的领土也从互不相连的拼凑图，变换成相邻的一整片。例如，法国版图就是在那时形成现在熟悉的六边形。通过征服、联姻或外交，各国吸收弱小政治体而得以扩展。各国也开始渗透社会，以宫廷语言来统一和减少各地方言，调整社会习俗，在愈益增大的管辖区内，建立法律和商业的统一标准。

　　该变化的速度和程度颇不寻常，在很多方面可与东周时期的中国媲美，不同处只在最终幸存国家的众多，而不是大一统帝国。以征税为例，在哈布斯堡帝国内，1521—1556 年的征税为 430 万弗罗林（Florins），1556—1607 年便涨到 2 330 万。英国的平均年度税收，从 1485—1490 年的 5 200 英镑涨到 1589—1600 年的 382 000 英镑。卡斯提尔王国（Castile）在 1515 年征税 150 万枚达克特（ducat）金币，到 1598 年征税 1 300 万枚。[8]增加的税收用来支付更大更为专业的公共机构。1515 年，法国有七至八千官员为国王服务；到 1665 年，皇家行政人员升至八万。巴伐利亚政府在 1508 年有 162 名官员领取薪俸，到 1571 年增至 866 名。[9]

　　欧洲国家的早期发展植根于主持正义的能力，但到 16 世纪之后，几乎全是为了资助战争。这段时期的战争愈打愈大，几乎持续不断。其中大型的包括：法国和西班牙之间为争夺控制意大利的持久战；西班牙征服荷兰联合省的努力；英国、西班牙、葡萄牙、荷兰和法国在新大陆争夺殖民地；西班牙试图侵略英国；宗教改革之后日耳曼内的持续对峙（以三十年战争而告终）；瑞典向中欧、东欧和俄罗斯的扩张；奥斯曼、哈布斯堡和俄国之间的战火连绵。

　　早期现代的国家除了基本治安和正义，没有提供多少服务。它们预算的大部用在军事开支。荷兰共和国预算的 90%，花在与西班牙国王的长期战争上。哈布斯堡帝国预算的 98%，用来资助与土耳其和 17 世纪新教政权的战争。17 世纪从头到尾，法国的预算上涨五到八倍。从 1590 年到 1670 年，英国预算增加了十六倍。[10] 法国军队人数从 13 世纪的一万二千，增至 16 世纪的五万和 17 世纪 30年代的十五万，再增至路易十四统治晚期的四十万。[11]

法律在欧洲发展中的作用

　　公元前第一个千年的中期，中国从少量贵族驾驶战车的战争，过渡到向全民征募的步兵战争。在 12 世纪和 13 世纪，类似的技术过渡也在欧洲发生，披甲戴盔的骑兵由配备弓矛的大批步兵所取代。跟中国的早期建国者不同，早期现代的欧洲君主没在自己领土上征募大量农民。查理五世（Charles V）投入战场的精锐军队，以卡斯提尔部队的步兵方阵（tercio）为核心，再配以来自国内外签有合同的雇佣兵。[12] 欧洲的大规模征募仅出现于 18 世纪，但他们仍然不是国家权力的基础，直到法国大革命的国民征兵制（levee en masse）。相比之下，像秦国一样的东周列国，直接从骑兵的贵族战争过渡到大规模征募，中间没有雇佣兵阶段。[13]

　　早期现代的欧洲君主为何没像中国君主那样，直接征募自己领土上的大量农民？为何不以增税来付军饷，反而要依赖贷款和卖官鬻爵？

　　主要原因之一是欧洲的法治。我们在第 18 章中看到，它由宗教法律发展而来，在各领土上广泛流传。欧洲封建主义的整个等级结构，受到承继下来的法律的保护，将主权和权力有效地分配给各

331

式从属政治体。农民受一系列封建法律和义务的束缚，主要是欠自己领主的。国王没有征募农民的法律权利，事实上，他甚至不能征募自己领土上的农民。因为后者的义务定得十分详细，可能没有军事服务。欧洲君主并不觉得自己可攫取精英的财产，因为后者可援引基于封建契约的古代权利。国家可以征税，但必须通过组织起来的各式会议（像法国的三级会议），以证明征税的正当性，方可取得许可。专制君主曾尝试削减这些会议的权力，但其操作仍局限于赋予君主合法性的法律总框架。国王并不觉得自己有权侵犯对手的私人安全，或任意拘留，或随便处死。（但要注意，这些规则很少用于非精英者，像农民和其他平民，他们还要再等到历史的后期。）

早期中国君主所实使的暴政，很少欧洲君主敢于尝试，不管是在封建时期还是早期现代。中国君主从事大规模的土地改革，任意处决当朝的行政官员，迁移整个区域的人口，疯狂清洗贵族对手。出现此类行为的唯一欧洲宫廷是俄罗斯。这种不受节制的暴力要在法国大革命之后，方才变得流行。当时，源于古老欧洲秩序的所有法律约束，被现代化一扫而空。

332

欧洲的国家发展必须应付限制国家权力的全套法律，懂得这一点很重要。欧洲君主试图扭曲、违反和回避有关法律，但其选择仍受成熟于中世纪的既存法律的限制。

国家建设的架构

为了投入战争，国家必须以愈益增大的规模动员资源。对资源的需求，导致更高水平的征税，想方设法将更多人口和社会资源纳入征税范围。财政资源的管理，促使国家官僚机构的扩大和机构的愈益合理化，以谋求最高效率。国家要有辽阔领土，以扩大税收基础；要有相邻领土，以达防御目的。政治异见会被敌人利用，因此有必要在整片领土上实施统一的行政管理。

欧洲的某些地区——日耳曼和东欧的一部分，还有像瑞士那样的地理隔离地区——没有面对早期的军事竞争，因此组织现代国家较晚。所有的其他强国——法国、西班牙、英国、荷兰、瑞典、俄罗斯、哈布斯堡帝国、波兰、匈牙利等——从 15 世纪以来，都面对军事开支和中央集权的需求。[14]

欧洲历史此时的政治发展，体现在集权国家和抵抗团体之间的互动。如果抵抗团体单薄且组织不良，或被国家收买去帮助榨取他人的资源，那里就出现专制政府。如果抵抗团体组织良好，中央政府无法颐指气使，那里就出现较弱的专制政府。如果抵抗团体与国家不相上下，那里就出现负责制政府，他们坚持"无代表即不纳税"的原则：愿意提供实质性的资源，但一定要参与如何使用的决策。 333

斗争的结果不是国家与整个社会的双边权利争夺战。粗略而言，斗争牵涉四支力量：中央君主政府，高级贵族，更为广泛的士绅阶层（小地主、骑士和其他自由人），包括市民在内的第三等级（资产阶级的雏形）。占社会人口大多数的农民尚不是重要参与者，因为他们还没动员起来，还没成为代表自己利益的社会集团。

对国家集权的抵抗程度，取决于国家之外的三个群体——高级贵族、士绅、第三等级——能否合作，以对抗皇家权力。它也取决于每个群体所显示的内部凝聚力。最终，它还取决于国家本身的凝聚力和使命感。

在后续章节中，我将显示四个欧洲国家建设的结果，以及这些结果为何迥然不同的原因。这个分类覆盖了最为纷纭的案例，从最为代议的到最为专制的。它们是：

1. 软弱的专制：16 世纪和 17 世纪的法国和西班牙君主政体， 334 代表了新型的专制国家，在某些方面，比荷兰和英国更为集权，更为独裁。另一方面，它们仍不能完全支配社会上的强大精英，更重的税赋落到了最无力抵抗的阶层。它们的中央政府仍是家族的，事

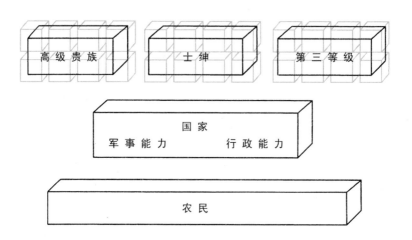

图1. 农业社会的政治权力

实上，其家族制的程度日益增长。

2. 成功的专制：俄罗斯君主政体收买贵族和士绅，使之变成完全依赖国家的服务阶层。能够这样做，部分原因在于三方都有共同利益，都想将农民绑在土地上，并向其征收最重的税赋。当时的政府仍是家族制的，但阻止不了俄罗斯君主对贵族阶层的恐吓和控制，其程度远远超过法国或西班牙国王所做的。

3. 失败的寡头制：匈牙利和波兰的贵族一开始就向国王权力施以宪法限制，导致后者一直软弱，无法构建现代国家。软弱的君主政体无法保护农民利益，以对抗贵族阶层的残酷剥削；也不能提取足够资源来建造国家机器，以抵御外来侵略。这两个国家都没建成非家族的现代政府。

4. 负责制政府：最后，英国和丹麦发展出了稳定的法治和负责制政府，同时又建成能发起全民动员和防御的中央国家。英国如何发展议会制度，这是耳熟能详的故事。斯堪的纳维亚通过不同的政治进程，却获得同样结局。到19世纪末，一个成为自由派国家，另一个奠定了社会民主主义国家的基础。法律和负责制的原则早已深植人心。

除了上述这些，还有其他重要的变量和结局。荷兰共和国和瑞士联邦，代表了另一类通向负责制政府和法治的共和途径。普鲁士君主政体虽然没有负责制，却发展了法治和强大的现代国家。我无法一一介绍这些和其他边缘案例。重要的是弄清大致的相关条件，哪些支持负责制政府，哪些支持不同形式的专制主义。

335

第23章

寻租者

法国的财政危机导致家族政府的兴起；总督和中央政府的成长；法国精英把自由当作特权，遂无法付诸集体行动；法国政府的致命弱点，既无法控制自己的精英，也无法向其征税

法兰西王国呈现极端矛盾的形象，既强大，又充满潜在的虚弱。参观过巴黎郊外凡尔赛宫的人都会明白，路易十四时代的欧洲人为何如此敬畏法国君主政体。相比之下，腓特烈大帝（Frederick the Great）在波茨坦的无忧宫（Sanssouci）似乎只是小木屋。17 世纪晚期，路易十四的英国和荷兰对手，把法国看作幅员辽阔、富有、强大、野心勃勃的陆地强权，时时在威胁整个欧洲的自由，有点像冷战期间美国人眼中的苏联。法国君主政体是欧洲国家建设进程中的急先锋，为建立现代中央行政国家打下基础。托克维尔在 19 世纪 40 年代写道，与他同代的法国人相信，他们的国家只是伴随法国大革命而出现的。如他所证明的，其基础却在两个世纪之前就打下了，法兰西王国的国王"越过大革命的深渊，与现代法国握手"。

同时，法国的国家大厦建造于腐烂和倾圮的地基。当 1715 年 9 月路易十四去世时，他的国家已彻底破产。皇家债务几达 20 亿里弗（livre），这还不包括 6 亿里弗的政府短期债券。法国的债权人已拥有直到 1721 年的未来税收，光是按期偿付连本带利的债务，便已超过可预期的未来税收。[1]这般险恶的财政并非新鲜事，路易十四

的激进外交只是使之急剧恶化。法国国王为打造中央国家，持续一个多世纪，与地方有权有势者达成异常复杂的交易，后者以现金换取各式特权与豁免。国家逐渐蚕食所有百姓的自由，并以无法持久的方式将未来抵押给腐败的公职人员。它无法达到专制主义的更高阶段，像中国在数世纪之前所实现的。最后出于规范，它必须尊重它尝试掌控的社会阶层的利益，还必须尊重承继下来的法律。等到那些社会阶层被大革命的浪潮卷走，真正的现代国家才得以浮现。

在很多方面，法国君主政体的处境与当代发展中国家很相似，它们都把法治当作抵达目标路上的讨厌障碍。政府非常挥霍，将大笔资金投入战争，不愿花在补助金或社会福利上。由此而生的预算赤字必须找到资金，君主政体为此而四下寻觅。只要有逃之夭夭的可能，它都会牵强附会、扭曲、违反有关法律。但跑了和尚跑不了庙，最终，它还是要回到同一群债权人那里，去寻求新的资金。这种困境的唯一出路就是君主政体征用精英的财产，那也是大革命最终付诸实现的。但这超越了旧制度的想象力或能力，它因此发现自己陷入了永久的经济危机。

同时，政府寻求资金的对象，即法国社会，也无法反过来坚持负责制的基本原则。原因在于，不同经济阶层之间缺乏社会团结，或社会资本。贵族、资产阶级和农民，在更早历史时期曾有过团结，但现在彼此不抱同情。跟英国的情形不同，他们不相信自己是单一国家的一部分。这三个阶层内部又分化成自尊的等级，每一等级非常在乎自己的特权，以及相对于下一等级的优越地位，并不在乎政府掌控自己的阶层或国家。自由被当作特权，如托克维尔所说，在大革命的前夕，法国社会中"愿意为共同目标而一起奋斗的尚不满十人"。

在争夺主导地位的斗争中，中央国家和抵抗团体如果组织得不够严密，便出现弱的专制主义。法国的结局偏向于专制主义，但它非常脆弱，招架不住以人权为合法性基础的启蒙思想。

家族专制主义的起点

第一任波旁国王亨利四世在 1594 年加冕，其时，法国离统一国家或现代国家还很遥远。早期的法国国王以巴黎附近地区为权力基础，聚集数个公国，分别是勃艮第（Burgundy）、诺曼底（Normandy）、布列塔尼（Brittany）、纳瓦拉（Navarre）、朗格多克（Languedoc）。但在语言和习俗上，各区域之间仍有很大差异。王国一分为二，分别叫作财政区省（pays d'élections）和三级会议省（pays d'états）。前者是巴黎附近地区，构成国家的核心。后者是新近扩张的，处于疆土的边缘，使用不同的法律规则。此外，宗教改革又造成宗派分裂。天主教同盟和胡格诺派之间的宗教内战，要到原是新教徒的亨利四世皈依天主教，方告结束。他在 1598 年颁布南特敕令（Edict of Nantes），把天主教当作国教，但授予新教徒同等权利。

从波旁王朝到 1789 年大革命，法国的国家建设追随两条平行途径。第一条，法国国家愈益集权，从属单元的政治权利愈益缩小。这些从属单元早在封建时期便已存在，包括所有的公国，曾是地方政府的独立贵族，以及愈益纳入国家的保护和控制的市政厅、行会、教会乃至独立的私营商业组织。

第二条涉及集权的方式。不像早期的中国国家，也不像 18 世纪在勃兰登堡—普鲁士涌现的德国，法国的中央国家，并未建立在非人格化的任人唯贤的官僚机构基础上，因此也谈不上官僚职能专业化和教育。恰恰相反，它变成彻底的家族化。国家经常缺乏现金，急需收入，便把官位卖给最高投标者，从军事将领到财政部、征税官的公职，都可以拿钱来换。换言之，政府的私有化直达它的核心功能，公职都变成世袭的私人财产。[2]

如果以委托人和代理人的关系来理解廉政，代理人遵循委托人的指示必须得到鼓励。那么，法国政府所创造的制度绝对是一场梦

339

魇。实际上，它给寻租和腐败披上了合法化和制度化的外衣，允许代理人在履行公职时谋取私利。事实上，租金一词（rente）就源自法国政府出售公职的实践，例如，出售征收特定税赋的权利，让买主获得长年累月的收入。[3] 如果现代公共管理是公私分明，那么，法兰西王国代表了彻头彻尾的前现代制度。所以，法国国家只是现代和家族元素奇特而又不稳定的混合物。

中央行政国家和家族化公职的发展相互纠结，无法分开追踪它们的发展。法兰西王国的财政制度高度复杂，反映出它零敲碎打的发展过程。各种税项中最重要的是土地税（taillc），直接征于农产品，由农民负担。还有人头税和一系列间接税，征于国内运输的酒和商品。国家垄断制造的食盐也须缴税（gabelle）。[4] 后续的国王还征收其他税赋，包括人头税（人均税）和所得税（vingtième）。

直接财产税很难评估，因为没有制度来维持最新的人口普查，以及居民和资产的登记，像中国、奥斯曼和英国所做的那样。[5] 富有家庭自然不愿诚实公开自己的资产，不然，他们的税赋就会上涨。[6] 间接税的征收也很难，考虑到法国辽阔的疆土（如与英国相比）和分散的数千市场。17 世纪的法国经济尚未完全货币化，用来缴付现金税的硬币总是短缺。在这段时期，法国仍然是农业社会，那些在技术上容易收集的，如进口关税，尚没能提供实质性的收入。[7]

税赋制度的真正复杂性在于各种免税和特权。封建法国在中世纪晚期开发了两层会议的制度，一层是全国三级会议，另一层是一系列的地方或省级会议——又称为高等法院（sovereign courts, or parlements）——国王需要与之交换意见，以获得征收新税的许可。[8] 为了鼓励各省加入法国的疆域，他授予省级会议特别的恩惠，承认地方精英的习俗和特权。税制因地区而有所不同，尤其是在财政区省和三级会议区省之间。贵族利用软弱的国王来为自己赢得各种豁免，从直接税到自产货物的消费税。这些免税和特权，开始自贵族向外扩散，抵达城市富有平民、皇家官员和各级地方官员等。赢不

340

到免税的就是非精英者，即构成国家人口大多数的农民和工匠。[9]

公开出售公职的做法（venality，即捐官制或卖官鬻爵制）始于16世纪。法国为控制意大利，发动了与西班牙的持久战争，因此承担急需国家收入的压力。其时的国王光凭自己的收入尚不够支付战争费用，所以开始向意大利、瑞士、日耳曼南部新兴的金融中心举债。法国的信用从来不高，在1557年拒绝还债给"大借款"的银行家联盟后，更遭受极大的损害。它也拖欠为其打仗的外国雇佣军如瑞士人的薪金。在1602年，法国欠下3 600万里弗，债主是瑞士的州和市，以及指挥其军队的瑞士上校和上尉。法国政府一旦违约，瑞士雇佣军就停止参战。[10]

为了解决信用问题，国家的对策是通过一种租赁机制出售公职给私人。与普通放贷相比，租主享有该公职所控制的特定长期收入。他们至少在财政区省负责征收土地税和其他税项。由于税赋经过自己的手，他们得到取回本利的较大保障。内部财政（inside finance）的制度由此而生，国家财政的主要来源不再是私人银行家，而是已属国家机器一部分的富人。后者因自己的投资，而与国家沆瀣一气。

到头来，这些租金的信用也靠不住。政府很快将矛头指向租主，要求重新谈判相关条款。在亨利四世和财政部长叙利（Sully）治下，国家在16世纪早期想出一个新花样官职税（paulette）：租主如果愿意付费，可将自己的公职转变成世袭财产，以传给后裔。[11]家族制的复辟可以从早期天主教会的改革中找到根源，那时教会为现代行政管理树立了一个先例，将圣俸从圣职中区分开来（参看第18章）。前者享有经济租金，它的传袭因神职人士的独身而受到限制；后者是功能性职位，并接受官僚等级制度的约束。但是，一旦非神职的平民进入国家官僚机构，因为没有圣俸或封建领地的许诺，便想方设法保住工作和照顾子女。法国政府也看到，让平民融入国家，变成了削弱古老贵族影响的有效措施。追求公职的最大客源是第三等级的资产阶级成员，他们希望购买公职来提高自己的身份。所以，全面家族化渗进了法国公共行政的核心。

官职税的采用并没终止国家筹款的诡计。国家将征收间接税的权利出售给包税商。后者在保证国家获得固定税金之后，得以保留额外的税收。国家也出售征收新税种附加税（droits aliénés）的权利，很快使传统土地税相形见绌。此外，国家增加出售公职的数量，以压抑现有公职的价格，从而稀释持有人的产权。对公职的如饥似渴，甚至令该制度的创建者感到惊讶。路易十四问他的财务总监蓬查特兰（Pontchartrain），他是如何找到购买公职的新人的。蓬查特兰回答："陛下……国王一旦设定一份公职，上帝就会创造一名购买它的傻瓜。"[12]

342

该制度造成的低效和腐败非常可怕。财政部公职颇受欢迎，通常为私人金融家所购买，因为可以提前知道国家可能的招标，从而占据对付竞争对手的优势。财政部长定期主持汇票和其他财政记录的烧毁，以防秋后算账。[13]英国在发展公共财政和优化征税的高级理论，如亚当·斯密的《国富论》，而法国的征税却日益投机取巧、严重失调。[14]例如，法国各地的盐税高低不平，创造了人为的"盐税边界"，从而鼓励自低税地区朝高税地区的走私。[15]最重要的，法国财政制度特地鼓励寻租。富人不愿投资于私人经济中的产业，宁可购买不会创造财富只会重新分配的世袭公职。与其致力于技术革新，他们宁可挖空心思来与国家和税务制度斗智。这削弱了私人企业家的活力，使新兴的私人经济领域愈益依赖国家的援助。同时，英吉利海峡对面的私人市场却在蓬勃发展。

17世纪晚期开发的法国财政制度相当落后，让穷人纳税，以支持有钱有势者。几乎每一个精英群体，从高级贵族、行会成员到资产阶级市镇，都为自己争取免税，把最沉重的税赋负担留给农民，这自然激起了一系列农民起义和反抗。为支持路易十四的战争而实施的增税，在1661、1662、1663、1664、1665、1670、1673、1675年都激起反抗。最后一次即是著名的法国红便帽起义。[16]

它们一一遭受残酷的镇压。例如，1662 年的反税起义中，政府军带走五百八十四名俘虏，年过七十岁和不满二十岁的获得赦免，其余的都上了苦役船。[17]征税是为了支付军饷，但为了用武力执行征税任务，军队又必须自边境撤回，这不是在搬起石头砸自己的脚吗？它凸显了税收政策的根本教训：征税成本与百姓眼中征税当局的合法性，正好成反比。

总督和中央集权

17 世纪下半叶，在路易十三和首相黎塞留（Richelieu）、路易十四和马扎然（Mazarin）治下，法国财政危机以总督这一新建制为中央集权铺平道路。他们通常是年轻官员，前程全靠自己。如托克维尔所说，他们"并不是靠选举权、出身或买卖官职才获得手中权力"。重要的是，他们与地方精英或管理财政的鬻官等级制度全无瓜葛。总督通常是新近封爵的人，其直接下属即是平民。他们不像寻租者，巴黎的政府部门可随意予以辞退。中国为郡县配备官员，土耳其派人管理外省，现在法国发明了相同的制度。托克维尔继续说道：

> 然而，这些强势的官员在残余的古老封建贵族面前仍然黯然失色，仿佛消失于贵族所尚存的光芒之中……在政府内，贵族簇拥着国王，充实宫廷；他们统率舰队，指挥陆军。总而言之，贵族不仅是那个时代最令人瞩目的人物，连后代的眼光也常常停留在他们身上。若是有人提议任命大领主为总督，那便是对他的侮辱。最贫困潦倒的贵族，通常也会拒绝这样的职位。[18]

17 世纪中期之前，总督的派遣没有全盘计划，只是中央政府为应付特定麻烦而派出的。[19]渐渐地，他们愈益牵涉征税，尤其是传统上由地方官员监督的土地税。他们的篡权就是该世纪中期宪法危机的背景。

中央政府和地方参与者分享权力的斗争，主要涉及高等法院所发挥的作用。如前所述，法国有传统的两层会议制度。一层是省级会议，每省一个（其中最重要的是巴黎高等法院），另一层是全国三级会议。在中世纪晚期，法国国王定期召开全国三级会议来批准税赋，像英国议会一样。但没有它们，国王自己也能单独统治，这被视作专制权力的标志。从玛丽·德·美第奇摄政王的 1614 年，到大革命前夕的 1789 年，竟没召开过一次全国三级会议。代议制度在英国获得发展，在法国却没有。要弄清其中原委，必须了解高等法院为何在一国发展成为强大机构，在另外一国却没有。

代表地方精英利益的省级高等法院基本上是司法机构。跟全国三级会议不同，它们经常开会，可以成为对国王权力的制衡。国王如想颁布一项新税，就要来高等法院注册。高等法院通常举行公众讨论，遇上税务事项，会变得相当激烈。然后，高等法院可注册原封不动的法令，可修改，也可拒绝。不受欢迎的法令会在法庭上接受地方官员口头或书面的抗议。高等法院的权力很有限，因为国王可召开所谓的御前会议（lit de justice），将高等法院所拒绝的法令强行注册。[20] 高等法院的抗议仅仅让国王蒙羞而已。

1648 年威斯特伐利亚和约（Peace of Westphalia）之后，该制度面临严重危机。其时，三十年战争的累计债款促使法国政府试图在和平时期继续战时的征税水平。巴黎高等法院的拒绝，最初导致马扎然打退堂鼓，从大多数的外省撤回总督。但高等法院领袖随后被捕，激起了所谓投石党（Fronde）的普遍叛乱。[21] 从 1648 年到 1653 年，投石党运动分成两个阶段，代表了传统地方精英和贵族，对君主实施最终制裁，即武装叛乱。双方都有可能赢得内战，但到最后，政府政策激怒的各式社会参与者不能团结一致以取得军事胜利。

高等法院和贵族的失败，为法国政治制度的彻底集权铺平道　　　345
路。17 世纪下半叶，路易十四和财务总监柯尔贝尔 (Jean-Baptiste
Colbert)，故意将总督转化成国家工具，让皇家会议 (Royal
Council) 赋予他们在全法国的统一权力。[22] 他们被安插到每个省份，
权力大为增加。他们开始招募和监督地方民兵，接管公共建设，负
责公共秩序。救济穷人的义务，早已被封建贵族放弃，也变成由总
督经手的中央政府的功能。[23]

国家建设过程中湮灭的自由，还包括城镇和市政的自治权。直
到 17 世纪晚期，法国的城镇居民一直行使权利，以民主方式选出
地方法官。他们维护自身权利，经常还获得国王的支持，作为削弱
地方贵族的手段。[24] 但到 1692 年，第一次废除选举，地方法官改成
中央指派的总督。托克维尔对此作出评论：

> 值得历史大加蔑视的是，这场伟大的革命在并无任何政
> 治目的的情况下完成了。路易十一之所以限制城市自由，是因
> 为它的民主性质使他感到恐惧；路易十四之所以摧毁城市自由
> 并非出于恐惧，真实情况是他把城市自由出售给所有能赎买的
> 城市。其实他并不想废除城市自由，而是想以此为交易，即使
> 他实际上废除了城市自由，那也绝非本意，而仅仅是基于财政
> 目的的权宜之计。奇怪的是，这套把戏一成不变，竟然持续了
> 八十年。[25]

托克维尔有一条非常有趣的评论。他所钦佩的新英格兰城镇是
美国民主的基础，与中世纪的法国城镇一样，都源自相同的封建地
方机构。到 18 世纪，两者却分道扬镳，原因在于法国中央政府的
收买。[26] 法国城镇政府开始受到寡头的控制，他们愈益通过买卖官
职来获得公职，让自己出名。社区团结因而遭受破坏，除了掌控公　　　346
职的精英，其他民众陷入冷漠。

政治集权的影响是非常深远的，建立了我们今天所知的更为划一的国家。1685 年撤销南特敕令，让天主教独霸一方，导致很多企业家和巧匠的新教徒移民到欧洲他处，甚至远赴北美和南非。中央政府现有更大权力，可以宣布新税，不用担心已被慑服的高等法院的反对，全国各地的税赋差异得以降低。投石党叛乱失败之后，贵族失去了其在农村的权力基础，反被召到宫廷。他们在那里直接为自己的补助金和免税进行游说，为觐见国王而忍受操纵。古老贵族争相出席路易十四的晨服仪式（levée），就是其中一例。贵族以真正的政治权力和财富作为代价，得以保留自己的社会地位。[27] 仍然剩下的权力只是他们继续控制的领主法庭。我们在第 17 章中看到，此类法庭在英国逐渐纳入皇家的控制。所以，法国只在错误的地方获得统一：丧失地方上的政治自治，以致不能在社区问题上做出决定；保留了地方贵族掌控的不平等司法制度，以致人们更加不相信既有产权的公平。

中央集权的局限和改革的不可行

18 世纪早期，法国国家日益增强的权力践踏了个人权利，首当其冲的是产权。但它的做法，却是典型的欧洲方式，即通过操纵法律制度，而不是罔顾法律、纯用强力。要废除惯例的权利和约束，必须经过漫长的辩论，并依照封建法律秩序的规定，在政治上争个明白。因此，剥夺高等法院的权力，足足花费了将近一个世纪的时间。法国国王对反抗的农民非常残忍，对精英参与者却有不寻常的尊敬。在投石党叛乱遭受失败之后，两名带头造反的贵族蒂雷纳（Turenne）和孔代（Condé），要求并获得了路易十四的饶恕。如果这些人是中国贵族，他们和所有家人都会被处死。

路易十四死于 1715 年，身后的君主政体债台高筑。为了减少负债，国家诉诸类似保护费诈骗的伎俩。它掌控名叫司法堂（chambre

347

de justice）的特别法庭，然后威胁要调查债权人的私人财务。几乎
所有债权人或多或少都涉及腐败，便同意降低政府的欠债，以交换
调查的取消。[28]用选择性的反腐调查来筹集收入，或胁迫政治对手，
这种策略时至今日仍然流行。

新财政部长约翰·劳（John Law）上任后，法国尝试另一套
应付债权人的办法。它创建国家银行，订出硬币换成钞票的固定比
率，然后强迫百姓统统以硬币兑换钞票，如有不从，则以起诉、抄
家、充公来威胁。过后，银行又毁约，让钞票在硬币的基础上一再
贬值，实际上只想少付债务利息。约翰·劳宣称，个人手中的财产，
只有用于国王认可的正当用途，方才真正属于个人，导致孟德斯鸠
（Montesquieu）称他为"欧洲史上促进专制的最伟大人物之一"。
但约翰·劳的制度最终证明无法实施，随后很快破产。[29]像近代的
很多专政政体，法国君主政体发现，政治法令既不能建立投资者的
信心，也无法取消经济的基本原理。

18世纪时期，法国各式的社会和政治参与者，相互均势发生了
重要改变。世界资本主义经济日益增长，提高了生产效率，导致物
质财富和法国资产阶级的剧增。就重要性而言，这些经济变化却比
不上同时发生的思想运动。关于人权和平等的启蒙思想，在欧洲迅
速扩散，获得突如其来的胜利。18世纪80年代重开三级会议，开
会原因完全不同于先前：三级会议限制国王权力的权利，不再基于
封建习俗的古老起源，而基于它们能代表享有平等权利的广泛公众。
一般认为，法兰西王国的财政制度已变得非常可怕，既复杂又不公
平。早先数代财政部长，使用各式花样来赖债和搜刮债权人，现在
取而代之的是新见解：征税应该统一和公平，合法性来自法国人民
推选的代表。

法国大革命和民主莅临的故事，大家都很熟悉，我不想在本书
详尽叙述。我之所以提起，只是为了一个不同目的。18世纪70年
代和80年代的法国政治家，接受新思想的影响，尝试以和平改革

348

的方式改造旧制度，但由于既得利益团体紧紧抓住政治权力不放，而屡屡受挫。

这样的努力有过两次。第一次始于路易十五和首相莫普 (Maupeou) 治下的 1771 年。莫普发起与高等法院的冲突，禁止他们彼此联系和举行罢工。对方拒绝听命后，莫普重组整个司法系统，并取消巴黎高等法院的大部分司法权。最重要的是，他废除司法等公职的出售，让由国王直接付薪的新法官取代寻租者。更为公平的新所得税也变成永久性的，所依据的是对资产更为严格和诚实的评估。政府由此向卖官鬻爵的整个制度发动正面进攻，所威胁的不但是捐官者的职位，而且是其家庭储蓄的投资。[30]

该行动引起极大反抗，反抗者既有捐官者的既得利益团体，也有新兴的民主公众，后者奋起支持寡头反抗专制权力的扩展。传统的家族精英，把自己对改革的反抗描绘成对独裁的抵制。颇不受欢迎的路易十五突然死于 1774 年，他的继承者路易十六（大革命期间被送上了断头台），最终被迫恢复高等法院所有的权利和特权。[31]

第二次是在杜尔哥 (Anne-Robert-Jacques Turgot) 担任财务总监的 18 世纪 70 年代。他是重农主义者，对政治改革不感兴趣，但深受自由经济思想的影响，希望使法国经济更趋合理化。在这点上，他很像现代发展中国家的财政部长。那些部长自己是技术专家，信奉新自由主义，在 20 世纪 80 年代晚期和 90 年代脱颖而出。杜尔哥废除了谷物的出口限制，以及旨在稳定面包价格的其他复杂规定。他进一步颁布法令，废除享有特权的行会，将劳役转换成地主的新税。所有这些，都可被视为现代化和理性的经济改革，在某种意义上，甚至是必需的。但它们遇上狂暴的抗议，不仅来自面临面包价格上涨的城镇穷人，还来自行会和其他依赖国家租金的既得利益团体。杜尔哥倒台，第二次努力终告结束。[32]

法兰西王国的政治制度无法自我革新。广大的寻租联合体获得权利，并在传统和法律中寻求保护，这就是国家权力的基础。他们的产权体现在公职中，但这是非理性和紊乱的，且多数又属不义之财。等到寻租者被非人格化和任人唯才的官僚所替代，现代法国方能涌现。如果政府正面攻击这些权利，就会使自己权力所依赖的法律制度变得非法。作为现代政治制度重要组件的法治，很早就在法国获得发展，远在负责制政治机构和资本主义之前。所以，它所保护的不是现代政治制度和自由市场经济，而是传统的社会特权和国家掌控的低效经济。即使等级制度高层，在思想上接受旧制度的破产和根本改革，他们也没有力量打破寻租联合体所建立的平衡。需要更为强大的力量，即制度外非精英团体的愤怒，借用革命来将之彻底摧毁。

抵抗法国专制主义的失败

　　如果说专制主义没在法国取得完全胜利，那么抵制它的社会团体，也没能向国家强加某种形式的政治负责制。事实上，后者的失败显然更为重要，源于他们未能团结一致、采取行动（参看图2）。反抗场所应该是省级的高等法院和国家级的三级会议。这些法庭作出抗议、埋怨、辩论和抵抗，多次迫使法国君主政体撤回它们所反对的建议。但在革命前夕的三级会议之前，高等法院从没迫使君主政体接受自己高于行政机构的宪政原则。自然有人会问：这些封建时代遗留下的传统政治会议，为何没能参照英国的方式组织集体行动？这个问题并不局限于高等法院。在中世纪的英国和法国，城市也组织成自治的政治机构。为何前者最终发展成新英格兰城镇，后者却沦作被动的行政单位？

　　未以比较方式检视其他国家之前，我们尚不能回答这些问题。但我们可建议大致的分类，以缩小对有关原因的搜索。第一种解释，要在法国社会结构中寻找答案，如果不是更早，也要追溯到封建时代。政治学家托马斯·埃特曼认为，家族专制主义在法国、西班牙

350

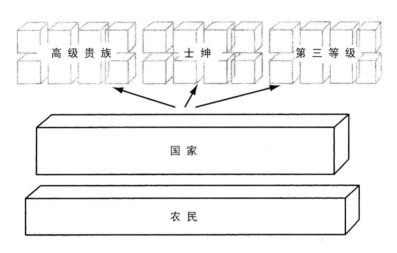

图2. 法国

和意大利南部诺曼王国的兴起，肯定与罗马帝国崩溃之后那里自上 351
而下的国家建设有关。卡洛林帝国之外的欧洲——英国、斯堪的纳
维亚和部分东欧地区——平民和贵族之间存在更多的社会团结，并
发展出了强大的基层政治机构，幸存至早期现代。在拉丁语的欧洲，
这些地方机构的软弱，再加上中世纪以来的频繁战争，解释了应付
专制主义的集体行动的缺席。日耳曼是卡洛林帝国的一部分，发展
了非家族的专制主义。它不像西班牙和法国，没有那么早就陷入地
理政治的激烈竞争。等到它真正面对军事威胁，可避免他人的错误，
建立更为现代的官僚机构。[33]

托克维尔赞成的第二种解释，将法国失败归罪于并不遥远的近
代。特别是他认为，法国贵族和平民之间缺少社会团结，是君主政
体的故意挑拨所致。托克维尔解释说，欧洲各地的封建制度并没有
特别悬殊的差异，庄园、城市、农庄都有类似的法律和社会团结。
他的第二本著作《旧制度与大革命》，在第 9 章和第 10 章中提供了
很多案例。地方上的法国领主和其平民属臣，每隔两星期出席领主
法庭来裁判案件，就像英国的百户法庭。14 世纪的资产阶级在省级

会议和三级会议中，都扮演积极的角色，只因遭到社会差别的排斥，才在后续世纪变得消极。"无代表即不纳税"的原则，在中世纪便已得到确立，不管是法国还是英国。[34]

对托克维尔来说，专制主义之下的法国社会不和，植根于家族制实践本身，并不植根于古代传统。"在人与人、阶层与阶层之间制造差别的所有方法，其中流毒最甚、最容易在不平等之上再添加孤立的，就是征税不公平。"麻烦始于 14 世纪下半叶：

> 我敢断言，自国王约翰被俘、查理六世疯癫而造成长期混 352
> 乱、国民疲敝不堪之日起，国王便可以不经国民合作便确定普
> 遍税则，而贵族只要自己享有免税权，就卑鄙地听凭国王向第
> 三等级征税；从那一天起便种下了几乎全部弊病和祸害的根苗，
> 它们折磨旧制度的余生，并最终导致它的暴毙。[35]

免税在所有特权中最受憎恨，随着税赋在 16 世纪和 17 世纪的稳定上涨而愈演愈烈。再加上卖官鬻爵，免税不只是某个社会阶层的特权，也变成个别家庭的特权。购买公职的个人，只要自己觉得安全，宁愿让同胞的权利受损。在英国，穷人享受免税特权。在法国，富人享受免税特权。

不平等的征税使人堕落，不管是贵族还是资产阶级。前者丧失他们的统治权，作为补偿，愈加死守世袭的社会地位。考虑到有那么多新近买爵的平民，旧贵族规定，很多公职需要候选人显示"四名祖先"（即四名祖父母）的贵族出身。暴发户自己挤入行列后，又尝试对后来者关上大门。资产阶级通过搬到城市和谋求公职，试图将自己与农民分开。他们原可投入企业活动的精力和雄心，现在转向公共权威所推崇的地位和安全。[36]

这还不是解释的终止。捐官和特权也存在于英国，但英国君主政体从没像法国那么有效地破坏议会团体的团结。托克维尔自己也

承认，英国贵族从一开始起，与其说是世袭的种姓制度，倒不如说是真正的执政贵族（最佳者的统治）。才华超众的英国平民加入贵族阶层，比在其他欧洲社会更为容易，原因源自历史早期，现已模糊不清。我们再一次回到支撑龟的问题。很有可能，公职家族化本身也有赖一系列先在的社会条件，甚至被有意的政府政策所鼓励。

寻租的社会

　　法兰西王国就是今天所谓寻租社会的早期原型。在这样的社会中，精英花费所有时间来攫取公职，以保证自己的租金收入——在法国的例子中，那就是可以私用的长期固定收入的法律权利。

　　寻租联合体稳定吗？它持续几乎两个世纪，为法国作为主要大陆政权的崛起提供了政治基础。另一方面，我们知道冠冕堂皇的法国宫廷掩盖着严重的虚弱。最重要的是联合体之外的人们，都感受到愤怒和不公，这种感觉鲜明而强烈，最终在大革命中爆发出来。甚至联合体内的人，也不相信它的原则。如能彻底废除卖官鬻爵，君主政体会很高兴，曾在王国末期作出尝试。寻租者只顾自己，对他人存有很少同情。他们自己已深深陷入这个制度，所以无法容忍改革的想法。这是完美的集体行动难题：废除该制度，社会整体会受益匪浅；但制度参与者出于个人利益，便会阻止合作和变更。关于政治发展中法治的作用，法国的例子提供了教训。现代国家存在之前，法治便已出现于中世纪。它约束暴政，但也约束现代国家的建设。为了引进真正的现代社会，必须废除它所护卫的旧社会阶层和习俗。早期现代时期，对抗君主政体以捍卫自由，实际上是在保护传统的封建秩序和世袭的封建产权。而这封建产权，恰恰又与现代资本主义的经济秩序水火不容。政府觉得，它必须尊重传统精英的产权，既然不能直接征用，只好诉诸借贷和愈益离奇的财政花招。于是，家族统治如鱼得水。国家对法治的尊敬，反而帮助建立了高度不平等的社会,虽然尝试染指寡头精英的财富,但终告失败。所以,它只能在穷人和政治弱者身上筹集收入,从而加剧不平等,并为自己的灭亡铺平道路。

法国古老的家族制在革命中死去。不过,西班牙旧政权却创建了类似的制度,在 18 世纪躲过革命和改革,并将之输往拉丁美洲,后者不得不与这份遗产长期共处。

第24章

家族化跨越大西洋

拉丁美洲政府的特征未见于世界其他地区；早期现代的西班牙发展出与法国类似的家族专制主义；西班牙制度和其移植至新大陆殖民地

拉丁美洲大陆在地理、种族、文化和经济上具有极大的多样性，但各国又显示出共同特征，使拉丁美洲的政府模式，与东南亚、中东和非洲迥然不同。

到21世纪早期，拉丁美洲人口的大多数居住在世界银行标为"上中等收入"的国家。他们的年度人均收入在4 000到12 000美元之间，不但超过非洲的大部分国家，甚至超过快速增长的新兴国家，如印度和中国。[1]然而，经济增长趋于跳跃式，平均来看，仍远远低于20世纪中期以来的东亚国家。[2]第三波民主化以来，它在总体上成为世界上最民主的地区之一。随着民粹政府的兴起，例如在委内瑞拉，也出现了民主倒退。[3]

拉丁美洲在两个方面表现平平。第一是平等。该地区在收入和财富的不均上名列世界前茅。21世纪的头十年，某些国家的不均水平略有下降，但仍相当顽固。[4]第二是法治。举行选举，使用民主负责制来摆脱不得人心的领袖，拉丁美洲国家做得都不错，但司法的日常工作却比较落后。这体现在治安不良、犯罪率居高不下、法庭程序堵塞、脆弱或无保障的产权、很多富人和强人的胡作非为。

这两个现象——不平等和脆弱的法治——互有关联。法治的保护在拉丁美洲通常只适用于极少数人，如大企业主管或工会成员。在秘鲁、玻利维亚和墨西哥，多达 60% 到 70% 的人口生存于所谓的非正式领域（informal sector）。这些人经常没有自己住家的房契，从事无照的商业，如果受雇，也不是工会成员，得不到正式的劳工保护。很多贫困的巴西人住在蔓延的贫民窟（favelas），政府当局袖手旁观，正义经常私下解决，有时还得靠犯罪集团。执法不公平更促进了经济不公平，穷人居住的世界基本上得不到法律保护。他们不愿投资于自己的家，因为没有明确的法律文件。他们身受犯罪之害时，也不愿信任警察。[5]

要发现不平等的来源很容易，其大部分都是承继下来的。很多古老精英的富有家庭是大地主，其祖先建立大庄园，又将之顺利传给后裔。很多拉丁美洲国家的财政制度，又使不平等得到进一步深化。经济合作与发展组织（Organization for Economic Cooperation and Development）的富裕国家，其财政制度主要用于从富人到穷人的再分配。它的实施可通过累进税制度（如美国），也可通过再分配政策，向低收入家庭提供资助和社会服务（如欧洲）。相比之下，拉丁美洲的财政制度只做很少的再分配，在某种情况下，再分配却给了相对优越的团体，像参加工会的公务员或大学生。正式领域的工人和各式精英，得以保住自己的福利和补助金。事实上，他们中的大多数在逃税方面相当成功。不像美国的累进个人所得税，拉丁美洲国家的税收很少来自个人。其富人擅长于隐藏自己的真正收入，或转移财产到海外，远离税务官的控制。这意味着，征税主要来自消费税、关税和增值税，落在穷人头上的便高得不成比例。

21 世纪初，拉丁美洲政府在管理宏观经济政策上大有长进，但这只是近况。其历史的大部分时期，拉丁美洲政府因预算赤字、公共部门大量举债、通货膨胀和国债违约而声名狼藉。[6] 全洲范围的最后一次是在 20 世纪 80 年代初，墨西哥、巴西、阿根廷、秘鲁、

357

玻利维亚和其他国家都宣告延期还债，通货膨胀随之猛升。阿根廷在 20 世纪 80 年代末经历了真正的恶性通货膨胀，年增长率超过 1 000%。它在 2001 年又一次面临财政崩溃和国债违约。

在政治上，拉丁美洲的统治也与众不同。如上所述，该地区近来有很好的民主记录。但在 20 世纪 60 年代和 70 年代，即古巴革命之后，该洲所有大国都屈服于军事独裁。虽然民主根源可追溯到 19 世纪早期第一个独立国家，但拉丁美洲没有一个政权其民主政府的历史始终不断。除了菲德尔·卡斯特罗的古巴，该地区的独裁政府没能建成可被称为极权主义的强国，也没能掌控足够的强制力，实施真正的社会革命，如剥夺富有精英的资产和收入。该地区的威权政府从没能采取极端措施（很幸运），像苏联或中国共产党政权下那样的集体化，或中国"文化大革命"那样的大规模死亡。做不到的还有"选举式威权"（electoral authoritarian）政权，如查韦斯的委内瑞拉，它们甚至无法控制政权本身的犯罪或腐败。[7] 国家权力的伤害，大多落在非精英身上。如 20 世纪 80 年代，危地马拉政府发动可怕的剿反，以反对原住民族的游击队运动。富有的精英学会与非民主政府和平共处，避开国家权力的锋芒，经常获益于制度化的腐败。

如果这听起来亲切，那是因为这使人忆起法兰西王国的统治模式。在拉丁美洲，这些先例来自非常相似的家族政权，即早期现代的西班牙。跟法国相似，西班牙专制国家在 1492 年之后勉强拼凑而成。由于无止境的战争，西班牙君主政体永远处于破产之中。它试图通过借贷来弥补预算赤字，但很快在债权人面前丧失信用，最终诉诸像法国一样的各式伎俩来筹集资金，包括债务一再重整、货币贬值和出售公职。事实上，这个外强中干的国家为了搜寻现金，将愈来愈多的公职，包括大部分军队，都售给私人企业家。其结果是如出一辙的内部财政，私人成功地获取了国家创造的寻租权。贪污现象比比皆是，卖官鬻爵完全腐蚀了公私之分。

同时，托克维尔所叙述的法国因素，也在西班牙削弱对专制主义的抵抗。贵族、士绅和第三等级，本来应该团结起来抵抗王室权力，但却由于国家向个人提供参与分享租金的机会，而陷入四分五裂。中世纪时，西班牙议会（Cortes，像法国高等法院和英国议会）必须批准新税。但到后来，它中止了其制衡国家权力的功能。对公职和级别差异的耿耿于怀，又阻碍了西班牙社会采取集体行动。

这就是移植到新世界的政治制度，借助于新西班牙（墨西哥）总督辖区（viceroyalty）和秘鲁总督辖区。此外，它治下的社会制度比欧洲的更为不平等。就像收复失地运动（Reconquista）之后的西班牙，新大陆也是军事征服得来的。但不像前摩尔人领土，新大陆有大量原住民。16世纪40年代，在玻利维亚的波托西（Potosí）和墨西哥的萨卡特卡斯（Zacatecas）发现重要银矿，由此开创了庞大的采矿帝国。欧洲统治者享用开矿租金，做工的都是沦为奴隶的原住民劳力。编年史家注意到，奔赴新大陆的西班牙人，不是去做工，而是去当主人：他们"全靠印第安人的劳动、手工和汗水"。[8]从一开始，西班牙美洲的经济道德就不同于定居新英格兰殖民地的农民小地主。如果美国政治制度都以黑奴历史悠久的南方各州为基础，其结果就是拉丁美洲的殖民政府。

破产的西班牙国家

随着斐迪南（Ferdinand）和伊莎贝拉（Isabella）在1469年的联姻，现代西班牙国家迅速出现于世界舞台。该联姻合并了阿拉贡王国和卡斯提尔王国，再加上阿拉贡属下的领土加泰罗尼亚（Catalonia）、那不勒斯、西西里岛。联袂后的君主政体在1492年征服摩尔人的最后堡垒格拉纳达（Granada）。同年哥伦布前往新大陆，为西班牙争得西印度群岛（the Indies）。他们的孙子查理五世添加了包括低地国家（Low Countries）和弗朗什-孔泰（Franche-

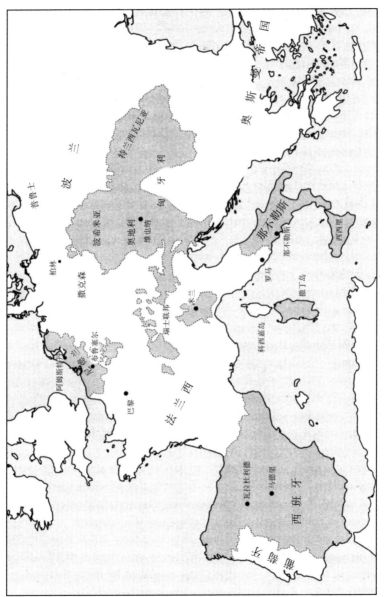

16世纪中期哈布斯堡帝国在欧洲的统治范围

Comté）的勃艮第，到 1519 年当选为神圣罗马皇帝，更把奥地利哈布斯堡王朝的土地纳入版图。

16 世纪 20 年代，查理五世控制当时世界上最大的帝国。帝国形成是通过王朝同盟，而不是征服，这一事实造就了财政上的捉襟见肘，从而对国家制度发展的性质发生决定性的影响。查理五世和儿子腓力二世（Philip Ⅱ）只有卡斯提尔一个安全的征税基地（包括珍贵的新大陆殖民地），不能向帝国其他地区抽取资源来应付开支。[9] 尽管如此，哈布斯堡君主政体在半岛之外担起了昂贵的担子。其中之一就是在 16 世纪发起与法国的持久战争，为了控制意大利，尤其是米兰公国。另外的是与荷兰联合省长达八十年的战争。最后，还有在日耳曼土地上发生的毁灭性的三十年战争。它由于法国首相黎塞留支持新教徒，而演变成一场泛欧大战。这段时期的战争，因开发了星状要塞（trace italienne），而变得异常昂贵。这种要塞不易遭受围攻炮火的伤害，但城防工程因此而变得格外拖延和艰辛。[10] 所有这些战争费用，卡斯提尔纳税人承担了其中的 80%。[11]

尽管有来自新大陆的贵金属，这些昂贵的外务负担几乎压垮了西班牙的财政制度。在 16 世纪和 17 世纪，政府费用始终数倍于美洲殖民地的汇款。金银进口，从 16 世纪 30 年代和 40 年代的每年 20 万至 30 万枚达克特，增至 16 世纪末最高的每年 220 万枚。但仍跟不上增长的债务，它在同期从 120 万涨至 600 万枚。[12]

16 世纪早期的西班牙国王宁愿借贷，也不愿增税，很快发现自己的信用不佳。在 16 世纪 20 年代，债务服务费用就超过税入的三分之一。到西法持久战争结束的 1560 年，它已超过税入的 100%。[13] 西班牙国王募集不到足够的资金来应付赤字，只好在 1557、1560、1575、1596、1607、1627、1647、1652、1660 和 1662 年宣布破产。[14] 这些破产并没赖掉债务，更像今天所谓的债务重整。国王以这些债务属于高利贷为由，宣布延期偿付短期和浮动的债务，然后再跟债权人开始拖延和不怀好意的谈判。债权人被迫将旧债务换成一纸新契（juro al quitar），有资格分享未来的税收，就像法国的租金。这种债券未标日期，可以转让，最初年息是7%，但要面对利率和本金的任意调整。通过这种债券，西班牙君主政体得以染指卡斯提尔社会精英的储蓄——神职人员、贵族、士绅、官僚等。最强大的债权人往往能获得较好条款，或者不受延期偿付的限制，或者让较弱的债权人承受债务重整。维多利亚公司（Vitoria）无法收到政府付款时，便拒绝偿付自己的债权人，包括"修道士、修道院、救济院、寡妇孤儿、其他非商人"。[15]政府发现，在政治上更难向这些精英直接征税，宁可选择不断赖账。这个传统也传至拉丁美洲的当代政府，如阿根廷。它在2001年的经济危机后，强迫外国投资者以及国内的养老金者和储户大量放弃手中的国债。

无代表仍纳税

当时很多欧洲人，尤其是受到西班牙威胁的英国人，对西班牙国王所谓的专制权力心存敬畏，相信他具有"像土耳其一样"的征税权和特权。但西班牙政权的财政基础却非常不稳定，国王对自己属下精英的权威也受法律和习俗的限制。西班牙的专制主义太弱，不敢像中国和俄罗斯那样向自己的精英发起正面进攻。它也无法像英国所做的那样开发基于情愿的合法征税制度。

像其他欧洲国家，聚集成西班牙的各王国都有称作议会的中世纪机构。莱昂王国（Kingdom of León）的议会是欧洲最古者之一，阿拉贡王国的议会是组织最好者之一，非常强势。[16]兼并莱昂的卡斯提尔王国议会，与英国议会或法国三级会议相比，其代表性少而限制多。它通常并不邀请作为集团的神职人员或贵族跟平民坐在一起开会。在14世纪，召集到议会的有一百座城镇的代表（procuradores），到15世纪，该数字跌至来自十八个城市的各两名代表。这三十六个人声称可代表全西班牙讲话，但实际上只是治内主要地区的寡头代表。[17]

议会的传统权力也受到限制。它没有立法权，因为已经留给国王。腓力二世在 1567 年颁布的新法典（Nueva Recopilacion）说，"一定要召集议会，征得代表的首肯，方能在整个王国征收税赋、捐献和其他税项"。但这指的是新设的额外税。像消费税（alcabala）、关税（regalias）、盐税及矿物开采税（quintos）的既存税，则不需要获得批准。国王也宣称，如果需求"合理"，议会无权拒绝。什么是合理，全凭国王说了算。

国王和议会的相对权力不是凭空而来的，而是政治斗争的结果。中央政府将消费税包给包税商，但遭到各城市的反对，后者宁要由自己负责收集和分配的人头税（encabezamiento）。人头税当年是伊莎贝拉批准的，1519 年被查理五世废除，从而激发所谓的公社叛乱（comuneros）。查理五世在议会安插自己心腹，不顾反对，强行通过新税。反对原因在于他被视为外国人（出生于佛兰德斯），向卡斯提尔征收的税，又用于不涉及本地利益的外国战争。卡斯提尔所有的城镇都奋起反抗，组织民兵，并要求另组民选议会，拥戴胡安娜女王（Queen Joanna）当政。要不是公社叛乱进而反对贵族，查理五世很可能丢失对王国的控制。贵族转而向国王靠拢，查理五世最终得以重建军事控制。[18]

公社叛乱的结果，在某种意义上，很像一百三十年后法国的投石党叛乱。国王以决定性的军事胜利宣称他对城市的权威。由民选的独立议会充任西班牙的自由保护人，这种想法彻底寿终正寝。同时，国王意识到他需要化解不满，遂逐一收买潜在的对手。当初激发叛乱就是因为人头税的废除，他现在予以恢复，还将服务税（servicios）和普遍税（millones）的新税留在地方当局手中。他们多半是家族官僚，帮国王征税，自己可保留一部分。[19]议会后来重开时，只提供咨询，再也没有要求或获得征税的权力。但他们的偏袒还是会影响公共财政，因为他们不愿支付财产税，所以新税都是

363

影响穷人甚巨的商业税，从而阻碍西班牙的经济增长。

西班牙国家的家族化始于 16 世纪 60 年代，在腓力四世（1621—1665）治下到达顶峰。跟法国一样，驱动这一进程的是西班牙的持久战争和无止境赤字。西班牙第一次破产是在 1557 年，国王要他的朋友和侍臣鲁伊·戈麦斯（Ruy Gómez）去兜售市政公职，多多益善。[20] 跟法国不同，西班牙的卖官鬻爵最初只是城市和地区的。该措施受到广泛谴责，大家知道售出的公职不能提供足够的回报，除非走歪门邪道。[21] 尽管如此，财政困境促使国家出售更多公职。到了 1650 年，据估计政府共创造三万名捐官，按人均来算是同期法国的两倍。[22] 此外，卡斯提尔领土的 30% 回归领主法庭的管辖，不是为了政治目的，而是因为君主政体急需现款。各城镇的全部权力，包括征税权和司法权，都出售给私人。在某个意义上，西班牙的国家建设开了倒车，由于财政上的短见，中央政府失去对大部分领土的控制。

家族制也影响军事组织。西班牙经历很多世纪，方从摩尔人的手中获得解放。卡斯提尔王国和阿拉贡王国联姻合并时，军队组成所谓的步兵方阵，配备长矛，以后又改成火绳枪（arquebus，编按：中国称鸟铳或鸟枪）。[23] 如此训练和装备的西班牙军人，在科尔特斯（Cortés）和皮萨罗（Pizarro）的率领下，战胜了新大陆的本土帝国。他们也奔赴西班牙帝国的其他地区驻防，尤其是意大利北部的基地，从那里可经过所谓的西班牙路（Spanish Road）直达低地国家。[24] 卡斯提尔士兵参与了 1533 年反对奥斯曼帝国的维也纳防御战。西班牙水兵也以少量舰队参与 1535 年进攻突尼斯（Tunis）、1538 年试图攻占阿尔及尔（Algiers）、1571 年重大的勒班陀战役（Battle of Lepanto）。到了 17 世纪，募集陆海军的任务越来越多地交托给自资招募军人的私人和装备自己舰船的沿海城镇。向军队供应必需品的后勤基础，又受控于热那亚（Genoa）的金融家。这意味着，到 17 世纪中期，西班牙君主政体对属下的武装力量只行使很

364

有限的控制。[25]

　　像其他西欧国家，法治扮演了重要角色，限制了西班牙国王在产权和公众自由方面的权力。跟北欧不同，罗马法的传统在西班牙没有完全消失。《查士丁尼法典》重现于 11 世纪之后，西班牙发展了颇为强大的民法传统，民法被视作神法和自然法的成文化。国王可颁布制定法，但新法典讲得很清楚，必须遵循既存的法律先例，与之相悖的皇家法令则没有效用。天主教会仍是教法的监护人，并经常向皇家特权挑战。与习惯权利和特权相抵触的皇家命令常常受到抵制，此举被称作"服从但不执行"（Obédezcase, pero no se cumpla）。赴新大陆的征服者（conquistadore），如果从总督辖区接到自己不喜欢的命令，经常援引此理。个人如不同意收到的皇家命令，有权向皇家会议提出申诉。后者像英国的对应物，享有西班牙的最高司法权。根据历史学家汤普森（I. A. A. Thompson），卡斯提尔的皇家会议信奉条文主义（legalism）和正当程序，反对随心所欲。它还主张相对于行政模式的司法模式，积极抵制非正常程序，始终保障既定的权利和契约义务。[26]

　　该法律传统的影响，体现在西班牙国王如何处置国内敌人和百姓产权。在西班牙，找不到秦始皇或伊凡雷帝（Ivan the Terrible）那样的帝王，他们会任意处决自己宫廷的成员，以至灭族。像同期的法国国王，西班牙君主在搜索财源中不断侵犯国人产权，但仍在现有法律的框架中运行。他们没有任意征用资产，只是重新谈判利率和本金的偿还表；不愿增税以造成对抗，只是使货币贬值，承受较高的通货膨胀。滥发货币的通货膨胀实际上也是一种税赋，但无须通过立法，对普通百姓的伤害超过精英，后者拥有的大多是实物资产，而不是货币资产。

365

制度移植到新大陆

与长期定居、拥有古代习俗的社会相比，征服社会为制度的发展和改革提供了不同的机会。征服社会可实施当代企业所戏称的"未开发地区的发展"——不受既得利益团体和习惯行为的妨碍，彻底重建制度。奥斯曼帝国在封地上安顿骑士，使之成为仅一代的贵族，因为土地是不久前抢来的。一点也不令人惊讶，西班牙征服新大陆时，随身带来了现成制度。与欧洲相比，他们面对更少既得利益者的遏制，以及不同的经济机会和自然资源。如果拉丁美洲的统治类似于西班牙王国的统治，制度移植却不一定直截了当，或刻不容缓。

收复失地运动的最后战役之后，接踵而来的就是西班牙征服美洲：哥伦布（Christopher Columbus）目睹斐迪南和伊莎贝拉在格拉纳达凯旋入城；科尔特斯的叔叔和父亲参与反对摩尔人的战役。科尔特斯在与阿兹特克人（Aztec）打仗时，好像仍在与摩尔人作战，运用分而治之的类似策略。[27]

很多有关定居、殖民和政治制度的技术，直接搬自西班牙南部的殖民经验。事实上，征服者习惯把美洲本土庙宇称作"清真寺"。

这些早期探险受到西班牙国王的资助，但主要依靠组织探险的私人企业家的能量。一边是身处新大陆的个人，另一边是尝试严控殖民地的马德里政府，两者之间的互动造就了拉丁美洲的制度发展。金银开采权利特别重要，因此颁给私人的土地不包括地下权益，全部留给国家。赴秘鲁和墨西哥的大部分移民，并不涉及金银的开采。更确切地说，他们只想充任土地和由此而生的农业资源的主人。与西班牙南部相比，他们面对全新环境，所征服的土地住有密集人口，适合不同模式的开发。

为了奖励和控制征服者，西班牙当局发明了托管权（encomienda）制度，所赠予的不是土地，而是原住居民。如奥斯曼帝国的封地，

366

国王的意图是防止既得利益的地方贵族兴起。托管权的赠予是有条件的，不得遗传。[28]科尔特斯征服了阿兹特克首都特诺奇提特兰（Tenochtitlán），其幸存属下中大约有40%获得托管权，相当多的皮萨罗追随者在秘鲁也获得托管权。从技术角度看，托管权并不将原住民当作奴隶，但要求他们提供劳力，以换取监护者给他们的基督教教育和善待。西班牙国王以家长姿态，担忧新主人虐待原住民工人，也担忧天花和其他极易为印象第安人感染的疾病造成原住民人口急剧下降。所以，基于种族的主奴等级关系成为早期拉丁美洲制度的组成部分。

367

为统治美洲殖民地，西班牙迅速建立了相对有效的现代行政机构。西班牙新大陆帝国的合法性来自教皇亚历山大六世1493年的诏书，它将西印度群岛（地理范围不明）永远赐给卡斯提尔和莱昂的国王。权力属于西班牙国王和马德里的西印度群岛理事会，再传至设立于墨西哥和秘鲁的总督辖区。用于新大陆的法律是卡斯提尔的，与帝国其他地区毫无关联，尽管很多西班牙征服者和新移民出生于他处。科尔特斯在1519年开始对墨西哥的征服，下一年就发生重大的公社叛乱。由于这场叛乱，移植到新大陆的政治制度不包括强大的议会，或其他类型的代议制度。政治独立的唯一努力来自皮萨罗的兄弟贡萨罗（Gonzalo），他尝试成为独立的秘鲁国王，在1548年被皇家军队打败并处决。自那以后，中央权力再也没有受到新大陆西班牙人的挑战，直到19世纪早期的独立战争。

西班牙当局移植罗马法律制度，在十处建立高级法庭（audiencia），包括圣多明各、墨西哥、秘鲁、危地马拉、波哥大。派去帮助治理殖民地的行政人士中，有很多是具丰富民法经验的律师和法官。行政人员不得与本地女子结婚，或在领地上建立家庭联系，很像中国的县令或奥斯曼帝国的桑贾克贝伊。历史学家约翰·赫克斯泰布尔·艾略特（J. H. Elliott）在评论殖民地政府时写道："如果现代国家中的'现代性'，指的是将中央权力的指令传达到遥远地区的机构，那么西班牙美洲殖民政府要比西班牙政府，甚至其他任何早期现代的欧洲国家，更为'现代'。"[29] 在这一方面，它与英国君主政体对北美殖民地的放任态度，形成鲜明的对比。

大庄园的铁律

1570 年在新大陆的西班牙行政机构，似乎比同时代的欧洲制度更为现代，但好景不长。西班牙政治制度的家族化要到 17 世纪才加大油门，卖官鬻爵之类的制度移植到新大陆也属无可避免。推动这个过程的基本动力，来自殖民地实际参与者的倡议。他们试图增加自己的租金和特权，而马德里的中央政府太软弱、太遥远，无法予以制止。

大地产或大庄园的铁律——富人将变得更富，除非遭到国家的遏制——既适用于像中国和土耳其那样的农业社会，也适用于拉丁美洲。移民阶层强烈抵制托管权仅维持一代的规定。一点也不奇怪，他们要求将自己的权利传给孩子，便在 16 世纪 40 年代公开违抗托管权自动回归国王的法律。拥有原住民的劳力，使部分托管权主人发财致富，并开始购买大片土地。不像托管权，土地可以遗传。到 16 世纪晚期，美洲面对本土居民濒临灭绝的危机。墨西哥的人口从 2000 万跌至 160 万。[30] 这意味着许多人口稀少的土地突然进入市场。

新兴的克里奥尔（creole，编按：指生于美洲的西班牙白种人）精英大多住在城镇，雇用劳力开发土地，自己只是缺席地主。拉丁美洲惯例的土地所有制，与其他部落社会相比，基本上没有很大差异。产权共有，并联系着扩展的血缘团体。剩下的印第安人，要么受骗售出自己的土地，要么被人赶走。共有土地变成私人地产，由于玉米和木薯等本地作物被欧洲经济作物所取代，周遭环境大变。很多农地转换成养牛牧场，对土壤肥力造成极大损害。马德里政府承诺保护原住民地主的权利，但天高皇帝远，无法控制实际局势。

而地方上的西班牙当局往往与新兴的地主阶层狼狈为奸，帮助后者逃避有关规则。这就是拉丁美洲大庄园（hacienda）的起源，在后续年代里，成为不平等和持久冲突的根源。[31]

少量精英却拥有大片土地，在西班牙长子继承权（mayorazgo）实践中找到支持。它防止土地的分割出售和大庄园的瓦解。17世纪见证了富人的大肆兼并，甚至是整座村庄和城镇。他们再借用长子继承权，以防遗产分配造成土地流失。长子继承权也已移植至新大陆。西班牙当局试图限制长子继承权的牌照，所依据的道理与他们要求收回托管权一样。地方上的克里奥尔或移民群体，转而使用改进继承权（mejora）。父母在遗产分配上可作偏袒，目的仍是维持宗族的实力和地位。[32]

强大的地主阶层出现，但无法成为凝聚的政治参与者。像法兰西王国，税务制度帮助将个别移民与国家绑在一起，破坏了他们可能建起的与非欧洲同胞的团结。构成早期移民浪潮的有大批单身男子，结果与本土女子要么结婚，要么生孩子，造就了麦士蒂索混血阶层（mestizo）。愈来愈多的黑奴运来新大陆，与白人一起生下的后代叫穆拉托（mulatto），成为又一单独阶层。区别于这两个阶层，西班牙移民的后裔克里奥尔可以享受免税。这种待遇，如在西班牙，只属于贵族和士绅（hidalgo）。就像在北美，身为白人就能获得地位，截然不同于恭恭敬敬的印第安人和黑人。[33]

考虑到国王在马德里的财政拮据，卖官鬻爵的欧洲制度最终越过大西洋也许是不可避免的。西班牙美洲的财政管理，在16世纪的大部都还不错。殖民地毕竟是贵金属的主要来源，再逐渐改为农产品。到世纪末，矿产开始下跌。随着三十年战争的进行，西班牙国王对税收的需求又有增加。君主政体防止新大陆出现贵族阶层的努力，因此而销声匿迹。艾略特如此描述这个转变： 370

城市的主要家庭借助与皇家管理机构的特殊关系，聚积资源，按自己需求建立继承权，巩固对城镇和内地的掌控。他们还利用国王日益恶化的财政困境，趁机购买公职。市政会职位（regimiento）的私人交易由来已久，从 1591 年起，更变成公开出售。从 1559 年起，公证官的职位上市。到 1606 年，几乎所有地方公职都跟进买卖。腓力二世和腓力三世反对出售财政部的公职，但到 1633 年，腓力四世开始放开买卖。最终，到 17 世纪下半叶，甚至最高级职位也上了市场。从 1687 年起，就系统性地出售高级法庭的职位。[34]

　　像法国和西班牙，对商人阶层来说，购买公职成为提高社会地位的途径。他们现在把自己当作绅士（caballero），将来再传给孩子。古老家庭更可购买西班牙贵族的爵位，以保护他们相对的优越地位。17 世纪的西班牙君主敞开大门，允许数百名克里奥尔进入颇有声望的西班牙军事修道会（Military order），分封其余的为侯爵和伯爵。

　　到 18 世纪，平等和人权的原则开始向新大陆殖民地渗透，但西班牙政治制度和社会制度已在拉丁美洲获得再生。讽刺的是，家族制度的移植违背了马德里殖民当局的初衷。在 16 世纪的大部分时间，他们尝试在殖民地建立更为现代的非人格化政治秩序，但这些计划均因国王日益恶化的财政而搁浅，使他们难以实施更为强硬的遥控。伊比利亚半岛上出现的公私不分，也在美洲发生。

　　在法国，寻租者和捐官者攫取国家，破坏国家权力，最终造成法国大革命的社会爆炸。在西班牙，相同的政治演变造成国力的长期衰退。但类似的政治革命，从没光顾西班牙的母国或殖民地。19 世纪早期的独立战争推崇法国大革命和美国革命的自由和平等，但其领袖是克里奥尔的精英——像西蒙·玻利瓦尔（Simón Bolívar）——他们曾深深陷入旧政权的家族政制。

　　法国大革命得以在公共利益和私人利益之间重新划定明确界限。它没收所有捐官者的世袭财产和特权，谁反抗就砍谁的头。新式的政治制度，其公职的招聘基于非人格化的选贤与能——中国人在将近两千年之前就已发明的——又由马背上的拿破仑带往欧洲其他国家。1806 年，他在耶拿和奥尔斯塔特（Jena-Auerstadt）两次击败普鲁士的家族化军队，从而说服新一代的改革家，像冯·施泰因男爵（Baron vom Stein）和卡尔·奥古斯特·冯·哈登贝格（Karl August von Hardenberg），普鲁士国家必须以现代原则进行重建。[35] 19 世纪的德国官僚机构，成为韦伯现代合理政府的模型。它并不来自家族化官僚，而是与传统的刻意分手。[36]

在拉丁美洲，独立成功之前从没发生社会革命，家族制仍然嵌入很多独立后的政权。虽然出售公职和贵族封号的做法遭到废除，正式的民主制度获得建立，但旧心态依旧长存。19 世纪拉丁美洲的新国家中，很少强大到能直面自己的精英，或加以征税，或加以抑制。那些精英渗透和控制国家本身，并找到空隙，将自己社会和政治的特权传给孩子。直到 20 世纪晚期，西班牙旧政权的财政恶习，像持续赤字、过分借贷、债务重新谈判、隐性征税的通货膨胀，仍在阿根廷、墨西哥、秘鲁、玻利维亚等国徘徊。正式的民主和宪政，并不基于社会各阶层的对抗和妥协，而是精英自上而下所施与的，如果不再符合自身利益，又可收回。这引发高度不平等和两极分化的社会在 20 世纪的涌现，并酿造了真正的社会革命力量——体现于墨西哥和古巴的革命。过去一世纪中，拉丁美洲国家定期遭遇骚 372 乱，要求对整个社会契约进行重新谈判。

近来出现很多新兴的社会参与者，譬如工会、有密切国际关系的商业团体、城市知识分子、试图要回殖民者所夺走的地位和权力的原住民团体。拉丁美洲政治制度的对策，不管是民主的还是威权的，都趋于让他们一步步参与国家，从而收买他们，而不是政治权力真正的重新调整。例如在阿根廷，20 世纪初的前数十年，工人阶级的兴起遇到传统地主精英的顽强抵抗。在欧洲，工人阶级加入广泛组合的社会民主党，提倡再分配政策，为现代福利国家打下基础。相比之下，代表阿根廷工人阶级的却是军事领袖胡安·庇隆（Juan Perón）。他的阿根廷正义党（Partido Justicialista），向拥护者网络提供选择性的好处。阿根廷在民粹狂热和军事独裁之间左右摇摆，并没开发出真正欧洲风格的福利国家。革命制度党（Partido Revolucionario Institucional）治下的墨西哥也有类似情形，特别优惠只给选出的组织良好的拥护者。墨西哥比阿根廷更稳定，但同样无法解决社会隔绝和贫穷的难题。所以，西班牙旧政权的家族遗产仍在 21 世纪存活。

第25章
易北河以东

匈牙利成为失败负责制的另一选择；西方废除的农奴制却在东欧冒头；宪政主义和贵族统治出现于匈牙利；自由如要兴盛，既要有强大中央国家，又要有对它的制约

早期现代的法国和西班牙是弱的专制主义和失败负责制的案例。形成于16世纪和17世纪的国家是专制的，因为它的君主政体集中权力，无须以正式方式向议会或其他代议机构负责。其他政治和社会的参与者，如高等法院和西班牙议会，公社叛乱者和投石党人，反对国家集权，最终都被一一击败。他们失败的方式凸现了专制权力的基本弱点。国家向精英参与者提供一部分国家职能，将他们逐一收买，既削弱了他们集体行动的能力，也限制了可在他们身上行使的权威。他们的财产和特权，虽然经常受到挑战和侵蚀，但基本上完整无缺。

相比之下，匈牙利和俄罗斯提供了两条另类发展路径，它们彼此之间不同，又有别于法国和西班牙的模式。这四个案例最后都以政治负责制的缺席而告终。在匈牙利，专制努力最初是失败的，因为强大和组织良好的贵族阶层，可以向国王权力施加宪法的限制。跟英国议会一样，匈牙利议会也迫使匈牙利国王向自己负责。但他们对负责制的追求，并不代表全体国民，只代表狭隘的寡头阶层；他们只想使用这份自由，以进一步榨取自己属下的农民，又避免向

中央国家缴纳重税。其结果是愈益恶劣的农奴制得到扩张，国家趋 374
于孱弱，最终不能抵抗土耳其。换言之，一个阶层的自由导致了其
余阶层的不自由，还导致国土被强大邻国宰割。

我们花时间来考虑匈牙利的例子，只想显示，对中央政府权力
的宪法限制，并不一定能建成政治负责制。匈牙利贵族阶层所追求
的，是更加彻底地剥削农民的"自由"，强大中央国家的缺席让他
们得逞。大家都理解出自中央专政之手的中国式暴政，但暴政也可
来自分散的寡头统治。真正的自由倾向于在社会精英参与者的均势
中出现，匈牙利从没能做到这一点。

主人和奴隶

欧洲历史中重大谜团之一是早期现代之初，即 16 世纪和 17
世纪，主子和奴隶的关系在东西欧得到截然不同的发展。易北河
以西的地区——西部日耳曼国家、低地国家、法国、英国和意大
利——中世纪期间强加于农民的农奴制逐渐取消。奴隶制从未在西
班牙、瑞典和挪威出现。相比之下，易北河以东的地区——波希米
亚（Bohemia）、西里西亚（Silesia）、匈牙利、普鲁士、利沃尼亚
（Livonia）、波兰、立陶宛和俄罗斯——先前自由的农民却在历史同
期逐渐沦为农奴。[1]

跟封建制一样，农奴制有繁多定义。历史学家杰罗姆·布鲁姆
认为，"如果一个农民受领主愿望的束缚，相互之间的关系使他低
人一等，并在社会中无能为力；这种情形又被认作是领地上法律和
社会结构的根本，而不是领主与他的契约或协议的结果；这样农民
就是不自由的"。对农民享有司法权的是领主，而不是国家。他们
的关系可由详细的惯例规则所定位，但领主可以修改规则，使之更
加不利于农民。农奴仅保留少许的法律权利，不同于奴隶，但实际 375
差别并不大。[2]

　　从 12 世纪以来，西欧农奴在不同时期和不同程度上赢得自由。
他们通常先升为领主土地上的佃户，土地使用权可能限于自己的一
生，也可能传给孩子。有些土地受到限制（mainmortable），只能
传给与自己同住的孩子，否则就要归回领主。在 18 世纪，废除该
限制成为自由改革家的重要目标之一。在其他案例中，农民直接升
为地主，享有随意买卖和赠与土地的全部权利。法国大革命的前夕，
法国农民已拥有土地的 50%，超过贵族的两倍。[3] 托克维尔指出，
那时的领主早已停止参与对农民的统治。这就是残留的收费权利，
或迫使农民使用领主的磨坊或酒坊，受到如此强烈憎恨的原因。[4]

　　在东欧发生的情形恰恰相反。中世纪时期，与西方相比，那里
反而有相当充分的自由。多半因为它仍属人口稀少的边境地带，来
自西欧和欧亚大陆的殖民者，可遵循自己的法律。从 15 世纪开始，
整个东欧建立新规则，限制农民的迁徙。农民不得离开他耕耘的土
地，否则就要面对大笔罚款的威胁。帮助潜逃农奴要受沉重处罚，
城镇收容农民的能力大受限制，以防止他们逃避庄园上的义务。

　　农民损失最大自由的是俄罗斯。回溯到 12 世纪的基辅罗斯
（Kievan Rus），其时已有奴隶和农奴。随着 15 世纪莫斯科国家的兴
起，农民的义务持续上升，活动自由也在逐渐减少，直到每年仅得
一次假（前提是债务已经还清），在圣乔治节（St George's day）的
前后。到了下一世纪，连这唯一一年假也被取消。[5] 俄罗斯领主对农奴
的权利稳步加强，直到 18 世纪末。其时，人权原则正在整个西方
传播。农奴永久绑在主人身上，没有活动权利。事实上，主人可随
意调遣农奴，从一处地产迁到另一处，甚至将农奴放逐到西伯利亚，
之后又任意召回。俄国统治阶层开始以手下农奴的数量来评估自己
的地位。俄罗斯的贵族高层富得惊人：伯爵尼古拉·谢列梅捷沃
（N. P. Sheremetov）拥有 185 610 名农奴；到他儿子手上，这个数字
增至 30 多万。18 世纪末，伯爵沃龙佐夫（Vorontsov）拥有 54 703
名农奴；到 19 世纪中期农奴制废除之前，他的继承者光是男奴就

有 37 702 名。[6]

　　农奴制在东西欧为何有如此迥异的发展？答案在于经济、人口和政治因素的总汇，使农奴制在西方难以维持，在东方却盈利丰厚。

　　西欧人口密集，在 1300 年是东欧的三倍。随着始于 11 世纪的经济繁荣，众多人口变成城市居民。这些城市从意大利的北部辐射至佛兰德斯，其存在首先是政治软弱的产物，再就是国王发现，保护城市的独立可以挖对手大领主的墙脚。城市也受到古老封建权利的保护，罗马时代的城市传统并未消失。由于受到如此庇护，城市发展成为独立的社区，通过贸易增长来开拓自己的资源，独立于庄园经济。[7] 自由城市的存在，又使农奴制愈加难以维持。它们好像是国内的边境线，农奴可以逃到那里来赢得自由，因此有中世纪的说法，"城市空气使你自由"（Stadtluft macht frei）。[8] 相比之下，人口相对稀少的东欧城市更为小型，跟中国和中东类似，主要充任现有政治权力的行政中心。

　　14 世纪的灾难性人口下降，更促使西欧趋向自由和东欧趋向非自由。重复发生的瘟疫和饥荒对西欧的打击，比对东欧更为严峻，爆发时间也更早。经济增长在 15 世纪恢复，西欧看到城镇的再生。它们提供避难所和经济机会，防止贵族进一步榨取手下的农民。事实上，为了挽留农民继续耕耘，领主必须提供更多自由，从而开启了现代的劳动市场。中央君主政体发现，保护城镇的权利可以削弱贵族对手。日益增加的需求必须依赖来自东欧和中欧的进口，包括食物和贵金属。但在易北河的东面，软弱的独立城市和国王，允许贵族依靠农民劳力来开发农产品的出口。如历史学家杰诺·苏克斯所说："从长远看，易北河对岸的地区为西方复苏作出了贡献……'第二次农奴制'的立法凶兆，以可怕的同步出现于勃兰登堡（1494）、波兰（1496）、波希米亚（1497）、匈牙利（1492、1498）、俄罗斯（1497）。"[9]

　　这是对东西欧农民权利不同模式的最明显解释。在西方，愈益

377

强大的国王支持城市，其存在可以抵消贵族权力。在法国和西班牙，国王最终在长期斗争中获胜。与领主有委屈或冲突的农民和其他参与者，从精英的竞争中获得更多机会。在东欧，城市和君主权力都很弱，让贵族阶层自由支配属下的农民。这样的模式出现于匈牙利和波兰，国王由贵族阶层选出。东欧两个地区有强大国家：15世纪之后的俄罗斯和18世纪之后的勃兰登堡—普鲁士。然而，在这两个案例中，国家都没有代表平民来反对贵族，反而联合贵族来反对农民和资产阶级，再招聘贵族服务以增加自己的权力。

后来，农民在大规模行动中获得解放，例如沙皇亚历山大二世1861年的解放宣言。但非精英的真正自由——不仅农民还有城市中的工匠和资产阶级——还需依赖现有精英参与者的僵局或均势。非精英团体在两种情况下都受到压榨：第一，分散寡头变得太强大，那是匈牙利和波兰的情形；第二，中央政府变得太强大，那是俄罗斯的情形。

宪政主义及其在匈牙利的衰落

今日匈牙利只是中世纪幅员辽阔王国的缩影，它曾在不同时期囊括今日奥地利、波兰、罗马尼亚、克罗地亚、波斯尼亚、斯洛文尼亚、斯洛伐克和塞尔维亚等部分。匈牙利人是公元第一个千年末期侵犯欧洲的部落民族，由七个部落组成，其主要部落马扎尔（Megyeri）的统治者创建了阿尔帕德（Árpád）王朝。阿尔帕德大公伊斯特万（István），在1000年受洗为基督徒，并获加冕为匈牙利国王。他监督匈牙利皈依基督教，后来被追认为圣人，即匈牙利的守护神圣斯蒂芬。[10]

匈牙利的王朝斗争消耗了君主政体，使之变得愈益孱弱，结果就是持续的寡头统治。随着部落财产共有制的瓦解，匈牙利君主政体最初拥有甚多地产，再加上来自皇家矿产的收入，其资源可与法

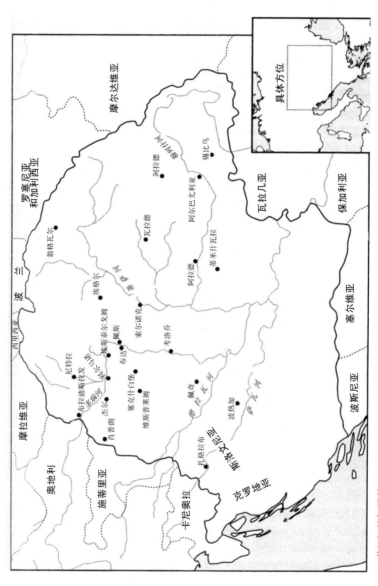

14世纪初的匈牙利

英国王媲美。到贝拉三世（Béla Ⅲ，1148—1196）统治的晚期，国
王开始分赠皇家地产、属下各县的大片土地、关税、市场收入等。
这些不是西欧那样换取服务的封建赠与，而是新兴男爵阶层手中的
自由财产。贝拉三世的继承者们为权力斗争继续向贵族竞相分送皇
家礼物。[11]

　　这就是1222年国王安德鲁二世签署金玺诏书的背景（参看第
22章）。[12]它实际上是限制国王权力的宪法文件，只是来自颇为不
同的社会参与者。在大宪章的案例中，强大的英国男爵代表整个王
国发言，迫使国王约翰限制自己享有的权力。迫使国王签署金玺诏
书的不是匈牙利男爵，而是皇家和城堡要塞的军人。实际上，他们
想要国王保护自己免受男爵的掌控。[13]匈牙利教会获得格里高利之
后强大罗马教皇的支持，也是要求政策变化的重要政治参与者。教
会想保护自己的土地和特权不受进一步的侵蚀，也要求把穆斯林和
犹太人的商人驱逐出国，让基督徒商人取而代之。金玺诏书的政治
运作显示，匈牙利社会已在国家之外组织成强大的竞争团体，包括
男爵或上层贵族、士绅、神职人员。[14]

　　中央权力软弱的第一后果是蒙古人对匈牙利的掠夺。后者征服
俄罗斯后，在1241年入侵匈牙利。[15]国王贝拉四世试图加强自己的
力量，所以邀请大批异教库曼人（Cuman）进入匈牙利，反而激怒
自己的贵族，后者因此拒绝参战。库曼人最后也没参战，匈牙利部
队在蒂萨河之战（Battle of Mohi）中遭到彻底摧毁。蒙古人占领整
个国家，得知大汗在蒙古过世消息之后，方才撤退。

380

　　匈牙利在军事上的薄弱促进了国家建设。[16]匈牙利不知道蒙古
人何时归来，也不知道还有没有其他的东方入侵者。为未来威胁作
准备，路易一世（Louis I）等的后续国王投入实质性的军事行动，
以扩充对巴尔干半岛的控制，甚至抵达遥远的那不勒斯。国家还实
施很多改革，以保护自己免受侵略。这包括建造大量石堡和城防，
以替换顶不住蒙古进攻的木砖建筑；还以西欧模式的重甲骑士，取

代匈牙利军队的轻骑兵。

军事压力导致匈牙利国王促进士绅的利益。然而，这类军人和官员没有直接进入中央国家的架构。后来的软弱国王允许他们为强大男爵服务，促使单一贵族阶层涌现。到 14 世纪，当初促成金玺诏书的皇家和城堡要塞的军人发现，自身的利益不在国王一边，而在男爵一边。[17]

结果是非常软弱的国家，以及寡头地主团体所控制的强大社会。包括新近获得爵位的士绅的匈牙利贵族阶层，完全拥有自己财产，不欠国王任何服务义务。阿尔帕德朝代在 1301 年结束之前，国王虽是当选的，却只是个装饰。他手下没有重要的军队或资源，也没有强大的中央官僚机构。后继的安茹（Angevin）王朝治下，分权过程得到暂时逆转。该王朝终结于 1386 年，贵族迅速卷土重来。

一直到 16 世纪末，莫斯科公国的创始家族，持续成功地孕育男性继承人。这大大帮助了其强大国家的兴起，再一次显示人类制度的偶然性。相比之下，匈牙利却面对重复的继承权斗争，因为它的朝代短命，很多国王又有外国出身。[18] 觊觎王位者为了争得权力，只好让贵族得到资源好处。在西吉斯蒙德（Sigismund）国王治下，很多国王城堡都落到了贵族手中。[19]

事实上，匈牙利贵族以议会形式将自己的权力制度化，其权力超过法国的高等法院、西班牙议会、俄罗斯的缙绅会议。[20] 远远早于约翰·洛克，贵族阶层"宣布他们有权保护王国的福祉，甚至可以反对国王，如果他试图损害共同利益"。他们还以此理由监禁一名国王。[21] 召开议会的先例可追溯到金玺诏书的时代，到 15 世纪中，国家议会每年开会，有权选择国王。不同于英国议会，匈牙利议会受大地主贵族的控制，仅仅代表贵族阶层的利益。如历史学家派尔·恩格尔（Pal Engel）所说，"新制度的本质是决策权的分享，在理论上分给王国中所有地主，在实践中只给参与政治的贵族"。[22] 早些时候，城市也可以参加议会，但随着其影响的式微，而逐渐中止。[23]

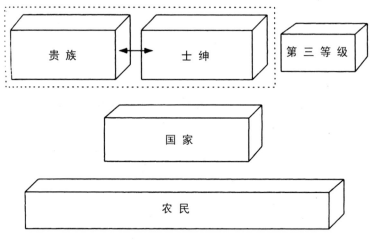

图3. 匈牙利

（图 3 显示中世纪匈牙利的政治权力分配。）

　　匈牙利打造强大国家的最后机会是在 15 世纪下半叶，奥斯
曼帝国已在东南方蠢蠢欲动。贵族地主约纳斯·匈雅提（Janos
Hunyadi）在 1446 年被议会推选为摄政王。他通过一系列对土耳
其人的军事胜利，包括 1456 年英勇的贝尔格莱德保卫战，而获
得巨大威望。[24] 约纳斯儿子马蒂亚斯（Mátyás，或写作 Matthias
Corvinus）在 1458 年因此而当选国王，在长达三十多年的统治期间，
完成了中央国家的现代化。这包括创建国王直接控制的强悍的黑军
（Black Army），以取代纪律不佳和半私人的贵族部队，后者曾是匈
牙利军队的基础；发展皇家秘书处，并配以大学培养的官员，以取
代家族化的贵族官员；实施全国海关和直接税赋，中央政府征税急
剧上升。[25] 马蒂亚斯使用这些权力新工具，在波斯尼亚和特兰西瓦
尼亚（Transylvania），取得了对土耳其、奥地利、波兰和西里西亚
的重大军事胜利。[26]

　　因军事上的必需，马蒂亚斯投入其他现代化专制君主也在做的

努力。不同于法国和西班牙的国王，他仍需面对强大和组织良好的贵族阶层，被迫定期向选他当国王的议会征求咨询。贵族因他的军事成功而给他活动余地，但怨恨他所强加的与日俱增的税赋，以及在决策中自身影响力的销蚀。马蒂亚斯死于 1490 年，贵族收回中央国家在前半世纪争得的大部分权利。他们愤愤不平于自己特权的损失，渴望恢复旧状。所以，男爵们将一名软弱的外国君主推上王位，删减黑军的经费，然后将之送上土耳其的战场，结果遭到歼灭。贵族阶层还以国防能力为代价，将自己的税收负担降低 70% 到 80%。

匈牙利返回到贵族分权的均势，很快承受后果。纪律散漫的贵族部队在 1526 年的莫哈奇战役中被苏莱曼一世打败，匈牙利国王被杀。相互争执的男爵只顾反对国家，不顾国家防御；如此场景曾在蒙古入侵中发生，现又重演。匈牙利失去独立地位，一分为三，分别受奥地利哈布斯堡、奥斯曼、土耳其属国特兰西瓦尼亚的控制。

383

自由和寡头政治

我详细讨论匈牙利的例子，是为了挑明一条相对简洁的见解：强大、凝聚且武装齐全的民间社会，能抵制中央政府，但不一定能获得政治自由。即使有宪政安排，对行政权力实施严格的法律限制，也不能保障政治自由。匈牙利正好符合上述的一切，它得以削弱中央权力，以致国家都不能抵御迫在眉睫的外国敌人。波兰身处类似情境，软弱的国王受贵族会议的控制。两个世纪之后，波兰步匈牙利的后尘，也失去国家的独立地位。

国家独立的丧失不是匈牙利失去的唯一自由。毕竟，匈牙利面对的是庞大和组织良好的土耳其帝国，后者已在欧洲的东南部兼并了多数王国和公国。即使是一个更为集权的现代国家，恐怕也承受不了土耳其的冲击。匈牙利中央国家的脆弱，使匈牙利农民和城市处于从属地位。蒙古入侵带来了动乱和人口骤降。这之后，农民基本上成为自由人，尤其是住在皇家领地上的。作为皇家"客人"，他们有固定的权利和义务，既可充任士兵，又可以缴税来替代。他们最重要的自由是流动自由，并可选举自己的法官和教士。[27]

但世俗和教会的地主都想把他们绑在土地上，成为可供交易的商品。皇家土地分给私人始于13世纪，结果使更多农民陷入地主的司法权和掌控。始于16世纪早期的食物涨价，促使地主增加农民所欠的领地实物税。农民被迫从事更多的劳役，从前一个世纪的每星期一天，到1520年的每星期三天。农民选择地方法官和教士的权利也很有限，需要接受领主的控制。[28] 此外，地主开始阻止农 384 民在不同领地之间自由搬迁，或阻止他们移往城镇。日益恶化的境况导致了1514年的农民大起义，起义遭到残酷镇压。起义领袖被架在火堆上"登基"，他的同伴被迫分吃从他身上割下来的肉。[29] 这次起义发生在土耳其人入侵的前夕，为奥斯曼帝国的胜利贡献了有利条件。[30]

如本章开头所提到的，愈益剧烈的农奴制回潮并不局限于匈牙利。它也发生于波希米亚、波兰、普鲁士、奥地利和俄罗斯。整个地区的贵族要求增强税赋，取消自由，限制属下人口的流动。20世纪教诲我们，把暴政视作强大中央国家的行径，但它也可来自地方上的寡头。在当代中国，侵犯农民权利、违反环保和安全法律、从事肆无忌惮的贪污，其中最恶劣的案例，多是地方党员干部所为，或是受他们庇护的私人雇主所为，与北京的中央政府无关。中央政府的责任，就是以执法来抑制寡头；有时失去自由，不是因为国家太强大，而是太软弱。第二次世界大战后的美国，吉姆·克劳法（Jim Crow law，编按：泛指1876年至1965年间美国南部各州及边境各州对有色人种［主要针对非裔美国人，但同时也包含其他族群］实行种族隔离制度的法律）和种族隔离持续二十年，其终止还要靠联邦政府在南方各州强制执行宪法。由此看来，赢得政治自由，不是国家权力受到遏制时，而是强大国家遇上同样强大社会的制衡时。

美国创始人理解此种平衡的必需。亚历山大·汉密尔顿（Alexander Hamilton）在《联邦论》第 17 篇中，描述州政府和联邦政府之间的权利分享。他说：

> 君主最终战胜属臣的案例中，其成功主要原因是属臣对其手下实施暴政。男爵，即贵族，既是君主的敌人，又是平民的压迫者。君主和平民对男爵又怕又恨，直到相互的危险和利益促成他们联合起来，那就会置贵族权力于死地。如果贵族以仁慈和公正保住其侍从和追随者的忠心耿耿，在与君主的竞争中，几乎永远是赢家，从而削弱或颠覆君主的权力。

汉密尔顿继续说，联邦架构中的州政府就像封建社会的男爵，385
它们独立于中央政府，其独立程度则取决于如何对待自己的公民。
强大的中央政府在本质上是不分好坏的，其对自由的最终影响，取决于它与从属权力机构的互动。这是美国历史上的真理，也在匈牙利和波兰的历史上体现出来。

另一方面，如果强大国家与强大寡头相互勾结，自由就面临尤其严峻的威胁。这就是俄罗斯所处的情境，莫斯科公国在匈牙利国家消亡的同一世纪崛起。

第26章

更完美的专制主义

莫斯科国家的涌现和俄罗斯政治发展的特征；君主政体依
赖贵族，造成俄罗斯农民逐渐沦为农奴；与欧洲其他地区相
比，专制主义在俄罗斯取得更为彻底的胜利

尤其在弗拉基米尔·普京兴起的 21 世纪初，俄罗斯联邦成为
政治学家所谓的"选举式威权"政权。[1]政府基本上是威权的，受控
于政治家、官员和商业利益所组成的灰色网络，但仍然举行民主选
举，使继续执政获得合法性。俄罗斯民主的质量很低。政权控制几
乎所有的主要媒体，不允许对政府的批评，威胁反对派候选人，或
使之丧失参选资格，还向自己的候选人和拥护者提供优惠。

它在法治上的表现，比民主质量问题更为糟糕。揭露官方腐败
或批评政府的新闻记者突然死去，没有看到找出杀手的真正努力。
私人企业遇上政权内线人士的敌对接管，便会遭到政府部门的诬陷
指控，从而被迫放弃资产。不夸张地说，重要官员即使参与谋杀，
也可逍遥法外，无须负责。专门调查世界上腐败水平的非政府机构
"透明国际"（Transparency International），将俄罗斯排在 180 个国
家中的第 147 名，劣于孟加拉、利比里亚、哈萨克斯坦、菲律宾，
稍稍优于叙利亚、中非共和国。[2]

很多人看到 21 世纪的俄罗斯和前苏联的连贯性，又因俄罗斯
人经常表达对斯大林和苏联岁月的怀旧，而得到放大。布尔什维克　387

革命后的七十年，共产主义扎根于俄罗斯，当然塑造了当代俄罗斯人的态度。

但在共产主义的下面藏有很多龟。如果仅把当代威权主义归罪于 20 世纪的政治，首先就要解说，共产主义为何在俄罗斯和中国获得彻底的成功。当然，发挥作用的还有更古老的专制传统。布尔什维克革命之前，俄罗斯已发展了强大的中央国家，其行政权力只受法治或负责制立法的软弱约束。布尔什维克之前的俄罗斯，其取得的专制主义的性质，不同于法国或西班牙的旧政权，更接近于前现代中国或奥斯曼。个中的原因与俄罗斯的地理环境有关，地理环境对它的政治文化产生了持久影响。

俄罗斯专制主义的来源

公元第一个千年末期，俄罗斯国家起源于乌克兰的基辅地区，基辅曾是主要的贸易站，连接北欧和拜占庭帝国等。它的持续存在中断于 13 世纪 30 年代末，其时，拔都可汗和速不台率领的蒙古军队侵占俄罗斯，基辅遭到彻底摧毁。身为教皇使节的大主教迦儿宾（Carpini）写道，经过基辅时，"我们看到现场有无数死人的头颅和骸骨，该城曾经很大，人口众多，现在却一片荒芜，只有两百栋房子还立在那里，俘虏在从事着最为恶劣的苦役"。[3] 蒙古占领持续了将近二百五十年。很多当代俄罗斯人，被问到为何他们的国家和政治文化迥然不同于西欧时，立即把责任推到蒙古人身上。西方也有观察俄罗斯的悠久历史，如侯爵德·屈斯蒂那（de Custine）。他坚持俄罗斯应被视作"亚洲"强国，它与蒙古人、奥斯曼人、库曼人和其他亚洲人的互动，对它的成型发挥了决定性作用。[4] 由于蒙古人民共和国的出现，见解已经转变。新一轮修正主义的历史评论，以更为肯定的语气解说蒙古人的作用。[5]

不管怎样，蒙古入侵对俄罗斯后续的政治发展施加了重大影响，且多半是消极的。[6] 首先，它切断了俄罗斯与拜占庭和中东的贸易和思想交流，后者曾是俄罗斯宗教和文化的来源。也阻碍了它与欧洲的联系，这意味俄罗斯没像西欧那样，深入参与相关的历史进程，比如文艺复兴和宗教改革。

其次，蒙古占领大大延误了俄罗斯的政治发展。基辅遭到彻底摧毁后，基本上需要重头开始，当代乌克兰的基辅地区曾是俄罗斯老祖宗的定居点。蒙古人抵达之前，俄罗斯国家已经开始分裂。政治权力向无数自称为王的小封地流散，又因蒙古占领而获得确认。俄罗斯的重心从黑海北部的欧洲本都地区（pontic）转向东北部，当地的莫斯科大公国崛起，成为政治舞台上的中心角色。不像持续八百年的欧洲封建主义，俄罗斯的封地仅生存两个多世纪——从1240年开始套上鞑靼轭（Tatar yoke）到伊凡三世当政的16世纪中期——很快，小封地的领主必须面对日益强盛的中央君主政体。

最后，蒙古人破坏了继承于拜占庭的法律传统，使政治生活变得更为恶劣、更为残忍。与欧洲的基督徒君主相比，蒙古统治者把自己看作纯粹的掠夺者，其目的就是从所控制的居民身上榨取资源。他们仍处在部落层次，从未发展出政治制度或正义理论，可以带给所征服的居民。他们不像传统农业国家的统治者，并不矫饰自己是为被统治者而存在的。他们只有很短的时间表，愿意以不可持续的方式大规模榨取资源。他们严惩任何抵抗力量，为了杀鸡儆猴，甚至愿意处死整座城镇的居民。他们招募俄罗斯的领主成为自己的征税官，包括将来创建俄罗斯国家的莫斯科大公。他们以自己的掠夺策略，训练数代的俄罗斯领袖。事实上，他们通过联姻而融入俄罗斯人口的基因。

像我们所讨论的几乎所有政治体，发动战争的需要促动了俄罗斯的国家建设。像基于法兰西岛的卡佩家族，莫斯科的留里克王朝（Rurik）从自己的中心位置向外扩展，征服和吸收其他封地公国、蒙古和立陶宛等的外国军队。伊凡三世（1440—1505）治下的国家

俄罗斯的兴起

成为重要力量，兼并诺夫哥罗德和特维尔（Tver）。他给自己冠上全俄罗斯大公的称号，莫斯科公国从伊凡一世（1288—1340）的六百平方英里，到瓦西里二世（1415—1462）的一万两千平方英里，再到他自己统治结束时的五万五千平方英里。[7]

封地期间的俄罗斯国家，其形成非常类似于中国和奥斯曼的国家形成过程。像中国西周的创始朝代，基辅贵族家庭的后裔分布于俄罗斯各地，尤其是在蒙古入侵之后。他们组建一系列小公国，相当于俄罗斯版本的封建主义。每位领主控制自己的领地、经济资源和军队，并与自由贵族（boyar）签订契约以获服务。

莫斯科国家的权力基于服役贵族（middle service class），由骑兵组成，报酬不是现金而是封地（pomest'ia），每块封地上约有五或六户农家。由于地多人少，控制人口比控制土地更为重要。骑兵不是常备军，受领主召集而提供服务，军事季节结束后，再回到自己封地。俄罗斯和奥斯曼的封地非常相像，这可能不是意外。其时，俄罗斯与土耳其的接触愈益增多。像奥斯曼的骑士，俄罗斯部队的核心成员，如果身处欧洲其他地区，便被称作低层士绅，其土地和资源全部来自国家。俄罗斯骑兵配置相对轻便的装备，主要倚靠迂回战术。这很像奥斯曼骑兵，而迥然不同于西欧的重甲骑士。莫斯科政权组建此种部队的动机，也与奥斯曼相似。这个军事组织的地位全靠国家，不会要求现金军饷。它可被用来抵消领主和贵族的势力，后者拥有自己的土地和资源。[8]

这是俄罗斯和匈牙利的重大差异。在俄罗斯，服役贵族接受招募，直接为莫斯科国家服务。在匈牙利，它变成贵族阶层的一部分。这不同选择也许足以决定后来的分道扬镳，一个社会走上中央集权，另一个趋于权力下放。与西欧社会相比，俄罗斯社会对莫斯科的国家建设设置了较少障碍，原因之一就是：服役贵族直接从属于国家，没有接受领土贵族的再次分封。

俄罗斯版本的封建主义历史太短，尚没达到根深蒂固的程度，这是俄罗斯贵族无法限制中央国家权力的另一原因。俄罗斯是否经历过封建主义？俄国史学界对此有长期争论，因为俄罗斯的封地从没获得西欧对应物所享受的自治权。[9] 俄罗斯的领主和较低层次的贵族没有时间建造城堡，俄罗斯的平原和大草原，将优势赋予快速移动的进攻军队，而不是防御军队。

莫斯科国家颁布门第选官制（mestnichestvo，编按 [下同]：俄语为 Местничество），故意在贵族中播种不和。它将贵族家庭以及家庭内的个人划出等级。像法国和西班牙的爵位和特权的出售，门第选官制也让贵族互相竞争，从而破坏了贵族内部的凝聚力。[10] 所以，俄罗斯贵族作为一个阶层，其内部团结很差，几乎没有发展出联合抵抗中央国家的机构。他们以内部的小争执而著称，经常自我损耗。

在俄罗斯，法治一开始就比西欧薄弱。天主教会在领土主权国家之外建立教会法规，但俄罗斯东正教从没扮演过类似角色。被俄罗斯当作模型的拜占庭帝国，其教会和国家的关系是政教合一。东罗马皇帝委任君士坦丁堡的牧首（Patriarch，最高主教），裁决教会中的教条争议。格里高利改革和叙任权斗争的相似情形，从没在拜占庭的世界发生。东正教没有发展出可颁布法律的国家般的中央机构，也没像天主教会一样，将牧首法令编纂成统一的教会法规。当蒙古人入侵切断了俄罗斯教会与拜占庭的交往时，它在莫斯科国家身上找到新监护人。教会和国家的利益相互吻合，后者提供赞助和权力，前者鼓吹后者作为"第三罗马"的合法性。大牧首尼康（Nikon）在 1666 年遭到开除，之后的俄罗斯教会彻底变成政教合一。到 1721 年，彼得大帝颁布《宗教事务管理章程》，干脆取消牧首职位，取而代之的是沙皇指定的神圣宗教会议（Holy Synod）。[11]

如果怀疑法治保护西欧精英的重要性，我们只要想想所谓的沙皇特辖制（oprichnina，俄语 опричнина）。那是俄罗斯历史上的黑暗年代，时值伊凡四世（1530—1584）统治的后半期，在西欧历史中找不到对应物。他被后人称作伊凡雷帝（Ivan Grozny，俄语Иван Грозный），既可译作恐怖伊凡，也可译作伊凡大帝。他心爱的年轻妻子阿纳斯塔西娅（Anastasia，俄语Анастасия）死于1560年，使他对周遭的宫廷官员疑鬼疑神。他突然离开莫斯科，至1565年方才返回，要求贵族让他建立所谓的非常行政区，并让他享有处理恶人和叛徒的唯一大权。一旦获得同意，他就发起恐怖统治，反过来攻击贵族。愈来愈多的贵族与家人一起遭到逮捕、折磨、处决。伊凡创建了所谓的特辖军（oprichniki，俄语опричники），身穿黑衣，骑黑马，成为他法外统治的特殊工具。特辖区内的私人财产遭到国家没收。之后，它又得到扩张，最后面积相当于全国的一半。估计有四千至一万的贵族被杀，古老领主家庭中存活的仅得九家，大部分土地都被充公。[12] 伊凡四世好像完全失去情绪平衡，一度致命地伤害了自己的儿子兼继承人。他死后，俄罗斯只能说仍然心有余悸。[13] 很难说，它不是斯大林在20世纪30年代中后期实施党内清洗的先例。其时，苏共总书记怀疑身边处处有阴谋诡计，杀光了当年与其携手闹革命的老共产党员。[14] 它也使人不得不忆起清洗贵族精英的中国统治者，像武则天。

　　从俄罗斯政治发展来看，使人迷惑的是贵族为何授予伊凡这些特权，祸及自身。有人认为，他们不敢想象自己可以独自当政，也害怕君主不掌大权的后果。在伊凡四世奇怪消失于莫斯科的时候，有人提出如此可能。俄罗斯人对软弱国家会造成的混乱和崩溃心怀恐惧，这并不荒谬。他儿子费奥多（Feodor，俄语Фёдор）去世于1598年，没有留下子女，留里克王朝因此而告终，开始了所谓的混乱时期。莫斯科国家饱受饥荒和外国侵略的困扰，因一系列"伪德米特里"（false Dmitri，俄语Лжедмитрий）竞争君位而分崩离析。莫斯科君主创造的国家机器不够强大，承受不了漫长的继承权斗争。即使君主权力崩溃，也不能回归到分权的封建统治。结果只是失序的暴力和外国的霸权，直到罗曼诺夫王朝在1613年涌现。

自由选择

俄罗斯专制主义的兴起并不由俄罗斯文化内在逻辑所命中注定。事实上，俄罗斯历史上有西方的共和或代议制度的先例，为其他可能性提供视野。西北部的城市诺夫哥罗德从没被蒙古人征服，在早期封地时期，一直是颇具活力的商业共和国。它与波罗的海贸易紧密相连，发挥门户作用，让欧洲货物进入俄罗斯。诺夫哥罗德的君主统领军队，但在执政时受市民大会（veche，俄语 вече）的限制。市民大会从城市贵族中选出市长，所有自由公民都可投票。它还控制税赋、法律和外交，甚至可以解雇君主。城市内，社区在料理自己事务上行使很大自治权。诺夫哥罗德最终被伊凡三世征服，在 1478 年成为莫斯科国家的一部分。伊凡三世废除诺夫哥罗德所有的共和机构，将很多当地领袖当作叛徒处死，并将大量贵族和商人家庭驱逐出境。[15]

第二个代议机构是缙绅会议，由贵族组成，近似于法国三级会议和西班牙议会。它的开会并无定律，但在适当时刻扮演重要角色。它批准了伊凡四世的数项倡议，例如他向利沃尼亚的开战。其他会期批准了伊凡四世儿子费奥多在 1584 年的继位，并在 1598 年向摄政王鲍里斯·戈杜诺夫（Boris Godunov，俄语 Борис Годунов）提供皇位。它最重要的举动是在 1613 年核准米哈伊尔·罗曼诺夫（Mikhail Romanov，俄语 Михаи́л Фёдорович Рома́нов）成为沙皇，从而终止混乱时期。该议会在 17 世纪还继续开会，批准了多次宣战和税赋，直到彼得大帝使之边缘化。[16]自那以后，代议机构在俄罗斯销声匿迹，直到 1906 年日俄战争之后召开的立法机构杜马（Duma，俄语 Дума）。

抵制权力的最后潜在来源是俄罗斯教会。如上所述，评论家经常谴责俄罗斯教会是莫斯科统治者的驯服工具，不管是沙皇时期，还是今天。但在大牧首尼康被开除之前的时期，仍有可能走上

394

不同途径。俄罗斯东正教曾拥有近乎四分之一的俄罗斯土地，由此而享受自治。自圣谢尔盖（St. Sergius）改革以来，俄罗斯就有优良的修道院传统，但经常引起世俗统治者的怀疑。至少在佛罗伦萨大公会议（Florentine Union）触发危机之前，莫斯科的都主教（Metropolitan）都由君士坦丁堡的最高主教指派，俄罗斯君主无从置喙，之后才由俄罗斯主教会议选出。[17] 也有个别教会领袖不畏暴政，如莫斯科都主教菲利普（Philip），因为谴责伊凡四世，而被赶出自己的教区，最终竟被勒死。[18]

这些案例表明，俄罗斯传统并不是暴政不断，自由选择时有发芽开花。共产主义倒台后重现创造更为自由社会的诺言，但其兑现恐怕还在将来。

农奴所有者结成卡特尔（Cartel）

17 世纪末的俄罗斯国家已有中央集权，但还比不上欧洲对手。没有整齐的中央官僚机构，只有一系列所谓的衙门（prikazy，俄语 Приказы），其职责既有重叠，又不一致，来自沙皇繁杂的指令（prikaz，俄语 Приказ）。[19] 不同于法国的总督制度，从地方到中央的政府任命，都出自沙皇，被称为"给食"（kormienie，俄语 Кормление），这名字就表明制度背后的监督和掠夺意味。早在 16 世纪既已存在的地方自治政府，在伊凡四世的治下遭到废除，国家倚靠军事总督制度（voevody，俄语 Воевода）来实施行政命令。军队也同样原始，仍然基于骑兵，只在首都组织新型步兵，但不一定靠得住。[20]

俄罗斯国家建设的下一轮是在彼得大帝（1672—1725）治下。他迁都圣彼得堡，又从欧洲引进一大批新制度。彼得是个巨人，不论是体形，还是领导才能，单枪匹马尽力推行自上而下的社会改造。战争再次成为国家建设的主要动力，尤其是对抗瑞典的北方战争（Great

Northern War)。彼得在 1700 年纳尔瓦战役中，败于瑞典皇帝查理十二世，遂开始对当时欧洲边界的俄军进行彻底重整，并从零开始打造海军（从最初的单船只舰发展到最终能够战胜瑞典海军的八百艘）。他也推行俄罗斯中央政府的现代化，废除老式衙门，换成模拟瑞典的参政院（a system of colleges）。参政院以技术专长为基础——大多来自外国——在辩论和执行政策方面发挥了特殊功能。

　　15 世纪和 16 世纪国家建设的第一期，主要是动员服役贵族，这分裂了贵族阶层，确保他们大部分直接依赖国家。彼得甚至更进一步，征召整个贵族阶层参与国家服务。贵族入伍先当小厮，其提升全凭现代的择优标准，一生必须附属于自己的团队。所以，与欧洲相比，俄罗斯贵族服务的观念更为持久，虽然实施方式大相径庭。为国家服务的贵族随身不带自己的属臣和侍从，却在中央等级机构中获得职位。这导致俄罗斯社会的总体军事化，在道德上重视责任、荣誉、等级、服从。[21]

　　支撑俄罗斯专制主义的内部政治力量，其平衡可用图 4 来说明：

396

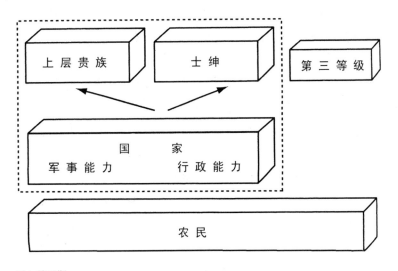

图4. 俄罗斯

彼得大帝在 1722 年以官秩表（Table of Ranks）替换古老的门第选官制。每个国民都有自己的法定等级，以及相应的特权和义务。非贵族人员一旦升到足够的等级，不管是在官僚机构还是在军队，就可自动进入世袭贵族的行列。新鲜血液进入贵族，这很有必要，因为国家需要大批公职人员。官秩表确定贵族的集团身份，并加强其采取集体行动的能力。但它从不将自己视作君主政体的对手，因为其利益与国家紧密相连。[22]

贵族提供服务，以换取免税、土地人口专有权和进一步榨取农奴的机会。农奴在君主赠与贵族的封地上首次出现，这显示农民条件的恶化和贵族服务阶层的兴起，以及两者的密切相连。这些封地倾向于在南方、东南和西方，都是国家夺之于邻国的新土地。辽阔的北方领土上没有战事，它的农民处境要好得多——基本上只是国家的农民，只有欠国家的义务，不欠私人地主的。[23]

整个 16 世纪和 17 世纪，农民的税赋日益上涨，而更为重要的法律限制则针对农民的行动自由。根据古老的传统，农民有权离去，但在后来受到愈来愈多的限制，最后竟被全部废除。[24] 限制农民的迁徙是至关重要的，它直接影响俄罗斯贵族的团结，以及贵族与君主政体的同盟。

讽刺的是，此中原因与俄罗斯的地理有关。它缺乏地理界限，非常不适于奴隶制的发展。俄罗斯只有很少阻挡迁徙的自然屏障，如无法通行的大河或山脉。国家因扩张而不断拉长边境线，尤其是在南方和东南方。乌克兰南部和顿河盆地（Don Basin）的自由哥萨克社区，据说由逃走的农奴所建。像蓄奴农地与开放边境相邻的美国南方，只有农奴主之间达成牢固协议，以限制农奴行动、送回逃奴、既严罚逃奴又严罚违规地主，农奴制度方能取得成功。如有主要参与者不予合作——或是部分地主，或是自由城市，或是向逃奴提供保护的国王——整个制度就会崩溃。考虑到这段时期劳力缺乏，任何地主如果退出联盟，以较好条件将农奴吸引到自己领土，便会获取丰厚的利润。所以，必须以显著的地位特权和严守反迁徙规则的承诺，来加强地主卡特尔的团结。俄罗斯专制主义的基础，就是君主和上下层贵族的同盟。他们都答应遵循有关规则，牺牲品就是农民。

维持农奴卡特尔的需要，解释了俄罗斯政治发展的众多现象。398 自己没有农奴的个人，欲自由拥有土地，会受到政府愈来愈多的限制。要想得到土地，必须先变成贵族。一旦成为贵族，便能自动获得农奴，以及维持这一制度的义务。此举遏制了资产阶级在独立商业城市的成长。西方的城市在促进农民自由方面扮演了重要角色。因此，在俄罗斯率先发展资本主义经济的是贵族，而不是独立的资产阶级。[25] 维持卡特尔的需要，也解释了俄罗斯向南方和东南方的扩张。边境旁边的自由哥萨克社区的存在，无疑是持续的诱惑，也是逃跑农民的良机，必须遭到镇压。

彼得大帝之后

彼得大帝是推行现代化的伟大人物，在很多方面促使俄罗斯"欧洲化"，并使之成为欧洲政坛中的主要角色。但他从上到下的强行改革，遇上了俄罗斯社会本质上的局限。例如，他试图创立省和地区的两级制度，以及新式的市政规则，以改造省、市和地方的政府，到最后都不了了之。用当代发展中国家的字眼来说，原因在于"能力缺乏"。那是指，地方上受过训练的行政人员不够，现存的又缺乏热情。中央颁布的法令得不到实施，政权也无法铲除既有的腐败和独断专行。[26]

彼得大帝在军队和中央官僚机构中，推行选贤与能的现代晋升制度。他死后，便难以为继。他的很多革新全靠自己的监督和精力，例如，他曾旁听政府招聘干部的考试。他去世后，宫廷内外的强大家族使行政机构重趋家族化。他的继位者软弱。想要晋升到文武官职的最高等级，全得倚靠豪门巨室的赞助，像多尔戈鲁科夫（Dolgorukov，俄语 Долгоруков）、拉雷斯金（Naryshkin，俄语 Нарышкин）、戈利岑（Golitsyn，俄语 Голицын）、萨尔蒂科夫（Saltykov，俄语 Салтыков）。日益掌控国家政策的贵族在 1762 年废除自己的服务义务，并获得更多针对农民的权利，如随意迁徙和驱逐农民的权利。[27]豪门家庭及其赞助网络的相互竞争，甚至延伸到军队，战斗力因此而受损。

　　贵族家庭的兴起分散了俄罗斯制度的权力，并软化伊凡四世和彼得大帝所遗留下的专制传统，再加上法国文化在俄罗斯精英中所享有的主导地位，这一切使托尔斯泰《战争与和平》所描述的 19 世纪早期的贵族社会，看来酷像欧洲的贵族社会。如在两百年之前，这是不可想象的。但这种权力分散与西方现代行政国家的兴起，不可混为一谈。历史学家约翰·勒多内（John LeDonne）说："全国范围家族和依附者的网络，无不在嘲弄立法文件所建立的严格等级制度。此类立法努力，一直在寻找行政秩序和'规范化'。它解释了为何俄罗斯政府，比任何其他政府都更是人的政府，而不是法的政府。"[28]

专制主义完成

　　有关俄罗斯的解说，以 18 世纪晚期稳固专制国家的出现而告结束。显而易见，之后又有很多新的发展，包括 19 世纪的自由派实验和 20 世纪极权国家的兴起。到法国大革命时，俄罗斯统治的特征已昭然若揭，它既不同于法国和西班牙的弱的专制主义，也不同于中国和奥斯曼的国家。

　　在若干方面，俄罗斯的国家比法国或西班牙更为强大。至少在与精英打交道时，后者受到约束，必须尊重法治，这在俄罗斯却是闻所未闻的。法国和西班牙的政府，以债务违约和货币操纵来蚕食产权，甚至捏造指控，通过法律程序来勒索钱财。但至少，他们觉得必须运用现有的法律机构。相比之下，俄罗斯政府无需法律借口来没收私人财产，逼迫贵族为政府服务，处置敌人和叛徒时，漠视正当的法律程序。伊凡四世的特辖制在某种意义上只是意外，之后也没有相似的复制，直到 20 世纪的共产主义政府。但它的曾经发生，为后来俄罗斯统治者创立了重要的先例。他们很清楚，他们手中针对精英的极端措施是西方主权国家所没有的。在这一方面，俄罗斯政府更接近帝制中国，更远离西方。俄罗斯政府发展了类似奥斯曼的专制制度，譬如作为骑兵报酬的封地。奥斯曼和马穆鲁克，即使在最兴盛时期，也比俄罗斯统治者更加尊重法治。

400

另一方面，俄罗斯的专制主义更为家族化，远远超过中国或奥斯曼的版本。如我们所见，中国人发明了现代官僚机构和非人格化的中央统治。大体上，中国历史是国家与家族制复辟的斗争史。早在中国统一之前的公元前 3 世纪，非人格化和选贤与能的政府的理想就已问世。奥斯曼的军事奴役制建立任人唯才的行政制度，不受家族影响，在其全盛时期，不乏来访欧洲人的赞美。彼得大帝想在俄罗斯创建同样制度，只取得部分的成功。俄罗斯的家族力量随后轻易夺回政府，以不透明的方式在幕后制定政策。

当代俄罗斯，与彼得大帝死后的百年社会有惊人的相似。尽管有现代的正式宪法和书面法律，俄罗斯国家仍受灰色精英网络的掌控，很像曾经控制帝制俄罗斯的萨尔蒂科夫和拉雷斯金家族。这些精英行使权力的方式，不是法律或规范程序所能定义的。但与中国不同的是，俄罗斯最高精英没有对国民负责的类似道德感。在中国，政治等级越高，政府质量越有改进。但在俄罗斯，它却变得越糟。当代精英愿意借用民族主义，使自己的权力合法化，但到最后，好像仍在为己着想。

俄罗斯没有陷入历史的泥潭。伊凡四世、彼得大帝、斯大林开下专制先例，但接踵而至的却是自由化。今日社会已被动员起来，

其方式不同于旧政权时期，资本主义的引进允许精英的组成定期更 401
换。今日腐败和紊乱的选举式威权主义，不再是俄罗斯人曾承受的
残酷独裁。俄罗斯历史提供很多通向较多自由的其他选择，可作为
将来改革的先例。

第27章

征税和代表权

失败的负责制案例，帮助理解议会制度在英国的发展；政
治团结的来源，其在诺曼征服之前英国的扎根；英国制度
合法化中的法律作用；光荣革命所真正实现的

政治负责制如何发展的最后案例是英国，其政治发展的三大组
件——国家、法治和政治负责制——都成功获得了制度化。我最后
审视英国是为了避开辉格史观的缺陷。关于英国代议政府的兴起，
已有很多论述认为，它是可溯源自古代雅典的西方发展模式的逻辑
的、必然的或无可避免的结果。但这些论述很少互作比较，所引证
的一系列因果事件，又忽略了不易察觉或更为遥远的因素。而在事
实上，那些因素却在扮演重要角色。换言之，它们只看到顶部的龟，
而忽视了蛰伏于下的龟。

我们得以避免这个问题，因为我们已讨论四个负责制政府无法
出现的欧洲国家——如果把所讨论过的非西方案例也包括在内，那
就不止四个。我们观察英国与其他案例的异同，将更好地了解促使
负责制发展的组合因素。

跟法国、西班牙、匈牙利和俄罗斯一样，英国首先是部落社会，
然后是封建社会，它的中央集权始于16世纪晚期和17世纪早期。
这些社会的精英都组成政治团体——英国议会、法国高等法院、西
班牙议会、匈牙利议会、俄罗斯缙绅会议——推行现代化的君主要

向它们寻求支持和合法性。在法国、西班牙和俄罗斯，这些团体没能凝聚成强大的制度化参与者，没能对抗中央国家，没能取得宪政上的妥协，没能获得国王对自己的负责。相比之下，英国议会却是强大而凝聚的。

具体地说，不同于主要代表卡斯提尔城市的西班牙议会，或贵族掌控的法国和俄罗斯的政治团体，英国议会不仅代表贵族和神职人员（世俗和精神的领主），而且代表广泛的士绅、市民和业主。这些平民是议会的灵魂和动力。英国议会强大到成功击败国王的诸多计划，包括增税、组建新军、躲避普通法。它还创建自己的军队，在内战中打败国王，将之处死，迫使继任君主詹姆士二世退位，拥戴来自欧洲大陆奥兰治的威廉（William of Orange）。到最后，统治英国的不是欧洲大陆那样的专制君主，而是正式承认议会负责制原则的立宪君主。英国议会获得如此进展，而欧洲其他地区的议会却四分五裂和软弱无能，或被拉拢收买，或主动支持君主专制，直到法国大革命前夕。有人自然要问，这是为什么？

英国还在另一方面为当代发展中国家树立先例。17世纪初，早期斯图亚特治下的英国不但日益专制，而且非常腐败。渗透法国和西班牙政府的实践，如卖官鬻爵和家族揽权，同样也发生在英国身上，只是在规模上还算适中。但到该世纪末，英国的公共腐败问题，即使没有得到解决，至少已有很大收敛。政治制度得以废除公职买卖，建立现代官僚机构，提升国家整体的力量和效率。这虽然没有彻底解决英国公共生活中的腐败问题，但阻止国家陷入最终摧毁法兰西王国式的腐朽泥潭。今天，面对普遍公共腐败的发展中国家，可以借鉴英国政治制度的应对方法。

英国政治团结的根源

我们看到，法国、西班牙和俄罗斯的君主政体使用种种策略，

在贵族、士绅和资产阶级当中，收买、胁迫、化解潜在的对手。英
国君主作出同样的尝试，但议会所代表的社会阶层团结起来，抵制
并最终打败国王。问题在于，这团结来自何处。

　　答案至少有三，有的已在以前章节中获得详细解释。第一，很
早以来，英国社会团结的政治性大于它的社会性。第二，普通法和
英国法律制度的合法性获得广泛认同，业主保卫自己财产的意愿强
烈。最后，此时的宗教，虽然在英国人中间造成痛苦的分裂，却赋
予议会超越的使命感。如果与国王的争执只是为了财产和资源，该
使命感便不复存在。

地方政府和团结

　　我们在第 16 章中提到，欧洲的部落社会组织因基督教的影响
而趋于崩溃，远远早于现代国家建设。英国在这一过程中，比任何
其他地方走得都要快。6 世纪晚期坎特伯雷的圣奥古斯丁传教开始，
更加个人主义的社区便取代了扩展的亲戚关系。（这并不适用于爱
尔兰人、威尔士人和苏格兰人。他们的部落关系——例如高地氏
族——持续到很晚的历史后期。）邻居之间毫无关联，这样的社区
在诺曼入侵之前的盎格鲁—萨克逊时期已属司空见惯，使当地农业
社会截然不同于东欧，更不同于中国和印度。[1]

　　基于亲戚关系的社会组织虽然孱弱，但并不排除社会团结。紧
密相连的亲戚团体，可在团体范围内提供集体行动，但遇上宗族或
部落之外的合作，又会变成障碍。基于亲戚关系的社会，其集体行
动的范围非常狭窄，所以需要政治制度。

　　英国社会早期的个人主义，并不意味社会团结的消失，只是团
结形式是政治性的，而不是社会性的。诺曼征服之前，英国分成相
对统一的各郡（shires），它们可能曾是独立的小王国，现已聚集成
更大的英格兰王国。主持郡务的是称作长老（ealdorman）的古老
官员，其职位是世袭的。（它的词根来自丹麦，现在仍存活于美国

405

的地方政治，市府参事即写作 alderman。）[2] 但实际权力渐渐落到
皇家官员手中，即郡治安官（shire reeve, or sheriff），后者受国王
的指派，代表皇家权力。每半年，他组织一次郡会议，该区所有自
由民（后来变成自由地主）必须出席。[3] 诺曼征服并没摧毁该统治
制度，只是将郡改为县，以符合欧洲大陆法兰克人的习惯。然而，
治安官的权力大增，取代了世袭的长老。郡会议演变成县法庭，用
弗雷德里克·梅特兰的话说："国王的大领主必须在法律面前人人
平等的基础上，与自己的属臣相聚。租户可能与自己领主坐在一起，
俨然像个同等伙伴。"[4]

今天，这些制度的详情好像只有考古价值，但在解释议会作为
政治制度的演变时却非常重要。欧洲大陆封建主义的性质，尤其是
在卡洛林帝国地区，看来非常不同。欧洲领主贵族享有对司法权的
控制，其程度远远超过英国。[5] 在英国，国王享有优势。诺曼征服之后，
国王利用县法庭来监察封建法庭。如个人觉得在领主那里得不到正
义，就可向治安官提出上诉，要求将诉讼移至县法庭。后来，国王
法庭（详见第 17 章）取代县法庭成为重要案件的预审庭。后者只
得主持较不重要的诉讼，譬如金额不超过四十先令的土地纠纷。与
欧洲大陆相比，英国的非精英更有机会运用这些机构。

县法庭开始失去其司法功能的同时，却获得新的政治功能，成
为更广泛政治制度的代议场所。正如梅特兰所说：

> 到 13 世纪中期，我们发现，民选代表被召集来参加全国会议，
> 或叫议会（parliament）。他们是县法庭的代表，不是无组织群体的
> 代表。我们几乎可称他们为集团代表。理论上，整个县都由县法
> 庭代表……国王的巡回法官不时来访，整个县的地主团体（totus
> comitatus），前来晋见，报告上次来访之后的所作所为。县法庭可
> 作出裁决，也可作证，如有犯错，还会被罚款。[6]

所以，县法庭是奇怪的组织，既自上而下，又自下而上。它由国王所创建，受由国王任命并对国王负责的治安官统辖。但它又以全体地主的广泛参与为基础，不受世袭等级和封建地位的限制。治安官反过来又受地方民选督察官（coroner）的制衡，民选督察官应代表县民利益的观念因此而获得合法性。既有对国王的向上负责，又有对县民的向下负责，两者日益趋于平衡。

郡或县下面还有更小的地方行政单位，叫作百户（hundreds），相当于卡洛林帝国的乡（centenae）。（这些行政单位也传到美国。）百户区有自己的聚会，叫作百户法庭，开始在司法方面扮演日益重要的角色。百户区由治安官任命的巡警所治理，一起负责警察功能，如抓捕罪犯。百户也是英国陪审团制度的基础，需要提供审判刑事案件的十二名陪审员。[7]

因此，甚至在诺曼征服之前，整个英国社会已组建高度参与的各式政治单位，一直抵达村庄层次。这不是地方社会组织参政的基层现象，而是全国政府邀请地方上的参与，构建地方上的生活，扎根成为社区的来源。

普通法和法律机构的作用

值得注意的是，后来英国政治代议制度的构成部件，一开始只是司法机构，像县法庭和百户法庭。英国历史上，法治的出现远早于政治负责制，后者又始终与保护法律密切相联。英国司法的参与性质，加上普通法因应地方需求以定规则的特征，帮助造就了法律属于大家的感情，其强烈程度远远超过其他欧洲社会。公共负责制首先意味着对法律的服从，尽管那时的法律，不论是法官作出的，还是颁成文本的，都没有走过民主政治的程序。

法治的主要功能之一是保护产权。在这一点上，英国普通法比其他地方的法律更为行之有效。正如哈耶克所说的，原因之一在于普通法是分散决策的产物，能尽量适应各地的情形和知识。不过吊诡的是，原因之二在于国王愿意在产权上支持非精英对贵族的反抗，这便需要强大的中央国家。在英国，原告早就可以将产权诉讼移至国王法庭，如金额不够，仍可移至县法庭或百户法庭。中世纪有不少复杂的传统产权，如佃权（copyhold）。土地在技术上是领主财产，但佃户（villein）又可将之传给儿子或亲戚。国王法庭倾向于反对领主，保护佃权所有人的权利，以致这种财产渐渐进化成真正的私人财产。[8]

县和百户层次的法庭众多，国王在地方产权争执中愿意充任中立仲裁人，这一切大大增强了英国产权的合法性。[9] 到 15 世纪，英国司法制度的独立性和获得认可的中立性，允许它扮演日益重要的角色。它变成真正的"第三分支"，有资格裁决宪法问题，如议会废除专利特许证的权利。有评论家指出，"很难想象，此类问题能在中世纪欧洲的其他地方获得解决——并且是完全独立的解决——全靠法官以专业语言作出讨论，而不是政治上的樽俎折冲，或有关团体的胁迫。"[10] 今天的发展中国家，仍缺乏如此的司法才能和司法独立。

到了 17 世纪的重大宪政危机时，不让君主破坏法治成了保卫英国自由的呐喊和议会团结以抗国王的源泉。出现于早期斯图亚特（1603—1649 年）的威胁是国王的星室法庭（Court of Star Chamber，其起源和司法权都很模糊），其为了"更有效地"起诉犯罪，而省去一般法庭的正常保护程序（包括陪审团的审讯）。在第二任斯图亚特国王查理一世（1600—1649）的治下，它带有更多政治性，不只是起诉犯罪，还用来对付假想的国王之敌。[11]

英国法律独立的更佳象征，莫过于爱德华·柯克爵士（1552—1634）。他是法学家和法律学者，最终升至王座法院（King's Bench）的首席法官。他在各种法律职务中不折不挠，抵抗政治权威和国王对法律的侵犯。詹姆士一世试图将某些案件从普通法搬至教会法之下审理，柯克坚持说，国王没有足够权力来任意解释法律，从而引起极大愤怒。国王宣称，坚持国王在法律之下，无疑是叛国罪。

408

柯克引用布拉克顿（Bracton）的话作答："国王不应在人下，但应在上帝和法律之下（quod Rex non debet esse sub homine set sub deo et lege）。"[12] 再加上其他的冒犯，柯克最终被解除一切法律职位，转而加入议会，成为反皇派领袖。

宗教作为集体行动的基础

　　跟法国、西班牙、匈牙利和俄罗斯不同，英国对专制权力的抵抗也涂上宗教色彩，大大加强了议会阵营的团结。第一任斯图亚特国王詹姆士一世，其母亲是被处决的玛丽·都铎（Mary Tudor），即苏格兰女王玛丽一世；其儿子查理一世（Charles I）娶法国路易十三的妹妹亨利埃塔·玛丽亚（Henrietta Maria）为妻。父子都表示相信新教，但常被怀疑对天主教抱有同情。大主教劳德（Laud）试图使英国国教向天主教靠拢，更加重视仪式，为此深受清教徒（Puritan）的憎恨。早期斯图亚特的专制主义教条和王权神授，与法国和西班牙的天主教君主的观点遥相呼应。很多新教徒从中看到国际天主教意欲剥夺英国人天生权利的大阴谋。1641 年爱尔兰的天主教叛乱仿佛就在家门口。新教徒移民遭受暴行的报告，似乎确认了很多英国人对国际天主教扩张的最坏担心。其中还真有一定的道理。西班牙国王在 16 世纪末派来无敌舰队（Armada），并投入八十年战争，以征服新教徒的荷兰联合省。法国的路易十四在 17 世纪末接过这项任务，出兵侵犯荷兰，他的秘密同情者就是英国最后一位天主教国王詹姆士二世。

　　有关英国内战的浩瀚史籍总有周期的修正。它不断学术性地改变对战争动机的理解，以跟上流行的思想风尚，以致有些历史学家对取得共识放弃希望。[13] 20 世纪的很多解释，淡化了战争参与者的宗教动机，并将宗教意识视作阶级或局部的经济利益的面罩。事实上这段时期的宗教和阶级，其间互动非常复杂，很难厘清宗教和政治的效忠对象。有站在议会一边的国教徒，也有作为保皇

派的新教徒。很多高层国教人士认为，与天主教会相比，像公理会
（Congregationist）和贵格会（Quaker）那样的非国教徒，对道德
秩序构成更可怕的威胁。[14] 显然，较激进的新教流派变成了社会动
员和经济进步的载体，并为抗议和团结提供机会，而传统的等级制
的宗教渠道是无能为力的。

另一方面，即使有人主张冲突的主要原因不在宗教，但宗教在
动员政治参与者和扩大集体行动范围上，仍然发挥重大作用。这在
议会阵营，以及议会创建的新模范军（New Model Army）中，尤
其如此。由于很多军官的宗教信念，随着时间的推移，新模范军变
成反皇派激进主义的大温床。光荣革命期间，议会愿意接受奥兰治
公国的威廉，以取代英国的合法君主詹姆士二世，就是因为前者是
新教徒，后者是天主教徒。不然，真不好解说。

所以，英国地方上的自治团体、深植人心的法律、产权不可侵
犯的信念、君主政体涉嫌参与国际的天主教阴谋，这一切都有助于
议会阵营的精诚团结。

自由城市和资产阶级

现代传统智慧认为，如果没有强大中产阶级的存在，民主就
不会出现。他们是有产阶级，既不是精英，也不是乡村穷人。这个
概念起源于英国的政治发展，与其他任何欧洲国家（可能的例外是
荷兰）相比，英国看到更多城市和城市资产阶级的早期涌现。城市
中产阶级在议会中扮演主要角色，在内战和光荣革命之前，就已获
得经济和政治的实质性力量。在权力的三角比赛中，它是抗衡领主
和国王的大砝码。城市资产阶级的兴起，是更为广泛的西欧变迁的
组成部分，包括低地国家、意大利北部和日耳曼北部的汉萨同盟
（Hanseatic）港口城市。详细描述这一重要现象的有卡尔·马克思、
马克斯·韦伯、亨利·皮朗（Henri Pirenne）。[15] 马克思把"资产阶

410

级的兴起"当作他现代化理论的中心命题，成为社会发展过程中必不可少的阶段。

我们在第 25 章中看到，自由城市的存在促成了西欧农奴的解放。对英国政治发展和议会获胜来说，强大且凝聚的资产阶级是非常重要的。但资产阶级在英国和西欧历史上所扮演的角色，在很多方面却是异乎寻常的。它是特殊境遇的后果，其他欧洲国家只是没遇上如此境遇而已。尤其是在易北河以东，那里只有很少独立自治的商业城市，遵照自己的法律，受自己民兵的保护。那些城市更像中国的，只是地方领主控制的行政中心，碰巧也充任商业中心。马克思的巨大影响促使好几代学生，继续把"资产阶级的兴起"看作经济现代化的伴随物，无须作出进一步解释，认定该阶级的政治力量来自其经济力量。[16]

早于马克思几乎七十五年，亚当·斯密在《国富论》中就资产阶级的起源，提供了更为周详、更具说服力的解释。他认为，在资产阶级的兴起当中，政治既是原因又是结果。斯密在第一卷第三章的篇首提出，他所谓的"富裕"（opulence），即经济增长，会有自然的升级，始于农业生产效率的改善，导致更多国内的城乡贸易，到最后才是日益增加的国际贸易。他注意到，欧洲现代国家所经历的次序恰恰相反：国际贸易发展在国内贸易之前，前者兴旺起来之后，强大男爵和地主的政治霸权才被打破。[17]

在斯密看来，造成这奇特次序有好几条原因。第一，罗马帝国崩溃后的大部分土地都在强大男爵手中，他们宁愿保住自己的政治权力，也不愿追求财产回报的最大化。所以，他们创建长子继承制和其他限制性的规则，以防地产的流失。此外，他们又将农民贬为农奴或奴隶；斯密认为，农奴或奴隶既不愿卖力干活，又不愿投资于土地。不愿追求回报最大化的另一原因，是缺乏以盈余去购买的消费品。在欧洲的黑暗时代，贸易不存在。因此，有钱有势者没有其他选择，只得与大批侍从共享盈余。[18]

411

斯密又注意到，出现于中世纪的城市，其最初居民是"商人和工匠"。他们属于低级阶层，甚至处于奴役地位，但是他们逃离了领主的控制，在城市找到庇护。久而久之，国王授予特权，让他们可以自由嫁女（编按：指无需领主同意而自主决定），组织自己的民兵，最终作为集团实体而享有自己的法律。这就是资产阶级的起源，虽然亚当·斯密没有使用如此字眼。不同于马克思，斯密提到独立城市的兴起必须有重要的政治前提：

412

> 领主鄙视市民，认为他们属于不同层次，只是被解放的农奴，几乎不是自己的同类。市民的富裕，常常使领主愤怒，一有机会就掠夺欺凌，不稍宽恕。市民自然也既嫉恨、又畏惧领主。恰好，国王也嫉恨和畏惧领主。国王虽可能亦会鄙视市民，但却没有理由去嫉恨和畏惧他们。所以，相互利益促使他们支持国王，又促使国王支持他们来反对领主。[19]

斯密接着说，这就是国王将独立宪章和法律赋予城市的原委，允许他们在国王与领主的斗争中成为一枚平衡砝码。

城市和资产阶级的形成，与马克思所相信的相悖，不只是经济增长和技术变化的结果。刚开始，他们非常软弱，从属于强大的领主，除非获得政治保护。这就是在波兰、匈牙利、俄罗斯和易北河以东其他土地上所发生的。那里，政治力量的不同配置使君主变得软弱，或促使君主与贵族的派别结盟，以反对市民利益。由于这个原因，东欧从来没有强大独立的资产阶级。技术上先进的资本主义市场，其引进者不是市民，而是进步地主，或国家本身，因此无法达到相似的繁荣程度。

基于城市的资本主义市场经济一旦出现，我们便离开古老的马尔萨斯式世界，开始进入现代经济制度，生产效率的增长变成家常便饭。此时，日益富有的资产阶级，越来越能颠覆旧式地主秩序的权力，政治发展的条件因此而发生变化。斯密表明，旧精英受财富的诱惑而放弃自己的政治权力——钻石扣环，"更适合于作孩子的玩具，而不应是大人的认真追求"——旧农业经济是无法创造这种财富的。[20] 因此而开始了政治发展的现代制度：政治变化取决于经济和社会的变化。但一开始，资产阶级的兴起要有政治前提——市民和国王都憎恨领主。这个条件不存在的地方，如东欧的大部，就没有资产阶级的出现。

413

征税斗争

自 13 世纪以来，英国议会开始定期开会，比法国、西班牙和俄罗斯更为频繁。如上所述，它们的原始功能是司法，但久而久之，开始扮演更广阔的政治角色，成为国王的联合统治者。在批准税赋上，议会作用尤其重要，因为议会包括全国大多数地主，其资产和收入是国家征税的基础。到 14 世纪和 15 世纪，下议院与英国君主密切合作，以剔除不够格或腐败的官员，并定期监督议会拨款的具体花费。[21] 图 5 显示的是内战前夕的 1641 年的英国社会力量。

查理一世在 1629 年解散议会，开始了十一年的"亲政"，试图以议会为代价来扩展国家权力。这导致查理一世与议会对手在好多问题上发生争执，有的已在前面篇幅介绍过。议会中很多人不喜欢大主教劳德的专制国教，怀疑查理一世同情天主教，因为他有兴趣与法国和西班牙建立外交关系。宗教问题和保卫法治互相交融，星室法庭、高级专员公署（High Commission）、北方政务会（Council of the North）起诉反主教制（anti-Episcopal）的清教徒。清教徒传教士亚历山大·莱顿（Alexander Leighton），遭到星室法庭野蛮逮捕和残酷折磨，却得不到正当法律程序的保护，被认为是宗教和皇家权力肆无忌惮的滥用。

其时还有两大问题，一是没有议会批准、国王擅自增税的权利。

414

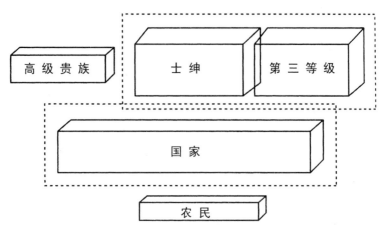

图5. 英国

国王提出新关税，向地主施以任意的罚金，重新引进蓄意避开禁令的垄断专利，在和平时期为重整海军而征收"船舶筹款"。[22] 英国税务制度的发展不同于法国，英国的贵族和士绅未以法国方式购买特权和免税，税收负担的最大部分都落到了议会所代表的富人头上。可能与紧密的地方团结有关，富人阶层没有与国王共谋，将税收负担推向农民、工匠和新近致富的中产阶级，反而认为自己与议会的权力和特权休戚相关。

第二个问题涉及政治腐败。与法国和西班牙一样，英国也躲不过家族化和买卖公职的做法。从都铎时期开始，皇家公职的获得愈益依靠政治赞助，晋升不是选贤与能，而是以各种荫庇关系圈子的圈内人资格为准。[23] 公职待价而沽，又变成世袭财产。到斯图亚特王朝早期，法国包税（关税）和内部财政（向国家官员借款）的做法获得引进。国王建立皇家调查委员会，就像法国的司法堂，以私人腐败的借口敲诈富有官员。[24]

1641 年爆发的内战持续十年，最后在 1649 年，以议会的胜利和查理一世被砍头而告终。但国王和议会的长期斗争，其最终解决 415

并不全然依靠武力，虽然暴力和暴力的威胁仍是重要的决定因素。[25]
胜利的议会派因处决国王而抹黑了自己声誉；在克伦威尔（Oliver
Cromwell）护国公时期，又因追求愈益激进的政策而削弱了自己的
政治基础。所以，查理一世的儿子在 1660 年成功复辟，登位为查
理二世，反而带来一种解脱。二十年的强烈政治冲突之后，国家得
以返回常态。

复辟确实解决了当初引起内战的腐败问题。议会在内战和护国
公时期推行很多政府改革，譬如建立严密的现代新模范军和清洗腐
败的皇家官员。但查理二世的上台，又带回很多早期斯图亚特的腐
败做法，包括出售公职和赞助任命。但是，多种因素聚合起来，在
英国政府中建立了改革同盟，最终打退这些倒行逆施。

首先是第二次荷兰战争（1665—1667）爆发，加上瘟疫突发和
伦敦大火，导致国防严重衰弱，以致荷兰船队溯泰晤士河而上，烧
毁英国海军船坞。路易十四治下的法国也取得进步，以咄咄逼人的
外交政策威胁欧洲大陆的均势。显然，军费必须上涨。第二是查
理二世希望量入为出，以避免向议会请求特别征税。第三是政府
中出现了一批才华横溢的精明改革家，包括乔治·唐宁（George
Downing）爵士和喜记日记的塞缪尔·佩皮斯（Samuel Pepys）。他
们关心日益增长的外国威胁，认识到财政制度和行政管理必须改革
才能获得高效。[26]最后，告别内战和护国公时期的议会，对政府的浪费
和腐败深感怀疑，其时政府将税收用于非公共的开支。

不同压力的汇合允许唐宁组织的第二财政委员会（Second
Treasury Commission）推荐和实施重要的改革，使英国公共行政
管理更为现代化，进一步脱离家族化。它取消从都铎时期起便是腐
败温床的国库（exchequer）的权力，移交给总管所有政府开支的新
财政部。它向公众发行遵守公共债券市场纪律的新债券（Treasury
order），以取代内部财政。最后，它将私人拥有的公职改成"悉听
尊便"（at pleasure）的职位，并取消新的公职出售。[27]

416

1667 年后发生的改革努力沉重打击了家族化实践，确保英国在管理公共资金上比法国或西班牙更为有效。反对腐败政府的斗争从来不是一蹴而就，唐宁在 17 世纪 60 年代发起的很多改革，其完全实施尚要等到 18 世纪早期。这些努力也没有排除后续稽查的需要，因为假以时日，家族制总是试图卷土重来。

17 世纪晚期确实提供了扭转家族化的重要模式，对今天的反腐努力仍有意义。促使晚期斯图亚特王朝改革的所有因素依然重要：外部环境的压力迫使政府改善效率；首席执行官如果没有发挥带头作用，至少不拖后腿；政府内有人倡导改革，并得到足够的政治支持来付诸实行；最后，来自纳税人的强大政治压力，他们不愿看到浪费。

国际机构最近作出的很多反腐努力，比如世界银行或英国国际发展部，但却功亏一篑，就是因为上述因素之一的缺席。现代世界的问题在于，腐败政府经常无需向自己公民谋求税收，像查理二世所作的，因此没有议会或公民社会来监督它们的开支。它们的收入或者来自自然资源，或者来自并不要求财政负责制的国际捐赠人。亨廷顿建议，如果英国议会的呐喊是"无代表即不纳税"，今天口号应该是"不纳税即无代表"，因为最能激励政治参与的乃是后者。[28]

<!-- 417 -->

光荣革命

国王与议会争斗的结果是 1688—1689 年的光荣革命，詹姆士二世被迫退位。奥兰治公国的威廉从荷兰赶来，登基为国王威廉三世。直接原因是天主教徒的詹姆士二世试图扩军，并配以天主教军官。这即刻引起怀疑，他是否打算利用军队实施专制，并与法国和其他天主教势力结成同盟。更大原因则与议会当初反对国王导致内战的原因相同：合法性最终应基于被统治者的同意，得不到同意，国王无权强加于人。危机中达成的和解，涉及宪法、宗教、财政、军事等重要方面。在宪法上,它建立了没有议会同意国王不得建军的原则;议会还通过议案,罗列国家不得侵犯的国民权利。在财政上,它确立没有议会同意国王不得征新税的原则。在宗教上,它禁止天主教徒成为国王或王后,还添上增加异见新教徒权利的容忍议案(但排除天主教徒、犹太教徒和索齐尼派教徒)。[29] 最后,它允许政府发行更多债券,使国家机构的大大扩展成为可能。议会主权的原则要在数年后才得到最后确认,光荣革命不愧为现代民主发展的主要分水岭。[30]

　　光荣革命导致了政治合法性的思想大改变。作为这些事件的评论家和参与者,哲学家约翰·洛克扩充了霍布斯的观点,即国家源于为保障天赋权利而签署的社会契约。[31] 其《政府论》上篇攻击罗伯特·菲尔麦(Robert Filmer)爵士为君主政体辩护的君权神授;其《政府论》下篇力辩,与霍布斯相悖,侵犯臣民天赋权利的暴君可被撤换。这些原则使用普世性的论述,对 1689 年的宪政和解至关重要。光荣革命不是某个统治者或一群精英从他人手中夺得国家和租金,而是定出如何选择后续统治者的原则。从洛克的《政府论》下篇,到美国革命和美国创始人的宪法理论,其间距离很短。尽管现代民主有复杂的方方面面,但 1688—1689 年的事件,牢固建立了政府合法性来自被统治者的同意的基本原则。

　　光荣革命使政治负责制和代议政府的原则制度化,但还没引进民主。此时的英国议会,只由很小比例的人口选出。出席议会的有高级阶层、议员和士绅。后者是英国最重要的政治阶级,根据彼得·拉斯莱特(Peter Laslett),它代表了大约总人口的 4% 到 5%。[32] 更为广泛的民众参与地方统治,或参加陪审团,或协助百户区和县政府的工作,包括大部分条件较好的自耕农(yeoman)。如把这个团体也包括在内,政治参与者会接近男性成人总人口的 20%。[33] 我们今天理解的民主——无论性别、种族、社会地位,所有成年人都享有选举权——要到 20 世纪的英国或美国,方才得到实施。跟美国独

418

立宣言一样，光荣革命建立了被统治者同意的原则，让后人再去拓宽政治意义中的"人民"的范围。

有些人认为，光荣革命的重要性在于它标志了英国安全产权的开始，其实非也。[34] 数世纪之前，健全产权即已建立。包括女子在内的个人早在 13 世纪就行使买卖财产的权利（参看第 14 章）。普通法、国王法庭、县法庭和百户法庭，允许非精英地主在领主司法范围之外，提出产权争执的诉讼。到 17 世纪晚期，强大的资本主义经济，参与反斯图亚特专制的中产阶级，都已出现。光荣革命的成功，与其说是强大可靠产权的原因，倒不如说是它的结果。英国有产阶层觉得有重要东西需要保护。

光荣革命也未给新近壮大的纳税人减税的借口，如经济学家曼瑟尔·奥尔森所提示的。[35] 恰恰相反，政府开销作为国民生产总值的百分比，从 1689—1697 年的 11%，涨至 1741—1748 年的 17%，再涨至 1778—1783 年的将近 24%。[36] 在 18 世纪的高峰时期，英国征税高达 30%。

光荣革命的重大成就之一是使征税合法，从此以后，征税全凭同意。民主政体的公众并不一定反对高税，只要知道这是为了重要的公共目标，比如国防。他们所不喜欢的是非法征税、税款被浪费或掉进贪官污吏的荷包。光荣革命之后，英国投入两场与路易十四法国的昂贵战争，即九年战争（1689—1697）和西班牙继位战争（1702—1713）。二十年几乎连续不断的战争，证明是非常昂贵的。从 1688 年到 1697 年，英国舰艇的数量几乎翻了一番。纳税人愿意支持这些及后来的战争，因为他们在战争得失上得到咨询，被要求批准新的税收。不用多作解说，英国较高的征税并没有遏制资本主义革命。[37]

与专制法国的对照是很醒目的。法国没有接受同意的原则，征税必须依赖强力。政府在同一时期从没能征收超过其国民生产总值的 12% 到 15%，真正到手的往往更低。法国社会中最负担得起的精英却在购买免税和特权，这意味着税收负担落到社会最弱成员的身上。所以，在路易十四过世的 1715 年，人口几乎是英国四倍的法国发现自己已经破产。

光荣革命和随之发生的财政和银行改革，如 1694 年建立的英国银行，确实使公共财政经历了革命性的变更。它们允许政府在透明的公共债务市场上借贷资金，而法国或西班牙是无法企及的。因此，英国政府借贷在 18 世纪激增，使得国家愈加壮大。

美国革命和法国大革命

本卷对政治发展的介绍到此结束，时值 18 世纪末，美国革命和法国大革命的前夕。在此停下有逻辑上的原因。黑格尔的伟大注释者亚历山大·科耶夫（Alexandre Kojève，出生于俄罗斯，后来长住法国）认为，众所周知的历史终结于 1806 年，其时，拿破仑在耶拿和奥尔斯塔特击败普鲁士君主政体，将自由和平等的原则带到黑格尔的欧洲。科耶夫以他通常的讽刺和顽皮说明，1806 年以来发生的一切，包括间杂世界大战和革命的 20 世纪狂飙突进（sturm und drang），只是在填平历史所留下的坑坑洼洼。也就是说，现代政府的基本原则在耶拿战役时已获建立，后续任务不是发现新的原则和更高级的政治秩序，而是将之推至世界上越来越多的地区。[38]

我相信，科耶夫的声明仍值得认真考虑。现代政治秩序的三个组件——强大且有能力的国家、国家从属于法治、政府对所有公民负责——已在 18 世纪末世界上的某地获得确立。中国很早就开发了强大国家；法治存在于印度、中东、欧洲；负责制政府首次出现于英国。耶拿战役之后的政治发展，只涉及这些制度在全世界的复制，而没有看到全新制度的补充。20 世纪的共产主义曾有如此的雄心壮志，到了 21 世纪，却又在世界舞台上几近消失。

英国是三大组件聚合在一起的第一个大国。这三者互相之间高

度倚靠。没有强大的早期国家，就没有法治，以及对合法产权的广
泛认识。没有健全的法治和合法产权，平民绝不可能群起奋争，将
负责制强加给英国君主政体。没有负责制的原则，英国绝不可能在
法国大革命时成为强大国家。

　　其他欧洲国家，包括荷兰、丹麦和瑞典，也在 19 世纪建立国家、
法治和负责制的整套制度。它们所走的途径与英国有实质上的不同。
但要承认，整套制度一旦到位，它所创建的国家如此强大，如此合
法，对经济增长如此友善，以至成为推向全世界的模式。[39] 在缺乏
英国式历史和社会条件的国家，这个模式将有怎样的遭遇，那将是
第 2 卷的主题。

第28章

负责制或专制主义？

前述案例的互相比较；通向代议政府的英国路径不是唯一；
达到丹麦；历史讨论与今日的民主斗争息息相关

我们现已介绍了五个欧洲案例，在负责制和代议制度方面，引出四个不同结果。法国和西班牙创造了弱的专制主义，但没有建立议会负责制的原则。两个国家分割出卖自己的功能给众多精英，精英以特权和免税保护自己——但不包括其余社会群体——避开国家的任意权力。俄罗斯建立了更为彻底的中国式专制主义，其君主政体将精英征入国家服务，予以掌控。在匈牙利，强大凝聚的精英在君主权力上实施宪政制衡，从而建立起负责制的原则。但这制衡太过强大，以致阻碍了国家的有效运作。最后，只有在英国，强大的议会将负责制原则强加于国王，但并没有破坏强大和统一的主权政府。问题在于，为何会有如此不同的结果？

可用一个很简单的公式来解释这些差异，其与我们所介绍的农业社会中四大政治参与者的均势有关。它们是以国王为代表的国家本身、高级贵族、士绅以及我所谓的第三等级。这种四分法过于简略，但对结果的理解大有裨益。

欧洲有些贵族家族先发制人，取得优势，而变得强盛起来——
法国的卡佩家族、匈牙利的阿尔帕德王朝、俄罗斯的留里克王朝、征服后的诺曼王朝——从而出现国家。它们的兴起归功于有利地理、卓越领导、组织能力和掌控合法性的能力。合法性可能是统治者最初优势的来源，如率领马扎尔人（Magyars）皈依基督教的伊斯特万。有人以赫赫武功征服军阀对手，给社会带来和平和安全，合法性也可能接踵而至。

高级贵族可说是遗留下来的军阀，拥有自己领土、大批侍从和资源。这个群体有效治理自己的领土，可传给后裔，也可交换成其他资产。

士绅是低级精英，虽有社会地位，但不一定拥有重要的土地或资源。他们的人数远远超过贵族，明显从属于贵族。

第三等级包含工匠、商人、解放了的农奴，以及不受庄园经济和封建法律管辖的城镇居民。

除了这四个群体，还有占人口大多数的农民。然而，农民还不是重要的政治参与者。到 18 世纪，他们才在北欧某些地区参与政治。四下分散、贫困和缺乏教育的农民，很难完成重大的集体行动。中国、土耳其和法国的农业社会，农民起义周期性爆发，最终都被镇压，经常伴随可怕的野蛮和残忍。那些反抗影响了其他参与者的行为和计算，例如，国家在考虑增加农业税时会特别小心。在其他时刻，农民起义可帮助推翻中国皇朝。但农民很难采取集团行动，以迫使整个制度实施关心农民利益的长期改革。

这五个群体的交叉关系在图 1 中得到说明（参看第 22 章）。除农民外，这些社会群体都组织起来（只在程度上有深有浅），可以成为政治参与者，为夺得权力而斗争。国家尝试扩充自己的统治。国家之外的群体试图保护和扩充现有特权，或反对国家，或互相争斗。这些斗争的结果多半取决于主要参与者的集体行动，甚至国家本身也需要精诚团结。王朝的内部分裂、组织故障、侍从不再相信王室的合法性、国王没能孕育继位者，都有可能造成国家的软弱。此外，这些不同群体可以组成各式同盟——国王和士绅之间、国王

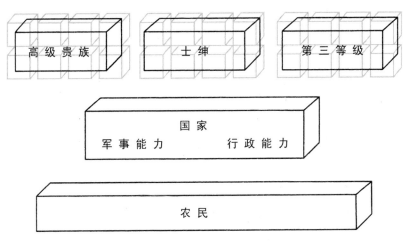

图6. 集体行动的故障

和第三等级之间、高级贵族和士绅之间、士绅和第三等级之间,等等。

　　出现专制主义的案例中,无论是强大的还是软弱的,抵抗国家的群体不可避免地遇上了集体行动的故障(参看图6)。哪里有负责制,哪里的国家相对弱于其他政治群体。议会政府出现的地方,凝聚的国家和组织良好、善于自卫的社会之间产生了相对均势。

弱的专制主义

　　我们现在可以总结早先章节所描述的各种结果。

　　相对软弱的国家遇上组织良好的社会,但前者仍得以掌控后者,这就是法国和西班牙,遂出现弱的专制主义。在这两个案例中,国家的权力基础依靠有限的领土,包含皇家领地和国家直接征税地区——对法国君主政体来说,即巴黎周围的财政区省(编按:原文误为三级会议省[pays d'états],据前文第 23 章改正);对西班牙哈布斯堡王朝来说,即卡斯提尔区域。它们都想通过拉拢收买、王朝阴谋和直接征服来取得更多领土,但西欧的地理,以及 16 世纪晚期和

17世纪早期的军事技术，尚不允许快速的武力扩张——应该还记得，星状要塞使围攻战争变得既昂贵又必不可少——法国和西班牙的君主很快发现，自己因军事开支和帝国扩张而深陷财政危机。

在这两个案例中，国家之外还有强大的地方参与者，竭力抵制中央集权。他们包括拥有土地和资源的古老血缘贵族、广大的士绅阶层、城市资产阶级，已经组成正式的等级——法国的高等法院和西班牙的议会。法国和西班牙国家一步步收买这些群体，开始时好像不是国家建设的战略计划，只是防止破产的绝望革新。最初，法国在财政区省以免税和特权来购买地方精英的忠诚。它在1557年对"大借款"赖债不还，引发破产。这之后，它开始向富有个人出售公职，到17世纪早期又摇身变为世袭财产。公职的出售和再出售，一直持续到世纪末的路易十四年代。意大利和低地国家的持久王朝战争，使西班牙国家早早陷入破产。来自新世界的收入使之维持到16世纪末。到17世纪，它也只好诉诸拍卖国家的部分职能。

法国和西班牙君主的集权能力，受到两国既存法治的严格限制，他们觉得必须尊重封建权利和臣民的特权。但他们试图抓住每一次机会，以扩充征税和征兵的权力，一有可能就想方设法扭曲、违反或规避有关法律。他们鼓励知识分子传播专制和主权的教条，以支持自己是法律最终来源的宣称，但没有设法废除或忽略法律。到最后，他们仍受规范化的遏制，无法从事中国皇帝式的随心所欲，像血腥清洗贵族对手的武则天，或像任意没收豪族土地的明朝开国皇帝朱元璋。

对精英的一步步收买，意味着一再扩展寻租联合体，先是传统的贵族精英，再是新动员起来的社会参与者，如城市资产阶级。更确切地说，与其联合起来保护自己阶层的利益，这些精英宁愿以政治权力来交换社会地位和部分国家职能——不是议会的代表权，而是国家征税权的分享。用托克维尔的话说，自由被理解为一种特权，而不是真正的自治。这导致弱的专制主义，一方面，国家权力不受正式宪法的约束,另一方面,它又将自己前途抵押给了自己很难掌控的大批强势个人。

对法国和西班牙来说,国家的软弱最终证明是致命的。因为国家建设以精英免税为基础,税收负担都落到农民和普通商贩的头上。两个国家都无法征集足够收入,以满足统治者的帝国野心。法国竞争不过更小的英国,后者的税收基础因议会负责制的原则而获得保证。西班牙进入持续一世纪的军事和经济的衰退。它们的国家都丧失了合法性,因为其组成方式本身就是腐败的,法国改革的失败为大革命铺平道路。

强大的专制主义

俄罗斯建立了更接近中国的强大专制主义国家。只要将它的发展与法国或西班牙作一对比,个中原因显而易见,其间重大差异至少有五项。

第一,俄罗斯的地理——广阔大草原,只有很少自然障碍来应对基于骑兵的军队——使之易受来自西南、东南和西北的入侵,且经常是同时发生的。军事动员因此而变得非常重要。这还意味着,与对手相比,先发制人的军阀享有规模上的极大优势。莫斯科国家的权力基于对服役贵族——相当于士绅——的军事招聘。它能这样做,因为它仍是边界不定的边境国家。跟奥斯曼帝国西帕希骑士的情形一样,该阶层成员所获的奖励就是新土地,这些骑兵变成了国王的直接受养人。(最相似的西欧做法就是西班牙国王,将新大陆的托管权作为服务的报酬赠与征服者,导致了同样的政治等级制度。)莫斯科公国凭借对鞑靼的早期军事成功而获得先发制人的优势,因此享有比其他封地领主更多的合法性。

第二,从卸下鞑靼轭到莫斯科投入国家建设,其间只有很短时期。封建主义在西欧扎根八百年,孕育了骄傲的血缘贵族,坚守在

427

散布四野的险固城堡。相比之下，俄罗斯的封地时期仅持续两个世纪，贵族成员组织松弛，根本无法抵制中央君主的权力，也没有城堡可住。与西欧相比，他们以及像诺夫哥罗德那样的独立城市，较少受到地理上的保护。

第三，俄罗斯没有可与西欧媲美的法治传统。指派俄罗斯牧首的拜占庭东正教，本身没有经历类似叙任权斗争的冲突，始终是政教合一，直到君士坦丁堡的失陷。拜占庭帝国的法律也没变成综合法典，受西方那样法律专业自治团体的保护。俄罗斯东正教是拜占庭教会的精神继承人，虽然时有偏离莫斯科统治者的政治独立，但也从国家赞助那里收获重大好处。天主教会可在分裂的西欧政治舞台中合纵连横，俄罗斯教会没有选择，只好去莫斯科，通常成为国家的顺从拥护者。没有独立的教会权威来监看一套教会法规，这意味着，接受训练的法律专家没有属于自己的机构来培养集团身份。教会官僚担任早期西欧国家的行政官员，在俄罗斯，管理国家机构的是军官和家族人选（经常是同一人）。最后，对很多俄罗斯人来说，统治者的榜样不是依法执政的君主，而是纯粹掠夺的蒙古征服者。

428

第四，地理环境使农奴所有者结成卡特尔成为必需，将贵族和士绅的利益与君主政体的利益紧紧绑在一起。因为没有地理界限，要维持像农奴制那样的制度，全靠农奴主在处罚和归还逃奴上的严格自律。沙皇只要支持对农奴实施越来越紧的限制，就可把精英拴在国家这一边。相比之下，西欧的自由城市是庇护所，逃离领主和庄园经济的农奴，为追求自由而来投奔城市。在俄罗斯，城市充任功能上的边境——最终都被封闭。明显不同于俄罗斯君主和其他东欧统治者，西欧的国王发现，自由城市在反对强势领主的斗争中于己有利，因此予以保护。

最后，有些思想在俄罗斯的渗透，达不到在西方国家那样的程度。首先是法治，再延伸到源于宗教改革和启蒙运动的整套思想。丹麦王太后索菲亚·玛德莲娜（Sophie Magdalene）在皇家领地上释放农奴时，曾是伏尔泰朋友的叶卡捷琳娜大帝，却在对俄罗斯农奴的行动自由实施更为严格的限制。当然，很多启蒙运动的思想被推行现代化的俄罗斯君主所采用，像彼得大帝。三代之后，沙皇亚历山大二世方才解放农奴。与欧洲其他部分相比，现代思想对俄罗斯的影响更为缓慢、更为虚弱。

英国的结果为何不像匈牙利？

以这些未能抵抗专制的国家为背景，英国的成果便显得愈加惊人。英国主要社会群体为保护自己的权利而反对国王，所显示出的团结胜过任何其他地方。英国议会包括从大贵族到自耕农的全部有产阶级的代表。其中两个群体特别重要，那就是士绅和第三等级。前者的阶层没有被招募进入国家服务，像俄罗斯那样；后者基本上不愿以政治权利来交换爵位和个人特权，如法国那样。法国、西班牙、俄罗斯的君主政体，向精英中的个人兜售官爵，从而破坏精英之间的团结。俄罗斯的门第选官法，其目的很像法国和西班牙的卖官鬻爵。英国君主也尝试像出售公职那样的手段，但议会仍是凝聚的机构，其原因早已提到——即对地方政府、普通法和宗教的普遍认可。

这还不足以解释英国议会为何如此强大，以致君主政体被迫接受宪法。匈牙利议会中的贵族也很强大，也组织良好。像在兰尼米德的英国男爵，较低层次的匈牙利贵族在 13 世纪强迫君主接受宪法妥协，即金玺诏书，在后续年份中又死死看住国家。[1] 在马蒂亚斯·匈雅提于 1490 年去世后，贵族阶层扭转君主政体在前一代作出的中央集权改革，夺回权力。

但匈牙利贵族阶层没有运用权力来加强整体国家能力。更确切地说，他们以国防能力为代价给自己减税，保护自己的狭隘特权。相比之下，源自 1688—1689 年光荣革命的宪政和解，大大加强了英国的国家能力，以至它在未来一世纪中成为欧洲的主要强国。那么，我们要问的是，既然英国议会已经强大到能够遏制掠夺性的君主，但议会本身为何没有发展成寻租联合体，没有像匈牙利议会一样作茧自缚。

英国负责制政府没有退化成贪婪的寡头政治，至少有两条原因。首先，英国的社会结构不同于匈牙利。英国议会中的团体是寡头政治，但与匈牙利相比，他们底下的社会更为流动，向非精英开放的程度更高。在匈牙利，士绅被吸收到狭窄的贵族阶层；在英国，他们代表一个庞大且凝聚的社会群体，在某些方面甚至比贵族还要强大。不像匈牙利，英国拥有基层政治参与的传统，体现在百户法庭、县法庭和其他地方治理机构。英国领主习惯于出席会议，与自己的属臣和佃户平等相处，讨论决定涉及共同利益的问题。此外，匈牙利没有英国那样的自耕农。自耕农是相对富裕的农民，拥有自己的土地，参与地方上的政治生活。匈牙利城市受到贵族阶层的严格控制，不能像英国那样衍生出富庶和强大的资产阶级。

其次，尽管英国有个人自由的传统，但它的中央国家既强大，又在社会上获得大致的好评。它是发展出统一司法制度的首批国家之一，保护产权，为应付欧洲大陆的各式敌人而建起实质性的海军。1649 年查理一世被送上断头台，之后，英国又试验了共和政府和克伦威尔的护国公体制，结果都不如人意。甚至在议会拥护者的眼中，弑君本身似乎都是不正义的非法行为。英国内战见证了同样的愈趋激进，像法国、布尔什维克和中国革命后来所经历的一样。更为激进的反皇派，像平均派（leveller）和掘地派（digger），所追求的似乎不只是政治负责制，而是更为广泛的社会革命，从而吓坏了议会所代表的有产阶级。所以，随着查理二世的登基，君主政体在 1660 年得以复辟，大家都松了一口气。[2]复辟之后，政治负责制的问题在天主教徒詹姆士二世的治下重新泛起，其阴谋诡计招致议会的怀疑和反对，最终引致光荣革命。但这一次，没人再想废除君主政体或国家，只想要一位对自己负责的国王，那就是奥兰治的威廉。

这再次证明思想是非常重要的。到 17 世纪晚期，像霍布斯和洛克那样的思想家，摆脱了基于阶级和等级的封建秩序的概念，转而赞成国家和公民之间的社会契约。霍布斯在《利维坦》中认为，就激情和彼此施暴的能耐而言，人与人在根本上都是平等的；此外，他们还享有天赋权利。洛克接受这些前提，并抨击不经被统治者同意也可有合法统治的主张。只要依照同意原则，就可以推翻国王。⁴³¹这些早期自由主义者认为，权利是抽象和普遍的，任何强人不得合法剥夺。但在这些思想传到匈牙利之前，匈牙利早已向土耳其和奥地利屈服称臣了。

从上述比较中可得出一个简单的教训。政治自由——即社会自我统治的能力——不但要看社会能否动员起来，以对抗中央集权，并将宪法约束强加于国家；还要看国家是否足够强大，能在必要时采取行动。负责制不是只从国家流向社会的单行道。如果政府不能采取团结行动，没有广泛接受的共同目标，就无法奠定政治自由的真正基石。明显不同于马蒂亚斯·匈雅提死后的匈牙利，1689 年之后的英国仍然强大而团结。议会愿意向自身征税，为 18 世纪的海外持久争斗作出牺牲。与没有制衡的政治制度相比，高度制衡的不一定会取得更大成功，因为政府需要定期采取坚决果断的行动。所以，负责制政治制度的稳定，全靠国家和社会之间的广泛均势。

达到丹麦

辉格史观的问题之一在于，它将英国的经历当作宪政民主制（constitutional democracy）兴起的范例。然而，欧洲其他国家走上不同路径，最后抵达与英国相同的目的地。我们开始解说冗长的政治发展史时，曾提出丹麦如何变成今日丹麦的问题——守法、民主、繁荣、执政清廉的政体，其政治腐败处于世界最低水平——我们需要时间来解释这个结果。

在 1500 年，还看不出丹麦（或斯堪的纳维亚其他国家）将会
不同于中世纪晚期的其他欧洲社会。有些评论家尝试将今日的丹麦
一直追溯到当初定居斯堪的纳维亚的维京人。[3] 除了他们不骑马，驾
长艇远行，很难想象这一掠夺部落，如何将自己从来自罗马帝国之   432
后定居欧洲的日耳曼野蛮人中彻底区分出来。

丹麦的君主政体具有很古老的血统，从 13 世纪起变得相对软
弱。国王被迫签署宪章，允诺向贵族议会征求咨询，向教会提供
特权。[4] 像欧洲的其他国家，丹麦的经济仍以庄园为基础。丹麦地
处波罗的海的进口，邻近汉萨同盟的港口城市，使国际贸易成为其
经济发展的重要因素。[5] 卡尔马联盟（Kalmar Union）在 15 世纪中
期曾短暂地统一大部分的斯堪的纳维亚。联盟解散后，丹麦仍是相
当重要的多民族政权，控制着挪威、冰岛、说德语的石勒苏益格—
荷尔斯泰因地区（Schleswig & Holstein），以及现是海湾对面的瑞
典西部省份。

如果说有一个事件，促使丹麦和斯堪的纳维亚其他地区走上独
特发展道路，那就是宗教改革。跟在欧洲其他地区一样，马丁·路
德（Martin Luther）的思想证明是非常震撼人心的，催化了大众对
天主教会的长期不满。在丹麦，短暂内战导致新教徒的胜利，以及
1536 年路德派丹麦国教的建立。[6] 促成这个结果的，既有道德因素，
也有物质因素，丹麦国王视之为攫取教会资产的良机。当时，教会
拥有相当多的财富，大约占有丹麦土地的 30%。[7]

宗教改革在丹麦的持久政治影响是鼓励农民脱盲。路德教会坚
信，普通老百姓要与上帝沟通，需要阅读圣经，或至少要读路德教
的简易问答集（Lesser Catechism）。始于 16 世纪，路德教会在丹
麦每一座村庄设立学校，让教士向农民传授基本的读写技能。结果
在 18 世纪，丹麦农民（还有斯堪的纳维亚的其他地区）已成为教
育程度相对较高、日益组织起来的社会阶层。[8]

当代社会的社会动员通常是经济发展的结果，这也是中世纪英

国所走的道路。普通法的产权扩展，促使英国农民的最高层进化成
政治上活跃的自耕农。相比之下，在前现代 16 世纪的丹麦，促进 433
社会动员的是宗教。脱盲允许农民改善经济条件，还帮助他们互相
交流，并作为政治行动者组织起来。到 19 世纪早期，斯堪的纳维
亚和俄罗斯的乡村，彼此之间的悬殊是无法想象的，尽管两者的地
理相近，气候相似。

跟英国的情形不同，这里的代议民主制并不来自组织良好、足
以抵抗中央国家的封建残余机构（议会）。丹麦在 1660 年败于瑞典，
遂建立了专制国家，其官僚机构变得愈益精明。[9]丹麦议会已被废除，
没有基于社会等级的政治结构，可供君主前去要求增税。

从 1760 年到 1792 年，丹麦发生了重大的政治革命。开明君主
开始逐渐废除农奴制（Stavnsbånd），先在皇家领地，再扩展到所
有地主，并限制地主处罚下人的权利，譬如不能再将农民放在木马
上鞭打。[10]农民仍然没有选举权，但可以拥有土地，并能在同等的
基础上从商。[11]

丹麦君主将农民自由视作遏制贵族地主的良机，遂遭到了地主
的顽强抵抗。他又可将获得自由的农民，直接征募进国家军队。思
想也很重要。亚当·斯密的《国富论》出版于 1776 年，他认为，
自耕农的生产效率将远远超过农奴。同样重要的是农民本身得到越
来越多的教育和动员，充分利用自由经济的机会，投入到盈利较多
的增值生意，例如食物加工。

使丹麦现代民主成为可能的第二个重大事件来自外国。到 18
世纪末，丹麦仍是欧洲中等的多民族政权。在 1814 年的拿破仑战
争中失去挪威。19 世纪前几十年，法国大革命思想的传播促成复杂
的政治后果。它刺激了基于阶级的两项需求，一项来自资产阶级和
农民，跟政治参与有关；另一项来自说德语的少数民族，与国家认
可有关。

普鲁士解决了第二项需求，通过一场短暂但决定性的战争，在 434

1864 年兼并了主要说德语的石勒苏益格—荷尔斯泰因公国。只过一个晚上，丹麦就变成基本上讲丹麦语的整齐划一的小国。它知道自己别无他法，只好接受小国寡民的处境。

丹麦的民主出现于 19 世纪后期，社会民主主义出现于 20 世纪早期，这就是它们的来龙去脉。教士兼教育家的葛隆维（N. F. S. Grundtvig）所激发的农民政治运动，最初只装扮成宗教复兴运动。它摆脱官方的路德教会，在全国各地大办学校。[12] 等到立宪君主政体在 1848 年当政，农民运动和代表资产阶级的自由派开始要求直接的政治参与，并在翌年获得选举权。丹麦在 20 世纪成为福利国家，这已超越本卷的范围。当它最终来到时，并不完全依靠新兴的工人阶级，还需要农民阶级的帮助。在关键时刻，促使农民动员起来的不是经济增长，而是宗教。

民主和现代市场经济在丹麦的发展，比在英国经历了少得多的冲突和狂暴，更不用提相比法国、西班牙和德国了。为了到达现代丹麦，丹麦人确实与邻国打了好几仗，包括瑞典和普鲁士，也在 17 世纪和 19 世纪发生了激烈的国内冲突。但没有持久的内战，没有圈地运动，没有专制暴政，没有早期工业化所带来的赤贫，所留下的阶级斗争遗产非常薄弱。就丹麦的故事而言，思想是至关重要的，这不仅指路德教会和葛隆维的意识形态，而且还有 18 世纪和 19 世纪一系列丹麦君主所接受的关于权利和宪政的启蒙思想。

丹麦的民主兴起充满了历史的偶然性，不能在别处复制。丹麦抵达现代自由民主制的途径完全不同于英国，但最终都抵达非常相似的目的地。它们都发展了强大国家、法治和负责制政府。这似乎显示，"达到丹麦"可有多种途径。

第五部分

迈向政治发展理论

第29章

政治发展和政治衰败

政治的生物基础；政治秩序的进化机制；政治不同于经济；
制度的定义；政治衰败的来源；国家、法治、负责制的相
互关联；政治发展条件的历史演变

本卷提供的政治发展史是从前人类时代到法国和美国革命前夕，直到这时，真正的现代政治方才问世。此后，众多政治体出现，囊括现代政治制度的三大重要组件：国家、法治、负责制政府。

至此，有些读者可能会断定，我对政治发展的解读是历史决定论的。通过介绍各种政治制度复杂且背景独特的起源，我似乎在主张，类似的制度要在今日出现**必须**要有类似条件，各国因独特的历史背景已被锁定在各自单一的发展路径上。

这肯定是误解。能把优势带给社会的制度，总是被他人复制和改进；知识和制度的跨社会交汇，伴随着历史的始终。此外，本卷的历史故事，结束于工业革命前夕，而工业革命本身，又大大改变了政治发展的条件。这两点，将在最后一章得到详细描述。本书的第 2 卷，将描述和分析后马尔萨斯世界（post-Malthusian world）的政治发展。

人类社会对制度持强烈的保守态度，不会每过一代就把台面上的赌注一扫而光。新制度往往重叠在既有制度上面，例如分支世系制，它是社会组织最古老的形式，却依然存在于现代世界的很多地

方。如不弄清这一遗产和它对今日政治行动者选择的限制，就不可能理解今日改革的可能性。

此外，厘清制度初建时的复杂可帮助我们看到，它们的转变和模仿，即使在现代情形下，也是异常艰难的。政治制度得以建立，往往出于非政治原因（经济学家称之为政治制度的外部因素），我们已看到若干案例。其中之一是私人财产，它的出现不仅为了经济，还因为宗族需要土地埋葬祖先以平息死者灵魂。同样，法治的神圣不可侵犯，在历史上全靠法律的宗教起源。国家在中国和欧洲出现，根源就是当代国际体系所竭力阻止的无休止战争。没有这些外部因素，仍想重建这些制度，往往举步维艰。

我将总结本卷中有关政治制度发展的主题，并从中提炼出政治发展和衰败的理论大纲。这可能算不上真正的预测性理论，因为最终结果往往取决于互有关联的众多因素。此外还有龟的问题，即选来充当原因的龟，结果又要以底下的龟为基础。我以自然状态和人类生物学为本卷的开头，因为它是明显的起点，可算作底层的龟（Grund-Schildkröte），可以背驮后续的龟群。

政治的生物基础

人类在社会中组织自己行为时，不是完全自由的，因为他们共享一种生物本性。考虑到非洲之外的多数当代人，都可认祖归宗到大约五万年前的小群体，这种本性在全世界都是统一的。共享的本性不能决定政治行为，但可限定可能的制度性质。这表示，人类政治取决于人类重复的行为模式，既横跨文化又纵越时间。共享的本性将在下述论点中获得说明：

人类从未在无社会状态中生存。据称，人类曾是隔离的，要么在无政府暴力中与他人互动（霍布斯），要么在和平中对他人一无所知（卢梭），但这却是错的。人类及其灵长目祖先，一直生活在基于亲戚关系的大小社会群体中。生活得如此长久，以至社会合作所需要的认知和情感，都已进化成人类的天性。这表明，有关集体行动的理性选择，即他们核算合作的利弊，大大低估了人类社会既存的合作，也误读了其中的动机。[1]

人类天生的社会交往建立在两个原则之上：亲戚选择和互惠利他。亲戚选择原则，又称包容适存性原则，是指人类会大致根据共享的基因比例，对跟自己有遗传关系的亲属（或被认为有遗传关系的个体）做出利他行为。互惠利他原则是指，随着与其他个体的长时间互动，人类会发展出共同的利害关系。跟亲戚选择不同，互惠利他不依赖遗传关系，而是依赖重复、直接的人际互动，以及从这类互动中产生的信任关系。在缺乏其他更为非人格化制度激励的情况下，这些形式的社会合作是人类互动的预设模式。一旦非人格化制度出现衰败，这两种合作又会重现，因为这是人类的本性。我所谓的家族化，就是指基于这两项原则的政治用人。所以，当中国汉朝末年皇亲国戚充塞朝廷，当土耳其禁卫军让自己的儿子入伍接班，当法兰西王国卖官鬻爵制造世袭产业，只不过是自然的家族制原则复辟了。

人类天生喜欢制定和遵循规范或规则。从根本上说，制度就是限制个人选择的规则，由此类推，可以说人类天生喜欢建立制度。人们核算如何可获最大私利，从而制定理性规则，与他人一起履行社会契约。人类天生具有认知能力，知道如何解答"囚徒困境"类的合作问题。他们记住过去行为以作未来合作的指南；他们通过闲聊和其他分享，传播和获悉他人的可信度；他们有敏锐的知觉，通过察言观色以侦测谎言和不可信赖的行为；他们掌握分享信息的共同模式，不管是语言的，还是非语言的。在某种意义上，制定和遵循规则是在走捷径，可大大减少社交成本，允许高效率的集体行动。

人类遵循规则的本能，往往基于情感，而非理性。像罪过、可耻、骄傲、愤怒、困窘和赞美，都不是学来的，都不是洛克所谓的出生后、与外界互动时获得的。它们在小孩身上表现得非常自然，小孩依照这基于遗传但寓于文化的规则来组织自己的行为。我们制定和遵循规则的能力很像我们的语言能力：规则的内容是传统的，因社会而异；但规则的"内在结构"和我们的接受能力却是天生的。

人类倾向于将内在价值注入规则，这有助于说明社会的保守和顽固。规则的产生是为了因应特殊情形；之后，情形本身有了变化；久而久之，规则变得过时，甚至严重失调，但社会仍然拽住不放。欧洲人示范了枪械的卓有成效，但马穆鲁克仍予以拒绝，因为他们已向骑士征战注入了特殊情感，这直接导致了他们惨败于应时而变的奥斯曼帝国。因此，各社会都有竭力保留现存制度的普遍倾向。

人类天生具有暴力倾向。从存在的第一瞬间，人类就对其同类行使暴力，就像他们的灵长目祖先。尽管我敬仰卢梭，但暴力倾向不是人类在历史某时某刻学来的。同时，社会制度的存在就是为了控制和转移暴力。政治制度最重要的功能之一就是调控暴力出现的层面。

人类天生追求的不只是物质，还有承认。承认是指对他人尊严或价值的承认，又可称作地位。追求承认或地位的奋斗，往往不同于为物质的奋斗；地位是相对的，不是绝对的，即经济学家罗伯特·弗兰克（Robert Frank）所称的"地位性物品"（positional good）。[2] 换言之，只有他人都处于低级地位时，你才算拥有了高级地位。像自由贸易的合作游戏是正和，允许大家都赢；然而，追求承认或地位的斗争却是零和，你的增益一定是对方的损失。

人类政治活动的大部分都以寻求承认为中心。不管是寻求天命的中国未来君主，打黄巾或赤眉旗号的卑微农民，还是法国红便帽起义军，他们都在追求承认。阿拉伯部落平息相互纠纷，征服北非和中东的大部，这是在为伊斯兰教寻求承认。欧洲战士征服新大陆，打的是基督教的旗帜。近代民主政体的兴起，如避而不谈其内核的平等承认，也是无法理解的。在英国，追求承认的性质循序渐进，

441

从部落或村庄的权利，到英国人民的权利，再到洛克式的天赋人权。

　　抵制人类只追求物质利益的讲法是很重要的。人类历史中的施暴者，往往不在寻求财富，而在追求承认。冲突的长期持续，远远超过其经济意义。承认有时与财富有关，有时又以财富为牺牲品；如把承认视作另类的"功用"（utility），那就偏于简单，于是无补了。

思想作为原因

　　在解释社会差异和独特发展路径时，如不把思想当作原因，便无法打造政治发展的理论。在社会科学的术语中，思想是独立的变数；在龟的术语中，思想处在龟群的下层，它的底下绝对没有经济或自然环境的龟。

　　所有的社会都制造现实的心智模型。这些心智模型在不同因素中——时常是无形的——寻找因果关系，为了使世界更清晰、更可预言、更容易操纵。在早期社会，这些无形因素是精神、魔鬼、上帝、自然，时至今日则演变成抽象概念，像地心吸力、辐射、经济自利、社会阶级等。所有的宗教信仰都是现实的心智模型，都把观察到的现象归因于无法或很难观察的力量。至少从大卫·休谟起，我们懂得，单靠实证资料是无法核实因果关系的。随着现代自然科学的发展，我们改用新的因果理论以控制实验或统计分析，至少可以证伪。有了测试因果的更好办法，人类得以更有效地操纵环境。例如，改用肥料和灌溉来增加粮食产量，而不是牺牲者的血液。每个已知的人类社会都制造现实的心智模型。这表明，这种能力是天生的而不是后学的。

　　共享的心智模型，尤其是宗教，在促进大规模集体行动方面是至关重要的。建立在理性自利上的集体行动，解释不了世界上客观存在的社会合作和利他主义。[3] 宗教信仰激发人们所做的事，只对财富感兴趣的人通常是不做的，就像我们看到的伊斯兰教 7 世纪在阿拉伯半岛的崛起。信念和文化的分享会增进合作，因为有共同目标，还有应付类似难题的协调。[4]

很多人看到当代世界的宗教冲突，从而反对宗教，认为它们是暴力和心胸狭隘的来源。[5]这在重叠宗教和多样宗教的世界，可能是千真万确的，但他们忽视了宗教的历史作用。它曾扮演非常重要的角色，允许超越亲友的合作，成为社会关系的来源。此外，世俗的意识形态，如马列主义和民族主义，已在很多当代社会取代宗教信仰，呈现出不相上下的破坏能量，也能激发强烈的信念。

心智模型和规则紧密相连，因为它往往明确指出社会必须遵循的规则。宗教不只是理论，而且是道德规范的处方，要求追随者严格遵守。宗教，就像其颁布的教规，都被注入深厚的情感；信教是为了它的固有价值，不是为了它的准确或有用。宗教信仰，既不能确认，也很难证伪。所有这一切加深了人类社会的保守性。现实的心智模型一经采纳就很难变更，即使出现不利的新证据。

几乎所有已知的人类社会都有某种形式的宗教信仰。这表明，宗教很可能植根于人的天性。就像语言和遵循规则，宗教信仰的内容是传统的，因社会而异，但建立宗教原则的能力却是先天的。[6]我的叙述与宗教的政治影响有关，但不以"宗教基因"的存在与否为前提。即使宗教是后学的，它对政治行为仍施加巨大影响。

像马克思和涂尔干那样的思想家，看到宗教信仰在联合群体上的高效率（或是社区整体，或是阶级整体），从而相信宗教是故意为此打造的。如我们所见，宗教思想与政治经济一起发展，从萨满教（shamanism）和巫术，到祖先崇拜，再到拥有成熟原则的多神论和一神论宗教。[7]宗教信仰与信徒团体的生存条件，必须发生明显的关联。自杀教派，或禁止其成员繁衍的教派，如震教徒（Shakers），就不会存活太久。所以很容易产生一种倾向，以物质条件来解说宗教，并视宗教为它的产物。

然而，这是一个大错。既存的物质条件永远解释不了宗教。最明显的案例是中国和印度的对照。公元前第一个千年终止时，两个社会的社会结构非常相似，都有父系血统的家族和由此产生的政治模式。之后，印度社会转入弯路，唯一的解释是婆罗门宗教的兴起。该教形而上学的主张是非常复杂的，但要把它与当时印度北部的经济和环境条件挂起钩来，却是徒劳无益的。

　　我描绘的众多案例中，宗教思想都在塑造政治结果方面扮演了独立角色。例如，在欧洲两个重要制度的形成中，天主教会曾发挥主要作用。6 世纪以来，日耳曼野蛮部落逐渐征服罗马帝国；但在颠覆日耳曼的亲戚团体产权结构上，天主教会是关键，更削弱了部落制本身。欧洲由此走出基于亲戚关系的社会组织，用的是社会手段，而不是政治手段，与中国、印度和中东截然不同。在 11 世纪，天主教会宣告独立自主，不受世俗政府的管辖，并将自己组织成现代的等级制度，推动全欧洲的法治。相似的独立宗教机构，也存在于在印度、中东和拜占庭帝国，但在促使独立法律的制度化上，都比不上西方教会。没有叙任权斗争及其后果，法治绝不可能在西方落地生根。

　　没有案例显示，宗教价值是超越物质利益的。像印度的婆罗门和穆斯林社会的乌里玛，天主教会也是拥有物质利益的社会团体。教宗格里高利一世所颁布的遗产新法，似乎不是为了教义，而是为了私利；它鼓励把土地转让给教会，而不必留给亲戚团体。尽管如此，教会不只是简单的政治参与者，像当时支配欧洲的各式军阀。它无法将资源转换成军事力量，没有世俗政府的帮助，也无法从事掠夺。另一方面，它却可将合法性授予世俗的政治参与者。这件事，后者光凭自己是做不到的。经济学家有时谈起政治参与者如何"投资"于合法性，好像合法性是生产工具，像土地或机器。[8] 如要理解合法性，就一定要投入它的特殊语境，即人们对上帝、正义、人生、社会、财富、美德等的观念。

　　人类价值和意识形态的最重要变化之一——平等的承认——发

生于本卷所涵盖时期的结尾，可以说正是这一观念定义了现代世界。人类平等思想有很深的根源：学者如黑格尔、托克维尔和尼采，把现代的平等思想追溯到圣经中以上帝形象造人的说法。然而，享有同等尊严的人类小圆圈，其扩张速度是非常缓慢的，要到17世纪之后，才开始包括社会较低阶层、女性、种族、宗教等少数人群体等。

从族团和部落层次的社会迈入国家层次的社会，在某种意义上，代表人类自由的一大挫折。与基于亲戚关系的前任相比，国家更为富饶，更为强大。但这财富和力量，却铸造了悬殊的等级差别，有的变成主人，更多的变成奴隶。黑格尔会说，在如此不平等的社会中，统治者获得的承认是有缺陷的，最终连自己也不满意，因为它来自缺乏尊严的人。现代民主的兴起为所有人提供自决机会，以承认相互的尊严和权利为基础。因此，它只是在更大更复杂的社会里，恢复当初迈入国家时所失去的。

负责制政府出现，与相关思想的传播是分不开的。我们在英国议会的案例中看到，对英国人民权利的信仰是议会团结的根本，洛克式的天赋人权塑造了光荣革命。这些思想进而推动美国革命。我在此书呈现的负责制兴起的历史原因，似乎植根于政治参与者的物质利益，但我们必须同时考虑，确定政治参与者和集体行动范围的相关思想。

政治发展的普遍机制

政治制度的进化，大致可与生物进化媲美。达尔文的进化论以两项简单的原则为基石：变异和选择。有机体的变异，源于基因的随意组合；能更好适应环境的变种，则获得较大的繁殖成功，适应力较差的就要付出代价。

以长远的历史观点看，政治发展遵照同一模式：不同人类群体所使用的政治组织发生了变异，较为成功的——能发展较强的军事和经济力量——得以取代较不成功的。在高层次的抽象中，很难想象政治发展还有他路可走。但先要弄清政治进化与生物进化的差异，其至少有三条。

首先，在政治进化中，选择对象是体现在制度身上的规则，而生物进化中的选择对象是基因。尽管人的天性促进规则的制订和遵循，但不能决定其内容，所以会有内容上的极大差别。制度以规则为基础，将优势授予其生存的社会；在人类代理人的互动中，获选的是优势制度，淘汰的是劣势制度。

其次，在人类社会中，制度的变异可按计划，可作商讨，不像基因变异那样随意。哈耶克强烈驳斥人类社会自觉设计制度的想法，将之追溯到后笛卡尔（post-Cartesian）的理性主义。[9] 他认为，社会中多数信息其实是本地的，无法获得中央代理人的理解。[10] 哈耶克论点的缺陷是，人类一直在社会各层次成功地设计制度。他不喜欢自上而下、集中的国家社会工程，但愿意接受自下向上、分散的制度革新，尽管后者仍是人为设计的。大规模设计的成功频率，可能低于小规模的，但确有发生。人类很难将意外结果和信息残缺纳入计划，但能作计划的事实表明，自觉建立的制度之变异，比简单的随机而变更有可能适应解决问题。不过，哈耶克仍是正确的，制度进化并不取决于人们设计制度的能力，单是变异和选择，便可取得适时应务的进化结果。[11]

最后，被选择的特征——政治进化中是制度，生物进化中是基因——借文化而获得传递，不靠遗传。就适应性而言，这既是优势，又是劣势。文化特征，如规范、习惯、法律、信念或价值，至少在理论上，可在一代人的时间获得迅速修改，如 7 世纪的伊斯兰教，或 16 世纪丹麦农民的扫盲。另一方面，人们偏爱将内在价值注入心智模型和由此建立的制度，导致制度的经久不衰。相比之下，生物有机体不会敬畏或膜拜自己的基因，如不能帮助生物的存活和繁殖，选择原则便会无情将之去掉。所以，制度进化既可快于也可慢于生物进化。

与生物进化不同，制度可通过模仿而获得扩散。衰弱制度的社会，被强大制度的社会打败了，或干脆消灭了，但也有采纳"防御性现代化"的[12]，从而引进竞争者的制度。17—19 世纪的日本德川幕府时期，治国的封建君主们从葡萄牙人和其他旅客处，很早就获悉火器的存在。但他们正处于长期的军火自我管制中，大家同意不引进火器，因为不想放弃传统的冷兵器战争形式。当美国海军准将马休·佩里（Matthew Perry）和他的"黑船"在 1853 年的东京湾露脸时，执政的精英知道，如果不想成为第二个中国，他们必须终止这种舒适的自我管制来取得美国人所拥有的军事技术。1868 年的明治维新之后，日本引进的不只是军火，还有新式政府、中央官僚体制、新教育制度和其他一系列制度，均借鉴于欧洲和美国。

生物进化既是特别的，又是普遍的。特别进化是指物种适应了   448
特殊环境，并作调整，如著名的达尔文雀（Finches）。普遍进化是指成功的物种跨越本地环境，而向外扩散。所以有大规模的普遍进化，从单细胞到多细胞的有机体，从无性繁殖到有性繁殖，从恐龙到哺乳动物等。政治发展也是如此。行为意义上的现代人类，大约在五万年前离开非洲，迁移到世界各地。他们努力适应遇上的不同环境，开发了不同的语言、文化和制度。同时，某些社会凑巧碰上能提供优势的社会组织。于是，也发生了普遍进化，从族团层次，转到部落层次，再转到国家层次的社会。国家层次社会中，组织较为完善的又击败或吸收组织较差的，使自己的社会组织获得传播和扩散。所以在政治制度的演化中，既有分流，也有汇集。

跟生物进化一样，竞争对政治发展至关重要。如没有竞争，就不会有对制度的选择压力，也不会有对制度革新、借鉴、改革的激励。导致制度革新的最重要竞争之一是暴力和战争。经济生产力的增长，使族团层次向部落层次的过渡得以实现，但直接动机则来自部落社会动员人力的优势。第 5 章中，我讨论了国家原生形成的不同理论，包括经济自利、灌溉、密集人口、地理界限、宗教权威、暴力。虽然，所有因素都发挥了作用；但从自由的部落社会到专制的国家社会，此项艰难的过渡，更像是由保全生命而不是经济利益的需要促成的。浏览诸如中国、印度、中东和欧洲等地国家形成的历史记录，我们看到暴力再一次成了主角。它鼓励国家形成，还鼓励与现代国家相关的特别制度的建立。本章后面还会讲到，合作中遇到的某种问题，除了暴力，没有其他方法。

处处是拱肩 449

生物学家史蒂芬·古尔德（Stephn Gould）和理查德·列万廷（Richard Lewontin），在 1979 年的文章中，以建筑学上的拱肩（spandrel）来解释生物变异中的不可预知。[13] 拱肩是支撑圆屋顶的拱门背线与相邻直角形成的弧形区域。它不是建筑师故意设计的，而是其他精心计划的零件组装后留下的副产品。尽管如此，拱肩开始获得装饰，并随时间的推移而自成一格。古尔德和列万廷主张，有机体身上为某个原因而进化的生物特征，到后来，却能为完全不同的原因，提供适应的优势。

拱肩（左上角）

我们在政治进化中看到不少类似拱肩的东西。公司——一个有着与其组成人员清晰可分的身份并可以永久存在的机构——最初是作为宗教组织出现的，没有任何商业目的。[14]天主教会支持女子的继承权，不是想增加女子权利——这在7世纪是不合时宜的——而是看上了强大家族手中的珍贵地产，认为这是很好的途径。如果说，教会领袖当时就预见，这将影响亲戚关系的整体，这是很可疑的。最后，忙于叙任权斗争的人，脑海中并没有浮现以独立司法限制政府的想法。当时，那只是一场道德和政治的斗争，为了争取天主教会的独立自主。然而在西方，宗教组织赢得的独立自主，经过长期进化，变成了司法部门的独立自主。法律的宗教基础被世俗来源所取代，但它的结构仍保持原样。所以说，法治本身就是一种拱肩。

实际上，不同制度的历史根源，往往是一长列历史意外事件的产品，没人能够预测。这看起来令人泄气，因为当代社会无法经历同样事件来获得类似制度。但这忽略了政治发展中拱肩的作用，与制度的历史来源相比，制度的功能更为重要。一旦发现，其他社会可以完全出乎意料的方式来模仿和采纳。

制度（机构）*   450

在本卷中，我一直使用亨廷顿对制度的定义，即"稳定、有价值、重复的行为模式"。[15]至于被称作国家的那个制度或机构（the

---

* 编者按：此处小标题原文为institutions，可译为"制度"或"机构"，在本书中，该术语既指规范政治运作的一整套规则，在这个意义上其相当于本书标题中的"政治秩序"（political order）；又指落实这套规则和秩序的组织性机构；有时兼有上述二意，如本节。译者毛俊杰先生全部译为"机构"，编者认为，作者福山在本书中更多强调的是规则、秩序这个层面的institution，所以编辑时大都将该术语改译为"制度"，只在确有必要时保留"机构"的译法，有时也用"建制"的译法。同一术语未能对应同一译文，这种做法是学术翻译上的一个妥协，也希望读者阅读时能够在思维中建立起"institution—制度—机构—建制"这样的联想关联。

institution called the state），我不仅使用韦伯的定义（在界定的领土上合法行使垄断暴力的组织），还使用他对现代国家的标准（按专门技术和技能合理地分工；使用非人格化的用人制度，对公民行使非人格化的权威）。非人格化的现代国家，不管是建立还是维持，都很困难。家族化——基于亲戚关系和互惠利他的政治用人——是社会关系的自然形式，如果没有其他的规范和鼓励，人类就会回归。

现代组织还有其他特征。亨廷顿列出四条标准来测量国家制度（机构）的发展程度：适应和僵硬，复杂和简单，自主和从属，凝聚和松散。[16]这是指越善于适应、越复杂、越能自主和越凝聚的机构，其发展程度就越是成熟。善于适应的组织，可评估不断变化的外部环境，再修改其内部程序来应对。环境总在变化，所以善于适应的机构活得长久。英国的普通法系统，其法官因应新情形，不断在重新解释和延伸有关法律，就是善于适应的样板。

成熟的机构更为复杂，因为它们有更大的分工和专业化。在酋邦或初期国家中，统治者可能同时又是军事长官、总教士、税务员和最高法院的法官。在高度发达的国家中，这些功能由各自为政的组织承担，它们负有特别使命，需要高度的技术能力。汉朝时期，中国已在中央、郡、地方层次派驻无数官僚机构和部门；虽然比不上现代政府，但与犹如君主家庭简单延伸的早期政府相比，却是一大进步。

自主和凝聚是机构标准的最后两条，如亨廷顿指出的，它们密切相关。自主是指机构开发自觉的集团身份，不受社会其他力量的影响。在第 17 至 19 章讨论法治时，我们看到，法律对政府权力的约束，很大程度上取决于法庭所取得的制度性自治。这里的自治是指不受政治干涉，有权训练、雇用、晋升、惩罚律师和法官。[17]自主与专业化也是紧密相连的，所以，它适宜被看作比较成熟的机构的特征。其他条件都相同的情况下，掌控自身内部升迁的军队，比将军是政治任命的军队，或将军是金钱买来的军队，更具战斗力。

另一方面，凝聚是指政治系统中，不同组织的职责和使命都有明确的界定并被遵从。松散的政治制度中，很多组织参与政府行为，如征税和公共安全，但弄不清到底谁在负责。众多自治机构组成的国家部门，比众多从属机构组成的更有可能是凝聚的。在家族化社会中，领袖的家庭或部落成员，在各政府功能上享有重叠或暧昧的权力，或干脆为特殊个人设立特殊官位。忠诚比公共管理能力更为重要，这种情况迄今仍存在于很多发展中国家（甚至少数发达国家）。国家部门中的官方权力分工，与权力的实际分配不符，导致机构的松散。

制度（机构）的四条标准隐含一个概念，即制度是规则，或是重复的行为模式，比任何掌管机构的个人，都要活得长久。先知穆罕默德，生前以自己的魅力使麦地那部落团结起来，但他没有为阿哈里发的继承留下任何制度。年轻的宗教勉强活过第二代的权力斗争，在很多方面仍在为当初的缺陷付出代价，那就是逊尼派和什叶派的大分裂。穆斯林世界中后来的成功政权，全都依靠制度的创建，像奥斯曼帝国的征募制，招募奴隶军，不依赖个人权力。在中国，皇帝实际上变成属下官僚和繁复规则的囚犯。领袖可塑造机构，而高度发达的机构，不仅比拙劣的领袖活得更长，更有训练和招募优秀领袖的制度。   452

政治衰败

制度之间的竞争促使政治发展，这是一个动态过程。与此对应的，还有一个政治衰败过程；彼时，社会的制度化越来越弱。政治衰败可在两种形式中发生。制度的建立最初是为了迎接特殊环境的挑战。那环境可以是物质的，如土地、资源、气候和地理，也可以是社会的，如对手、敌人、竞争者和同盟者等。制度一旦形成，倾向于长久存在。如上所述，人类天生偏爱将内在价值注入规则和心智模型。如果没有社会规范、礼仪和其他情感投资，制度便不成其为制度——稳定、富有价值、重复的行为模式。制度长存带有明显的适应价值：如果不存在遵循规则和行为模式的天性，就要不断举行谈判，会给社会稳定带来巨大损失。另一方面，就制度而言，社会是极端保守的；这意味着，促使制度成立的原始条件发生变化时，制度却做不到随机应变。制度与外部环境在变化频率上的脱节，就是政治衰败，就是反制度化。

　　社会对现存制度的历代投资，导致双重失误：不仅没能调整过时的制度，甚至察觉不到已出毛病。社会心理学家称之为"认知失调"，历史上有无数这样的案例。[18] 某社会因优秀制度而变得更富裕，或在军事上更强大，其他竞争力较弱社会的成员，如想继续生存，就必须正确地把上述优势归因于根本性的制度。然而，社会的结果总有多种原因，总能为社会弱点或失败找出似是而非的狡辩。从罗马到中国，众多社会把军事挫折归咎于对宗教的不诚，宁可献上更多的礼仪和牺牲，也不愿全力以赴地重整军队。近代社会里，很容易把社会失败归咎于外国阴谋，不管是犹太人的，还是美帝国主义的，而不愿在自己制度身上寻找原因。

　　政治衰败的第二种形式是家族制复辟。眷顾家人或互惠的朋友是自然的社会交往，也是人类互动的预设。人类最普遍的政治互动，发生在保护人和依附者之间，领袖以恩惠换取追随者的支持。在政治发展的某些阶段，这种政治组织曾是唯一的形式。但是，随着制度的演化，产生了新的规则，用人标准慢慢改为功能或才干——中国的科举制度、土耳其的征募制、天主教的教士独身制、禁止裙带关系的现代立法。但家族制复辟的压力始终存在。最初以非人格化原因聘入机构的人，仍试图将职位传给自己的孩子或朋友。制度遭受压力时，领袖经常发现自己必须做出让步以保证政治优势，或满足财政需求。

　　这两种政治衰败，我们可看到很多例子。17 世纪前期，组织良

453

好的满人在北方虎视眈眈，中国的明朝面对与日俱增的军事压力。政权的生存，取决于朝廷能否整顿资源，重建精兵，北上御疆。结果一无所成，因为政府不愿或不能增税。此时，政权与不愿承担更高税赋的精英，处于某种大家都觉满意的共存关系；疏于朝政的皇帝发现，比较容易的对策是让睡着的狗继续睡下去。

家族制复辟是一种循环现象。中国西汉时期建立的非人格化官僚制度，逐渐受到贵族家族的侵蚀；他们试图为自己和后裔在中央政府中保留特权；这些家庭在后来的隋唐两朝仍得以支配中国的官僚机构。埃及的马穆鲁克和土耳其禁卫军先要求成家，再要求自己的孩子进入军事机构，从而破坏了非人格化的奴隶军制。马穆鲁克一例是对 13 世纪晚期局势的回应，当时蒙古威胁逐渐减退，鼠疫频仍，贸易条件恶化。奥斯曼一例的起因是通货膨胀和预算压力，导致塞利姆一世和苏莱曼一世向土耳其禁卫军做出类似让步。天主教会禁止教士和主教成家以建立现代官僚制度，久而久之也发生故障；神职人员寻求圣职与圣俸的合一，使之成为世袭产业。在法国和西班牙则出现公开的卖官鬻爵，政府部门私有化，再由后裔继承。

这两种政治衰败——制度僵化和家族制复辟——经常同时发生。现存制度的既得利益者，即家族化官僚，会极力阻止改革。如制度彻底崩溃，往往又是他们，凭借其荫庇关系网络出来收拾残局。

暴力和功能失调的均衡

我们除了指出制度长存的自然倾向，还可精确解释制度在适应环境时的姗姗来迟。任何一个制度或制度系统，即便在整体上提供诸如内部和平和产权等的公共服务，也一定会惠顾社会上某些群体，并以其他群体为代价。受惠顾的群体，可能在人身和财产方面感到更加安全，可能因靠近权力而收取租金，可能获得特别的承认和社会地位。这些精英组织在现存制度安排中享有既得利益，会尽力保护现状，除非自我分裂。使全社会获益的制度性变化，如征集土地税以应付外来威胁，仍会遭到组织良好的群体的否决，因为对他们而言，净得仍然是负数。

经济学家很熟悉此种集体行动的失败。博弈理论家称之为稳定的均衡（stable equilibrium），因为没有一名参与者能从现存制度安排的变更中得到个人的好处。但从全社会的角度看，这个均衡是失调的。曼瑟尔·奥尔森认为，任何社会的既得利益群体，经过长年的累积，为保护其狭隘的特权，会组成寻租联合体（rent-seeking coalition）。[19] 他们的组织能力远胜过人民大众，所以后者的利益往往在政治制度中得不到代表。失调的政治均衡可借民主而获缓和。民主允许非精英，至少在理论上，获得更多的政治权力。但通常，精英和非精英的组织能力有云泥之别，从而阻止了后者的任何果断行动。

寻租联合体阻止必要的制度变革，从而激发政治衰败；这样的例子不计其数。其经典案例就是法兰西王国，也是租金一词的发源地。其时，法兰西君主在两个世纪中，招诱大部分精英，而逐渐强大。招诱的形式是出卖国家功能的一小部分，之后变成世袭产业。像莫普和杜尔哥这样的改革部长，力图废除卖官鬻爵，却遭到既得利益者强有力的阻挠。卖官问题的解决，最终只有通过法国大革命时期的暴力。

功能失调的均衡（dysfunctional equilibria）很早就出现在人类历史上。考古证据显示，族团层次社会早已掌握农业技术，但持续几代仍坚持狩猎采集。个中原因似乎又是既得利益者。平等的族团层次社会中，分享食物相当普遍，一旦出现农业和私人财产，就难以为继。定居下来的第一户，其生产的粮食必须与族团其他成员分享，反过来摧毁了转向农业的奖励。农业的生产效率，高于狩猎采集。所以，改变生产方式将使全社会更加丰裕，但会剥夺部分成员的免费享用。考古学家斯蒂芬·勒布朗认为，部分狩猎采集社会向农业社会的转变之所以缓慢，就是因为无法解决此类合作问题。[20]

所以，社会能否实施制度变革，取决于能否分化手握否决权的既得利益群体。有时，经济变化削弱现存精英，加强赞成改制的新精英。17 世纪的英国，与商业或制造业相比，地产的回报逐渐降低，从而使资产阶级在政治上获益，吃亏的是旧贵族。有时，新兴的社会参与者因新宗教的涌现而赢得权力，像印度的佛教和耆那教。宗教改革后，由于扫盲和圣经的广泛传播，斯堪的纳维亚的农民不再是毫无生气的一盘散沙。还有的时候，促成变化的是领袖意志和凝聚各无权群体的能力，像叙任权斗争中格里高利七世所组织的教皇派。实际上，这就是政治的精髓：领袖们能否借助权威、合法性、恐吓、谈判、魅力、思想和组织来实现自己的目标。

功能失调的均衡可持续很久，由此说明，暴力为何在制度革新中扮演如此重要的角色。经典的看法认为，政治就是为了解决暴力问题。[21] 但有时，要把阻挡制度变革的既得利益者赶走，唯一办法却是暴力。人类对暴毙的害怕强于获利的欲望，由此激发在行为上的深远变化。我们已在第 5 章提到，很难同意经济动机（如实施大型水利工程）是国家原生形成的原因。相比之下，无休止的战争，或害怕较强群体前来征服，促使自由骄傲的部落成员走进集权国家，倒是入情入理的解释。

中国历史上，家族化精英一直是现代国家制度形成的障碍，无论是在秦朝兴起时，还是在隋唐时的复辟期。秦朝方兴的战国时期，贵族带头的无休止战争，摧毁了自己阶层，为非精英军人进入政权打开大门。女皇帝武则天崛起于唐朝早期，清洗传统贵族家庭，促使较为广泛的精英阶层涌现。两次世界大战为 1945 年后走向民主化的德国提供了类似的帮助。它们清除容克贵族阶层（Junker），制度变革遂再无阻挡。

尚不清楚，民主社会能否和平地解决此类难题。美国南北战争之前，南方少数美国人试图竭力保留他们的"特有制度"——奴隶制。

457

只要在美国的西部扩张中，没有足够的自由新州加入以推翻南方的否决权，当时的宪法规则就允许奴隶制的存在。最终，冲突无法在宪政框架内得到解决，战争遂成为必须的选择，六十多万美国人因此而丧生。

现代世界的规范和制度，在很多方面，已把暴力解决政治僵局的大门紧紧关上。没人期望或希望，非洲撒哈拉以南的国家为建立强大巩固的国家，也经历如中国和欧洲所体验的数世纪坎坷。这意味着，制度革新的责任将落在前述的非暴力机制上。不然，社会仍将遇上政治衰败。

幸运的是，国家、法治、负责制这三大基本政治制度得以锻造成功的旧世界，十分不同于当代世界。美国和法国革命以来的两个多世纪，世界经历了工业革命和大幅提高社会交往的技术革新。如今，政治、经济和社会三大组件在发展中的互动，大大不同于1806年之前。怎样的互动呢？那是本卷最后一章的主题。

第30章

政治发展的过去和现在

自18世纪以来，政治发展的条件发生剧烈变化；发展中的
政治、经济、社会三个方面，及其在马尔萨斯式世界中的
互动；在今天的互动；当代世界的期望

　　亨廷顿在1968年发表《变化社会中的政治秩序》。他的中心见
解是，政治发展有其独特逻辑，与经济和社会的逻辑既有关联又有
差异。他认为，经济和社会的现代化一旦超越政治发展，政治衰败
就会发生，因为现存政治制度无法容纳动员起来的新兴社会群体。
他还认为，20世纪50年代和60年代独立的发展中国家，之所以遭
遇此起彼伏的政变、革命、内战，原因就在这里。

　　有人认为，政治发展遵循自己的逻辑，未必是整体发展过程中
的一部分，看待这个观点要以经典现代化理论为背景。该理论来自
19世纪的思想家，如马克思、涂尔干、滕尼斯和韦伯。他们试图分
析欧洲社会的工业化所引起的巨变。尽管彼此之间有很大差异，他
们都倾向于主张，现代化是个整体，包括资本主义市场经济、随之
而生的大规模分工、强大的集权官僚国家、亲密的村庄群体变为不
近人情的城市群体、公共的社会关系变为个人的社会关系。所有这
一切，在马克思和恩格斯的《共产党宣言》中汇聚。该宣言宣称，"资
产阶级的兴起"改变了一切，包括劳动条件、全球竞争、最为私密
的家庭关系。根据经典现代化理论，这些变化始于16世纪早期的

宗教改革，在之后三个世纪得到迅猛的展开和传播。

　　第二次世界大战前，现代化理论家移军美国，抢占地盘，像哈佛大学的比较政治系、麻省理工的国际研究中心、社会科学研究会的比较政治委员会。哈佛大学的比较政治系，由韦伯心爱的学生塔尔科特·帕森斯（Talcott Parsons）领军，希望建立跨学科的社会综合科学，将经济学、社会学、政治学、人类学冶于一炉。[1]现代化理论家将强烈的规范化价值注入现代化本身，在他们眼中，现代化的好处总会一同到来。经济发展，亲戚团体瓦解，个人主义兴起，更高更包容的教育，价值观以"成就"和理性为方向发生规范性转变，世俗化，民主政治制度的发展；这一切被视为一个相互依赖的整体。经济发展将提供更好教育，导致价值观的改变，依次再促进现代政治，等等，从而取得无止境的良性循环。[2]

　　亨廷顿的《变化社会中的政治秩序》，在摧毁现代化理论方面起了重要作用。它强调，现代性的好处不一定相得益彰。尤其是民主，对政治稳定而言，不一定是好事。亨廷顿讲的政治秩序，相当于我在本书中所论的国家建设。他的发展策略，被称作"威权式过渡"（authoritarian transition），主张政治秩序优先于民主，该书因此而变得名闻遐迩。[3]这也是土耳其、韩国、中国台湾、印尼所走的道路：先在威权统治下实现经济现代化，再在政治制度上开放民主竞争。

　　本卷呈现的历史材料确证了亨廷顿的基本见解，即发展中的各方面应分开对待。如我们所见的，中国人早在两千多年前，就创造了韦伯式的现代国家，但没有法治或民主，更不用说个人的社会关系或现代资本主义了。

　　此外，欧洲的发展又与马克思和韦伯的描述大相径庭。欧洲现代化的萌芽远早于宗教改革。我们曾在第 16 章看到，随着日耳曼野蛮人皈依基督教，脱离基于亲戚关系的社会组织，在中世纪黑暗时代便已开始。到 13 世纪的英国，自由买卖财产的个人权利，包括女性的财产权，已属根深蒂固。天主教会 11 世纪晚期与皇帝的

460

争斗是现代法律秩序的根源。它建立欧洲第一个官僚化组织，以管理教会的内部事务。它一直被当作现代化的障碍而横遭诋毁。但从长远看，在推动现代化的关键问题上，它至少像宗教改革一样重要。

所以，欧洲走向现代化，不是全方位的突飞猛进，而是几乎历时一千五百年的点滴改良。在这特有的次序中，社会中的个人主义可早于资本主义，法治可早于现代国家的形成，封建主义作为地方抵抗中央的顽固堡垒，可成为现代民主的基础。根据马克思主义的观点，封建主义是资产阶级上升之前的发展阶段。但在事实上，它主要是欧洲的独特制度。不能把它说成是经济发展的普遍过程，也不能期望非西方社会遵循相似的发展次序。

然后，我们需要分别对待发展中的政治、经济、社会三个方面，弄清它们作为分立的现象，又是如何相互关联、如何周期性互动的。我们必须弄清此事，因为它们现在的相互关系的性质，与在马尔萨斯式世界的历史条件之下，已然十分不同。

托马斯·马尔萨斯

约在 1800 年后，随着工业革命的出现，世界发生了巨大变化。在那之前，生产力因技术革新而持续增长、进而促进经济发展的美事是靠不住的。事实上，它几乎不存在。

461

但这并不表示，1800 年之前没有发生过生产力的大幅增长。农业、灌溉、铁犁、印刷机、远航帆船，都提高了人均产值。[4] 例如，公元前第三个千年和第二个千年之间，墨西哥特奥蒂瓦坎（Teotihuacán）的农业生产力因引进玉米新品种而增长两倍。[5] 那时所缺乏的是年复一年的生产力和人均产值的稳定增长。我们今天假设，电脑和互联网在五年后将获得巨大改进，这很可能是正确的。而中国西汉的农业技术，即基督诞生后不久，与 19 世纪沦为半殖民地之前的清朝的相比，则相差无几。

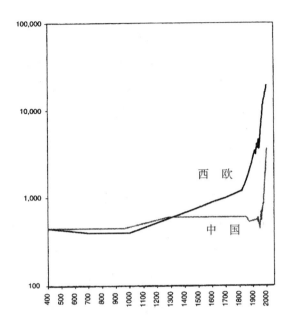

图7. 人均GDP水平比较：中国与西欧，400—2001年（单位是1990年国际元）

来源：麦迪逊（Maddison）（1998，2001，2003a）

　　图 7 是西欧和中国在公元 400 年至 2001 年之间的人均产值估
计。它显示，从公元 1000 年到 1800 年，西欧的人均收入在八百年
期间逐步上升，之后却突飞猛进。同期的中国人均收入，几乎是停　　462
滞不前，但在 1978 年后腾飞，速度甚至超过西欧。[6]

　　1800 年后生产力大幅增长的原因，一直是研究发展的核心命题。
首先是智识环境的巨变，促进了现代自然科学、实用科技、复式簿
记、专利法和版权的涌现。最后两项又是鼓励不断创新的微观经济
制度。[7]注重最近两百年的发展是未可厚非的，但这阻碍了我们对
前现代社会政治经济的理解。经济可以持续增长的假设，使我们重
视有助于这种增长的制度和条件，如政治稳定、产权、技术和科研。
另一方面，如果假设生产力的改进非常有限，社会就会陷入零和的
世界，掠夺他人资源往往变成获得权力和财富的更佳途经。

这个生产力低下的世界，因英国神职人员托马斯·马尔萨斯的分析，而引起世人的注意。他的《人口学原理》初版于 1798 年，其时他仅 32 岁。身为八个孩子之一的马尔萨斯认为，人口以几何级数增长（假设女子"自然"生育率是每人生育十五个小孩），而谷物生产以算术级数增长，这表示人均谷物生产只会下降。马尔萨斯还认为，农业效率可以提高，但从长远看，仍跟不上人口增长；实施道德限制，如晚婚和禁欲，可以帮助控制人口的增长（那是避孕尚不普遍的世界）；但人口过剩问题的最终解决，还得依靠饥荒、疾病和战争。[8]

马尔萨斯的文章出现于工业革命前夕。如上所述，工业革命引发了 1800 年后生产力的惊人增长，尤其是在开发煤炭和石油的能量上。从 1820 年到 1950 年，全球的能源供应增长六倍，而人口仅增长一倍。[9] 随着现代经济世界的出现，马尔萨斯经济学遭到普遍贬斥，譬如说它的眼光短浅，对技术进步过度悲观。[10] 但是，如果说马尔萨斯的模式不能用于 1800—2000 年这段时期，它却可作为理解此前世界政治经济的基础。

作为 1800 年前经济生活的一种历史描述，马尔萨斯模式必须作出重要调整。埃斯特·博塞鲁普认为，人口的增加和密集，不仅没有造成饥荒，反而促进了提高效率的技术革新。例如，埃及、美索不达米亚（Mesopotamia）和中国发展出了密集农业模式，实现了大面积灌溉、新高产作物培育和农业工具的改进。[11] 因此，人口增长本身未必是件坏事。食物供应量与死亡率并没有直接关联，除非在大饥荒时期。在抑制人口增长上，疾病一直比饥饿更为重要。[12] 如食物不够，人类不必死去，可以缩小身躯来降低对卡路里的需求。[13] 类似这样的情形似乎就在上一世代的朝鲜发生过，以应付广泛的饥荒。[14] 最后，除了人口过剩，本地环境的恶化也是人均谷物生产下降的原因。对人类社会来说，环境破坏不是什么新鲜事（只是今日的规模前所未有）。过去的社会曾杀尽大型动物、侵蚀表土、

463

颠覆当地气候。[15]

　　经过上述修改的马尔萨斯模式可提供良好架构，帮助我们梳理工业革命前的经济发展。全球人口在过去一万年中有惊人增长，从新石器初期的大约六百万，到 2001 年的六十多亿，这是一千倍的增长。[16] 不过，增长的大部发生在 20 世纪；讲得更确切些，在 20 世纪的最后几十年。1820 年之前的经济增长大都是粗放型的，例如，开垦处女地、给沼泽排水、清除森林、填海造地等。新土地一旦得到开发，产量达到当时技术的限度，生活重又回归到零和。一人增加资源，他人必须削减，人均产量得不到持续增长。不管是世界整体还是本地居民，绝对增长之后便是停滞不前和绝对下跌。在全世界范围，人口因疾病而经历大幅度的滑坡。其中一次发生于罗马帝国末期，那时它面对野蛮部落的入侵、饥荒、瘟疫。另一次发生在 13 世纪，蒙古侵占欧洲、中东和中国，并把瘟疫带到世界各地。在 1200 年至 1400 年之间，亚洲人口从大约两亿五千八百万跌至两亿零一百万。在 1340 年至 1400 年之间，欧洲人口从七千四百万跌至五千二百万。[17]

　　如此缓慢的技术进步具有双刃特性。短期内，它改进生活水平，革新者为此而得益。但较多资源促成人口增加，从而减少人均产量。与革新之前相比，人类平均生活水平并没得到改善。所以，很多历史学家认为，从狩猎采集到农业社会的过渡，反而使人类生活越过越糟。虽然谷物生产的潜力大增，但人类的食谱更为狭窄，从而影响健康。他们为生产粮食消耗更多体力，居住在密集地域，为疾病的蔓延提供温床，等等。[18]

马尔萨斯式世界中的政治

　　在零和的马尔萨斯世界，人的生存对政治发展有巨大的意义，也与今日的发展大相径庭。马尔萨斯式世界的人们虽有资源，但只

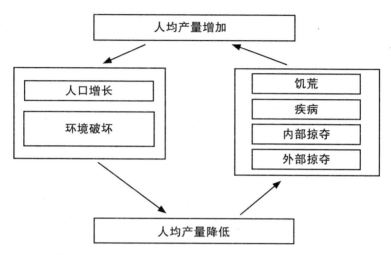

图8. 马尔萨斯陷阱

有很少的投资机会，譬如促使经济持续增长的工厂、科学研究或教育。如想增加财富，最好走政治途径来从事掠夺，即强夺他人资源。掠夺有两种：享有强制权力的人，可通过征税或赤裸裸的偷窃，夺走社会其他成员的资源；或将社会成员组织起来，去攻击和偷窃邻近社会。为掠夺而组织起来，增强自己的军事或行政能力，往往比投资于生产能力更为有效。

马尔萨斯认识到战争是限制人口的因素，但马尔萨斯的经典模式可能低估了战争在限制人口过剩中的重要性。它作为人口的控制机制，与饥荒和疾病互为表里，因为饥荒和疾病通常由战争引起。跟饥荒和疾病不同，掠夺是一种可以由人有意掌控、用以应付马尔萨斯式压力的手段之一。考古学家斯蒂芬·勒布朗指出，史前社会中的战争和暴力不断，原因就在于人口老是超越环境的支撑能力。换言之，多数人宁可打仗，也不愿挨饿。[19]

马尔萨斯模式加以扩充后，看去就像图 8。像新作物或农具那

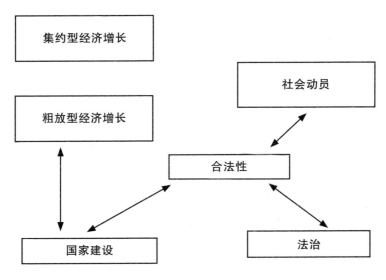

图9. 马尔萨斯条件下的发展

样的技术进步，会暂时提高人均产量。但假以时日，这个增产会被人口增加或环境破坏所抵消，人均产量再一次降低。阻止贫穷的蔓延有四种主要机制：他们忍饥挨饿，体型变小；死于疾病；从事内部掠夺；向其他社群发起进攻（外部掠夺）。然后，人均产量又会上升，因为土地和粮食变得更为充沛，或因掠夺他人而致富。

　　在没有持续技术革新的马尔萨斯式世界中，千万不要高估零和思想所占的主导地位。除了掠夺，还有很多大家都可得益的合作机会。农民和城镇居民开展贸易，便可增加大家的福利；政府提倡公共服务，如治安和互相防卫，会使政府本身和百姓都得到好处。事实上，掠夺要求紧密合作，这一事实又是发展政治组织的最重要动机之一。

　　图 9 表明工业革命之前，马尔萨斯式世界中政治制度与经济发展的关系。集约型经济增长单独处于左上方，没有任何箭头指向它。集约型增长全靠技术进步，但这些进步不可预测，发生时间的前后

466

往往又有很大间隔。对整个制度来说，那时的技术革新是经济学家所谓的外部因素，独立发生，与发展的其他任何方面无关。（博塞鲁普假设，与日俱增的人口密集周期性刺激技术革新，又使技术革新成为内在因素。但它和人口增长之间，又找不到预测或正比的关系。）所以，所发生的经济增长基本上是粗放型的，而不是集约型的。这表示，随着时间的流逝，总体的人口和资源有所增长，但不在人均基础上。

马尔萨斯式世界中至关重要的政治制度是国家，它是取得粗放 型经济增长的主要途径。强制能力——军队和警察——是开展外部掠夺（战争和征服）的资源，又可用于国内居民以保障统治者的掌权。反过来，通过征服或征税而获得的资源，又可转换成强制能力。于是，因果关系是双向的。国家提供基本的公共服务，如安全和产权，可提高经济生产力，但仅得一次——即奥尔森所解释的从流寇变成坐寇——但它无法促使生产力持续增长。

国家权力受合法性的影响，法治和社会动员如要影响政治，全凭作为传送带的合法性。在大多数马尔萨斯式社会，合法性以宗教形式出现。中国、拜占庭帝国和其他政教合一的国家，从其控制的宗教权威那里获得合法性。在基于宗教的法治社会中，宗教将合法性赋予独立的法律秩序，后者再向国家颁发或拒绝法律上的批准。

在马尔萨斯社会中动员新的社会群体，会比在当代世界遇上更多限制。在动员惰性社会参与者方面，宗教合法性扮演了很重要的角色，例如 7 世纪的阿拉伯部落和唐朝的佛道两教。罗马帝国时期，基督教在动员新兴精英上发挥了类似作用。在农业社会，宗教经常成为抗议的载体，以反对既有的政治秩序。所以，它不仅能提供合法性，还能制造不稳定。

马尔萨斯式世界中，政治发展的可能性体现在两条主要途径上。第一条围绕国家建设的内部逻辑和粗放型经济增长。政治权力创造经济资源，后者回过来又创造更为强大的政治权力。这个过程自作循环，直到一个极点：对外扩张的政治体遇上物质上的极限，如地理或技术的；或碰上另外一个政治体；或两种情形的组合。这就是在中国和欧洲出现的建国和战争的逻辑。

政治变化的第二条途径与合法性有关。它或者建立法治，或者授权给新兴的社会参与者，以影响国家权力。我所谓的印度弯路，其根源就是婆罗门宗教的兴起，它削弱了印度统治者仿照中国方式集中权力的能力。新兴的社会参与者一旦获得宗教授权，既可对国家权力作出贡献，如阿拉伯人；又可约束君主集权的尝试，如英国议会。

在马尔萨斯式世界，变化的来源相对有限。国家建设的过程非常缓慢，在中国和欧洲都持续了好多世纪。它也避不开政治衰败，政体回到低层次的发展阶段，不得不再从头开始。新兴的宗教或意识形态不时出现，但像技术革新一样，有点靠不住，无法向现存制度提供持续的活力。此外，技术限制了人们和思想在世界上的迁徙和传播。中国秦始皇发明国家的消息，从没传到罗马共和国领袖的耳朵。只有佛教穿越喜马拉雅山脉，抵达中国和东亚其他地区，其他制度大多困顿于自己的出生地。基督教欧洲、中东和印度的法律传统都自我发展，很少相互影响。

当代条件下的发展

现在让我们考察一下，发展的不同方面在工业革命开始后如何互动。最重要的变化是持续性集约型经济增长的出现，从而影响了发展的几乎所有方面。粗放型经济增长继续出现，但在促进政治变化上，其重要性远远比不上人均产量。此外，民主加入国家建设和法治的行列，成为政治发展的组件。这在图 10 中获得说明。

这些不同方面在当代世界的客观关联已有实质性的研究，可在下列关系中得到总结。

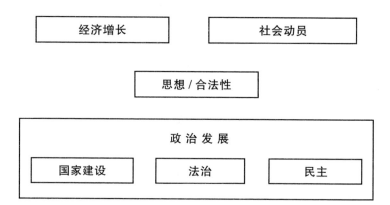

图10. 发展的诸方面

国家建设和经济增长之间

469

国家是集约型经济增长的基本条件。经济学家保罗·科利尔（Paul Collier）示范了该命题的反面，即国家崩溃、内战、国际冲突对经济增长的负面影响。[20] 20世纪晚期，非洲的大部分贫穷都得归罪于国家的薄弱，以及不时发生的瘫痪和动乱。除了建立国家以提供基本秩序外，强大的行政能力与经济增长呈明显的正相关关系。当人均国内生产总值处于绝对低水平时（少于1 000美元），国家变得尤其重要。到了较高水平的收入，国家仍然重要，但其影响可能会发生不成比例的改变。已有很多文献，把良好统治与经济增长联在一起。"良好统治"的定义，因不同作者而各有差异，有时包括政治发展的三大组件。[21]

强大凝聚的国家和经济增长之间的关联早已确定，但相互的因果关系却并不很清楚。经济学家杰弗里·萨克斯（Jeffrey Sachs）认为，良好统治是内生的，不是经济增长的原因，而是它的成果。[22]这听起来很有逻辑，因为政府是大开支。穷国腐败泛滥的原因之一是它们付不起好薪水，以致它们的公务员很难负担家用，所以趋于受贿。政府方面的开支，包括军队、通向学校的道路、街上的警 470

察，在 2008 年的美国大约是人均 17 000 美元，在阿富汗却只有 19 美元。[23] 所以一点也不奇怪，阿富汗的国家远远比不上美国，或者，对之大笔援助只会制造腐败。

另一方面，既有经济增长没能促成良好统治的案例，也有良好统治促成经济增长的案例。举韩国和尼日利亚为例。朝鲜战争之后的韩国，1954 年的人均国内生产总值低于尼日利亚，后者在 1960 年从英国手中赢得独立自主。在接下来的五十年中，尼日利亚的石油收入超过三千亿美元。然而，其人均收入却在 1975 年和 1995 年之间出现下跌。相比之下，同期的韩国经济每年增长 7% 到 9%，到 1997 年亚洲金融危机时，已成为世界上第 12 大经济体。这表现上的差异，几乎完全归功于韩国政府，它的治理成绩远远超过尼日利亚。

法治和增长之间

在学术文献中，法治有时被认作统治的组件，有时被认作发展的方面（我在本书的做法）。如第 17 章所指出的，与经济增长有关的法治，涉及产权和合同的强制执行。有大量文献显示，这个关联确实存在。大多数经济学家视之为理所当然，但不清楚，对经济增长来说，普遍和平等的产权是否必不可少。在很多社会中，稳定的产权只为精英而存在，也足以推动经济增长，至少在一段时间内。[24] 此外，像当代中国那样的社会，拥有"足够好"的产权，虽然缺乏传统法治，仍能取得很高水平的经济增长。

经济增长和稳定民主之间

社会学家李普塞特（Seymour Martin Lipset）在 20 世纪 50 年代率先注意发展和民主的关联。自那以后，出现了很多将发展与民主连在一起的研究。[25] 经济增长和民主之间的关系可能不是线性的——即更多的经济增长并不一定产生更多的民主。经济学家罗伯

471

特·巴罗（Robert Barro）显示，低水平收入时的关联较强，中等水平收入时的关联较弱。[26] 有关发展和民主的最完整研究之一显示，从独裁到民主的过渡，可在发展的任何阶段发生，如果人均国内生产总值较高，遇上逆转的机会较小。[27]

经济增长似乎有助于民主的稳定，但逆向的因果关系却不大明显。这似乎很有道理，只要数数近年来取得经济增长惊人纪录的威权政治体——当初仍处于独裁统治的韩国和台湾地区，中国大陆、新加坡、苏哈托（Suharto）治下的印尼、皮诺切特（Augusto Pinochet）治下的智利。因此，凝聚的国家和良好的统治是经济增长的前提，民主是否发挥同样的正面作用，就有点含混不清。

经济增长和社会发展（或公民社会发展）之间

很多古典社会理论将现代公民社会的出现与经济发展联在一起。[28] 亚当·斯密在《国富论》中指出，市场增长与社会上的分工有关：市场一旦扩展，公司充分利用规模上的经济效益，社会专业更加精益求精，新兴的社会群体（如工人阶级）得以涌现。现代市场经济所要求的流动性和开放途径，打破了很多传统形式的社会权威，代之以更有弹性的自愿组合。分工愈细所造成的转型效果是 19 世纪思想家著作的中心思想，例如马克思、韦伯和涂尔干。

社会动员和自由民主制之间

自托克维尔开始，大量的民主理论认为，如果没有积极参与的公民社会，现代的自由民主制无法生存。[29] 组织起来的社会群体，允许形单影只的个人汇集各自利益，投身政治领域。即使不追求政治目标，志愿组织也会有意外效用，帮助培养在新奇环境中彼此合作的能力——通常被称为社会资本。

上述的经济增长有助于自由民主，恐怕要通过社会动员的途径来生效。经济增长促使社会新参与者出现，随之，他们要求在更为

472

公开的政治制度中获得代表权，从而推动向民主的过渡。如果政治系统已有很好的制度化，便可容纳这些新参与者，然后可有迈向全面民主的成功过渡。这就是 20 世纪的前几十年，随着农民运动和社会党的兴起，在英国和瑞典所发生的。这也是 1987 年军事独裁垮台后，在韩国所发生的。

高度发展的公民社会也能成为民主的危险，甚至可以导致政治衰败。基于民族或种族的沙文主义群体会散播不容忍的偏见；利益群体会尽力追求零和的租金；经济冲突和社会冲突的极度政治化会使社会瘫痪，并破坏民主制度的合法性。[30] 社会动员也可导致政治衰败。政治制度拒绝社会新参与者的要求，即所谓的亨廷顿式过程，就发生于 20 世纪 90 年代和 21 世纪初的玻利维亚和厄瓜多尔，高度组织起来的社会群体一再罢免获选的总统。[31]

民主和法治之间

民主的兴起和自由主义法治的兴起在历史上一直有密切关联。[32] 如我们在第 27 章所看到的，负责制政府在英国的兴起与保卫普通法不可分。越来越多的公民受到法治保护，这一向被视作民主本身的关键组成部分。这个关联在 1975 年之后的第三波民主化中继续有效，共产主义专政的垮台导致了代议民主制的兴起和立宪政府的建立，以保护个人权利。

思想、合法性和发展的其他方面

有关合法性的思想，其发展有自己的逻辑，但也受经济、政治、社会的发展的影响。如果没有在大英图书馆奋笔疾书的马克思，20 世纪的历史可能会相当不同，他对早期资本主义作了系统性的批判。同样，共产主义在 1989 年的垮台，多半是因为很少人继续信奉马列主义的基本思想。

另一方面，经济和政治的发展影响了人们对思想合法性的认同。

473

对法国人来说，人权的思想顺理成章，因为法国阶级结构已发生变化，还有18世纪晚期新兴中产阶级高涨的期待。1929—1931年的金融大危机和经济受挫，破坏了部分资本主义制度的合法性，使国家干涉经济获得合法性。后来，大福利国家的兴起、经济停滞、由此而生的通货膨胀，为20世纪80年代保守派的里根—撒切尔（Reagan-Thatcher）革命打下基础。同样，社会主义无法兑现关于现代化和平等的诺言，在共产主义社会的居民眼中，反使自己名誉扫地。

如果政府成功推动经济增长，也可获得合法性。很多迅速发展的东亚国家，如新加坡和马来西亚，即使没有自由民主制，也广受民众支持。相反，经济危机或管理不善所引起的经济倒退，可能动摇政府的稳定，如1997—1998年金融危机之后的印尼独裁政府。[33]

合法性也有赖于经济增长的好处分配。如果好处只给处于社会顶端的寡头小集团，没有得到广泛的分享，反而会动员社会群体奋起反对既有的政治制度。这就是波费里奥·迪亚斯（Porfirio Díaz）专政下的墨西哥。从1876年到1880年，再从1884年到1911年，他治下的国民收入得到迅速增长，但产权只适用于富裕精英，为1911年的墨西哥革命和长期内战创造了条件。其时，弱势群体为争取份内的国民收入而奋斗。最近，委内瑞拉和玻利维亚民主制度的合法性受到民粹领袖的挑战，后者的政治基础是穷人和先前遭到边缘化的群体。[34]

现代发展的范例

474

发展的不同方面中有多重关联，这表示今天有很多潜在的路径通向现代化，其大部分在马尔萨斯式环境中是无法想象的。让我们以韩国为例，它的发展组件得到特别满意的聚合（参看图11）。

朝鲜战争结束时，韩国有相对强大的政府。它自中国继承了儒家的国家传统，并在1905年到1945年的日本殖民期间建成很多现

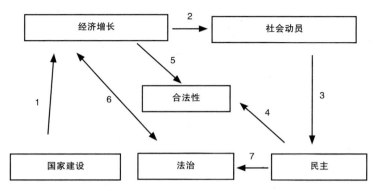

图11. 1954—1999年的韩国

代制度。[35] 朴正熙将军 1961 年通过政变上台。韩国在他的领导下，推行工业化政策，以促进经济的迅速增长（箭头 1）。韩国的工业化仅在一代人的时间，就将一个农业穷国改造成为主要的工业强国，并开启了新兴力量的社会大动员——工会、教会团体、大学生和其他传统社会所没有的民间参与者（箭头 2）。全斗焕将军的军政府因 1980 年的光州镇压而丧失合法性，这些新兴的社会团体开始要求军政府下台。在盟友美国的温和推动下，1987 年军政府下台，宣布了总统的首次民选（箭头 3）。经济的迅速增长和国家的民主过渡，帮助加强了政权的合法性。反过来，这又帮助韩国平安渡过 1997—1998 年的严重亚洲金融危机（箭头 4 和 5）。最后，经济增长和民主莅临都有助于韩国法治的加强（箭头 6 和 7）。

475

　　在韩国的案例中，如现代化理论所表明的，发展中不同方面倾向于互相支持，彼此加强，尽管有明确的次序，如代议民主制和法治的开始，要等到工业化发生之后。韩国模式未必是普世的，通向现代化还有很多其他路径。在欧洲和美国，法治存在于国家巩固之前。在英国和美国，某种形式的民主负责制早于工业化和经济增长。中国迄今为止走的是韩国路径，但忽略了箭头 3、箭头 4、箭头 7。1978 年邓小平发动经济自由化时，中华人民共和国继承了毛泽东时代相当高效的国家。开放政策促使了未来三十年经济快速增长，数百万农民离开农村，来到城市参加工业就业，社会因此而发生巨大的变迁。经济增长帮助国家取得合法性，并建立公民社会萌芽，但没有动摇政治制度，也没有施加民主化的压力。此外，经济增长导致了法治的改善，因为中国试图将其法律制度提高到世界贸易组织所颁布的标准。中国未来的大问题在于，迅速发展所造成的社会大动员，会导致对更多政治参与的难以抑制的需求。

什么变了

马尔萨斯经济条件下的政治发展和工业革命以来的政治发展，两者的前景如果放在一起考察，可立即看到大量差异，关键是经济持续密集型增长的可能性。人均产量的增长，其所实现的不只是在国家手中注入更多资源。它还刺激社会的广泛转型，动员各式社会新力量，假以时日，将变成政治参与者。相比之下，在马尔萨斯式的世界中，社会动员非常罕见，要是有，大多源于合法性和思想。

476

传统精英锁在寻租联合体之中，由此造成功能失调的均衡，社会动员是打破这种均衡的重要手段之一。丹麦国王能在 18 世纪 80 年代削弱既得利益的贵族的权力，全靠组织良好的有文化农民的涌现——这是世界历史上的新鲜事，以前只有失序动乱的农民起义。这是工业革命前的社会，动员来源是宗教，打起宗教改革和普遍脱盲的旗号。20 世纪 80 年代，韩国军队和商业精英对权力的掌控，因社会新参与者的出现而被打破。二战后韩国经济起飞时，这些新参与者几乎都尚未问世。政治变化因此而来到丹麦和韩国。丹麦的动员似乎是个意外——丹麦国王选择路德教——而韩国的动员却是马尔萨斯式世界中经济增长的结果，可以预测。在这两件案例中，社会动员在民主传播上都有良好影响，但在其他方面，也导致了政治不稳定。

那时的政治发展与现在相比，另一重要差异是国际因素对国内制度的影响。本书所介绍的几乎所有故事，只涉及单一国家，以及国内不同政治参与者的互动。国际影响基本上是战争、征服、征服的威胁，偶尔还有横跨边界的宗教传播。其时的"跨国"机构，像天主教会和伊斯兰的阿拉伯帝国，在跨越政治边界传播《查士丁尼法典》或伊斯兰教法上，发挥了重要作用。此外，早期现代的欧洲人尝试重新发现古典的希腊和罗马，这属于跨代的学习借鉴。但从整个地球看，发展倾向于各自为政，按地理和地域而分。

今天，情况已有很大不同。我们所谓的全球化，只是数世纪来持续开展过程的最新篇章，其间，与运输、通讯和信息有关的技术在不断蔓延推广。独立发展、几乎没有外界输入的社会，在今天是微乎其微。即使是世界上最隔离最困难的地区，像阿富汗或巴布亚新几内亚，也不能幸免。国际参与者以外国军队、中国伐木公司、世界银行经理的形式崭露头角，不管邀请与否。与以往所熟悉的相比，他们自己也感受到变化的加速。

世界各社会的更大交融增加了互相竞争，其本身就足以制造更频繁的政治变化和政治模式的汇聚。特别进化——即新物种形成和增加生物多样性——发生时，有机体扩散进入明显不同的微型环境，互相之间又失去联系。它的反面是生物全球化，暂栖船舱底层的生物从一个生态区域迁徙到另外一个，可能是意外，也可能是故意。斑马贝、野葛、杀人蜂（Africanized killer bee）都与本土物种展开竞争。这一切，再加上竞争力最强的人类，已导致全球物种数量发生骤减。

这也在政治领域中发生。任何发展中国家可以自由选择自己喜欢的发展模式，无须顾及本土的传统或文化。冷战时期，美国和苏联试图输出各自的政治和经济模式。到了今天，美国仍有促进民主的项目。此外，还有国家指挥的东亚发展模式和中国特色的威权主义。像世界银行、国际货币基金组织和联合国那样的国际机构，随

477

时准备提供关于建立制度的建议，以及资源和技术上的支援，以帮助扩大生产能力。现代的后发达者在制度或政策上无须重新发明车轮。[36]

另一方面，坏事也得以轻易跨越边界——毒品、犯罪、恐怖主义、各式武器、不法资金等。全球化被称作"主权的黄昏"[37]，这未免太夸张。但技术和增长的流动性，使国家很难在自己领土上执法、征税、规范行为、实施与传统政治秩序有关的其他操作。在大多数财富仍体现在土地上的时代，国家可对富裕精英施以相当大的影响。今天，财富可轻易逃至海外的银行账户。[38]

所以已不可能光谈"国家的发展"。在政治学中，比较政治和国际关系，在传统上被认为是明显的分支。前者涉及国内发生的事情，后者涉及国家之间的关系。但现在，这两个领域的研究越来越被当作一个综合体。我们如何到达这一步，政治发展如何在当代世界发生，都将是第 2 卷的主题。

最终，社会并不受困于自己的过去。经济增长、社会新参与者的动员、跨边界社会的组合、竞争和外国模式的流行，都在提供政治变化的契机。在工业革命之前，这些政治变化要么不存在，要么颇受限制。

然而，社会并不能在一代人时间内自由重组自己。全球化对世界各社会的整合，其程度很容易言过其实。社会之间交换和学习的水平远远超越三百年前，但大多数人继续生活在基于传统文化和习惯的环境中。社会惯性仍然很大，外国的制度模式虽比过去更加容易得到，但仍需要融入本土。

必须以恰当的眼光看待本书关于政治制度起源的历史介绍。不应该期望，当代发展中国家必须重蹈中国和欧洲社会所经历的狂暴步骤，以建立现代国家；或现代法治必须以宗教为基础。我们看到，制度只是特殊历史情境和意外事件的产物，不同处境的社会很难予以复制。它们起源的偶然，建立它们所需的持久斗争，应让我们在

接受建立当代制度的任务时，备感谦逊。如不考虑现有规则和愿意
支持的政治力量，很难将现代制度移植入其他社会。建立制度不像
建造水电大坝或公路网络，它需要克服很多困难。首先得说服大家
制度变革是必需的；再建立支持者的同盟，以战胜旧制度中既得利
益者的抵抗；最后让大家接受新行为准则。通常，正式制度需要新
文化的补充。例如，没有独立的新闻界和自我组织的公民社会以监
督政府，代议民主制将不会行之有效。

　　孕育民主的环境和社会条件是欧洲的独特现象，立宪政体似乎
因意外事件的环环相连，脱颖而出。但一旦出现，它造就的政治和
经济体那么强大，以至在全世界得到广泛的复制。普遍的承认已成
为自由民主制的基础，并指向政治发展的初期。其时，社会更加平
等，容纳更广泛的参与。我注意到，与取而代之的国家层次社会相比，
狩猎采集和部落的社会提供更多的平等和参与。平等尊敬或同等高
贵的原则，一旦获得明确的阐述，就很难阻止人们提出此类要求。
这可能有助于说明，人人平等的概念在现代世界的无情蔓延，一如
托克维尔在《论美国的民主》中所提出的。

今天的负责制

　　如第 1 章所指出的，民主在世界各地未能得到巩固的原因，与
其说是思想本身的呼吁不够，倒不如说是物质和社会条件的缺席，
无法促使负责制政府出现。成功的自由民主制，既要有强大统一、
能在领土上执法的国家，又要有强大凝聚、能将负责制职责强加于
国家的社会。强大国家和强大社会之间的平衡方能使民主生效，不
管是在 17 世纪的英国，还是在当代的发达民主国家中。

　　欧洲早期现代的案例与 21 世纪初的情形之间有很多平行和对
照。自第三波开始以来，欲巩固权力的未来威权领袖和希冀民主制
度的社会群体，两者之间发生了频繁的斗争。

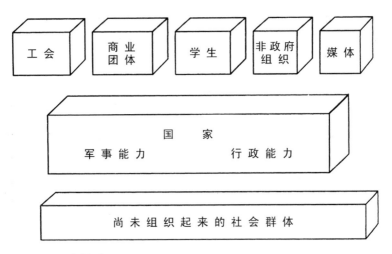

图12. 今天的政治权力

　　这是很多苏联继承国的情形，后共产主义的统治者——通常来
自前任执政党——开始重建国家，集大权于己身。这也是委内瑞拉、   480
伊朗、卢旺达、埃塞俄比亚的情形。有些地方，像 2000 年之后普
京治下的俄罗斯，或 2009 年总统选举之后的伊朗，这种做法得以
成功，政治反对派联合不起来，无法阻止专制国家的建立。但在格
鲁吉亚和乌克兰，动员起来的政治反对派抵制国家权力，至少在一
段时间内获得胜利。在前南斯拉夫，国家彻底崩溃。

　　早期现代欧洲的情形显然与 21 世纪初大不相同，但仍有集权
化和社会抵抗的相似场景。今天有工会、商业团体、学生、非政府
组织、宗教组织和其他社会参与者（参看图 12），以取代贵族、士绅、
第三等级、农民。当代社会所动员的社会参与者，与我们研究的农
业社会相比，更为广泛，更加多样。相关的政治分析，必须弄清国
内外不同参与者的性质和凝聚程度。公民社会是否齐心合力和众志
成城，或同盟中已有分裂？军队和情报部门是否忠于政权，或存在
愿意与反对派谈判的温和路线派？政权的社会基础是什么，掌控怎   481

样的合法性？

今天的国际体系，与我们所研究的早期现代案例相比，对这些斗争有着更大的影响。反对派群体可从国外获得资金、训练、甚至偶尔的武器，而当局也可向志趣相投的盟国呼吁支持。此外，经济全球化提供财政收入的其他来源，如自然资源的出租或外援，从而允许政府避开自己的公民。国王和议会的征税争执不会在石油丰富的国家发生，可能解释了它们中极少民主政体的原因。

未来会怎样

就未来的政治发展而言，我们可提出迄今尚无答案的两个问题。第一个与中国有关。我从一开始就宣称，现代政治制度由强大的国家、法治、负责制所组成。拥有全部三条的西方社会，发展了充满活力的资本主义经济，因而在世界上占主导地位。中国今天在经济上迅速增长，但三条之中只拥有一条，即强大的国家。这样的情境能否长久？没有法治或负责制，中国能否继续维持经济增长，保持政治稳定？经济增长所引发的社会动员，到底是受控于强大的威权国家，还是激起对民主负责制的强烈追求？国家和社会的平衡长期偏向于前者，如此社会能否出现民主？没有西式的产权或人身自由，中国能否拓展科学和技术的前沿？中国能否使用政治权力，以民主法治社会无法学会的方式，继续促进发展？

第二个与自由民主制的未来有关。考虑到政治衰败，在某一历史时刻取得成功的社会不会始终成功。自由民主制今天可能被认为是最合理的政府，但其合法性仰赖自己的表现。而表现又取决于维持恰当的平衡，既要有必要时的强大国家行为，又要有个人自由。后者是民主合法性的基础，并孕育私营经济的增长。现代民主制的缺点有很多，呈现于 21 世纪早期的主要是国家的软弱。当代民主制太容易成为僵局，什么都是硬性规定，无法作出困难的决策，以

482

确保自己经济和政治的长期生存。民主的印度发现，很难整修自己
行将崩溃的公共基础设施——道路、机场、供水和排污系统等——
因为既得利益者借用法律和选举制度横加阻挠。欧盟的重要成员发
现，显然已负担不起自己的社会福利，但无法作出削减。日本累积
了发达国家中最高水平的公债，仍然没有采取措施，以消除经济中
阻碍未来增长的僵硬。

　　还有美国，它无法认真处理长期的财政难题，像健康、社会保
障、能源等，似乎在政治上日益陷入功能失调的政治均衡。每个人
都同意，必须解决长期的财政困境，但消弭赤字而必需的增税或削
减开支，仍受到强大利益群体的阻挠。国家制度的设计基于相互制
衡，使难题的解决变得尤其困难，加上美国人在意识形态上的僵硬，
使之束缚于既定的对策范围。尽管出现这些挑战，美国不太可能重
蹈法兰西王国的覆辙，即公职家族化。但它可能也是只有短期的权
宜之计，推迟而不是避免最终的危机，像法国政府那样。

　　现在回头看，制度的最初出现是为了历史上不确定的原因。其
中某些存活并得以流传开来，因为它们能满足某种意义上的普遍需
求。这就是为何制度在历史上得以互相结合，为何可以提供政治发
展的概论。但制度的继续生存也涉及很多意外。一个人口中位年龄
在二十几岁的迅速增长的国家，其政治制度卓有成效，但可能不适
合三分之一公民已在退休年龄的停滞社会。如果制度无法适应，社
会将面临危机或崩溃，可能被迫改用其他制度。不管是非民主政治
制度，还是自由民主制度，它都一视同仁。

　　但有重要理由相信，政治负责制的社会将胜过没有政治负责制
的。政治负责制为制度的改善提供和平途径。中国政治制度在王朝
时期一直无法解决的问题是"坏皇帝"，像武则天或万历皇帝。英
明领导下的威权制度，可能不时地超越自由民主制，因为它可作出
快速决定，不受法律和立法机关的挑战。另一方面，如此制度取决
于英明领袖的持续出现。如有坏皇帝，不受制衡的政府大权很容易

483

导致灾难。这仍是当代中国问题的关键，其负责制只朝上，不朝下。

我在卷首指出，这里所提供的制度发展的历史介绍，必须对照工业革命后的不同条件。在某种意义上，我已经重新洗过牌，以便直接解说和修正《变化社会中的政治秩序》所提出的问题。工业化发轫后，经济增长和社会动员取得极为迅速的进展，大大改变了政治秩序三个组件的发展前景。这将是我在第 2 卷解说政治发展时所用的架构。

注　释

序　言

1. 塞缪尔·亨廷顿,《变化社会中的政治秩序》(*Political Order in Changing Societies*)。弗朗西斯·福山的新序(纽黑文:耶鲁大学出版社,2006 年)。

2. 弗朗西斯·福山,《国家建设:21 世纪的治理和世界秩序》(*State-Building: Governance and World Order in the 21st Century*)(绮色佳:康奈尔大学出版社,2004 年)。

3. 有关重新分配的经济制度,参见 Karl Polanyi,《作为制度化过程的经济》(The Economy as an Instituted Process),载 Polanyi 和 C.W. Arensberg 编,《早期帝国的贸易和市场》(*Trade and Market in the Early Empires*)(纽约:自由出版社,1957 年)。

4. R. J. May,《混乱的民主:巴布亚新几内亚的政治动荡和制度改革》(*Disorderly Democracy: Political Turbulence and Institutional Reform in Papua New Guinea*)(堪培拉:澳大利亚国立大学,美拉尼西亚国家、社会、治理研讨会论文 2003/3, 2003 年);Hank Nelson,《巴布亚新几内亚:当奢侈的例外不再是例外时》(*Papua New Guinea: When the Extravagant Exception Is No Longer the Exception*)(堪培拉,澳大利亚国立大学,2003 年);Benjamin Reilly,《巴布亚新几内亚的政治工程和政党政治》(Political Engineering and Party Politics in Papua New Guinea),《政党政治》(*Party Politics*)第 8 卷,第 6 期(2002 年):701—718 页。

5. 有关传统土地所有制的利弊,参见 Tim Curtin, Hartmut Holzknecht 和 Peter Larmourde,《巴布亚新几内亚的土地注册:竞争的角度》(*Land Registration in Papua New Guinea: Competing Perspectives*)(堪培拉:美拉尼西亚国家、社会、治理研讨会论文 2003/1, 2003 年)。

6. 有关巴布亚新几内亚产权谈判的困难,参见 Kathy Whimp,《巴布亚新几内亚和澳大利亚的本土地主和代表权》(Indigenous Land Owners and Representation in PNG and Australia),未刊稿,1998 年 3 月 5 日。

第1章　政治之必需

1. 参见自由之家的网站（freedomhouse.org），先找"世界上的自由"（"Freedom in the World"），再找"国家现状和等级的概述"（"Country Status and Ratings Overview"）。拉里·戴蒙（Larry Diamond）估计为40个，到第三波顶峰时增至117个。参见《民主精神：在全世界建设自由社会的斗争》（*The Spirit of Democracy: The Struggle to Build Free Societies Throughout the World*）（纽约：时代出版社，2008年）：41、50页。

2. 拉里·戴蒙，《民主衰退：金融危机前后》（The Democratic Recession: Before and After the Financial Crisis），载 Nancy Birdsall 和弗朗西斯·福山编，《金融危机之后发展的新思路》（*New Ideas in Development After the Financial Crisis*）（巴尔的摩：约翰斯·霍普金斯大学出版社，2011年）。

3. 塞缪尔·亨廷顿，《第三波：20世纪后期民主化浪潮》（*The Third Wave: Democratization in the Late Twentieth Century*）（俄克拉荷马城：俄克拉荷马大学出版社，1991年）。

4. 拉里·戴蒙，《民主衰退：金融危机前后》：240—259页。

5. 自由之家，《2010年世界上的自由：对自由的侵蚀愈益加强》（*Freedom in the World 2010: Erosion of Freedom Intensifies*）（华盛顿特区：自由之家，2010年）。

6. 托马斯·凯罗塞斯（Thomas Carothers），《过渡范式的终结》（The End of the Transition Paradigm），载《民主杂志》（*Journal of Democracy*）第13卷，第1期（2002年）：5—21页。

7. 以2008年美元为计算单位，从1970年到2008年，世界经济总值从15.93万亿涨至61.1万亿。来源：世界银行的发展指标和全球发展金融（World Bank Development Indicators and Global Development Finance）；美国劳工统计局。

8. 弗朗西斯·福山和 Seth Colby，《他们在想什么？经济学家在财政崩溃中的作用》（What Were They Thinking? The Role of Economists in the Financial Debacle），载《美国利益》（*American Interest*）第5卷，第1期（2009年）：18—25页。

9. Fareed Zakaria，《后美国的世界》（*The Post-American World*）（纽约：诺顿出版社，2008年）；有关批评文章，参见 Aaron L. Friedberg，《老调重弹：唱衰派和凯旋派所错过的》（Same Old Songs: What the Declinists and Triumphalists Miss），载《美国利益》第5卷，第2期（2009年）。

10. William A. Galston，《极化的美国政党制度"健康"吗？》（*Can a Polarized American Party System Be "Healthy"?*）（华盛顿特区：布鲁金斯研究所，治理问题研究第34号，2010年4月）。

11. 参见 Thomas E. Mann 和 Gary Jacobson 的章节，载 Pietro S. Nivola 和 David W. Brady 所编的《红色和蓝色的国家？》（*Red and Blue Nation?*）第1卷（华盛顿特区：布鲁金斯研究所出版社，2006年）；亦参见 James A. Thomson 的《分裂的家庭：极化及其对兰德公司的影响》（*A House Divided: Polarization and Its Effect on Rand*）（加州圣莫尼卡：兰德公司，2010年）。美国公众的极化程度已引起不少争论。在很多文化问题上，如堕胎和私人拥有枪支，广大中间派并没有强烈信念，两端的少数派却异常坚定。参见 Morris P. Fiorina 等编，《文化战争？极化美国的神话》（*Culture War? The Myth of a Polarized America*），第3版（波士顿：朗文出版社，2010年）。

12. 相互交往的繁多选择造就政治交流的愈加类聚。多年前，Ithiel de Sola Pool 已作出类似预测，参见《自由的技术》（*Technologies of Freedom*）（马萨诸塞剑桥：Belknap 出版社，

1983 年)。

13. 例如 Isabel V. Sawhill 和 Ron Haskins,《进取或败退：美国的经济流动性》(*Getting Ahead or Losing Ground: Economic Mobility in America*)（华盛顿特区：布鲁金斯研究所出版社，2008 年)。

14. 经济合作与发展组织 (Organization for Economic Cooperation and Development),《家庭私事：经济合作与发展组织成员国的隔代社会流动性》(A Family Affair: Intergenerational Social Mobility Across OECD Countries)，载《争取增长》(*Going for Growth*)（巴黎，经济合作与发展组织，2010 年）；Emily Beller 和 Michael Hout,《隔代社会流动性：比较视角下的美国》(Intergenerational Social Mobility: The United States in Comparative Perspective)，载《孩子的未来》(*Future of Children*) 第 16 卷，第 2 期 (2006 年)：19—36 页；Chul-In Lee 和 Gary Solon,《隔代流动性的趋势》(Trends in Intergenerational Mobility),《经济和统计评论》(*Review of Economics and Statistics*) 第 91 卷，第 4 期 (2009 年)：766—772 页。

487

15. 西蒙·约翰逊 (Simon Johnson),《静悄悄的政变》(The Quiet Coup)，载《大西洋》杂志 (*Atlantic*)，2009 年 5 月。

16. 阿马蒂亚·森,《民主乃普世价值》(Democracy as a Universal Value),载《民主杂志》(*Journal of Democracy*) 第 10 期 (1999 年)：3—17 页。

17. 如迈克尔·哈特 (Michael Hardt) 和安东尼奥·奈格里 (Antonio Negri),《群众：帝国时代的战争和民主》(*Multitude: War and Democracy in the Age of Empire*)（纽约：企鹅出版社，2004 年)。左派中的重要派别在 20 世纪下半部趋于成熟，接受了意大利社会主义者葛兰西 (Antonio Gramsci) 的观点：在进步议程上取得成就，还得倚靠"透过制度的长征"(long march through institutions)。德国绿党 (German Greens) 采纳同一口号，以参与德国的民主政治过程。

18. 参见 Bronislaw Geremek,《公民社会：过去和现在》(Civil Society: Then and Now),载拉里·戴蒙和 Marc E. Plattner 编,《全球民主的中兴》(*The Global Resurgence of Democracy*)，第 2 版（巴尔的摩：约翰斯·霍普金斯大学出版社，1996 年)。

19. 参见 Charles Gati 的《退色的浪漫》(Faded Romance)，载《美国利益》第 4 卷，第 2 期 (2008 年)：35—43 页。

20. Walter B. Wriston,《主权的黄昏》(*The Twilight of Sovereignty*)（纽约：Scribner 出版社，1992 年)。

21. 参见 http://w2.eff.org/Censorship/Internet-censorship_bills/barlow 0296.declaration。

22. 参见 Thomas L. Friedman 的章节《金色紧身衣》(The Golden Straitjacket)，载《凌志轿车和橄榄树》(*The Lexus and the Olive Tree*)（纽约：Farrar, Straus 和 Giroux 出版社，1999 年），99—108 页。

23. 例如 Ron Paul,《终止联邦储备局》(*End the Fed*)（纽约：大中央出版社，2009 年）；Charles Murray,《成为自由至上主义者意味着什么：一项个人解释》(*What It Means to Be a Libertarian: A Personal Interpretation*)（纽约：百老汇出版社，1997 年)。

24. 参见弗朗西斯·福山编,《国家建设：阿富汗和伊拉克之外》(*Nation-Building: Beyond Afghanistan and Iraq*)（巴尔的摩：约翰斯·霍普金斯大学出版社，2006 年)。

25. "达到丹麦"实际上是普里切特 (Lant Pritchett) 和伍考克 (Michael Woolcock) 的原始

标题，后改为《解决方案本身成为问题时的应对：重整发展中的紊乱》(*Solutions When the Solution Is the Problem: Arraying the Disarray in Development*)（华盛顿特区：全球发展中心工作论文，第 10 期，2002）。

26. 经济增长理论，如哈罗德—多马模型（Harrod-Domar）、索洛模型（Solow）、内生模型（endogenous growth theory），都是纯粹推理式的，在解释发展中国家实际增长时，究竟有多少价值很难说。

27. 提出此论点的评论家，始于 19 世纪的赫伯特·斯宾塞，继以 Werner Sombart、John Ulric Nef、查尔斯·蒂利（Charles Tilly）。参见赫伯特·斯宾塞，《社会学原理》(*The Principles of Sociology*)（纽约：D. Appleton 出版社，1896 年）；John Ulric Nef，《战争与人类进步：论工业文明的兴起》(*War and Human Progress: An Essay on the Rise of Industrial Civilization*)（芝加哥：芝加哥大学出版社，1942 年）；查尔斯·蒂利，《强制、资本和欧洲国家，990—1990 年》(*Coercion, Capital, and European States, AD 990-1990*)（马萨诸塞剑桥：Blackwell 出版社，1990 年）；Bruce D. Porter，《战争与国家的兴起：现代政治的军事基础》(*War and the Rise of the State: The Military Foundations of Modern Politics*)（纽约：自由出版社，1994 年）。

第2章 自然状态

1. 该论点由托马斯·霍布斯提出，其有关自然状态的第二条定律是："先有一人愿意，他人也附和，为了和平和自我保护，有必要放弃随心所欲。他满足于自己享有反对他人的自由，也允许他人享有同等自由来反对自己。"《利维坦》第 1 部和第 2 部（印第安纳波利斯：Bobbs-Merrill 出版社，1958 年），第 13 和 14 章。

2. 约翰·洛克，《政府论》下篇（印第安纳波利斯：Bobbs-Merrill 出版社，1952 年），第 2 章，第 6 节。

3. 卢梭，《论人类不平等的起源和基础》（纽约：圣马丁出版社，2010 年），第 1 部分。

4. 亨利·梅因（Henry Maine），《古代法》(*Ancient Law: Its Connection with the Early History of Society and Its Relation to Modern Ideas*)（波士顿：烽火出版社，1963 年），第 5 章。Karl Polanyi 也有类似见解，参见《大转型》(*The Great Transformation*)（纽约：Rinehart 出版社，1944 年），48 页。

5. 威廉·汉密尔顿（William Hamilton），《社会行为的遗传进化》(The Genetic Evolution of Social Behavior)，载《理论生物学杂志》(*Journal of Theoretical Biology*) 第 7 期（1964 年）：17—52 页。理查德·道金斯（Richard Dawkins）也有详细描述，参见《自私的基因》(*The Selfish Gene*)（纽约：牛津大学出版社，1989 年）。

6. P. W. Sherman，《裙带关系和警告的演变》(Nepotism and the Evolution of Alarm Calls)，载《科学》第 197 期（1977 年）：1246—1253 页。

7. 有关博弈论作为社会合作的基础，参见弗朗西斯·福山，《大分裂：人类本性与社会秩序的重建》(*The Great Disruption: Human Nature and the Reconstitution of Social Order*)（纽约：自由出版社，1999 年），第 10 章；Mart Ridley，《美德的起源：人的本能和合作的进化》(*The Origins of Virtue: Human Instincts and The Evolution of Cooperation*)（纽约：维京人出版社，1987 年）。

8. Robert Axelrod，《合作的进化》(*The Evolution of Cooperation*)（纽约：基础读物出版社，

1984 年）。

9. Robert Trivers,《互惠利他的进化》(The Evolution of Reciprocal Altruism)，载《生物学评论季刊》(Quarterly Review of Biology) 第 46 期 (1971 年) : 35—56 页。

10. Jerome H. Barkow, Leda Cosmides 和 John Tooby 编,《适应的头脑 : 进化心理学和文化世代》(The Adapted Mind: Evolutionary Psychology and the Generation of Culture) (纽约 : 牛津大学出版社, 1992 年), 167—169 页。

11. Robert Trivers,《互惠利他的进化》, 47—48 页。

12. Nicholas Wade,《黎明之前 : 找回我们已遗失的祖宗历史》(Before the Dawn: Recovering the Lost History of Our Ancestors) (纽约 : 企鹅出版社, 2006 年), 7 页, 13—21 页。

13. Richard Wrangham 和 Dale Peterson,《雄性恶魔 : 类人猿和人类暴力的起源》(Demonic Males: Apes and the Origins of Human Violence) (波士顿 : Houghton Mufflin 出版社, 1996 年), 24 页。最初创造 "男性结盟" 一词的是人类学家 Lionel Tiger, 参见《群体男性》(Men in Groups) (纽约 : 兰登书屋, 1969)。

14. Steven LeBlanc 和 Katherine E. Register,《持续的战斗 : 高尚野蛮人的传说》(Constant Battles: The Myth of the Noble Savage) (纽约 : 圣马丁出版社, 2003 年), 83 页。

15. Frans de Waal,《黑猩猩的政治 : 黑猩猩中的权力和性》(Chimpanzee Politics : Power and Sex Among Apes) (巴尔的摩 : 约翰斯·霍普金斯大学出版社, 1989 年), 第 2 章。另请参阅他的《好心 : 人类和其他动物中的是非起源》(Good Natured: The Origins of Right and Wrong in Humans and Other Animals) (马萨诸塞州剑桥 : 哈佛大学出版社, 1997 年)。

16. Frans de Waal,《黑猩猩的政治 : 黑猩猩中的权力和性》, 87 页。

17. 同上, 56 页。

18. 同上, 66 页。

19. 同上, 42 页。

20. Nicolas Humphrey,《智力的社会功能》(The Social Function of Intellect)，载 P. P. G. Bateson 和 R. A. Hinde 编,《动物行为学的萌芽》(Growing Points in Ethology) (纽约 : 剑桥大学出版社, 1976 年), 303—317 页 ; Richard Alexander,《人类怎样进化 : 反思绝无仅有的种类》(How Did Humans Evolve?: Reflections on the Uniquely Unique Species) (安阿伯市 : 密歇根大学出版社, 1990 年), 4—7 页 ; Richard Alexander,《社会行为的演变》(The Evolution of Social Behavior)，载《生态学和生物分类学年度评论》(Annual Review of Ecology and Systematics) 第 5 期 (1974 年) : 325—385 页。

21. Geoffrey Miller,《求偶思维 : 异性选择造就人性的演变》(The Mating Mind: How Sexual Choice Shaped the Evolution of Human Nature) (纽约 : 双日出版社, 2000 年) ; Geoffrey Miller 和 Glenn Geher,《求偶的智慧 : 性、关系和思维中的繁殖系统》(Mating Intelligence: Sex, Relationships, and the Mind's Reproductive System) (纽 约 : Lawrence Eribaum 出版社, 2008 年)。

22. Steven Pinker 和 Paul Bloom,《自然语言和自然选择》(Natural Language and Natural Selection)，载《行为和大脑科学》(Behavioral and Brain Sciences) 第 13 期 (1990 年) : 707—784 页。

23. George E. Pugh,《人类价值的生物起源》(The Biological Origin of Human Values) (纽约 : 基础读物出版社, 1977 年), 140—143 页。

489

24. 有关宗教的普世性，参见 Nicholas Wade，《信仰本能：宗教的演变与持续》(*The Faith Instinct: How Religion Evolved and Why It Endures*)（纽约：企鹅出版社，2009 年），18—37 页。

25. 例如 Christopher Hitchens，《上帝不伟大：宗教如何毒害一切》(*God Is Not Great: How Religion Poisons Everything*)（纽约：特威尔出版社，2007 年）；理查德·道金斯，《上帝的幻觉》(*The God Delusion*)（波士顿：Houghton Mufflin 出版社，2006 年）。

26. 曼瑟尔·奥尔森 (Mancur Olson)，《集体行动的逻辑：公共物品与集团理论》(*The Logic of Collective Action: Public Goods and the Theory of Groups*)（马塞诸塞州剑桥：哈佛大学出版社，1965 年）。

27. 参见 Nicholas Wade，《信仰本能：宗教的演变与持续》，第 5 章。

28. 这个见解特别与埃米尔·涂尔干有关。参见《宗教生活的基本形式》(*The Elementary Forms of Religious Life*)（纽约：自由出版社，1965 年）。批评文章，参见埃文斯—普理查德的《人类学思想史》(*A History of Anthropological Thought*) 介绍涂尔干的章节（纽约：基础读物出版社，1981 年）。

29. 例如 Steven Pinker，《头脑怎样工作》(*How the Mind Works*)（纽约：诺顿出版社，1997 年），554—558 页。

30. 道格拉斯·诺斯 (Douglass North) 称："我们观察到，如果好处超过成本，人们会违反社会规则。我们也看到，人们仍在服从规则，尽管个人小算盘会让他们反其道而行。人们为何不在农村乱丢废物？他们为何不骗不偷，尽管处罚可能是微不足道的，特别是与好处相比……没有明确的意识形态理论或社会学知识，我们的能力还不足以解释当前的资源分配和历史上的变更。我们无法解决搭便车的根本困境，也无法解释各社会在合法性上作出的巨额投资。"参见《经济史的结构和变化》(*Structure and Change in Economic History*)（纽约：诺顿出版社，1981 年），46—47 页。

31. Robert Trivers，《互惠利他的进化》。

32. 关于这个主题，参见《历史的终结与最后的人》(*The End of History and the Last Man*)（纽约：自由出版社，1992 年），第 13—17 章。

33. Robert H. Frank，《选择正确的池塘：人的行为和对地位的追求》(*Choosing the Right Pond: Human Behavior and the Quest for Status*)（纽约：牛津大学出版社，1985 年）。

34. 同上，21—25 页。相反，地位低下的人经常患上慢性抑郁症，如得到选择性 5-羟色胺再摄取抑制剂 (SSRIs) 的药物治疗，像百忧解 (Prozac) 和乐复得 (Zoloft，或称舍曲林，左洛复) 等，效果不错。这些药物帮助增加大脑中的血清素水平。参见 Roger D. Masters 和 Michael T. McGuire，《神经递质的革命：血清素、社会行为和法律》(*The Neurotransmitter Revolution：Serotonin, Social Behavior, and the Law*)（伊利诺伊州卡本代尔：南伊利诺伊大学出版社，1994 年），10 页。

35. 关于这个问题，参见弗朗西斯·福山，《身份、移民与自由民主制》(Identity, Immigration, and Liberal Democracy)，载《民主杂志》第 17 卷，第 2 期 (2006 年)：5—20 页。

36. 参见 Charles Taylor，《自我的根源——现代认同的形成》(*Sources of the Self: The Making of the Modern Identity*)（马萨诸塞州剑桥：哈佛大学出版社，1989 年）。

37. Nicholas Wade，《黎明之前：找回我们已遗失的祖宗历史》，16—17 页。

38. 参见 R. Spencer Wells 等，《欧亚心脏地区：以大陆角度看待 Y 染色体的差异》(The

490

Eurasian Heartland: A Continental Perspective on Y Chromosome Diversity），载《美国国家科学院院刊》(*Proceedings of the National Academy of Sciences*) 第 98 卷，第 18 期 (2001年)：10244—10249 页。

第3章　表亲的专横

1. 路易斯·亨利·摩尔根，《古代社会》(*Ancient Society*)；或《人类进步研究：从野性、野蛮到文明》(*Researches in the Lines of Human Progress from Savagery, through Barbarism to Civilization*) (纽约：Henry Holt 出版社，1877 年)；爱德华·泰勒，《原始文化：神话、哲学、宗教、语言、艺术和习俗发展之研究》(*Primitive Culture: Researches into the Development of Mythology, Philosophy, Religion,Language, Art, and Custom*) (纽约：G. P. Putnam 出版社，1920 年)。

2. 恩格斯，《家庭、私有制和国家的起源》(*The Origin of the Family, Private Property, and the State, in Light of the Researches of Lewis H. Morgan*) (纽约：国际出版社，1942 年)。

3. 赫伯特·斯宾塞，《生物学原理》(*The Principles of Biology*) (纽约：D. Appleton 出版社，1898 年) 和《社会学原理》。

4. 例如参见 Madison Grant，《伟大种族的消逝》(*The Passing of the Great Race*)，或《欧洲历史的种族基础》(*the Racial Basis of European History*)修订第4版(纽约：Scribner 出版社，1921 年)。

5. 这一经典之句出自 Clifford Geertz，《文化的解释》(*The Interpretation of Cultures*) (纽约：基础读物出版社，1973 年)。

6. Leslie A. White，《文化的演变：罗马崩溃前的文明发展》(*The Evolution of Culture: The Development of Civilization to the Fall of Rome*) (纽约：麦克劳希尔出版社，1959 年)。

7. Julian H. Steward，《文化变迁的理论：多线性演化的方法学》(*Theory of Culture Change: The Methodology of Multi-linear Evolution*) (伊利诺伊州乌尔班纳：伊利诺伊大学出版社，1963 年)。

8. Elman R. Service，《原始社会组织：进化的视角》(*Primitive Social Organization: An Evolutionary Perspective*) 第 2 版 (纽约：兰登书屋，1971 年)。更早尝试进化思路的是 V. Gordon Childe，《人类自己创造自己》(*Man Makes Himself*) (伦敦：Watts 出版社,1936 年)。

9. Morton H. Fried，《政治社会的演变：政治人类学论文》(*The Evolution of Political Society: An Essay in Political Anthropology*) (纽约：兰登书屋，1967 年)。

10. Marshall D. Sahlins 和 Elman R. Service，《进化与文化》(*Evolution and Culture*) (安阿伯市：密歇根大学出版社，1960 年)。

11. 有关进化理论的背景，参见 Henri Claessen 和 Pieter van de Velde，《社会进化概论》(Social Evolution in General)，载 Henri Claessen, Pieter van de Velde 和 M.Estelle Smith 编，《发展和衰落：社会政治组织的演变》(*Development and Decline: The Evolution of Sociopolitical Organization*) (马萨诸塞州南哈德利：Bergin and Garvey 出版社，1985 年)。

12. Marshall D. Sahlins 和 Elman R. Service，《进化与文化》，第 1 章。

13. Jonathan Haas，《从领袖到统治者》(*From Leaders to Rulers*) (纽约：Kiuwer Academic/ Plenum 出版社，2001 年)。

14. Elman R. Service，《原始社会组织：进化的视角》。   491

15. 甫斯特尔·德·库朗日（Numa Denis Fustel de Coulanges），《古代城市》（*The Ancient City*）（纽约州花园城：双日出版社，1965 年）；亨利·梅因，《古代法》（波士顿：烽火出版社，1963 年）。

16. Morton H. Fried，《政治社会的演变：政治人类学论文》，47—54 页。此类社会的知识来自对本土美国群体的研究，像 Algonkian 或 Shoshone 的印第安人，但他们现都已消失。

17. 同上，94—98 页。

18. 参见 Ernest Gellner，《民族主义与复杂社会的两种凝聚形式》（Nationalism and the Two Forms of Cohesion in Complex Societies），载 Ernest Gellner，《文化、身份与政治》（*Culture, Identity, and Politics*）（纽约：剑桥大学出版社，1987 年），6—28 页。

19. Adam Kuper，《中选的灵长目：人性与文化差异》（*The Chosen Primate: Human Nature and Cultural Diversity*）（马萨诸塞州剑桥：哈佛大学出版社，1994 年），227—228 页。

20. Morton H. Fried，《政治社会的演变：政治人类学论文》，83 页。

21. 同上，90—94 页。

22. 同上，69 页。

23. C. D. Forde，引自 Elman R. Service，《原始社会组织：进化的视角》，61 页。

24. Ester Boserup，《人口与技术变化》（*Population and Technological Change*）（芝加哥：芝加哥大学出版社，1981 年），40—42 页。

25. Massimo Livi-Bacci，《世界人口简史》（*A Concise History of World Population*）（牛津：布莱克维尔出版社，1997 年），27 页。

26. 埃米尔·涂尔干，《社会的分工》（*The Division of Labor in Society*）（纽约：麦克米伦出版社，1933 年），特别参见第 6 章。涂尔干所用的分支式比我的更为广泛，事实上，也许太广泛了，以至不能通用。他将之用于已有高级政治发展水平的国家层次社会。有关批评，参见 Ernest Gellner，《民族主义与复杂社会的两种凝聚形式》。

27. 在这样的社会中，兄弟姐妹之间和母亲女儿之间的纽带，强于丈夫妻子之间和父子之间。Elman R. Service，《原始社会组织：进化的视角》，115 页。

28. 在巴布亚新几内亚，高地居民是父系的，沿海群体中很多却是母系的。两个制度都培植强烈的部落身份感。同上，110—111 页。

29. 爱德华·埃文斯–普理查德，《努尔人：对尼罗河畔一个人群的生活方式和政治制度的描述》（*The Nuer: A Description of the Modes of Livelihood and Political Institutions of a Nilotic People*）（牛津：克拉伦登出版社，1940 年）；《努尔人的亲戚关系和婚姻》（*Kinship and Marriage Among The Nuer*）（牛津：克拉伦登出版社，1951 年）。

30. 埃文斯–普理查德，《努尔人》，139 页。

31. 同上，142—143 页。

32. 同上，173 页。

33. 有关部落标识的松弛，参见 Morton H. Fried，《政治社会的演变：政治人类学论文》，157 页。有些父系家族的部落以双传规则来接纳成员，尤其在政治上于己有利的时候。罗马帝国崩溃后的欧洲，遇上需要，也有类似的情形。流行于欧洲大部的萨利克法律，严格规定父系家族的遗产继承。如果君主没有男性继承人，只有意志坚强的女儿，也会想方设法扭曲规则，让女儿继位。

34. 甫斯特尔·德·库朗日，《古代城市》，17 页。

35. 亨利·梅因，《早期法律和习俗》（*Early Law and Custom: Chiefly Selected From Lectures Delivered at Oxford*）（德里：B. R. Pub. Corp 出版社，1985 年），56 页。   492

36. 张光直等，《中国文明的形成：考古学的视角》（*The Formation of Chinese Civilization: An Archaeological Perspective*）（纽黑文：耶鲁大学出版社，2005 年），165 页。

37. 甫斯特尔·德·库朗日，《古代城市》，29 页。

38. 亨利·梅因，《早期法律和习俗》，53—54 页。

39. 裴达礼（Hugh Baker），《中国的家庭和亲戚关系》（*Chinese Family and Kinship*）（纽约：哥伦比亚大学出版社，1979 年），26 页。

40. 像努尔人那样的部落社会，对政治学的理性选择提出了挑战。这些团体中的很多行为，似乎并不基于个人选择，而基于复杂的社会规范。促成努尔人社会组织的，很难想象是社会成员基于个人利益最大化的选择，更像是社会学的解释，让社会组织植根于宗教信仰，譬如祖先崇拜。

政治学家罗伯特·贝茨（Robert Bates）接受了这一挑战。依他看，社会学传统，无论是涂尔干式的，马克思式的，还是韦伯式的，都认为秩序源于道德、强制或权威的规范。他继续以理性选择理论来审阅埃文斯-普理查德的《努尔人》，该理论认为人们行为植根于彻底的个人主义。他认为，努尔人家庭或分支所作的彼此交往的选择，反映了自身利益的理性计算，通常与牛资源的效用最大化有关。他列举各种方法，以个人主义的前提来模拟家庭团体之间的争端处理。努尔人的制度可被视作应付互相配合的有效方法，也可通过博弈论来得到模拟。他总结道："它令人难以置信，但却是真的。政治社会学的问题在于它太偏向社会学，为了强调社会的至高无上，根本不想知道集体行为能否来自个人的决策。此外，它极力坚持方法论的基本假定，如'社会事实的独立有效性'，或'各层次分析'的严格分离，进一步显示它实在无法解决问题。它确信社会生活没有疑问的文化高姿态，不鼓励他人去审查私人选择和集体行为之间的联系。然而社会秩序的问题，恰恰需要如此的检验。"罗伯特·贝茨，《无政府社会中的秩序维持：重新解释埃文斯-普理查德〈努尔人〉》(The Preservation of Order in Stateless Societies: A Reinterpretation of Evans-Pritchard's The Nuer)，载罗伯特·贝茨，《非洲乡村的政治经济》（*Essays on the Political Economy of Rural Africa*）（纽约：剑桥大学出版社，1983 年），19 页。

然而，贝茨在经济学和社会学之间作了错误的两分法。不管是社会学的角度，还是人类学的角度，既不要求所有行为都基于规范，也不要求个人的理性选择在最终决策中没有发挥影响。总是有某种层次上的互动——通常在最高聚合的社会单位——在那里，理性选择是社会单位所作所为的最好解释。与欧洲相比，奥斯曼帝国具有很多文化上的差异，但在外交政策中，它仍遵循熟悉的规则，作出现实政治的选择来促进自己利益，而不是宗教的选择。从理性选择的角度看，难以解释的是低层次社会单位本身。努尔人为何组成后裔团体，而不是宗教互助会，或像美国年轻人那样的自愿协会？理性选   493
择不可能提供社会动员的理论，因为它故意忽略了思想和规范的作用。后者可能反映出进化更深刻的理性，所考虑的是团体利益，而不仅是个人利益。进化生物学家们正在讨论，基因能否编入程序，从而塑造促进团体适存性的行为，而不仅是个体适存性（就像包容适存性）。没有特别理由证明，社会规范不能促进此类的行为。像自杀爆炸那样的现象，单单它的存在就表明，这并非天方夜谭。参见 David Sloan Wilson 和 Elliott

Sober,《为他人：无私行为的进化和心理》(*Unto Others: The Evolution and Psychology of Unselfish Behavior*)（马萨诸塞州剑桥：哈佛大学出版社，1998 年）；David Sloan Wilson,《集体选择的论争：历史和现状》(The Group Selection Controversy: History and Current Status)，载《生态系统年度评论》(*Annual Review of Ecological Systems*) 第 14 期（1983 年）：159—187 页。

第4章　部落社会的财产、正义、战争

1. "财产权源于各自的能力。对利益一致来说，能力上的差异几乎是不可逾越的障碍。但保护这些能力是政府的首要目标。"詹姆斯·麦迪逊，《联邦论》第 10 篇。

2. Douglass C. North 和 Robert P. Thomas,《西方世界的兴起：新编经济史》(*The Rise of the Western World: A New Economic History*)（纽约：剑桥大学出版社，1973 年），1—2 页。

3. Garrett Hardin,《公地悲剧》(*The Tragedy of the Commons*)，载《科学》第 162 期（1968 年）：1243-1248 页。另请参阅 Richard Pipes,《财产和自由》(*Property and Freedom*)（纽约：Knopf 出版社，1999 年），89 页。

4. 例如 Yorani Barzel,《产权的经济分析》(*Economic Analysis of Property Rights*)（纽约：剑桥大学出版社，1989 年）。

5. 在1849—1850 年的加利福尼亚淘金热中,这些权据说得以自然涌现。矿工举行和平谈判,以分配他们所标出的开采地。参见 Richard Pipes,《财产和自由》,91 页。但这解释忽略了两条重要的上下文:第一,矿工都是英美文化的产物,对私人财产权的尊敬已深植人心;第二,这些权利以众多本土居民的习惯权利为代价,这些习惯权利没得到矿工的尊重。

6. Charles K. Meek,《土地法和殖民地的习俗》(*Land Law and Custom in the Colonies*)，第 2 版（伦敦：Frank Cass 出版社，1968 年），26 页。

7. 引自 Elizabeth Colson,《殖民地时期对土地所有权定义的影响》(The Impact of the Colonial Period on the Definition of Land Rights)，载 Victor Turner 编,《非洲殖民主义 1870—1960 年》第 3 卷：《变化中的侧面：非洲社会与殖民统治》(*Colonialism in Africa 1870—1960. Vol.3: Profiles in Change: African Society and Colonial Rule*)（纽约：剑桥大学出版社，1971 年），203 页。

8. Charles K. Meek,《土地法和殖民地的习俗》,6 页。

9. Elizabeth Colson,《殖民地时期对土地所有权定义的影响》,200 页。

10. Paul Vinogradoff,《历史法学》(*Historical Jurisprudence*)（伦敦：牛津大学出版社,1923 年），327 页。

11. Charles K. Meek,《土地法和殖民地的习俗》,17 页。

12. Paul Vinogradoff,《历史法学》,322 页。

13. 有关传统土地所有制的利弊，参见 Curtin, Holzknecht 和 Larmour,《巴布亚新几内亚的土地注册》。

14. 有关巴布亚新几内亚产权谈判的困难，参见 Kathy Whimp,《巴布亚新几内亚和澳大利亚的本土地主和代表权》。

15. 产权的现代经济理论并不指定,如要制度有效,产权应属何种社会单位。根据一般假设,单位是个人,但家庭和公司也经常充作产权所有人。它们的成员,在有效使用共有资源

上，被认作分享共同的利益。参见 Jennifer Roback，《交换、主权和印英关系》(Exchange, Sovereignty, and Indian-Anglo Relations)，载 Terry L. Anderson 编，《产权和印度经济》(*Property Rights and Indian Economies*)（马里兰州兰哈姆：Rowman and Littlefield 出版社，1991 年）。

16. Paul Vinogradoff，《历史法学》，343 页。

17. Gregory Clark，《常识：共有财产权、效率与制度变革》(Commons Sense: Common Property Rights, Efficiency, and Institutional Change)，载《经济史杂志》(*Journal of Economic History*) 第 58 卷，第 1 期（1998 年）：73—102 页。另请参阅 Jerome Blum，《评论：英国议会圈地》(Review: English Parliamentary Enclosure)，载《现代史杂志》(*Journal of Modern History*) 第 53 卷，第 3 期（1981 年）：477—504 页。

18. 埃莉诺·奥斯特罗姆（Elinor Ostrom）引用很多资源合用的案例（即互不排斥，但仍有竞争）。尽管没有私人产权，社区仍能给予持续发展的管理。参见 Elinor Ostrom 的《公共事务的治理之道：集体行动制度的演进》(*Governing the Commons: The Evolution of Institutions for Collective Action*)（纽约：剑桥大学出版社，1990 年）。

19. Charles K. Meek，《土地法和殖民地的习俗》，13—14 页。

20. Elizabeth Colson，《殖民地时期对土地所有权定义的影响》，202 页。

21. Thomas J. Bassett 和 Donald E. Crummey，《非洲农业体系中的土地》(*Land in African Agrarian Systems*)（麦迪逊：威斯康星大学出版社，1993 年），9—10 页。

22. Elizabeth Colson，《殖民地时期对土地所有权定义的影响》，196—197 页；Charles K. Meek，《土地法和殖民地的习俗》，12 页。

23. 19 世纪 70 年代开始的非洲抢夺中，欧洲强权在建立行政制度时因陋就简，利用本地领袖的网络来执行规定、征募劳役、收集人头税。参见 Mahmood Mamdani，《公民和百姓：当代非洲和殖民主义晚期的遗产》(*Citizen and Subject: Contemporary Africa and the Legacy of Late Colonialism*)（普林斯顿：普林斯顿大学出版社，1996 年）。

24. Paul Vinogradoff，《历史法学》，351 页。

25. 埃文斯—普理查德，《努尔人》，150—151 页。

26. 这些案例同上，150—169 页。

27. Bruce L. Benson，《印度习惯法：两个案例的研究》(Customary Indian Law: Two Case Studies)，载 Terry L. Anderson 编，《产权和印度经济》(*Property Rights and Indian Economies*)，29—30 页。

28. 同上，31 页。

29. Paul Vinogradoff，《历史法学》，353—355 页。

30. 亨利·梅因，《早期法律和习俗》，170—171 页。

31. Paul Vinogradoff，《历史法学》，345 页。

32. Marshall D. Sahlins，《分支世系制：掠夺扩展的组织》(The Segmentary Lineage: An Organization of Predatory Expansion)，载《美国人类学家》(*American Anthropologist*) 第 63 卷，第 2 期（1961 年）：322—345 页。

33. Lawrence H. Keeley，《文明之前的战争》(*War Before Civilization*)（纽约：牛津大学出版社，1996 年）；Steven LeBlanc 和 Katherine E. Register，《持续的战斗：高尚野蛮人的传说》。

34. Lawrence H. Keeley，《文明之前的战争》，30—32 页。

35. 同上，29 页。

36. Lionel Tiger，《群体男性》，这是男性结盟一词的起源。参见 Steven LeBlanc 和 Katherine E. Register，《持续的战斗：高尚野蛮人的传说》，90 页。

37. Jerome Blum，《俄罗斯的领主和农民，从 9 世纪到 19 世纪》（*Lord and Peasant in Russia, from the Ninth to the Nineteenth Century*）（普林斯顿：普林斯顿大学出版社，1961 年），38—39 页。

38. 像罗伯特·贝茨那样的政治学家，以经济眼光看待政治，有时将武士列为"暴力专家"，好像其所作所为只是在从事一项经济职业，像鞋匠或房地产中介人。他们这样做掩饰了武士社会团结的非经济来源，不管是彼此之间，还是与领袖的。参见罗伯特·贝茨的《繁荣与暴力》（*Prosperity and Violence*）（马萨诸塞州剑桥：哈佛大学出版社，2001 年）。

39. 塔西佗，《阿格里寇拉传、日耳曼尼亚志、对话集 I》（*Agricola Germania Dialogus I*），翻译者 M. Hutton（马萨诸塞州剑桥：哈佛大学出版社，1970 年），13.3—4，14.1。

40. 同上，14.2—3。

41. 有关替代的思想历程，参见 Albert O. Hirschman，《激情和利益：资本主义胜利之前的政治观点》（*The Passions and the Interests: Political Arguments for Capitalism Before Its Triumph*）（普林斯顿：普林斯顿大学出版社，1977 年）。

42. James Chambers，《魔鬼的骑士：蒙古入侵欧洲》（*The Devil's Horsemen: The Mongol Invasion of Europe*）（纽约：Atheneum 出版社，1979 年），6 页。

43. Tatiana Zerjal 等，《蒙古人的基因遗产》（The Genetic Legacy of the Mongols），载《美国人类遗传杂志》（*American Journal of Human Genetics*）第 72 卷（2003 年）：717—721 页。

44. 塔西佗，《阿格里寇拉传、日耳曼尼亚志、对话集 I》，7.1。

45. Bruce L. Benson，《印度习惯法：两个案例的研究》，33 页。

46. 同上，36 页。

47. S. E. Finer，《政府史》第 1 卷：《古代君主政体和帝国》（*The History of Government*, Vol. I: Ancient Monarchies and Empires）（纽约：牛津大学出版社，1997 年），440—441 页。

第5章   "利维坦"的降临

1. 有些人类学家，如埃尔曼·塞维斯（Elman Service）和罗伯特·卡内罗（Robert Carneiro），在部落和国家中间再分出一个层次，即酋邦。酋邦很像国家，它也等级分明和中央集权，并从建制化的宗教那里获得合法性。它与国家的不同处在于，通常不维持强大的常备军，也无权防止属下部落或地区的出走。埃尔曼·塞维斯，《原始社会组织：进化的视角》，第 5 章；罗伯特·卡内罗，《酋邦：国家的先驱》（The Chiefdom: Precursor of the State），载 Grant D. Jones 和 Robert R. Kautz 编，《新大陆向国家的过渡》（*The Transition to Statehood in the New World*）（纽约：剑桥大学出版社，1981 年）。

2. 迈耶·福特斯（Meyer Fortes）和埃文斯—普理查德编，《非洲政治制度》（*African Political Systems*）（纽约：牛津大学出版社，1940 年），5—6 页。

3. 卡尔·魏特夫（Karl Wittfogel），《东方专制主义：对于极权力量的比较研究》（*Oriental Despotism: A Comparative Study of Total Power*）（纽黑文：耶鲁大学出版社，1957 年）。参见 Henri Claessen，Pieter van de Velde 和 M. Estelle Smith 编，《发展和衰落：社会政治

组织的演变》，130—131 页。参见 Henri Claessen 和 Peter Skalnik 编，《早期国家》(*The Early State*) (海牙：Mouton 出版社，1978 年)，11 页。

4. 参见 Michael Mann 的讨论，《社会力量的来源》第 1 卷：《从开始到公元 1760 年的权力历史》(*The Sources of Social Power, Vol.I: A History of Power from the Beginning to A. D.1760*) (纽约：剑桥大学出版社，1986 年)，94—98 页。另请参阅张光直，《美术、神话与祭祀：古代中国通向政治权威之路》(*Art, Myth, and Ritual: The Path to Political Authority in Ancient China*) (马萨诸塞州剑桥：哈佛大学出版社，1983 年)，127—129 页。

5. 参见 Kent V. Flannery 的讨论，《文明的文化演变》(The Cultural Evolution of Civilizations)，载《生态学和生物分类学年度评论》(*Annual Review of Ecology and Systematic*) 第 3 期 (1972 年)：399—426 页。

6. 这是斯蒂芬·勒布朗的建议，出自私人对话。

7. 参见 Winifred Creamer，《中央集权的起源：格兰德古典时期地方控制的变化特征，1325—1540 年》(The Origins of Centralization: Changing Features of Local and Regional Control During the Rio Grande Classic Period, A.D.1325-1540)，载 Jonathan Haas，《从领袖到统治者》。

8. 罗伯特·卡内罗 (Robert Carneiro)，《国家起源的理论》(A Theory of the Origin of the State)，载《科学》第 169 期 (1970 年)：733—738 页。另请参阅罗伯特·卡内罗，《人口密度和社会组织复杂性的关系》(On the Relationship Between Size of Population and Complexity of Social Organization)，载《人类学研究杂志》(*Journal of Anthropological Research*) 第 42 卷，第 3 期 (1986 年)：355—364 页。

9. 这一点由 Kent V. Flannery 在《文明的文化演变》中提出。

10. 这三种权力为马克斯·韦伯所定义，《经济与社会》第 1 卷 (*Economy and Society*, Vol. I) (伯克利：加利福尼亚大学出版社，1978 年)，212—254 页。

11. 如需背景资料，参见 Fred M. Donner，《早期伊斯兰教的征服》(*The Early Islamic Conquests*) (普林斯顿：普林斯顿大学出版社，1981 年)，第 2 章。

12. 同上，第 1 章；Joseph Schacht 编，《伊斯兰教的遗产》(*The Legacy of Islam*) 第 2 版 (牛津：牛津大学出版社，1979 年)，187 页。

13. 引自 F. Max Muller 编，《东方圣典》第 3 卷 (*The Sacred Books of the East*, Vol. III) (牛津：克拉伦登出版社，1879 年)，202 页。

14. Robert C. Allen，《古埃及的农业和国家起源》(Agriculture and the Origins of the State in Ancient Egypt)，载《经济史研究》(*Explorations in Economic History*) 第 34 卷 (1997 年)：135—154 页。

15. Jeffrey Herbst，《非洲的国家和权力》(*States and Power in Africa*) (普林斯顿：普林斯顿大学出版社，2000 年)，11 页。

16. Jack Goody，《非洲的技术、传统和国家》(*Technology, Tradition, and the State in Africa*) (牛津：牛津大学出版社，1971 年)，37 页。

17. Jeffrey Herbst，《非洲的战争和国家》(War and the State in Africa)，载《国际安全》(*International Security*) 第 14 卷，第 4 期 (1990 年)，117—139 页。

18. Jeffrey Herbst，《非洲的国家和权力》，第 2 章。

第6章　中国的部落制

1. 张光直等,《中国文明的形成：考古学的视角》, 2—130 页。

2. 鲁惟一 (Michael Loewe) 和夏含夷 (Edward L. Shaughnessy) 编,《剑桥中国古代史：从文明起源到公元前 221 年》(*The Cambridge History of Ancient China From the Origins of Civilization to 221 B.C.*) (纽约：剑桥大学出版社, 1999 年), 909—911 页。

3. 有关早期中国的分代, 参见李学勤,《东周和秦的文明》(*Eastern Zhou and Qin Civilizations*) (纽黑文：耶鲁大学出版社, 1985 年), 3—5 页。

4. 有关这段时期, 参见顾立雅 (Herrlee G. Creel),《中国的诞生：中国文明形成期研究》(*The Birth of China: A Study of the Formative Period of Chinese Civilization*) (纽约：Ungar 出版社, 1954 年), 21—37 页；夏含夷 (Edward L. Shaughnessy),《西周历史资料：青铜器铭文》(*Sources of Western Zhou History: Inscribed Bronze Vessels*) (伯克利：加利福尼亚大学出版社, 1991 年)。

5. 张光直,《美术、神话与祭祀：古代中国通向政治权威之路》, 26—27 页。

6. 同上, 35 页。

7. 同上, 41 页。

8. 张光直等,《中国文明的形成：考古学的视角》, 85 页。

9. 张光直,《美术、神话与祭祀：古代中国通向政治权威之路》, 124 页。

10. 张光直等,《中国文明的形成：考古学的视角》, 170 页。

11. 同上, 164—165 页。

12. 有关中国家庭主义的残存, 参见弗朗西斯·福山,《信任：社会美德与创造经济繁荣》(*Trust: The Social Virtues and the Creation of Prosperity*) (纽约：自由出版社, 1996 年), 69—95 页。

13. 参见 Olga Lang,《中国的家庭与社会》(*Chinese Family and Society*) (纽黑文：耶鲁大学出版社, 1946 年)；Maurice Freedman,《中国东南的宗族组织》(*Lineage Organization in Southeastern China*) (伦敦：Athlone 出版社, 1958 年)；Maurice Freedman,《中国的宗族与社会：福建和广东》(*Chinese Lineage and Society: Fujian and Guangdong*) (伦敦：Athione 出版社, 1966 年)；Maurice Freedman,《中国社会的家庭和亲戚》(*Family and Kinship in Chinese Society*) (加利福尼亚州斯坦福：斯坦福大学出版社, 1970 年)；孔迈隆 (Myron L.Cohen),《台湾的中国家庭制度》(*House United, House Divided: The Chinese Family in Taiwan*) (纽约：哥伦比亚大学出版社, 1976 年)；武雅士 (Arthur P. Wolf) 和黄介山 (Chieh-shan Huang),《中国的婚姻与过继, 1845—1945 年》(*Marriage and Adoption in China,1845–1945*) (斯坦福, 加州：斯坦福大学出版社, 1980 年)。

14. 有关当代人类学与历史研究的讨论, 参见 James L. Watson,《中国的亲戚关系：人类学视角下的历史研究》(Chinese Kinship Reconsidered: Anthropological Perspectives on Historical Research), 载《中国季刊》(*China Quarterly*) 第 92 期 (1982 年)：589—627 页。

15. 同上, 594 页。

16. Paul Chao,《中国的亲戚关系》(*Chinese Kinship*) (波士顿：劳特里奇出版社, 1983 年), 19—26 页。

17. 鲁惟一 (Michael Loewe),《秦汉帝国的政府：公元前 221—公元 220 年》(*The Government of the Qin and Han Empires: 221 BCE-220 CE*) (印第安纳波利斯：Hackett

497

出版社，2006 年），6 页。

18. Donald Keene,《明治天皇和他的世界，1852—1912 年 》(*Emperor of Japan: Meiji and His World, 1852-1912*)（纽约：哥伦比亚大学出版社，2002 年），2 页。

19. 鲁惟一,《秦汉帝国的政府：公元前 221—公元 220 年》，6 页。

20. 柯昌济 (Ke Changji),《中国古代社会与亚细亚生产方式》(Ancient Chinese Society and the Asiatic Mode of Production)，载 Timothy Brook 编,《中国的亚细亚生产方式》(*The Asiatic Mode of Production in China*)（Armonk, 纽约州：M. E. Sharpe 出版社，1989 年）。

21. 弗朗茨·舒曼 (Franz Schurmann),《中国传统财产观念》(Traditional Property Concepts in China)，载《远东季刊》(*Far Eastern Quarterly*) 第 15 卷，第 4 期（1956 年）：507—516 页。

22. Paul Chao,《中国的亲戚关系》，25 页。

23. 裴达礼,《中国的家庭和亲戚关系》，55—59 页。

24. Paul Chao,《中国亲戚关系》，19 页；弗朗西斯·福山,《信任：社会美德与创造经济繁荣》，172–173 页。

25. 有关背景资料，参见 John A. Harrison,《中华帝国》(*The Chinese Empire*)（纽约：Harcourt 出版社，1972），36—37。有关周的起源和对商的征服，参见顾立雅,《中国的诞生：中国文明形成期研究》，219—236 页。

26. 有关此类的对比，参见许田波 (Victoria Tin-bor Hui),《古代中国和早期现代欧洲的战争与国家形成》(*War and State Formation in Ancient China and Early Modern Europe*)（纽约：剑桥大学出版社，2005 年）。

27. 有关封建主义概念的主要评论，参见 Elizabeth A. R. Brown,《建构的暴政：封建主义与欧洲中世纪历史学家》(The Tyranny of a Construct: Feudalism and Historians of Medieval Europe)，载《美国历史评论》(*American Historical Review*) 第 79 卷，第 4 期（1974 年）：1063—1088 页。另请参阅 Jørgen Møller,《重返封建主义：历史学家的技艺，以及对概念工具和概括的需要》(Bringing Feudalism Back In: The Historian's Craft and the Need for Conceptual Tools and Generalization)，未刊稿。

28. 有关讨论文章，参见列文森 (Joseph R. Levenson) 和弗朗茨·舒曼 (Franz Schurmann),《中国历史解说：从开始到汉朝的衰落》(*China: An Interpretive History, From the Beginnings to the Fall of Han*)（伯克利：加利福尼亚大学出版社，1969 年），34—40 页。

29. 马克·布洛赫,《封建社会》(*Feudal Society*)（芝加哥：芝加哥大学出版社，1968 年），161 页。

30. Joseph R. Strayer,《西欧的封建主义》(Feudalism in Western Europe)，载 Fredric L. Cheyette 编,《中世纪欧洲的领主和社区：选读》(*Lordship and Community in Medieval Europe: Selected Readings*)（纽约：霍尔特出版社，1968 年），13 页。

31. 马克·布洛赫,《封建社会》，190 页之后。

32. 有关周朝和欧洲封建主义之间关系的讨论，参见李峰,《封建主义和中国西周：评论》("Feudalism" and Western Zhou China: A Criticism)，载《哈佛亚洲研究杂志》(*Harvard Journal of Asiatic Studies*) 第 63 卷，第 1 期（2003 年）：115—144 页。李峰认为，西周政治上的中央集权已超过"封建主义"这一术语所能指称的。

33. John A. Harrison,《中华帝国》，37—41 页；许倬云,《中国古代社会史论：春秋战国时期的社会流动》(*Ancient China in Transition : An Analysis of Social Mobility, 722-222 B.C*)

498

（斯坦福：斯坦福大学出版社，1965 年），53 页；列文森和弗朗茨·舒曼，《中国历史解说：从开始到汉朝的衰落》，30—32 页。

34. 许倬云，《中国古代社会史论》，78 页。

35. 陆威仪（Mark E. Lewis），《早期中国认可的暴力》(Sanctioned Violence in Early China)（奥尔巴尼：纽约州立大学出版社，1990 年），33 页。

36. 同上，35 页。

37. 同上，17 页。

38. 同上，28 页。

39. 同上，22、37—38 页。

第7章 战争和中国国家的兴起

1. 查尔斯·蒂利，《强制、资本和欧洲国家，990—1990 年》；查尔斯·蒂利，《集团犯罪式的开战和建国》(War Making and State Making as Organized Crime)，载 Peter B. Evans, Dietrich Rueschemeyer 和 Theda Skocpol 编，《收回国家》(Bringing the State Back In)（马萨诸塞州剑桥：剑桥大学出版社，1985 年）。另请参阅 Bruce D. Porter，《战争与国家的兴起：现代政治的军事基础》。

2. 参见 Cameron G. Thies，《拉丁美洲的战争、竞争与建国》(War, Rivalry, and State Building in Latin America)，载《美国政治学杂志》(American Journal of Political Science) 第 49 卷，第 3 期（2005 年），451—465 页。

3. 许倬云，《中国古代社会史论》，56—58 页。

4. Edgar Kiser 和蔡勇（Yong Cai），《战争与科层官僚制在秦国：对一个反常案例的探索》(War and Bureaucratization in Qin China: Exploring an Anomalous Case)，载《美国社会学评论》(American Sociological Review) 第 68 卷，第 4 期（2003 年）：511—539 页。

5. 许倬云，《中国古代社会史论》，67 页；Edgar Kiser 和蔡勇，《战争与科层官僚制在秦国：对一个反常案例的探索》(2003 年)，520 页；许田波，《古代中国和早期现代欧洲的战争和国家形成》，87 页。

6. 有关概述，参见李约瑟，《中国的科学与文明》第 5 卷第 7 部分，《军事技术》(Science and Civilisation in China, Vol.5, Pt.7: Military Technology)（剑桥：剑桥大学出版社，1954 年）。

7. 陆威仪，《早期中国认可的暴力》，55—58 页。

8. 同上，60 页；许倬云，《中国古代社会史论》，71 页。

9. 许倬云，《中国古代社会史论》，73—75 页。

10. 陆威仪，《早期中国认可的暴力》，58—59 页。

11. 许倬云，《中国古代社会史论》，82—87 页。

12. Edgar Kiser 和蔡勇，《战争与科层官僚制在秦国：对一个反常案例的探索》，516—517 页。

13. 谢和耐（Jacques Gernet），《中国文明史》(A History of Chinese Civilization)（剑桥：剑桥大学出版社，1996 年），64—65 页。

14. 同上，67—73 页。

15. 同上，82—100 页。

16. 李又宁，《商鞅变法与中国的国家控制》(*Shang Yang's Reforms and State Control in China*)（纽约州白原市：M.E.Sharpe 出版社，1977 年），32—38 页。

17. 同上，38—39 页。

18. 农民家庭通常太穷，不能维持世系，可将井田制视作延展性亲戚团体的替代。

19. James C. Scott，《国家的视角：那些试图改善人类状况的项目是如何失败的》(*Seeing Like a State: How Certain Schemes to Improve the Human Condition Have Failed*)（纽黑文：耶鲁大学出版社，1998 年）。

20. 陆威仪，《早期中国认可的暴力》，63 页。

21. 李又宁 (Yu-ning Li)，《商鞅变法与中国的国家控制》(*Shang Yang's Reforms and State Control in China*)，66 页。

22. 有关背景资料，参见 Burton Watson 译，《韩非子：基本作品》(*Han Fei Tzu: Basic Writings*)（纽约：哥伦比亚大学出版社，1964 年），1—15 页。

23. Paul Chao，《中国的亲戚关系》，133—134 页。

24. 裴达礼，《中国的家庭和亲戚关系》，152—161 页。

25. 参见弗朗西斯·福山，《信任：社会美德与创造经济繁荣》中的讨论，93—94 页。

26. 引自李又宁编，《商鞅变法与中国的国家控制》，127 页。编者按：福山此处所引文字，实际上乃是法家学派李斯所说（上秦二世《督责书》），见李又宁该书所收萧公权先生的论文《法家思想与专制政体》(*Legalism and Autocracy in Traditional China*)，原始引文见《史记·卷八十七李斯列传》）。

27. 萧公权，《法家思想与专制政体》，同上，16 页。

28. 鲁惟一和夏含夷编，《剑桥中国古代史：从文明起源到公元前 221 年》，1003 页。

29. 同上，1009 页。

30. 许田波，《古代中国和早期现代欧洲的战争与国家形成》，65—66 页。

31. 商鞅在国内破坏基于亲戚关系的传统秩序，在国外从事权术外交，打破了贵族限制冲突的约定和规范。例如，他游说自己以前的国君魏惠王，让他称霸，摆出周天子的场面，使之陷入与邻国韩和齐的纷争，最终败于齐国。公元前 340 年，秦国攻打魏国。商鞅邀请魏军首领公子昂来自己营地参与和谈，却在会谈后生擒公子昂。像在国内所颁布的严厉处罚一样，这一切都在强权政治的名义之下得到美化。同上，70—71 页。

32. 韦伯多次写到中国；尤其是《中国的宗教》(*The Religion of China*)（纽约：自由出版社，1951 年）和《经济与社会》第 2 卷 (*Economy and Society, Vol. 2*)，1047—1051 页。

33. 列文森和舒曼，《中国历史解说：从开始到汉朝的衰落》，99—100 页。

34. John A. Harrison，《中华帝国》，88 页。　　　　　　　　　　　　　500

35. 列文森和舒曼，《中国历史解说：从开始到汉朝的衰落》，69—70 页。

第8章　伟大的汉朝制度

1. John A. Harrison，《中华帝国》，85—86 页。

2. 引自列文森和舒曼,《中国历史解说:从开始到汉朝的衰落》,87 页。编者按:原始引文见《史记·卷八十七李斯列传》。

3. 张光直等,《中国文明的形成:考古学的视角》,271 页。

4. Edgar Kiser 和蔡勇,《战争与科层官僚制在秦国:对一个反常案例的探索》。

5. 列文森和舒曼,《中国历史解说:从开始到汉朝的衰落》,80—81 页;John A. Harrison,《中华帝国》,95—96 页。

6. 鲁惟一,《秦汉帝国的政府:公元前 221—公元 220 年》,43 页。

7. 张光直等,《中国文明的形成:考古学的视角》,276 页。

8. 列文森和舒曼,《中国历史解说:从开始到汉朝的衰落》,83 页。

9. 鲁惟一,《秦汉帝国的政府:公元前 221–公元 220 年》,95—97 页。

10. 列文森和舒曼,《中国历史解说:从开始到汉朝的衰落》,88—91 页。

11. 特征列表:

    a. 官员本身是自由的,只须在规定范围内服从权威。

    b. 他们被分配到明确定位的等级制度的职位。

    c. 每个职位都有规定的专长范围。

    d. 职位的任免基于自由的契约关系。

    e. 选择候选人是以技术资格为基础。

    f. 官员的酬劳是固定薪水。

    g. 职位是任职者唯一的职业。

    h. 职位成为一种职业。

    i. 所有权和管理之间的分离。

    j. 官员遵守严格的纪律和掌控。

    马克斯·韦伯,《经济与社会》第 1 卷,220—221 页。很多评论家提到,韦伯的定义最适用于他最熟悉的普鲁士—德国的官僚机构,却不能准确描述今天诸多公共或私人的有效科层机构。例如,平面管理(flat management)的很多范例将高度自治权下放给属下,并放松经典等级制度的严格掌控,使不同职位之间的边界模糊不清。但依我看,现代官僚机构最重要的特征,如职位的专业性、职位从属于更高级政治权力、公私分明,仍是所有现代公共管理制度的特征。Allen Schick 主张,公共管理中最新革新,仍需基于传统的科层官僚机构。参见他的文章《为何多数发展中国家不应尝试新西兰的革新》(Why Most Developing Countries Should Not Try New Zealand Reforms),载《世界银行研究观察家》(World Bank Research Observer)第 13 卷,第 8 期(1998 年):1123—1131 页。

12. 这一点由顾立雅在《中国官僚机构的开始》(The Beginning of Bureaucracy in China)中指出。

13. 鲁惟一,《秦汉帝国的政府:公元前 221—公元 220 年》,74—76 页。

14. 家族制主要幸存于小王国和藩国,作为汉朝当初政治妥协的一部分。秦朝的郡县制,现被复杂的多层行政所取代。郡和藩国被分割为县、国、道、邑。到公元 2 年,如此的行政单位在全国有 1 577 个。国(侯国)是家族化的官职,可出钱购得,也可安插皇帝的亲戚或豪强贵族。它是世袭的,在某种情况下,可被用于奖励皇帝的亲戚。然而,不像

501

欧洲的封建领地，它们不是独立的世袭贵族阶层的堡垒。更确切地说，国像是中央政府可轻易创造或撤销的封赏，以示对各政治参与者的抚慰或处罚。同上，46—50 页。

15. 同上，24—30 页。

16. 同上，24—25 页。

17. 同上，56—62 页。

第9章　政治衰败和家族政府的复辟

1. John A. Harrison，《中华帝国》，174—177 页。

2. 同上，179—181 页。

3. 同上，182 页。中国历史人口的计算有很多争议。邓刚（Kent Deng）以调整后的正式人口数据显示，中国人口从公元 157 年的五千六百五十万，跌至公元 280 年的一千八百五十万，跌幅高达 67%。邓刚，《以正式普查资料揭示前现代中国的真正人口统计》(Unveiling China's True Population Statistics for the Pre-modern Era with Official Census Data)，载《人口评论》(Population Review) 第 43 卷，第 2 期（2004 年）：32—69 页。

4. 参见伊沛霞（Patricia B. Ebrey），《东汉的荫庇关系》(Patron-Client Relations in the Later Han)，载《美国东方协会杂志》(Journal of the American Oriental Society) 第 103 卷，第 3 期（1983 年）：533—542 页。

5. 有关墨西哥的当代案例，参见 Kent V. Flannery，《文明的文化演变》。

6. 托马斯·马尔萨斯，《人口学原理》(An Essay on the Principle of Population)（纽约：企鹅出版社，1982 年）。

7. 参见 Angus Maddison，《世界经济的增长和互动：现代化的根源》(Growth and Interaction in the World Economy: The Roots of Modernity)（华盛顿特区：AEI 出版社，2001 年），21—27 页。

8. 中国案例被描绘为“高级平衡的陷阱”，伊懋可（Mark Elvin），《旧中国模式：社会和经济的解释》(The Pattern of the Chinese Past: A Social and Economic Interpretation)（斯坦福，加州：斯坦福大学出版社，1973 年）。

9. 白乐日（Etienne Balazs），《中国的文明与官僚制度》(Chinese Civilizations and Bureaucracy: Variations on a Theme)（纽黑文：耶鲁大学出版社，1964 年），102—103 页。

10. Scott Pearce，Audrey Spiro 和伊沛霞编，《中国重建中的文化和权力，公元 200—600 年》(Culture and Power in the Reconstitution of the Chinese Realm, 200–600)（马萨诸塞州剑桥：哈佛大学出版社，2001 年），8—9 页。

11. John A. Harrison，《中华帝国》，181 页。

12. Moss Roberts，《编后记：关于〈三国演义〉》，载英译本《三国演义》(Three Kingdoms: A Historical Novel)（伯克利：加利福尼亚大学出版社，2004 年），938—940 页。

13. J. A. G. Roberts，《中国简史》(A Concise History of China)（马萨诸塞州剑桥：哈佛大学出版社，1999 年），40—44 页；伊沛霞（Patricia B. Ebrey），《早期中华帝国的贵族家庭：博陵崔氏个案研究》(The Aristocratic Families of Early Imperial China: A Case Study of the Po-ling Ts'ui Family)（纽约：剑桥大学出版社，1978 年），21 页。

14. 伊沛霞,《早期中华帝国的贵族家庭:博陵崔氏个案研究》, 17—18 页。

15. 同上, 21 页。

16. 同上, 22 页。

17. 白乐日,《中国的文明与官僚制度》, 104—106 页。

18. 伊沛霞,《早期中华帝国的贵族家庭:博陵崔氏个案研究》, 25—26 页。

19. 白乐日,《中国的文明与官僚制度》, 108—109 页。

第10章　印度的弯路

1. 罗米拉·塔帕 (Romila Thapar),《从宗族到国家:恒河峡谷在公元前第一个千年中期的社会形成》(*From Lineage to State: Social Formations in the Mid First Millennium B.C. in the Ganga Valley*) (孟买:牛津大学出版社, 1984 年), 157 页。

2. 哈罗德·古尔德 (Harold A. Gould),《印度种姓制度》(*The Hindu Caste System*) (德里:Chanakya 出版社, 1987 年), 12 页。

3. 参见 Stanley Wolpert,《印度新史》(*A New History of India*)(纽约:牛津大学出版社,1977 年), 14—23 页。

4. 罗米拉·塔帕,《早期印度:从起源到公元 1300 年》(*Early India: From the Origins to AD 1300*) (伯克利:加利福尼亚大学出版社, 2003 年), 110—111 页。

5. 同上, 112—113 页。

6. 同上, 114—116 页。

7. 同上, 120 页。

8. 同上, 127 页。

9. 梅因,《古代法》;梅因,《东西方的村庄-社区》(*Village-Communities in the East and West*)(纽约:Arno 出版社, 1974 年);Patricia Uberoi,《印度的家庭、亲戚关系和婚姻》(*Family, Kinship and Marriage in India*) (德里:牛津大学出版社, 1993 年), 8—12 页。摩尔根比较亲属组织的研究指出, 印度达罗毗荼部落的亲戚术语, 很像北美土著群体, 如易洛魁人。Patricia Uberoi,《印度的家庭、亲戚关系和婚姻》, 14—15 页。

10. Irawati Karve,《印度的亲戚关系图》, 载 Patricia Uberoi,《印度的家庭、亲戚关系和婚姻》, 50 页。

11. 同上, 67 页。

12. 同上, 53 页。

13. 同上, 67—68 页。

14. 印度东部的居民群体, 如 Mundanri 和 Mon-Khmer, 说的是流行于整个东南亚的南亚语。在印度-雅利安人那样的外来征服者到达之前, 这些群体代表定居于次大陆的本地人口。他们今天只生存于深山老林或闭塞地区, 有些仍是部落。他们的亲戚规则相当纷杂, 代表了古代模式和邻近社会新式影响的混合。同上, 72 页。

15. Arthur L. Basham,《奇妙的印度:穆斯林到来之前的印度次大陆文化》(*The Wonder That Was India: A Survey of the Culture of the Indian Sub-Continent Before the Coming of the Muslims*) (伦敦:Sidgwick and Jackson 出版社, 1954 年), 81 页。

16. 同上，82 页。

17. 罗米拉·塔帕，《早期印度：从起源到公元 1300 年》，112 页。

18. 罗米拉·塔帕，《从宗族到国家：恒河峡谷在公元前第一个千年中期的社会形成》，155 页。

19. 罗米拉·塔帕，《早期印度：从起源到公元 1300 年》，117 页。

20. 罗米拉·塔帕，《从宗族到国家：恒河峡谷在公元前第一个千年中期的社会形成》，158 页。

21. 罗米拉·塔帕，《早期印度：从起源到公元 1300 年》，144 页。

22. 同上，121—122 页。

23. 同上，137—138 页。

24. Ram S. Sharma，《古印度的政治思想和制度》(*Aspects of Political Ideas and Institutions in Ancient India*)（德里：Motilal Banarsidass 出版社，1968 年），159 页。

25. 历史前因后果的层叠龟中有一只龟，那就是早期印度部落、酋邦、国家的战争为何少于中国。如果印度北部的居民，与东周时期的中国居民相比，确实较为稀疏，且比较不受地理上的限制，那么原因就在环境。但也有可能是宗教的角色，以某种方法，压抑了印度国家发动战争的能力和动机。

第11章 瓦尔纳和迦提

1. Gary S. Becker，《诺贝尔奖答谢辞：以经济眼光看待行为》(Nobel Lecture: The Economic Way of Looking at Behavior)，载《政治经济学杂志》(*Journal of Political Economy*) 第 101 卷，第 3 期（1993 年）：385—409 页。

2. Arthur L. Basham，《奇妙的印度：穆斯林到来之前的印度次大陆文化》，241 页。

3. 马克斯·韦伯，《印度的宗教：印度教和佛教》(*The Religion of India: The Sociology of Hinduism and Buddhism*)（伊利诺州格伦科：自由出版社，1958 年），131 页。

4. 哈罗德·古尔德，《印度种姓制度》，15 页。

5. 同上，15—16 页；Martin Doornbos 和 Sudipta Kaviraj，《国家形成的动力学：印度与欧洲的比较》(*Dynamics of State Formation: India and Europe Compared*)（加利福尼亚州千橡市：塞奇出版社，1997 年），37 页。

6. 路易·杜蒙（Louis Dumont），《等级人：种姓制度及其衍生现象》(*Homo Hierarchicus: The Caste System and Its Implications*)（芝加哥：芝加哥大学出版社，1980 年），150 页。其他流派，尤其是耆那教，在遵循非暴力原则（ahimsa）和素食主义方面，远远超过正统印度教。它们甚至避免昆虫的杀戮。杜蒙将之归功于不同流派之间的竞争，有点像军备竞赛。耆那教徒和婆罗门，都想在纯净仪式上比对方略胜一筹。

7. 罗米拉·塔帕，《早期印度：从起源到公元 1300 年》，124 页。

8. 罗米拉·塔帕，《从宗族到国家：恒河峡谷在公元前第一个千年中期的社会形成》，169—170 页。

9. 杜蒙，《等级人：种姓制度及其衍生现象》，176 页。

10. 这一论断往往与杜蒙有关。他认为，种姓制度来自基于纯净度而分层的宗教，与世俗的权力截然分开。这个见解受到不同角度的批评，尤其是 Ronald B. Inden。他认为，杜蒙进口了西方的两分法，将之强加于一个毫不相干的社会。有人反对婆罗门的地位高于刹帝利的见解，认为两者只是整体的宗教-政治制度的正反两面。还有人甚至认为，种姓制度在印度历史上并不重要，是英国殖民当局故意创造的，为了达到其政治目的。

　　政治领域和宗教领域的分隔，可能是现代西方社会规范化的偏爱。把政治权威和宗教权威分成各自的分析对象，这一想法并不表示西方的偏见。这两种权威在不同社会中可以多种方式出现，或分开或混合。如果没有分类，就无法将印度与中国或中东作比较。对杜蒙的批评似乎反映了印度学家的狭隘偏见，他们没有将印度与其他社会作比较的习惯。参见 Ronald B. Inden，《想象印度》（*Imagining India*）（布卢明顿：印第安纳大学出版社，2000 年）；Gloria Goodwin Raheja，《印度的种姓制度、王位与统治》（India: Caste, Kingship, and Dominance Revisited），载《人类学年度评论》（*Annual Review of Anthropology*）第 17 卷（1988 年），497—522 页；V. Kondos，《讨论正义：对杜蒙〈等级人〉的回应》（A Piece on Justice: Some Reactions to Dumonts *Homo Hierarchicus*），载《南亚》（*South Asia*）第 21 卷，第 1 期（1998 年）：33—47 页；William S. Sax，《四面出击：印度教的宗教和政治》（Conquering Quarters: Religion and Politics in Hinduism），载《国际印度教研究杂志》（*International Journal of Hindu Studies*）第 4 卷，第 1 期（2000 年）：39—60 页；Rohan Bastin，《印度社会的死亡》（Death of the Indian Social），载《社会分析》（*Social Analysis*）第 48 卷，第 3 期（2004 年）：205—213 页；Mary Searle-Chatterjee 和 Ursula Sharma 编，《将种姓制度语境化：杜蒙之后的方法》（*Contextualising Caste: Post-Dumontian Approaches*）（马萨诸塞州剑桥：布莱克维尔出版社，1994 年）；Nicholas B. Dirks，《种姓制度的发明：殖民地印度的民间社会》（安阿伯：密歇根大学，CSST 工作论文第 11 号，1988 年）。

11. 哈罗德·古尔德，《印度种姓制度》，19 页。

12. Ram S. Sharma，《古印度的政治思想和制度》，161—162 页。

13. Arthur L. Basham，《奇妙的印度：穆斯林到来之前的印度次大陆文化》，128 页。

14. 同上，129 页。

15. 同上，129—130 页。

16. Joel Migdal，《强社会与弱国家：第三世界的国家—社会关系以及国家能力》（*Strong Societies and Weak States: State-Society Relations and State Capabilities in the Third World*）（普林斯顿：普林斯顿大学出版社，1988 年）。

17. 路易·杜蒙，《等级人：种姓制度及其衍生现象》，158—159 页。

18. 如路易·杜蒙所指出的，它既不是民主的，也不是世俗的，只是反映了迦提制度中固有的权力统治关系。同上，158—163 页；也参见罗米拉·塔帕，《从宗族到国家：恒河峡谷在公元前第一个千年中期的社会形成》，164—165 页。

19. Satish Saberwal，《分段工资：欧洲和印度的比较历史研究》（*Wages of Segmentation: Comparative Historical Studies on Europe ana India*）（新德里：东方朗文出版社，1995 年），27—29 页。

20. 同上，26 页。

21. 同上，25 页。

22. 奈保尔（V. S. Naipaul），《印度：受伤的文明》（*India: A Wounded Civilization*）（纽约：Vintage 出版社，1978 年）。

23. 在 2004 年，印度 34% 以上人口的生活费低于每天 1 美元。Shao-hua Chen 和 Martin Ravallion，《发展中国家的绝对贫困指数，1981—2004 年》（*Absolute Poverty Measures*

for the Developing World,1981-2004)（华盛顿特区：世界银行政策研究工作论文 WPS4211，2007 年），26 页。

24. Satish Saberwal，《分段工资：欧洲和印度的比较历史研究》，113 页。

25. 同上，114—116 页。

26. Frank Perlin，《国家形成再思考》第 2 部分 (State Formation Reconsidered Part Two)，载《现代亚洲研究》(Modern Asian Studies) 第 19 卷，第 3 期（1985 年）：434 页。

27. Ram S. Sharma，《古印度的政治思想和制度》，159—160 页。

28. 引自 Sudipta Kaviraj，《国家的迷惑：现代化叙述中有关国家作用的印度思想》(On the Enchantment of the State: Indian Thought on the Role of the State in the Narrative of Modernity)，载《欧洲社会学杂志》(Modern Asian Studies) 第 46 卷，第 2 期（2005 年）：263—296 页。

29. Arthur L. Basham，《奇妙的印度：穆斯林到来之前的印度次大陆文化》，87 页。

505

第12章 印度政体的弱点

1. 罗米拉·塔帕，《早期印度：从起源到公元 1300 年》，152 页。

2. 同上，156 页；Arthur L. Basham，《奇妙的印度：穆斯林到来之前的印度次大陆文化》，131 页。

3. 罗米拉·塔帕，《早期印度：从起源到公元 1300 年》，178—179 页。

4. Stanley Wolpert，《印度新史》，55—69 页。印度共和国今日所包括的最南端和像阿萨姆 (Assam) 一样的东方属邦，并不在孔雀王朝的版图上；今日所不包括的巴基斯坦和孟加拉，其大部却出现在孔雀王朝的版图上。

5. 相关概述，参见 Hermann Kulke，《导论：前现代印度的国家研究》(Introduction: The Study of the State in Pre-modern India)，载 Hermann Kulke 编，《从 1000 年到 1700 年的印度国家》(The State in India 1000-1700)（德里：牛津大学出版社，1995 年）。

6. Ram S. Sharma，《古印度的政治思想和制度》，286—287 页。Sharma 认为，孔雀王朝的国家"从现代意义看，可被认为是不理性的……它不算家族制，因为它并不属于皇室家庭"。但这种讲法只在最狭义的家族制定义下才讲得通。另请参阅罗米拉·塔帕的《早期印度：从起源到公元 1300 年》，他计算出的比率是 1：96（195 页）。

7. Ram S. Sharma，《古印度的政治思想和制度》，165—166 页。

8. Frank Perlin，《国家形成再思考》第 2 部分。

9. Arthur L. Basham，《奇妙的印度：穆斯林到来之前的印度次大陆文化》，93—94 页。

10. 罗米拉·塔帕，《早期印度：从起源到公元 1300 年》，206 页。

11. 有些部落团体，如弗栗特，打败后并入摩揭陀；而西方很多部落继续存活下来，后来遇上亚历山大大帝。在帝国边缘的西北山区——现在的阿富汗东部——这些部落在 21 世纪初仍然存在，并与北约军队交上火。Arthur L. Basham，《奇妙的印度：穆斯林到来之前的印度次大陆文化》，96—97 页；Ram S. Sharma，《古印度的政治思想和制度》，204 页。

12. 罗米拉·塔帕，《早期印度：从起源到公元 1300 年》，185—187 页；Ram S. Sharma，《古印度的政治思想和制度》，288—289 页。

13. 罗米拉·塔帕，《早期印度：从起源到公元 1300 年》，189 页。

14. Martin Doornbos 和 Sudipta Kaviraj,《国家形成的动力学：印度与欧洲的比较》, 93 页。

15. 罗米拉·塔帕,《早期印度：从起源到公元 1300 年》, 178 页。

16. 引自 Hemchandra Raychaudhuri,《古代印度政治史：从环住王即位到笈多王朝覆灭》
(*Political History of Ancient India: From the Accession of Parikshit to the Extinction of the Gupta Dynasty*)（新德里：牛津大学出版社, 1996 年）, 288—290 页。另请参阅罗米拉·塔帕的《早期印度：从起源到公元 1300 年》, 181 页。

17. 罗米拉·塔帕,《早期印度：从起源到公元 1300 年》, 219 页。

18. Burton Stein,《国家形成与经济再思考》(State Formations and Economy Reconsidered),
载《现代亚洲研究》(*Modern Asian Studies*) 第 19 卷, 第 3 期（1985 年）: 387—413 页。

19. 注辇国的集权如此软弱, 以致历史学家称之为"分支式"的。它有一个中央管理的小核心, 仅在名义上统治众多外围的自治聚落。参见伯顿·斯坦因（Burton Stein),《南印度农业系统的汇合》(Integration of the Agrarian System of South India), 载 Robert E. Frykenberg 编,《印度历史上的土地控制和社会结构》(*Land Control and Social Structure in Indian History*)（麦迪逊：威斯康星大学出版社, 1969 年）。斯坦因将南方印度国家比作非洲阿鲁尔（Alur）前国家状态的分支式部落社会。

20. Stanley Wolpert,《印度新史》, 88—94 页。

21. Sudipta Kaviraj,《国家的迷惑：现代化叙述中有关国家作用的印度思想》, 270 页。

22. 同上, 273 页。

23. Sunil Khilnani,《印度思想》(*The Idea of India*)（纽约：Farrar, Straus and Giroux 出版社, 1998 年）。

24. 例如 Bill Emmott,《竞争对手：中国、印度及日本之间的权力斗争将怎样塑造我们的下一个十年》(*Rivals: How the Power Struggle Between China, India, and Japan Will Shape Our Next Decade*)（纽约：Harcourt 出版社, 2008 年）; Edward Friedman 和 Bruce Gilley 编,《亚洲巨人：比较中国和印度》(*Asia's Giants: Comparing China and India*)（纽约：麦克米伦出版社, 2005 年）; Tarun Khanna,《亿万企业家：中国和印度正在怎样重塑他们和你们的前途》(*Billions of Entrepreneurs: How China and India Are Reshaping Their Futures–and Yours*)（波士顿：哈佛商学院出版社, 2008 年）。

25. Somini Sengupta,《常被烤干的印度尽量利用季风雨》(Often Parched, India Struggles to Tap the Monsoon),《纽约时报》, 2006 年 10 月 1 日。

26. 阿马蒂亚·森（Amartya K. Sen),《作为自由的发展》(*Development as Freedom*)（纽约：Knopf 出版社, 1999 年）, 234—240 页。

27. Sudipta Kaviraj,《国家的迷惑：现代化叙述中有关国家作用的印度思想》, 230 页。

28. 同上, 230 页。

第13章　军事奴隶制与穆斯林走出部落制

1. 我使用罗马拼法, 而不是现代土耳其文的拼写, 所以是 devshirme 和 sanjak, 而不是 devşirme 和 sancak。

2. Albert H. Lybyer,《苏莱曼一世时代的奥斯曼帝国政府》(*The Government of the Ottoman*

Empire in the Time of Suleiman the Magnificent）（纽约：AMS 出版社，1978 年），49—53 页；Norman Itzkowitz，《奥斯曼帝国与伊斯兰教传统》（*Ottoman Empire and Islamic Tradition*）（纽约：Knopf 出版社，1972 年），49—50 页。

3. Norman Itzkowitz，《奥斯曼帝国与伊斯兰教传统》，51—52 页。

4. 这在 1574 年之后尤其如此。其时，奥斯曼帝国征服突尼斯，并将北非置于穆斯林的统治之下。参见 William H. McNeil，《欧洲的大草原边境，1500—1800 年》（*Europes Steppe Frontier, 1500-1800*）（芝加哥：芝加哥大学出版社，1964 年），29 页；Halil Inalcik，《奥斯曼帝国：1300–1600 年的古典时期》（*The Ottoman Empire: The Classical Age, 1300-1600*）（纽约州新罗谢尔市：奥菲斯出版公司，1989 年），86—87 页。

5. Patrick B. Kinross，《奥斯曼世纪：土耳其帝国的兴衰》（*The Ottoman Centuries: The Rise and Fall of the Turkish Empire*）（纽约：威廉莫罗出版社，1977 年），453—471 页。

6. Daniel Pipes，《奴隶军与伊斯兰教：军事制度的起源》（*Slave-Soldiers and Islam: The Genesis of a Military System*）（纽黑文：耶鲁大学出版社，1981 年），93—98 页。

7. 伊本·赫勒敦（Ibn Khaldun），《历史绪论》（*The Muqaddimah: An Introduction to History*），引自 Bernard Lewis 编辑和翻译，《从先知穆罕默德到君士坦丁堡沦陷时期的伊斯兰教》第 1 卷：《政治和战争》（*Islam from the Prophet Muhammad to the Capture of Constantinople. I: Politics and War*）（纽约：牛津大学出版社，1987 年），97 页之后。

8. Fred M. Donner，《早期伊斯兰教的征服》，82—85 页；Marshall G. S. Hodgson，《伊斯兰教的冒险：世界文明中的良心和历史》（*The Venture of Islam: Conscience and History in a World Civilization*）（芝加哥：芝加哥大学出版社，1961 年），197—198 页。

9. 有关这些征服的详细介绍，参见 Hugh N. Kennedy，《阿拉伯大征服：伊斯兰教的扩张改变我们生活的世界》（*The Great Arab Conquests: How the Spread of Islam Changed the World We Live In*）（费城：Da Capo 出版社，2007 年）。

10. Fred M. Donner，《早期伊斯兰教的征服》，239—242 页；Peter M. Holt, Ann K. S. Lambton 和 Bernard Lewis 编，《剑桥伊斯兰教史》第 1 卷：《伊斯兰教的中央领土》（*The Cambridge History of Islam. Vol. I: The Central Islamic Lands*）（纽约：剑桥大学出版社，1970 年），64—65 页。

11. Fred M. Donner，《伊斯兰教国家的形成》（The Formation of the Islamic State），载《美国东方协会杂志》（*Journal of the American Oriental Society*）第 106 卷，第 2 期（1986 年）：283—296 页。

12. 例如道格拉斯·诺斯（Douglass C. North），巴里·温加斯特（Barry R. Weingast）和约翰·沃利斯（John Wallis），《暴力和社会秩序：解释人类信史的概念架构》（*Violence and Social Orders: A Conceptual Framework for Interpreting Recorded Human History*）（纽约：剑桥大学出版社，2009 年）。在他们眼中，国家变成了相对同等的寡头之间的集体行动问题。

13. 其实用价值就是君主的经常干涉，以降低本地精英强加于自己臣民的掠夺性税收。Marshall G. S. Hodgson，《伊斯兰教的冒险：世界文明中的良心和历史》，281—282 页；Fred M. Donner，《伊斯兰教国家的形成》，290—291 页。

14. 参见 Bernard Lewis 编辑和翻译，《从先知穆罕默德到君士坦丁堡沦陷时期的伊斯兰教》第 1 卷：《政治和战争》，引自 Joseph Schacht 编，《伊斯兰教的遗产》（*The Legacy of Islam*），164—165 页。

15. Peter M. Holt, Ann K. S. Lambton 和 Bernard Lewis 编，《剑桥伊斯兰教史》第 1 卷：《伊

斯兰教的中央领土》，72 页。

16. Fred M. Donner，《早期伊斯兰教的征服》，258 页。

17. 同上，263 页。

18. 有关背景资料，参见 David Ayalon，《伊斯兰教和战争的巢穴：奴隶军与伊斯兰教的敌人》
    (Islam and the Abode of War: Military Slaves and Islamic Adversaries)（佛蒙特州布鲁克菲
    尔德：Variorum 出版社，1994 年）。

19. 有关阿拔斯王朝的兴起，参见 Hugh N. Kennedy，《巴格达统治穆斯林世界时：伊斯
    兰教最伟大朝代的兴衰》(When Baghdad Ruled the Muslim World: The Rise and Fall of
    Islam's Greatest Dynasty)（马萨诸塞州剑桥：Da Capo 出版社，2006 年）；Marshall G. S.
    Hodgson，《伊斯兰教的冒险：世界文明中的良心和历史》，284 页。

20. Marshall G. S. Hodgson，《伊斯兰教的冒险：世界文明中的良心和历史》，286 页。

21. 引自 David Ayalon 的《伊斯兰教和战争的巢穴：奴隶军与伊斯兰教的敌人》，2 页。

22. David Ayalon，《伊斯兰世界的局外人：马穆鲁克、蒙古人及阉人》(Outsiders in the Lands
    of Islam: Mamluks, Mongols, and Eunuchs)（伦敦：Variorum 出版社，1988 年），325 页。

23. Peter M. Holt，Ann K. S. Lambton 和 Bernard Lewis 编，《剑桥伊斯兰教史》第 1 卷：《伊
    斯兰教的中央领土》，125 页。

24. 引自 David Ayalon 的《伊斯兰教和战争的巢穴：奴隶军与伊斯兰教的敌人》，25 页。

25. 同上，29 页；Peter M. Holt，Ann K. S. Lambton 和 Bernard Lewis 编，《剑桥伊斯兰教史》
    第 1 卷：《伊斯兰教的中央领土》，125—126 页。

26. 柏拉图，Allan Bloom 译，《理想国》（纽约：基础读物出版社，1968 年），464 页 c—d。

第14章　马穆鲁克挽救伊斯兰教

1. 引自 Bernard Lewis 编辑和翻译，《从先知穆罕默德到君士坦丁堡沦陷时期的伊斯兰教》第
   1 卷：《政治和战争》，97—98 页。《历史绪论》在技术上只是现在很少阅览的巨著的序言。

2. David Ayalon，《伊斯兰世界的局外人：马穆鲁克、蒙古人及阉人》，328 页。

3. Reuven Amitai-Preiss，《蒙古人和马穆鲁克：马穆鲁克与伊儿汗国的战争：1260—1281 年》
   (Mongols and Mamluks: The Mamluk-Ilkhanid War:1260-1281)（纽约：剑桥大学出版社，
   1995 年），215—216 页。

4. 同上，228 页。

5. 参见 Linda S. Northrup，《伯海里马穆鲁克苏丹国，1250—1390 年》(The Bahri Mamluk
   Sultanate, 1250—1390)，载 Carl E. Petry 编，《剑桥埃及史》第 1 卷：《伊斯兰教的埃及，
   640–1517 年》(The Cambridge History of Egypt, Vol. I: Islamic Egypt, 640-1517)（纽约：   508
   剑桥大学出版社，1998 年）。

6. R. Stephen Humphreys，《马穆鲁克军队的兴起》(The Emergence of the Mamluk
   Army)，载《伊斯兰教研究》(Studia Islamica) 第 45 卷（1977 年）：67—99 页。

7. Peter M. Holt，《马穆鲁克苏丹的职位和权力》(The Position and Power of the Mamluk
   Sultan)，载《东方和非洲研究学院学报》(Bulletin of the School of Oriental and African
   Studies) 第 38 卷，第 2 期（1975 年），237—249 页；Linda S. Northrup，《伯海里马穆鲁

克苏丹国，1250—1390 年》，263 页。

8. David Ayalon，《伊斯兰世界的局外人：马穆鲁克、蒙古人及阉人》，328 页。

9. 同上，69 页。

10. 同上，72 页。

11. 同上，328 页；Linda S. Northrup，《伯海里马穆鲁克苏丹国，1250–1390 年》，256—257 页，但一代的原则从来没在任何地方明说。

12. Amalia Levanoni，《马穆鲁克对苏丹国的概念》(The Mamluk Conception of the Sultanate)，载《国际中东研究杂志》(International Journal of Middle East Studies) 第 26 卷，第 3 期（1994 年）：373—392 页。

13. 参见弗朗西斯·福山，《国家建设：21 世纪的治理与世界秩序》，第 2 章。

14. Jean-Claude Garcin，《切尔克斯马穆鲁克政权》(The Regime of the Circassian Mamluks)，载 Carl E. Petry 编，《剑桥埃及史》第 1 卷：《伊斯兰教的埃及，640–1517 年》，292 页。

15. 该问题有个当代版本。世界银行建议，发展中国家将决策者与服务者分开，后者仅仅是代理人，如表现不良，可以受到前者的处分。参见世界银行的《2004 年世界发展报告：让服务惠及穷人》(World Development Report 2004: Making Services Work for Poor People)（华盛顿特区：世界银行，2004），46—61 页。

16. Linda S. Northrup，《伯海里马穆鲁克苏丹国，1250–1390 年》，257 页。

17. 同上，258—259 页。

18. 同上，261—262 页。

19. Jean-Claude Garcin，《切尔克斯马穆鲁克政权》，290 页。

20. Carl E. Petry，《马穆鲁克晚期的军事制度及革新》(The Military Institution and Innovation in the Late Mamluk Period)，载 Carl E. Petry 编，《剑桥埃及史》第 1 卷：《伊斯兰教的埃及，640—1517 年》，468 页。

21. 同上，470—473 页。

22. 查尔斯·蒂利，《集团犯罪式的开战和建国》，载 Peter B. Evans，Dietrich Rueschemeyer 和 Theda Skocpol 编，《收回国家》。

23. Peter B. Evanss，《掠夺、发展和其他国家机器：比较分析第三世界的国家》(Predatory, Developmental, and Other Apparatuses: A Comparative Analysis of the Third World State)，载《社会学论坛》(Sociological Forum) 第 4 卷，第 4 期（1989 年）：561—582 页。

24. 参见 Carl E. Petry 的《马穆鲁克晚期的军事制度及革新》，478 页。

25. David Ayalon，《马穆鲁克王国的火药和火器：对中世纪社会的挑战》(Gunpowder and Firearms in the Mamluk Kingdom: A Challenge to a Mediaeval Society)（伦敦：Vallentine Mitchell 出版社，1956 年），98 页。

26. Carl E. Petry，《马穆鲁克晚期的军事制度及革新》，479—480 页；David Ayalon，《马穆鲁克王国的火药和火器：对中世纪社会的挑战》，101—105 页。

第15章　奥斯曼帝国的运作和式微

1. 尼科洛·马基雅维利（Niccolò Machiavelli），Harvey C. Mansfield 译，《君主论》（芝加哥：芝加哥大学出版社，1985 年），17—18 页。

2. 有关奥斯曼的早期历史，参见 Halil Inalcik，《奥斯曼帝国：1300—1600 年的古典时期》，5—8 页。

3. 同上，107 页；I. Metin Kunt，《苏丹的仆人：奥斯曼省政府的转变，1550—1650 年》（*The Sultan's Servants: The Transformation of Ottoman Provincial Government, 1550—1650*）（纽约：哥伦比亚大学出版社，1983 年），9—13 页。可在俄罗斯找到平行制度，名叫给食（kormlenie）。

4. I. Metin Kunt，《苏丹的仆人：奥斯曼省政府的转变，1550—1650 年》，14—15 页。

5. Karen Barkey，《强盗和官僚：奥斯曼的国家集权途径》（*Bandits and Bureaucrats: The Ottoman Route to State Centralization*）（绮色佳：康奈尔大学出版社，1994 年），36 页。

6. I. Metin Kunt，《苏丹的仆人：奥斯曼省政府的转变，1550—1650 年》，24 页。

7. Karen Barkey，《强盗和官僚：奥斯曼的国家集权途径》，36 页。

8. Halil Inalcik，《奥斯曼帝国：1300—1600 年的古典时期》，109 页。

9. 同上，114—115 页。

10. William McNeill，《欧洲的大草原边境，1500—1800 年》，38—40 页。

11. Albert H. Lybyer，《苏莱曼一世时代的奥斯曼帝国政府》，66—70 页。

12. I. Metin Kunt，《苏丹的仆人：奥斯曼省政府的转变，1550—1650 年》，31—32 页。

13. Norman Itzkowitz，《奥斯曼帝国与伊斯兰教传统》，58—59 页。

14. Halil Inalcik，《奥斯曼帝国：1300—1600 年的古典时期》，65 页。

15. Karen Barkey，《强盗和官僚：奥斯曼的国家集权途径》，28 页。

16. 例如写于 1069 年的《福乐智慧》（*Kutadgu Bilig*），献给了喀喇汗国（Karakhanids）的突厥统治者。它称："控制国家需要庞大军队；支撑军队需要大量财富；若要取得财富，民众必须繁荣；若要繁荣，法律必须公平；忽略其中的任何一环，国家就会分崩离析。"引自 Halil Inalcik，《奥斯曼帝国：1300—1600 年的古典时期》，66 页。

17. Norman Itzkowitz，《奥斯曼帝国与伊斯兰教传统》，88 页。

18. 奥斯曼农民在帝国早期为何只承担了较轻的税赋？历史学家威廉·麦克尼尔（William McNeill）给出了另一原因。由于征募制，执政精英自己来自巴尔干半岛和其他贫穷农村；军人兼行政官比较了解农民生活的艰辛，对百姓抱有同情。他还指出，帝国核心地区的农民之所以得以承受较轻的税赋，全靠在帝国边境不断掠夺。组成军队大部的骑士都是自给自足的，依靠自己的封地。支撑军队扩展的税赋基础非常局限，所以，扩军就需要征服新领土，以设立新封地。我们将看到，帝国扩展到极点而被迫在核心地区增强税收时，该制度便开始倒塌。参见 William McNeill，《欧洲的大草原边境，1500—1800 年》，32 页。

19. Halil Inalcik，《奥斯曼帝国：1300—1600 年的古典时期》，59 页。

20. 同上，60 页。

21. 马克斯·韦伯将奥斯曼制度定性为家族制。事实上，当代政治学家用韦伯的"苏丹制"来描述建制化很糟糕的制度。其理由在于，奥斯曼制度的最高层确实很少遵循规则，所

509

以仍属家族制。相关人士自由参与竞夺的继位制，就是其中的一例。像波斯、罗马、中国和其他帝国，统治者的家人和宫殿侍臣易受随意的伤害，由于他们都是零和权力斗争中的潜在参与者。苏丹可以任命自己的儿子和亲戚，充当总督和军队高级将领，他确实这么在做。如想升任为维齐尔，或大维齐尔，全凭荫庇网络和私人影响。政治权力和私人财富，就要看与宫廷和苏丹的私人关系。参见马克斯·韦伯，《经济与社会》，第 2 卷，1025—1026 页；Karen Barkey，《强盗和官僚：奥斯曼的国家集权途径》，30—32 页。

22. Norman Itzkowitz，《奥斯曼帝国与伊斯兰教传统》，59 页。

23. William McNeill，《欧洲的大草原边境，1500—1800 年》，42 页。

24. Jack A. Goldstone，《早期现代世界的革命与反抗》(*Revolution and Rebellion in the Early Modern World*) (伯克利：加利福尼亚大学出版社，1991 年)，355—362 页；Karen Barkey，《强盗和官僚：奥斯曼的国家集权途径》，51—52 页；参阅 Omer Lutfi Barkan 和 Justin McCarthy，《16 世纪的价格革命：中东经济历史中的转折点》(The Price Revolution of the Sixteenth Century: A Turning Point in the Economic History of the Middle East)，载《国际中东研究杂志》(*International Journal of Middle East Studies*) 第 6 卷，第 1 期 (1975 年)：3—28 页。

25. Norman Itzkowitz，《奥斯曼帝国与伊斯兰教传统》，89—90 页；Jack A. Goldstone，《早期现代世界的革命与反抗》，363—364 页。

26. Norman Itzkowitz，《奥斯曼帝国与伊斯兰教传统》，92—93 页。

27. Jack A. Goldstone，《早期现代世界的革命与反抗》，365—366 页。

28. William McNeill，《欧洲的大草原边境，1500—1800 年》，60—610 页；Norman Itzkowitz，《奥斯曼帝国与伊斯兰教传统》，91 页。

29. 奥斯曼制度的故障已呈现很多症状。17 世纪初，乡村发生一系列强盗部队的叛乱，很多是退伍的辅助军人。他们曾是农民，学了军事技能后回到自己村庄，却找不到就业机会。有些强盗部队竟聚众两万人，到 17 世纪的头十年，中央政府已失去对安纳托利亚 (Anatolia) 中部的领土控制。该现象是 Karen Barkey《强盗和官僚：奥斯曼的国家集权途径》的题材。另请参阅 Norman Itzkowitz，《奥斯曼帝国与伊斯兰教传统》，92—93 页。

30. Norman Itzkowitz，《奥斯曼帝国与伊斯兰教传统》，91—92 页。

31. William McNeill，《欧洲的大草原边境，1500—1800 年》，133—134 页。

第16章 基督教打破家庭观念

1. John Hajnal，《透视欧洲的婚姻模式》(European Marriage Patterns in Perspective)，载 David V. Glass 和 D. E. C. Eversley 编，《历史人口：历史人口统计学论文》(*Population in History: Essays in Historical Demography*) (芝加哥：Aldine 出版社，1965 年)。

2. 亨利·梅因，《关于早期制度史的演讲》(*Lectures on the Early History of Institutions*) (伦敦：John Murray 出版社，1875 年)；《早期法律和习俗》。

3. Frederick Pollock and 和 Frederic W. Maitland，《爱德华一世之前的英国法律史》(*The History of English Law Before the Time of Edward I*) (剑桥：剑桥大学出版社，1923 年)。

4. 关于该文献的概述，参见 Lawrence Krader 的引言，Lawrence Krader 和 Paul Vinogradoff，《人类学和早期法律：保罗·维诺格拉多夫选集》(*Anthropology and Early*

Law: Selected from the Writings of Paul Vinogradoff)（纽约：基础读物出版社，1966 年）。

5. 亨利·梅因，《古代法》，第 5 章。

6. 例如 Peter Laslett 编，《过去的家和家庭》(Household and Family in Past Time)（剑桥：剑桥大学出版社，1972 年）；Richard Wall 编，《欧洲历史上的家庭形式》(Family Forms in Historic Europe)（纽约：剑桥大学出版社，1983 年）。

7. Alan MacFarlane，《英国个人主义的起源》(The Origins of English Individualism)（牛津：布莱克维尔出版社，1978 年），83 页。

8. 同上，95 页。

9. 同上，125 页。

10. 同上，131—133 页。

11. 同上，142 页。

12. 同上。

13. 马克·布洛赫，《封建社会》，125—127、131—132 页。

14. 同上，138—139 页。

15. 有关贸易终止的后果，参见 Henri Pirenne，《中世纪城市的起源与贸易复兴》(Medieval Cities: Their Origins and the Revival of Trade)（普林斯顿：普林斯顿大学出版社，1969 年），3—25 页。

16. 马克·布洛赫，《封建社会》，142 页。

17. 同上，148 页。

18. Alan MacFarlane 并没有解释英国个人主义为何发展得这么早。马克·布洛赫认为，亲戚关系的衰退与 11 世纪开始的贸易增长有关。但不清楚个中的道理，因为在世界其他地区，像中国或中东，贸易的消长与宗族的稳定并没有明确的关联。

19. Jack Goody，《欧洲家庭和婚姻的发展》(The Development of the Family and Marriage in Europe)（纽约：剑桥大学出版社，1983 年）。另请参阅 Jack Goody，《欧洲的家庭：历史人类学论文》(The European Family: An Historico-Anthropological Essay)（马萨诸塞州摩顿市：布莱克维尔出版社，2000 年）。

20. Jack Goody，《欧洲家庭和婚姻的发展》，39 页。

21. 同上，95 页。

22. 同上，43 页。

23. 同上，105 页。

24. Jenö Szücs，《欧洲三个历史性地区：大纲》(Three Historical Regions of Europe: An Outline)，载 John Keane 编，《公民社会与国家：新欧洲视角》(Civil Society and the State: New European Perspectives)（纽约：Verso 出版社，1988 年），302 页。感谢 Gordon Bajnai，他提供了此条参考。

第17章　法治起源

1. 有关法治定义的讨论，参见 Judith N. Shklar，《政治理论与法治》(Political Theory and the

Rule of Law)，载 Stanley Hoffmann 编，《政治思想与政治思想家》(*Political Thought and Political Thinkers*)（芝加哥：芝加哥大学出版社，1988 年）。

2. William Blackstone 认为，确实有自然法的存在，可通过理性寻得，"对世界上所有国家永远享有约束力，与之相抵触的任何其他法律都无效"。他还认为，宗教法只是自然法的不同版本，"启示性的法律，与道德家所规定的道德体系相比，具有更多真实性，多得简直无法衡量，所以命名为自然法。"参见 William Blackstone，《英国法律评注》(*Commentaries on the Laws of England*)（费城：Birch and Small 出版社，1803 年），41—42 页。

3. 例如 Krishna Kumar，《冲突后的选举、民主化与国际援助》(*Post-conflict Elections, Democratization, and International Assistance*)（科罗拉多博尔德：Lynne Rienner 出版社，1998 年）。

4. 有关该文献的概述，参见 Stephan Haggard，Andrew MacIntyre 和 Lydia Tiede，《法治与经济发展》(The Rule of Law and Economic Development)，载《政治学年度评论》(*Annual Review of Political Science*) 第 11 卷（2008 年）：205—234 页。另请参阅 Stephen Knack 和 Philip Keefer，《制度与经济表现：应用另类标准的全国测试》(Institutions and Economic Performance: Cross-Country Tests Using Alternative Measures)，载《经济与政治》(*Economics and Politics*) 第 7 卷（1995 年）：207—227 页；Philip Keefer，《有关治理的政治经济学述评：从产权到呼声》(*A Review of the Political Economy of Governance: From Property Rights to Voice*)（华盛顿特区：世界银行研究所工作论文 3315 号，2004 年）；Daniel Kaufmann，Aart Kraay 和 Massimo Mastruzzi，《治理很重要》第 4 卷:《1996—2004 年的治理指标》(*Governance Matters IV: Governance Indicators for 1996-2004*)（华盛顿特区：世界银行研究所，2005 年）。

5. Yorani Barzel，《产权的经济分析》。

6. Barry Weingast，《政治制度的经济作用：保护市场的联邦制与经济发展》(The Economic Role of Political Institutions: Market-Preserving Federalism and Economic Development)，载《法律、经济与组织杂志》(*Journal of Law, Economics, and Organization*) 第 11 卷（1995 年）：1—31 页。

7. "足够好"的产权是 Merilee S.Grindle 所提出的，《足够好的治理：发展中国家的减贫与改革》(Good Enough Governance: Poverty Reduction and Reform in Developing Countries)，载《治理》(*Governance*) 第 17 卷，第 4 期（2004 年）：525—548 页。

8. 弗朗茨·舒曼，《中国的传统财产概念》。

9. 道格拉斯·诺斯认为，如果不存在允许私人回报的产权，技术革新就不会发生，而这私人回报又接近于社会回报。参见道格拉斯·诺斯，《经济史上的结构和变化》(*Structure and Change in Economic History*)，159—160 页。如果技术革新得以将科学知识直接嵌入特定产品，这一见解就是正确的。但推动技术进步的很多科学研究，带有公益性质，需要得到公共机构的支持。与知识产权（专利、版权等）相比，土地和动产的产权可能有不同影响。

10. 引自托克维尔，《论美国的民主》(*Democracy in America*)，Harvey C. Mansfield 和 Delba Winthrop 译（芝加哥:芝加哥大学出版社，2000 年），第 2 卷，第 3 部分，第 1 章，537 页。

11. 有关当前促进法治的项目，参见 Thomas Carothers，《在国外促进法治：寻求知识》(*Promoting the Rule of Law Abroad: In Search of Knowledge*)（华盛顿特区：卡内基基金会，2006 年）。

12. 弗里德里希·哈耶克，《法律、立法与自由》(*Law, Legislation and Liberty*)（芝加哥：芝

加哥大学出版社，1976 年），第 1 卷，72 页。

13. 该论点是 20 世纪 30 年代和 40 年代、哈耶克和经济学家米塞斯（Ludwig von Mises）攻击社会主义中央计划的基础。参见哈耶克，《知识在社会中的使用》（The Use of Knowledge in Society），载《美国经济学评论》（American Economic Review）第 35 卷，第 4 期（1945 年）：519—530 页。另请参阅《致命的自负：社会主义的谬误》（Fatal Conceit: The Errors of Socialism）（芝加哥：芝加哥大学出版社，1988 年）。

14. 哈耶克，《法律、立法与自由》，72—74 页。

15. 同上，85 页。

16. 例如 Rafael La Porta, Florencio Lopez-de-Silanes, Andrei Shleifer 和 Robert W Vishny,《外部财政的法律决定因素》（Legal Determinants of External Finance），载《政治经济学杂志》（Journal of Political Economy）第 52 期（1997 年）：1131—1150 页；《法律与财政》（Law and Finance），载《政治经济学杂志》第 106 期（1998 年），1113—1155 页。这一文献激起了大争论，对经济增长来说，普通法制度是否优于民法，尚是一个未知数。哈耶克自己偏爱普通法，但仍强调，作为民法基础的《查士丁尼法典》，本身即是罗马法学家累积的成果。到最后，夸大两者之间的差异又变得太容易。参见哈耶克，《法律、立法与自由》（1976 年），83 页。

17. J. G. A. Pocock,《伯克和古代宪法——思想史上的问题》（Burke and the Ancient Constitution–A Problem in the History of Ideas），载《历史杂志》（Historical Journal）第 3 卷，第 2 期（1960 年）：125—143 页。

18. Robert C. Ellickson,《没有法律的秩序：邻里如何解决争端》（Order Without Law: How Neighbors Settle Disputes）（马萨诸塞州剑桥：哈佛大学出版社，1991 年）。

19. 有关哈耶克的评论文章，参见 Judith N. Shklar,《政治理论与法治》。

20. 有关背景资料，参见 Richard E. Messick,《法庭的起源和发展》（The Origins and Development of Courts），载《司法》（Judicature）第 85 卷，第 4 期（2002 年）：175—181 页。有人将法律定为第三方执行的规则，在这种情况下，法律并不存在于部落社会。尽管如此，我会继续使用部落法律一词。

21. Harold J. Berman,《法律与革命：西方法律传统的形成》（Law and Revolution: The Formation of the Western Legal Tradition）（马萨诸塞州剑桥：哈佛大学出版社，1983 年），54 页。

22. 同上，56 页。

23. 引自马克·布洛赫，《封建社会》，113 页。

24. Pollock 和 Maitland,《爱德华一世之前的英国法律史》，184 页。

25. Joseph R. Strayer,《现代国家的中世纪起源》（On the Medieval Origins of the Modern State）（普林斯顿：普林斯顿大学出版社，1970 年），29—30 页；Martin M. Shapiro,《法庭：基于比较和政治的分析》（Courts: A Comparative and Political Analysis）（芝加哥：芝加哥大学出版社，1981 年），74 页。

26. Paul Brand,《英国法律体系的形成，1150—1400 年》（The Formation of the English Legal System, 1150-1400），载 Antonio Padoa-Schioppa 编，《立法与正义》（Legislation and Justice）（纽约：克拉伦登出版社，1997 年），107 页。

27. 同上，108 页。

28. 在这点上，参见 Arthur T. von Mehren，《民法体系：法律比较研究的案例和材料》(*The Civil Law System: Cases and Materials for the Comparative Study of Law*)（波士顿：Little, Brown 出版社，1957 年），7—11 页。

29. Joseph R. Strayer，《现代国家的中世纪起源》，26—31 页。

30. Paul Brand，《英国法律体系的形成，1150—1400 年》，104 页。

31. 亨利·梅因，《早期法律和习俗》，296—328 页。实际上，法国国家在 18 世纪愈益支持农民的法律索赔，以反对本地领主，进一步侵蚀了贵族的特权。托克维尔认为，这导致了农民期望的相应升高，对犹存的不平等倍感愤怒。参见 Hilton Root，《勃艮第的农民与国王：法国专制主义的农业基础》(*Peasants and King in Burgundy: Agrarian Foundations of French Absolutism*)（伯克利：加利福尼亚大学出版社，1987 年），20—21 页。

32. 参见 Tom R. Tyler，《人们为何服从法律》(*Why People Obey the Law*)（纽黑文：耶鲁大学出版社，1990 年）。

33. Pollock 和 Maitland，《爱德华一世之前的英国法律史》，182 页。

34. Martin M. Shapiro 主张，英国司法的独立性一直受到夸大，英国人始终对国王与议会合二为一的主权抱有信念。参见 Martin M. Shapiro，《法庭：基于比较和政治的分析》，65—67 页。

第18章　教会变为国家

1. Norman E Cantor，《中世纪的文明》(*The Civilization of the Middle Ages*) 修订版（纽约：哈珀出版社，1993 年），86—87 页。

2. Harold J. Berman，《法律与革命：西方法律传统的形成》，91 页。

3. 同上，88 页。

4. 9 世纪晚期，弗兰克神职人士已开始主张，基督教国王从上帝那里获得统治权，像"上帝的教士"。他们试图取消国王的宗教权威，即以前查理大帝等所享受的，只让教会享有宗教合法性。教士和主教的政治介入造成高度腐败，在 10 世纪和 11 世纪激起一系列改革运动。最早的是以法国南部克吕尼（Cluny）修道院命名的克吕尼运动，它将欧洲志趣相投的修道院第一次组成统一的等级秩序。该运动促进上帝的和平，敦促基督徒对教士、圣地朝拜者、商人、犹太人、女人、农民勿施暴力或战争。Wilfred L. Warren，《诺曼和安茹的英国统治，1086—1272 年》(*The Governance of Norman and Angevin England, 1086-1272*)（斯坦福：斯坦福大学出版社，1987 年），15—16 页。

5. 有关背景资料，参见 Norman E. Cantor，《中世纪的文明》，249—265 页。

6. 这种情形遭到的抨击，不仅在克吕尼运动中，还在红衣主教亨伯特（Humbert of Moyenmoutier）所写的《反对圣职买卖三书》(*Three Books Against the Simoniacs*) 等著作中。该书出版于格里高利七世担任教皇之前的 1058 年，强烈谴责神职的买卖。James R. Sweeney，《评伯尔曼〈法律与革命〉》(Review of Harold Berman, *Law and Revolution*)，载《法律与宗教杂志》(*Journal of Law and Religion*) 第 2 卷，第 1 期（1984 年）：201 页。

7. Harold J. Berman，《法律与革命：西方法律传统的形成》，89—90 页。

8. 这里有先例，教皇哲拉修一世（Gelasius I）曾将君士坦丁堡的牧首逐出教会，因为后者

514

太屈从当地皇帝。参见 Norman E. Cantor,《中世纪的文明》, 86 页。

9. Joseph R. Strayer,《现代国家的中世纪起源》, 21—22 页。

10. Harold J. Berman,《信念与秩序:法律与宗教的调和》(*Faith and Order: The Reconciliation of Law and Religion*)(亚特兰大:学者出版社, 1993 年), 40 页。

11. 罗马法律创发于罗马共和国晚期,创发者称作法学家(jurisconsult)。他们是法律专家,可谓现代法官的先驱。罗马法典在拜占庭帝国仍获使用,但数世纪以来,其权威文本失传于西欧的大部。Norman E. Cantor,《中世纪的文明》, 125—126 页。

12. Mary Ann Glendon, Michael W. Gordon 和 Paolo G. Carozza,《法律传统的比较》(*Comparative Legal Traditions*)(明尼苏达州圣保罗市:西部出版社, 1999 年), 19 页。《查士丁尼法典》的功劳,就是精简了庞杂的古代罗马法律,并使之连贯统一。参见 Martin M. Shapiro,《法庭:基于比较和政治的分析》, 128—130 页。

13. 大学提供了新式的教学模式。相对富有的学生通过交费来资助教授,他们对教学的方法和内容的控制,当会引起对教授不满的后代学生的艳羡。Harold J. Berman,《法律与革命:西方法律传统的形成》, 123—127 页。

14. Joseph R. Strayer,《现代国家的中世纪起源》, 25—26 页;Mary Ann Glendon, Michael W Gordon 和 Paolo G. Carozza,《法律传统的比较》, 25 页。

15. Martin M. Shapiro,《法庭:基于比较和政治的分析》, 131 页。

16. Mary Ann Glendon, Michael W Gordon 和 Paolo G. Carozza,《法律传统的比较》, 24 页。

17. 同上, 22—23 页。

18. Harold J. Berman,《西方法律中的宗教基础:历史透视》(Religious Foundations of Law   515
in the West: An Historical Perspective),载《法律与宗教杂志》第 1 卷,第 1 期(1983 年):
9 页。

19. Udo Wolter,《作为现代行政原型的中世纪教法中的神职》(The officium in Medieval Ecclesiastical Law as a Prototype of Modern Administration),载 Padoa-Schioppa,《立法与正义》, 31 页。

20. Joseph R. Strayer,《现代国家的中世纪起源》, 34 页。

21. 参见 Harold J. Berman,《马克斯·韦伯法律社会学的错误前提》(Some False Premises of Max Weber's Sociology of Law),载 Harold J. Berman,《信念与秩序:法律与宗教的调和》, 244—250 页。

22. Thomas Ertman,《利维坦的诞生:中世纪及早期现代的欧洲国家建设与政权》(*Birth of the Leviathan: Building States and Regimes in Medieval and Early Modern Europe*)(纽约:剑桥大学出版社, 1997 年), 53—54 页。

23. Joseph R. Strayer,《现代国家的中世纪起源》, 42—43 页。

24. David Harris Sacks,《征税的悖论》(The Paradox of Taxation),载 Philip T. Hoffman 和 Kathryn Norberg 编,《财政危机、自由与代议政府》(*Fiscal Crises, Liberty, and Representative Government*)(斯坦福:斯坦福大学出版社, 1994 年), 15 页。

25. Joseph R. Strayer,《现代国家的中世纪起源》, 46 页。

26. 林肯在与道格拉斯(Stephen Douglas)的辩论中主张,宪法的基础是《独立宣言》明确列出的平等原则,这限制了多数派迫使他人成为奴隶的能力,即使多数派是民主合法选出的。相比之下,道格拉斯认为,没有比民主更高的原则,可以用来裁决此类问题。参见 Harry V. Jaffa，《分家危机：解说林肯与道格拉斯的辩论》(*Crisis of the House Divided: An Interpretation of the Lincoln-Douglas Debates*)（西雅图：华盛顿大学出版社，1959 年）。

27. 现代宪法提到普世原则，像天赋权利或人权，需要民主的批准。但它并没解说，如果两者发生冲突，应该如何调和。

28. 参见 Tom Ginsburg，《引论：国会主权的式微和垮台》(Introduction: The Decline and Fall of Parliamentary Sovereignty)，载 Tom Ginsburg 编，《评新兴民主国家中的司法：亚洲案例中的宪法法庭》(*Judicial Review in New Democracies: Constitutional Courts in Asian Cases*)（纽约：剑桥大学出版社，2003 年）。

29. 例如基督信仰是通过征服和暴力强加于西半球本土居民的。在拥有大量本土人口的国家内，如墨西哥和秘鲁，现代天主教只是基督教和异教的实践混合，如亡灵节（the Day of the Dead）的庆祝。尽管如此，把它们当作历史上的天主教国家仍不无道理。

第19章　国家变为教会

1. John W. Head，《法典、文化、混乱和冠军：中国、欧洲和北美法律编订的共同特征》(Codes, Cultures, Chaos, and Champions: Common Features of Legal Codification Experiences in China, Europe, and North America)，载《杜克大学国际比较法律杂志》(*Duke Journal of Comparative and International Law*) 第 13 卷，第 1 期（2003 年）：1—38 页。另请参阅 Martin M. Shapiro，《法庭：基于比较和政治的分析》，169—181 页。

2. 有关背景资料，参见 J. Duncan M. Derrett，《印度的宗教、法律与国家》(*Religion, Law, and the State in India*)（伦敦：Faber 出版社，1968 年），第 3 章，第 4 章。

3. 参见 Richard W. Lariviere，《司法与班智达：古印度法论当代读本所闹的笑话》(Justices and Panditas: Some Ironies in Contemporary Readings of the Hindu Legal Past)，载《亚洲研究杂志》(*Journal of Asian Studies*) 第 48 卷，第 4 期（1989 年）：757—769 页。

4. J. Duncan M. Derrett，《印度法律史》(*History of Indian Law[Dharmasastra]*)（莱顿：E. J. Brill 出版社，1973 年）。

5. Richard W. Lariviere，《司法与班智达》，763—764 页。

6. Alfred C. Stepan 和 Graeme B. Robertson 提到，自由民主制的真正缺席与其说在穆斯林世界，倒不如说在阿拉伯世界。参见 Alfred C. Stepan 和 Graeme B. Robertson，《阿拉伯的民主空白超过穆斯林》(An "Arab" More Than a "Muslim" Democracy Gap)，载《民主杂志》第 14 卷，第 3 期（2003 年）：30—44 页。

7. Bernard Lewis 编辑和翻译，《从先知穆罕默德到君士坦丁堡沦陷时期的伊斯兰教》第 1 卷：《政治和战争》，165—166 页。

8. 同上，168 页。

9. Noah Feldman，《伊斯兰教国家的兴衰》(*The Fall and Rise of the Islamic State*)（普林斯顿：普林斯顿大学出版社，2008 年），37—38 页。

10. 哈里发如果牵涉政治太深，其权力的受侵便变得愈益明显。伯海里系马穆鲁克苏丹国，将阿拔斯王朝的哈里发从巴格达迁到开罗。后者因此在赋予马穆鲁克合法性一事上，只得扮演次要的角色。到苏丹国的末期，穆泰瓦基勒三世（al-Mutawakkil Ⅲ）卷入反对切

516

尔克斯人的密谋，为此而被罢黜，过后又获复位。他的儿子穆斯泰因（al-Mustain）当上哈里发，先受埃米尔的利用，后被罢黜。另一继任者嘎伊姆（al-Qaim），也因参与尝试的政变而遭罢黜。Jean-Claude Garcin，《切尔克斯系马穆鲁克政权》，载 Carl E. Petry 编，《剑桥埃及史》第 1 卷：《伊斯兰教的埃及，640—1517 年》。

11. Halil Inalcik，《奥斯曼帝国：1300—1600 年的古典时期》，70 页。

12. Wael B. Hallaq，《伊斯兰教法律的起源和演化》(*The Origins and Evolution of Islamic Law*)（纽约：剑桥大学出版社，2005 年），75—80 页。马克斯·韦伯确定，卡迪坐在市场上，提供完全主观的裁决，无须参考正式的规则或规范。在韦伯的法律分类体系中，它是实质非理性的原型。但在实际上，法学家仍以判例和先例为基础，其方式无异于欧洲法官。欧洲的教法和世俗法，在罗马教皇格里高利七世改革之后，经历了综合化和系统化。但穆斯林法律没有经受同样历程，它的不严密明显助长了个别法官的滥用权柄。参见 Halil Inalcik，《奥斯曼帝国：1300—1600 年的古典时期》，75 页；Max Rheinstein 为《马克斯·韦伯论经济与社会中的法律》(*Max Weber on Law in Economy and Society*) 一书写的《导言》（马萨诸塞州剑桥：哈佛大学出版社，1954 年），xlviii 页。

13. Albert H. Lybyer，《苏莱曼一世时代的奥斯曼帝国政府》，36—37 页。

14. Noah Feldman，《伊斯兰教国家的兴衰》，50—52 页。时至今日，土耳其共和国政府仍严格控制穆斯林宗教机构。

15. "有效约束(Binding constraint)"引自 Dani Rodrik Ricardo Hausmann 和 Andres Ve lasco，《增长的诊断》(Growth Diagnostics)，载 Narcís Serra 和 Joseph E. Stiglitz 编，《华盛顿共识再思考》(*The Washington Consensus Reconsidered*)（纽约：牛津大学出版社，2008 年）。在穆斯林世界，除了不牢靠的产权，还有许多阻止经济持续增长的其他约束。最重要的也许是知识阶层不愿投入有关社会制度的公开讨论，尤其是在 17 世纪末与萨法维王朝（Safavids）发生冲突之后，西方国家仍在继续超前。关于伊斯兰教与经济落后的关联，参见 Timur Kuran，《伊斯兰教与钱魔：伊斯兰教的经济困境》(*Islam and Mammon: The Economic Predicaments of Islamism*)（普林斯顿：普林斯顿大学出版社，2004 年），128—147 页。

16. Halil Inalcik，《奥斯曼帝国：1300—1600 年的古典时期》，75 页。

17. Timur Kuran，《伊斯兰教法律有关公益的条款：伊斯兰慈善事业瓦克夫的起源、影响与局限》   517
    (The Provision of Public Goods Under Islamic Law: Origins, Impact and Limitations of the Waqf System)，载《法律与社会》第 35 卷（2001 年）：841—987 页。

18. J. Duncan M. Derrett，《印度法律史》，2—3 页。

19. John W. Head，《法典、文化、混乱与冠军：中国、欧洲与北美法律编订的共同特征》，758—760 页。

20. Muhammad Qasim Zaman，《当代伊斯兰教中的乌里玛：变化的监护人》(*The Ulama in Contemporary Islam: Custodians of Change*)（普林斯顿：普林斯顿大学出版社，2002），21—31 页。

21. Noah Feldman，《伊斯兰教国家的兴衰》，62—68 页。

22. 同上，111—117 页。

23. Shaul Bakhash，《阿亚图拉的统治：伊朗与伊斯兰革命》(*Reign of the Ayatollahs: Iran and the Islamic Revolution*)（纽约：基础读物出版社，1984 年）。

第20章　东方专制主义

1. 崔瑞德（Denis Twitchett）编，《剑桥中国史》第 3 卷：《中国隋唐，589—906 年，第 1 部分》（*The Cambridge History of China, Vol.3: Sui and T'ang China,589-906, Part I*）（纽约：剑桥大学出版社，1979 年），57—58、150—151 页。

2. 同上，86—87 页。

3. 有关宋朝文化思想的发展，参见刘子健（James T. C. Liu），《中国转向内在——两宋之际的文化内向》（*China Turning Inward: Intellectual-Political Changes in the Early Twelfth Century*）（马萨诸塞州剑桥：哈佛东亚研究中心，1988 年）。

4. 有关概述，参见 Anatoly M.Khazanov，《游牧民族与外部世界》（*Nomads and the Outside World*）第 2 版（麦迪逊：威斯康星大学出版社，1994 年）。

5. 牟复礼（Frederick W. Mote），《帝制中国（900—1800 年）》（*Imperial China 900-1800*）（马萨诸塞州剑桥：哈佛大学出版社，1999 年），第 2—12、17—19 章。

6. 戴仁柱（Richard L. Davis），《十三世纪中国政治与文化危机》（*Wind Against the Mountain: The Crisis of Politics and Culture in Thirteenth-Century China*）（马萨诸塞州剑桥：哈佛东亚研究中心，1996 年），4 页。

7. 安格斯·麦迪森（Angus Maddison），《中国经济的长期表现：公元 960—2030 年》修订更新第 2 版，（*Chinese Economic Performance in the Long Run.2 nd. ed., revised and updated: 960-2030 AD*）（巴黎：经济合作与发展组织中心，2007 年），24 页。邓刚（Kent Deng）将 1006 年的人口定在四千三百万，将 1330 年的人口定在七千七百万。邓刚，《以正式普查资料揭示前现代中国的真正人口统计》。

8. 内藤虎次郎，《概括的唐宋时代观》，载《歴史と地理》第 9 卷，第 5 号（1922 年）：1—12 页。Joshua A. Fogel，《政治与汉学：内藤湖南的案例（1866—1934 年）》（*Politics and Sinology: The Case of Naito Konan 1866-1934*）（马萨诸塞州剑桥：哈佛东亚研究中心，1984 年）。感谢关西大学的陶德民教授，为我提供内藤虎次郎的背景资料。

9. 宫川尚志（Hisayuki Miyakawa），《内藤假设及其对日本汉学影响论纲》（An Outline of the Naito Hypothesis and Its Effects on Japanese Studies of China），载《远东季刊》（*Far Eastern Quarterly*）第 14 卷，第 4 期（1955 年）：533—552 页。

10. 例如 Robert M. Hartwell，《750—1550 年期间中国的人口、政治和社会变迁》（Demographic, Political, and Social Transformations of China, 750-1550），载《哈佛亚洲研究杂志》（*Harvard Journal of Asiatic Studies*）第 42 卷，第 2 期（1982 年）：365—442 页；伊沛霞（Patricia B. Ebrey）和华琛（James L. Watson，又名屈顺天），《晚期帝制中国的宗族组织（1000—1940 年）》（*Kinship Organization in Late Imperial China 1000-1940*）（伯克利：加利福尼亚大学出版社，1986 年）。内藤在中国历史学界是个争议人物，因为他与日本侵略中国有关。参见 Joshua A. Fogel，《政治与汉学：内藤湖南的案例(1866—1934 年)》，xvii—iii 页。

11. 此处对武则天的叙述，取自崔瑞德编，《剑桥中国史》第 3 卷，第 5、6 章。

12. 崔瑞德和牟复礼编，《剑桥中国史》第 8 卷：《明朝（1368—1644 年）第 2 部分》（*The Cambridge History of China, Vol.8: The Ming Dynasty, 1368-1644, Part 2*）（纽约：剑桥大学出版社，1978 年），18 页。

13. 当然会有预言者、占星家、占卜者。他们仰观星座，俯查自然现象，以寻找吉凶。主要的王位争夺始终涉及吉凶的预兆，例如，隋朝时起谣诼，预言新朝的开国皇帝姓李。预

518

兆又会受到觊觎者的操纵，例如河中找到的白石据说预示武则天的兴起（参见崔瑞德编，《剑桥中国史》第3卷，302页）。隋唐时期，强大的佛教和道教组织得以创立，但从未扮演过与世界其他宗教组织媲美的角色。

14. 参见崔瑞德和牟复礼编，《剑桥中国史》第1卷，726—737页。

15. 牟复礼，《帝制中国（900—1800年）》，97页。

16. 同上，562页。

第21章　"坐寇"

1. 曼瑟尔·奥尔森（Mancur Olson），《独裁、民主与发展》（Dictatorship, Democracy and Development），载《美国政治学评论》（American Political Science Review）第87卷，第9期（1993年）：567—576页。

2. 例如罗伯特·贝茨，《繁荣与暴力》；罗伯特·贝茨，Avner Greif 和 Smita Singh，《组织暴力》（Organizing Violence），载《解决冲突杂志》（Journal of Conflict Resolution）第46卷，第5期（2002年）：599—628页；道格拉斯·诺斯，巴里·温加斯特和约翰·沃利斯，《暴力与社会秩序：解释人类信史的概念架构》。

3. 曼瑟尔·奥尔森的其他理论，譬如民主社会的税率低于专制社会，也是错的。我们将在第27章中看到，英国议会负责制的出现反而导致税率的大幅增加。

4. 引自狄百瑞（William Theodore de Bary）和布鲁姆（Irene Bloom）编，《中国传统研究资料集》（Sources of Chinese Tradition）第2版（纽约：哥伦比亚大学出版社，1999年），第1卷，39页。

5. 崔瑞德和牟复礼编，《剑桥中国史》第8卷，110页。黄仁宇（Ray Huang），《明代的财政管理》，载贺凯（Charles O. Hucker）和林懋（Tilemann Grimm）编，《明代的中国政府七论》（Chinese Government in Ming Times: Seven Studies）（纽约：哥伦比亚大学出版社，1969年），105页。

6. 安格斯·麦迪森，《中国经济的长期表现：公元960—2030年》修订更新第2版，24页。

7. 崔瑞德和牟复礼编，《剑桥中国史》第8卷，131页。

8. 黄仁宇，《明代的财政管理》，82页。

9. 崔瑞德和牟复礼编，《剑桥中国史》第8卷，128—129页。

10. 同上，107—109页。

11. 黄仁宇，《16世纪明代中国之财政与税收》（Taxation and Governmental Finance in Sixteenth-Century Ming China）（纽约：剑桥大学出版社，1974年），85页。

12. Herbert Simon，《经济和行为科学中的决策理论》（Theories of Decision-Making in Economics and Behavioral Science），载《美国经济学评论》（American Economic Review）第49期（1959年）：253—283页；Herbert Simon，《理性选择的行为模式》（A Behavioral Model of Rational Choice），载《经济学季刊》（Quarterly Journal of Economics）第59期（1955年）：98—118页。

13. 中国统治者是"税收最大化者"的见解，只是将基于现代行为的假设，投射到过去，却没有历史事实的基础。最大化的执行需要他们作出更大努力，很可能大大增加相应的成本，体现在政治反对、农民起义、官僚机构的抗议等。在王朝晚期，长江下游富庶地区的富有贵族发起激烈的抗税，导致了惊人水平的欠税。政府不仅没有加以追究，实际上反而宣布税率削减。黄仁宇，《明代的财政管理》，107—109 页。

14. Herbert Simon，《行政行为：行政组织中的决策研究》(*Administrative Behavior: A Study of Decision-Making Processes in Administrative Organization*)（纽约：自由出版社，1957 年），180—185 页。

15. 崔瑞德和牟复礼编，《中国剑桥历史》第 8 卷，52—53 页。

16. 杨联陞，《地方管理》(Local Administration)，载贺凯和林懋编，《明代的中国政府七论》，4 页。

17. 崔瑞德和牟复礼编，《剑桥中国史》第 8 卷，21 页。

18. 贺凯，《明代的政府组织》(Governmental Organization of the Ming Dynasty)，载《哈佛亚洲研究杂志》第 21 卷（1958 年）：25 页。

19. 崔瑞德和牟复礼编，《剑桥中国史》第 8 卷，24 页。

20. 同上，32—33 页。

21. 同上，38 页。

22. 同上，41—53 页。

23. 贺凯，《明代的政府组织》，28 页；崔瑞德和牟复礼编，《剑桥中国史》第 8 卷，104—105 页。

24. 有关万历皇帝统治的详情，参见黄仁宇，《万历十五年》(*1587, a Year of No Significance: The Ming Dynasty in Decline*)（纽黑文：耶鲁大学出版社，1981 年）。

25. 黄仁宇，《明代的财政管理》，112—116 页；牟复礼，《帝制中国 900—1800 年》，734—735 页。

26. 参见 Koenraad W. Swart 的《17 世纪的公职出售》(*Sale of Offices in the Seventeenth Century*)（海牙：Nijhoff 出版社，1949 年），其中有关中国的章节。

27. 从所谓的"自然"(natural) 秩序，到"开放准入"(open access) 秩序，道格拉斯·诺斯、巴里·温加斯特和约翰·沃利斯提出过渡三台阶：文官控制军队、针对精英的法治、"永久"组织（其他社会学家称之为制度[机构]）。如果我主张的中国享有"足够好"的产权获得赞同，那么中国符合这三个条件，至少不差于后来成为"开放准入"秩序的许多早期现代欧洲国家。参见道格拉斯·诺斯，巴里·温加斯特和约翰·沃利斯的《暴力与社会秩序：解释人类信史的概念架构》。

28. David S. Landes，《计时上的革命：时钟和创造现代世界》(*Revolution in Time: Clocks and the Making of the Modern World*) 修订版（马萨诸塞州剑桥：贝尔纳普出版社，2000 年），15—16 页，引自李约瑟，王玲和 Derek de Solla Price，《神圣的时钟：中国中世纪伟大的天文钟》(*Heavenly Clockwork: The Great Astronomical Clocks of Medieval China*)（剑桥：剑桥大学出版社，1960 年）。

第22章 政治负责制的兴起

1. 相关讨论，参见弗朗西斯·福山，《平等的进军》(The March of Equality)，载《民主杂志》第 11 卷，第 1 期（2000 年）：11—17 页。

2. 托克维尔详尽讨论了 18 世纪晚期法国思想变化所造成的影响，《旧制度与大革命》(*The Old Regime and the Revolution*) 第 1 卷（芝加哥：芝加哥大学出版社，1998 年），第 3 册，第 1 章。

3. Herbert Butterfield，《历史的辉格解释》(*The Whig Interpretation of History*)（伦敦：G.

Bell 出版社，1931 年）。

4. 奥托·欣策(Otto Hintze)，《奥托·欣策历史论文集》(*The Historical Essays of Otto Hintze*)（纽约：牛津大学出版社，1975 年）；查尔斯·蒂利，《强制、资本和欧洲国家，公元 990—1990 年》。蒂利更为展开的见解认为，战争和资本的互动才是欧洲国家形成的动力。

5. Thomas Ertman，《利维坦的诞生》。

6. Winfried Schulze，《"税收国家"的出现和巩固》(The Emergence and Consolidation of the "Tax State")，载 Richard Bonney 编，《经济制度与国家财政》(*Economic Systems and State Finance*)（纽约：牛津大学出版社，1995 年），267 页。

7. Angus Maddison，《世界经济的增长和互动：现代化的根源》，21 页。

8. Winfried Schulze，《"税收国家"的出现和巩固》，269—270 页。

9. 同上，268 页。

10. Marjolein't Hart，《"税收国家"的出现和巩固》，载 Richard Bonney 编，《经济制度与国家财政》，282 页。

11. Philip T. Hoffman，《早期现代的法国，1450—1700 年》(*Early Modern France, 1450-1700*)，载 Philip T. Hoffman 和 Kathryn Norberg 编，《财政危机、自由与代议政府》，282 页。

12. 有关西班牙军队组织的概述，参见 Geoffrey Parker，《佛兰德斯军队与西班牙的道路，1567—1598 年：低地国家战争中西班牙胜败的后勤》(*The Army of Flanders and the Spanish Road,1567-1598: The Logistics of Spanish Victory and Defeat in the Low Countries' Wars*)（伦敦：剑桥大学出版社，1972 年），21—41 页。

13. 许田波是对欧洲和中国的国家建设作出明确比较的少数学者之一。她指出，这种差异是欧洲方法的主要弱点（许田波，《古代中国和早期现代欧洲的战争与国家形成》，32 页和 36 页）。她还重复提到，欧洲人未能做到中国所实施的"自强"，但没有解释欧洲统治者为何不做。

14. 这个关联确实存在，但尚不能完全预测国家建设。此时很多欧洲国家都感受到动员的需要，虽然不一定对应他们所面临的客观威胁。在 16 世纪，西班牙国王面对的是王朝继承权的威胁，而不是来自新兴荷兰联合省的生存威胁。这并没有阻止他试图迫使荷兰就范，却根本无效，反而使自己的王国破产。相比之下，波兰和匈牙利确实面临来自强大邻国的生存威胁，却没能在军备上作出妥善的投资。

第23章　寻租者

1. Philip T. Hoffman，《早期现代的法国，1450—1700 年》，276 页。

2. 有关概述，参见 Koenraad W. Swart，《17 世纪的公职出售》。

3. Thomas Ertman，《利维坦的诞生》，98—99 页。

4. Philip T. Hoffman，《早期现代的法国，1450—1700 年》，230 页；Richard Bonney，《国王的债务：法国的财政和政治（1589—1661 年）》(*The King's Debts: Finance and Politics in France 1589-1661*)（纽约：牛津大学出版社，1981 年），15—16 页。

5. 14 世纪举行了大型人口普查 "L'état des paroisses et des feux de 1328"（1328 年国家的教区和炊囊）。

521

6. Richard Bonney,《收入》(Revenue)，载 Philip T. Hoffman 和 Kathryn Norberg 编，《财政危机、自由与代议政府》，434 页。这个问题在当代发展中国家中是相当普遍的，参见哥伦比亚政府在土地清查和财产评估上的努力，Albert O. Hirschman,《迈向进步的旅程：拉丁美洲经济决策研究》(*Journeys Toward Progress: Studies of Economic Policy-Making in Latin America*) (纽约：20 世纪基金会，1963 年)，95—158 页。

7. Philip T. Hoffman,《早期现代的法国，1450—1700 年》，231—232 页。

8. Thomas Ertman,《利维坦的诞生》，72—73 页。

9. Philip T. Hoffman,《早期现代的法国，1450—1700 年》，229 页。

10. Richard Bonney,《国王的债务》，55 页。

11. 旧法律规定，如果官员将公职转给他人，自己又在四十天内去世，该公职必须回归国王。Charles Paulet 所想出的新法律规定，他们只要缴纳一笔小额年费，就可得到豁免，该年费便被称为官职税 (Paulette)。Philip T. Hoffman,《早期现代的法国，1450—1700 年》，243—244 页。

12. Koenraad W.Swart,《17 世纪的公职出售》，15 页。

13. Richard Bonney,《国王的债务》，7 页，12 页。

14. 参见 Richard Bonney,《收入》，载 Richard Bonney 编,《经济制度和国家财政》,424—425 页；Richard Bonney,《国王的债务》，14 页。

15. Richard Bonney,《国王的债务》，14—15 页。

16. Richard 和 Bonney,《黎塞留和马扎然治下的法国政治变化，1624—1661 年》(*Political Change in France Under Richelieu and Mazarin, 1624-1661*) (纽约：牛津大学出版社，1978 年)，434 页。

17. Richard Bonney,《收入》，载 Richard Bonney 编,《经济制度与国家财政》，436 页。

18. 托克维尔,《旧制度与大革命》，120—121 页。

19. Richard Bonney,《黎塞留和马扎然治下的法国政治变化，1624—1661 年》，32—33 页。

20. Philip T. Hoffman,《早期现代的法国，1450—1700 年》，228 页和 280 页；Richard Bonney,《黎塞留和马扎然治下的法国政治变化，1624—1661 年》，239—240 页。

21. Richard Bonney,《黎塞留和马扎然治下的法国政治变化，1624—1661 年》，52—56 页。

22. François Furet,《革命的法国，1770—1880 年》(*Revolutionary France, 1770-1880*) (马萨诸塞州摩顿市：布莱克维尔出版社，1992 年)，6 页。

23. Richard Bonney,《黎塞留和马扎然治下的法国政治变化，1624—1661 年》，71—74 页；托克维尔,《旧制度与大革命》，122—124 页。

24. Hilton Root,《勃艮第的农民与国王：法国专制主义的农业基础》，49 页。

25. 托克维尔,《旧制度与大革命》，124—125 页。

26. 同上，129 页。

27. Richard Bonney,《黎塞留和马扎然治下的法国政治变化，1624—1661 年》，441—442 页。

28. Kathryn Norberg,《法国 1788 年的财政危机与 1789 年大革命的财政起源》(The French Fiscal Crisis of 1788 and the Financial Origins of the Revolution of 1789)，载 Philip T. Hoffman 和 Kathryn Norberg 编,《财政危机、自由与代议政府》，277 页。

29. 同上，277—279 页。

30. François Furet,《革命的法国，1770—1880 年》，17—18 页。

31. Thomas Ertman,《利维坦的诞生》，143—144 页。

32. François Furet,《革命的法国，1770—1880 年》，25—26 页。

33. Thomas Ertman,《利维坦的诞生》，224 页，237—238 页。

34. 托克维尔,《旧制度与大革命》，154—155 页。

35. 同上，157 页，164 页。

36. 同上，158—163 页。

第24章　家族化跨越大西洋

1. 在 2009 年，上中等收入是年度人均收入在 3 856 美元和 11 905 美元之间。属于这一级别的拉丁美洲和加勒比海的国家包括：阿根廷、巴西、智利、哥伦比亚、哥斯达黎加、多米尼加共和国、格林纳达、牙买加、墨西哥、巴拿马、秘鲁、乌拉圭、委内瑞拉。来源：世界银行网站。

2. 参见 James Robinson，Adam Przeworski 和 Jorge Dominguez 写的章节，载弗朗西斯·福山编,《愈加落后：解释美国和拉丁美洲之间的发展差距》(*Falling Behind: Explaining the Development Gap Between the United States and Latin America*) (纽约：牛津大学出版社，2008 年)。

3. 不管是第三波民主化的开始之前，还是之后，拉丁美洲都比东亚更为民主。参见弗朗西斯·福山和 Sanjay Marwah,《比较东亚和拉丁美洲：发展的各方面》(Comparing East Asia and Latin America: Dimensions of Development)，载《民主杂志》第 11 卷，第 4 期 (2000 年)：80—94 页。

4. 有关拉丁美洲不平等在 21 世纪的减少，参见 Luis Fehpe Lopez Calva 和 Nora Lustig 编,《拉丁美洲不平等的减少：十年进步？》(*Declining Inequality in Latin America: A Decade of Progress?*) (华盛顿特区：布鲁金斯研究所出版社，2010 年)。

5. 有关非正式领域的问题，参见 Hernando De Soto,《其他路径:第三世界的无形革命》(*The Other Path: The Invisible Revolution in the Third World*) (纽约：哈珀出版社，1989 年)；Santiago Levy,《好意图，坏结果：社会政策、非正式领域与墨西哥的经济增长》(*Good Intentions, Bad Outcomes: Social Policy, Informality, and Economic Growth in Mexico*) (华盛顿特区：布鲁金斯研究所出版社，2008 年)。

6. 例如 Albert O.Hirschman,《迈向进步的旅程:拉丁美洲经济决策的研究》中有关智利的章节，161—233 页。

7. "选举式威权"政权虽然通过选举来获得验证，但过程接受高度的操纵，并不允许真正公平的民主竞争。参见 Andreas Schedler,《操纵的菜单》(The Menu of Manipulation)，载《民主杂志》第 13 卷，第 2 期 (2002 年)：36—50 页。

8. 引自 Henry Kamen,《西班牙走向帝国的道路：世界强国的形成 1493—1763 年》(*Spain's Road to Empire: The Making of a World Power 1493-1763*) (伦敦：企鹅出版社，2003 年)，124 页。

9. Geoffrey Parker,《佛兰德斯军队与西班牙的道路》，118—131 页。

10. 同上，4—9 页。

11. I. A. A. Thompson,《卡斯提尔：政体、财政与财政危机》(Castile: Polity, Fiscality, and Fiscal Crisis)，载 Philip T. Hoffman 和 Kathryn Norberg 编,《财政危机、自由与代议政府》，141 页。

12. Thomas Ertman,《利维坦的诞生》，117 页。

13. 同上，116 页。

14. I. A. A. Thompson,《卡斯提尔：政体、财政与财政危机》，160 页。

15. 同上，161 页。

16. Alec R. Myers,《1789 年之前的欧洲议会和等级》(Parliaments and Estates in Europe to 1789) (纽约：Harcourt 出版社，1975 年)，59—65 页。

17. I. A. A. Thompson,《卡斯提尔：政体、财政与财政危机》，145—146 页。阿拉贡议会却不如此，它很强大，以自由的城镇为靠山。然而，西班牙从没在整个半岛搞过全国的议会。

18. 同上，183—184 页。

19. Thomas Ertman,《利维坦的诞生》，114—115 页。

20. Koenraad W. Swart,《17 世纪的公职出售》，23 页。

21. 有评论家说，"人们为何要……付数千枚金币 (ducat) 去买一个薪水仅两千至三千枚银币 (maravedi) 的议员公职 (regidor) ?" 同上，26 页。

22. Thomas Ertman,《利维坦的诞生》，118—119 页。

23. Henry Kamen,《西班牙走向帝国的道路》，28 页。

24. Geoffrey Parker,《佛兰德斯军队与西班牙的道路》，第 3 章。

25. Thomas Ertman,《利维坦的诞生》，120。

26. I. A. A. Thompson,《卡斯提尔：政体、财政与财政危机》，148—149 页。

27. J. H. Elliott,《大西洋世界的帝国：英国和西班牙在美洲，1492—1830 年》(Empires of the Atlantic World: Britain and Spain in America, 1492-1830) (纽黑文：耶鲁大学出版社，2006 年)，20 页。

28. 同上，40 页。

29. 同上，127 页。

30. Jared Diamond,《枪炮、病菌与钢铁：人类社会的命运》(Guns, Germs, and Steel: The Fates of Human Societies) (纽约：诺顿出版社，1997 年)，210—212 页。

31. Henry Kamen,《西班牙走向帝国的道路》，273 页。有关中美洲本土地主和拉丁语移民之间的冲突，以及西班牙政府试图保护前者，参见 David Browning,《萨尔瓦多：风景和社会》(El Salvador: Landscape and Society) (牛津：克拉伦登出版社，1971 年)，78—125 页。

32. J. H. Elliott,《大西洋世界的帝国：英国和西班牙在美洲，1492—1830 年》，169 页。

33. 同上，170 页。

34. 同上，175 页。

35. 它也使哲学家黑格尔信服，历史进程已达终点。

36. 参见 Hans Rosenberg,《官僚、贵族与独裁：普鲁士经验，1660—1815 年》(Bureaucracy, Aristocracy, and Autocracy: The Prussian Experience, 1660-1815) (马萨诸塞州剑桥：哈佛

523

大学出版社，1958 年）；Hans-Eberhard Mueller，《官僚、教育与垄断：普鲁士和英国的
文官制度改革》(*Bureaucracy, Education, and Monopoly: Civil Service Reforms in Prussia
and England*)（伯克利：加利福尼亚大学出版社，1984 年）。

第25章 易北河以东

1. Jerome Blum，《东欧农奴制的兴起》(*The Rise of Serfdom in Eastern Europe*)，载《美国
   历史学评论》第 62 期（1957 年）。

2. Jerome Blum，《从 15 世纪到 19 世纪的欧洲农民》(*The European Peasantry from the
   Fifteenth to the Nineteenth Century*)（华盛顿特区：历史教师服务中心，1960 年），12—13 页。

3. 同上，15—16 页。

4. 托克维尔，《旧制度与大革命》，第 2 册，第 8 章，第 12 章。

5. Richard Hellie，《莫斯科公国的农奴制和军事变化》(*Enserfment and Military Change in
   Muscovy*)（芝加哥：芝加哥大学出版社，1971 年），77—92 页。

6. Jerome Blum，《俄罗斯的领主与农民，从 9 世纪到 19 世纪》，370 页。

7. Henri Pirenne，《中世纪城市的起源与贸易复兴》，77—105 页。

8. 参见马克斯·韦伯，《城市》(*The City*)（伊利诺伊州格伦科：自由出版社，1958 年）。

9. Jenö Szücs，《欧洲三个历史性地区：大纲》，载 John Keane 编，《公民社会与国家：欧洲新视角》，
   310、313 页。

10. 参见 László Makkai，《匈牙利人史前史和他们对匈牙利的征服及对西方的袭击，截至 955
    年》(The Hungarians' Prehistory, Their Conquest of Hungary and Their Raids to the West
    to 955) 和《匈牙利基督教国家的基础，950—1196 年》(The Foundation of the Hungarian
    Christian State, 950-1196)，载 Peter F. Sugar 编，《匈牙利史》(*A History of Hungary*)（布
    卢明顿：印第安纳大学出版社，1990 年）。

11. László Makkai，《转变为西方式国家，1196—1301 年》(Transformation into a Western-
    type State, 1196-1301)，载 Peter F. Sugar 编，《匈牙利史》；Thomas Ertman，《利维坦的
    诞生》，271 页。

12. Denis Sinor，《匈牙利史》(*History of Hungary*)（纽约：Praeger 出版社，1959 年），62—63 页。

13. Janos M. Bak，《匈牙利中世纪和早期现代的政治、社会与国防》(Politics, Society and
    Defense in Medieval and Early Modern Hungary)，载 Janos M. Bak 和 Bela K. Kiraly 编，《从
    匈雅提到拉科奇：匈牙利中世纪和早期现代的战争与社会》(*From Hunyadi to Rakoczi：
    War and Society in Late Medieval and Early Modern Hungary*)（纽约州布鲁克林市：布鲁
    克林学院社会与变革项目，1982 年）。

14. 俄国的权力以沙皇和士绅之间的牢靠同盟为基础，而反对匈牙利国王的，除了男爵和教堂，
    还有士绅阶层。他也不像英国国王，没有强势的法庭或新兴的皇家官僚，作为自己权力
    的基础。Thomas Ertman，《利维坦的诞生》，272—273 页；László Makkai，《转变为西
    方式国家，1196—1301 年》，24—25 页。

15. Denis Sinor，《匈牙利史》，70—71 页。

16. 埃特曼（Thomas Ertman）认为，在 15 世纪奥斯曼帝国兴起之前，匈牙利没有面对严峻
    的地理政治压力。但考虑到路易斯一世（Louis I）和后续国王所投入的战争，这就不很

524

确定了。Thomas Ertman,《利维坦的诞生》，273—276 页。

17. Pal Enge,《安茹王朝时代,1301—1382 年》(The Age of the Angevins,1301-1382),载 Peter F. Sugar 编,《匈牙利史》，43—44 页。

18. C. A. Macartney,《匈牙利简史》(Hungary: A Short History)（芝加哥：Aldine 出版社, 1962 年），46—47 页。

19. Janos Bak,《中世纪晚期,1382—1526 年》(The Late Medieval Period, 1382-1526),载 Peter F. Sugar 编,《匈牙利史》，54—55 页。

20. 有关匈牙利议会的建制化，参见 György Bonis,《匈牙利联邦议会，13—18 世纪》(The Hungarian Federal Diet, 13th-18th Centuries),载 Recueils de la société Jean Bodin 第 25 卷 (1965 年)：283—296 页。

21. Martyn Rady,《匈牙利中世纪的贵族、土地与服役》(Nobility, Land and Service in Medieval Hungary)（纽约：麦克米伦出版社，2001 年），159 页。

22. Pal Enge,《圣斯蒂芬的国土：匈牙利中世纪史，895—1526 年》(The Realm of St. Stephen: A History of Medieval Hungary, 895-1526)（伦敦：I. B. Tauris 出版社，2001 年），278 页。

23. Janos Bak,《中世纪晚期，1382—1526 年》，65 页。

24. 有关匈雅提的兴起，参见 Pal Enge,《圣斯蒂芬的国土》，288—305 页。

25. Thomas Ertman,《利维坦的诞生》，288 页。

26. Janos Bak,《中世纪晚期，1382—1526 年》，71—74 页。

27. László Makkai,《转变为西方式国家，1196—1301 年》，32—33 页。

28. Jerome Blum,《东欧农奴制的兴起》。   525

29. Janos Bak,《中世纪晚期，1382—1526 年》，78—79 页。

30. William H. McNeil,《欧洲的大草原边境，1500—1800 年》，34 页。

第26章　更完美的专制主义

1. 参见 Andreas Schedler,《选举式威权主义：不公平竞争的动态》(Electoral Authoritarianism: The Dynamics of Unfree Competition)（科罗拉多州博尔德市：Lynne Rienner 出版社，2006 年）。

2. 这些排名来自 2008 年的腐败感受指数，参见：http://transparency.org/policy_research/ surveys_indices/cpi。

3. Nicholas V. Riasanovsky,《俄罗斯史》(A History of Russia)（纽约：牛津大学出版社,1963 年），79 页。

4. Marquis de Custine,《1839 年的俄罗斯》(La Russie en 1893)（巴黎：Amyot 出版社,1843 年）。

5. 在蒙古本土，成吉思汗今天仍被敬作国家英雄。甚至在俄罗斯，对自己真正根源的搜索，也给蒙古时期涂上比较鲜艳的色彩。例如 Jack Weatherford,《成吉思汗和现代世界的塑造》(Genghis Khan and the Making of the Modern World)（纽约：皇冠出版社，2004 年）。

6. 有关简易的裁决，参见 Nicholas V. Riasanovsky,《俄罗斯史》，78—83 页。

7. 同上，116 页；Sergei Fedorovich Platonov，《俄罗斯史》（*History of Russia*）（布卢明顿：印第安纳大学出版部，1964 年），101—124 页。

8. 参见 Richard Hellie，《莫斯科公国的农奴制与军事变革》，第 2 章；John P. LeDonne，《专制主义和执政阶级：俄国政治秩序的形成，1700—1825 年》（*Absolutism and Ruling Class: The Formation of the Russian Political Order 1700-1825*）（纽约：牛津大学出版社，1991 年），6 页；Jerome Blum，《俄罗斯的领主与农民，从 9 世纪到 19 世纪》，170—171 页。

9. 和往常一样，很多苏联历史学家采用广泛经济定义的封建主义，主张它的存在上至基辅时期下至 19 世纪晚期。如用马克·布洛赫对封建主义的定义，既有类似，又有明显差异。"俄罗斯的社会形式经常像是低层次的，与西方模式相比，至少是更为简单和更为粗糙的版本。" Nicholas V. Riasanovsky，《俄罗斯史》，127—128 页。

10. 同上，164 页。

11. 同上，257 页。

12. Jerome Blum，《俄罗斯的领主与农民，从 9 世纪到 19 世纪》，144—146 页。

13. Nicholas V. Riasanovsky，《俄罗斯史》，164—170 页。英国旅客 Giles Fletcher 在伊凡四世死后访问莫斯科，该"政策和暴政（尽管现已停止）如此扰乱那个国家，使之始终充满怨怼和刻骨仇恨，以至不会自行熄灭（现在似乎如此），直到再次燃起国内的熊熊大火"。引自 Sergei Fedorovich Platonov，《动乱时期：16 世纪和 17 世纪莫斯科公国内部危机和社会斗争的历史研究》（*The Time of Troubles: A Historical Study of the Internal Crises and Social Struggle in 16th-and 17th-Century Muscovy*）（劳伦斯：堪萨斯大学出版社，1970 年），25 页。

14. 导演谢尔盖·爱森斯坦（Sergei Eisenstein）在《伊凡雷帝》电影中作出这一联想，斯大林自己也有同一联想。感谢 Donna Orwin 指出这一点。

15. Nicholas V. Riasanovsky，《俄罗斯史》，88—93 页；Sergei Fedorovich Platonov，《俄罗斯史》，62—63 页。

16. Nicholas V. Riasanovsky，《俄罗斯史》，209—210 页。

17. Fedorovich Platonov，《俄罗斯史》，100—101 页。

18. 同上，132 页。

19. John P. LeDonne，《专制主义和执政阶级》，64 页。

20. Nicholas V. Riasanovsky，《俄罗斯史》，212—213 页。

21. "1822 年对若干省份的调研显示，军队的内部结构已被移植到省行政机构。元帅、法官、警长、治安官代表第一线（stroi），文官财务长和会计代表非战斗人员（nestroevoi）。" John P. LeDonne，《专制主义和执政阶级》，19 页。

22. Jerome Blum，《旧秩序在欧洲乡村的终止》，202—203 页。

23. Nicholas V. Riasanovsky，《俄罗斯史》，205—206 页。

24. Jerome Blum，《旧秩序在欧洲乡村的终止》，247—268 页。

25. John P. LeDonne，《专制主义和执政阶级》，6 页。

26. Nicholas V. Riasanovsky，《俄罗斯史》，256—258 页。

27. Jerome Blum，《旧秩序在欧洲乡村的终止》，203 页。

28. John P. LeDonne，《专制主义和执政阶级》，20 页。

第27章 征税和代表权

1. 参见 Alan MacFarlane，《英国个人主义的起源》；Wilfred L. Warren，《诺曼和安茹的英国统治，1086—1272 年》，1—9 页；Richard Hodges，《盎格鲁-萨克逊的成就：考古学和英国社会的起源》（*The Anglo-Saxon Achievement: Archaeology and the Beginnings of English Society*）（绮色佳：康乃尔大学出版社，1989 年），186—202 页。

2. 感谢 Jørgen Møller 帮助指出这一点。

3. Frederic W. Maitland，《英国宪政史》（*The Constitutional History of England*）（剑桥：剑桥大学出版社，1961 年），40 页。

4. 同上，42 页。

5. Thomas Ertman，《利维坦的诞生》，43 页。

6. Frederic W. Maitland，《英国宪政史》，43 页。

7. 同上，46 页。

8. 同上，49—50 页。

9. Yoram Barzel 提出英国产权的不同起源。他认为，英国国王一开始只是绝对独裁者，随着时间的推移，他省悟到，如果通过独立执法的第三方来树立国家信誉，可使自己的收入最大化。这就是信奉理性选择的经济学家的例子。他们无视实际的历史事实，只是将基于现代行为的假设，投射到过去。Yoram Barzel，《产权和国家的演变》（Property Rights and the Evolution of the State），载《统治经济学》（*Economics of Governance*）第 1 期（2000年）：25—51 页。

10. David Harris Sacks，《征税的悖论》，载 Philip T. Hoffman 和 Kathryn Norberg 编，《财政危机、自由与代议政府》，16 页。

11. Frederic W. Maitland，《英国宪政史》，262—263 页。

12. 同上，269 页。

13. 例如 Christopher Hifi，《清教主义与革命：17 世纪英国革命的解释》（*Puritanism and Revolution: Studies in Interpretation of the English Revolution of the Seventeenth Century*）（纽约：Schocken 出版社，1958 年）；Lawrence Stone，《英国革命的原因，1529—1642 年》（*The Causes of the English Revolution, 1529-1642*）（纽约：Harper 出版社，1972 年）。

14. G. E. Aylmer，《反抗或革命？1640—1660 年的英国》（*Rebellion or Revolution? England, 1640-1660*）（纽约：牛津大学出版社，1986 年），28—32 页。

15. 马克斯·韦伯，《城市》；Henri Pirenne，《中世纪城市的起源与贸易复兴》。

16. 马克思在《共产党宣言》中说："资产阶级这样每发展一步，都伴随有相应的政治上的成就。它在封建主统治时期是被压迫的等级，在公社里面是武装的和自治的团体，在一些地方组成独立的城市共和国，在另一些地方组成君主国中的纳税的第三等级；后来，在工场手工业时期，它是等级制君主国或专制君主国中同贵族抗衡的势力，而且是大君主国的主要基础；最后，从大工业和世界市场确立的时候起，它在现代的代议制国家里夺得了独占的政治统治权。现代的国家政权不过是管理整个资产阶级的共同事务的委员会罢了。"对马克思来说，政治权力只是该阶级经济力量的结果，而不是原因。

17. 亚当·斯密，《国富论》（*An Inquiry into the Nature and Causes of the Wealth of Nations*）（印第安纳波利斯：自由经典作品出版社，1981 年），第 3 卷，第 1 章。

527

18. 同上，第 3 卷，第 2 章。

19. 同上，第 3 卷，第 3 章。

20. 同上，第 3 卷，第 5 章。

21. Thomas Ertman，《利维坦的诞生》，176—177 页。

22. G. E. Aylmer，《反抗或革命？ 1640—1660 年的英国》，5—6 页。

23. Joel Hurstfield，《英国在伊丽莎白女王时的自由、腐败与政府》(*Freedom, Corruption and Government in Elizabethan England*)（马萨诸塞州剑桥：哈佛大学出版社，1973 年），137—162 页。

24. Thomas Ertman，《利维坦的诞生》，184 页。

25. 就像所有其他的战争，对峙双方的时来运转往往取决于意外事故，牵涉到个人的英勇事迹、错误判断、怯懦、无能。该战争可与几乎同期发生的法国投石党起义互作比较，后者对峙双方是路易十四和法国高等法院的拥护者。法国君主政体赢得了斗争，而英国的却输了。由于军事结果的偶然性，很容易想象它们的反面。法国会采用议会政府吗？ 英国君主政体会巩固专制国家吗？

　　即便知道，事后看来是不可避免的事件当初却是意外事件，我们仍有理由相信，如果议会败于内战，也不会导致英国代议政府的终止。内战中，议会派更为凝聚。其比投石党代表远广泛得多的英国社会。事实上，投石党起义本身分为两段，即高等法院拥护者的投石党和贵族的投石党。从一开始，两派就没有投入行之有效的合作。法国的高等法院拥护者是争吵不断的个人，试图保护自己家庭的特权，丝毫没有英国议会人士的集团意识和内部纪律。此外，奥立弗·克伦威尔死后不久，护国公政府在 1660 年分崩离析，议会派实际上已被打败。但复辟后的君主政体仅持续十八年，在光荣革命中又遭推翻。这表明，英国政治制度的演变并不取决于战争的运气。 528

26. G. E. Aylmer，《皇冠的仆人：查理二世治下的政府和文官，1660—1685 年》(*The Crown's Servants: Government and Civil Service Under Charles Ⅱ ,1660-1685*)（纽约：牛津大学出版社，2002 年），213—219 页。

27. Thomas Ertman，《利维坦的诞生》，196—197 页。

28. 亨廷顿，《第三波：20 世纪晚期的民主化》，65 页。

29. 该危机的宗教因素很复杂。这段时期，英国的基本分歧不在新教徒和天主教之间，而在国教高层派——以内战前的大主教劳德为代表——和异见新教徒之间，包括公理会和贵格会的信徒。后者经常怀疑，前者同情天主教的做法和利益。复辟之后，异见者的权利受到限制。两个团体之间的平衡，随着加尔文派的威廉即位，又有所变动。国教高层派变弱，异见者的地位获得加强。威廉当初寻求英国王位，其动机之一就是终止反对荷兰的英法同盟的可能。

30. 参见 John Miller，《光荣革命》(*The Glorious Revolution*) 第 2 版（纽约：朗文出版社，1997）；Eveline Cruickshanks，《光荣革命》(*The Glorious Revolution*)（纽约：圣马丁出版社，2000 年）。

31. 1683 年后，洛克流亡荷兰，到 1689 年与奥兰治的威廉之妻一起返回英国。他的两篇论文出版于 1689 年晚期，其创作可能更早。

32. David Harris Sacks，《征税的悖论》，33 页。

33. 同上，34—35 页。

34. 道格拉斯·诺斯和巴里·温加斯特认为，光荣革命解决了政府问题，它设立机构性的制度，有效承诺牢靠的产权，如打退堂鼓，任何一方都不会得利。诺斯和温加斯特，《宪法与承诺：17 世纪英国公共选择制度的演变》(Constitutions and Commitment: The Evolution of Institutions Governing Public Choice in Seventeenth Century England)，载《经济史杂志》(*Journal of Economic History*) 第 49 卷，第 4 期 (1989 年)，803—832 页。诺斯和温加斯特引用大量统计数字，为了证明光荣革命对经济增长有积极帮助，但实际上只是公债的增长。他们将经济增长直接追踪到宪政和解的实证证据，尚嫌不足。

35. 我已提及曼瑟尔·奥尔森的"坐寇"理论，在传统社会中寻求尽可能多的税收，直到得不偿失。奥尔森进一步认为，光荣革命和民主出现之后，税率应该降低，因为对人口总体负责的统治者会受限制，无法征收高额的税赋。奥尔森，《专政、民主与发展》。

36. 该数字引自 Thomas Ertman，《利维坦的诞生》，220 页。另请参阅 John Brewer，《权力的支柱：战争、金钱与英国国家，1688—1783 年》(*The Sinews of Power: War, Money, and the English State*) (马萨诸塞州剑桥：哈佛大学出版社，1990 年)。

37. 诺斯和温加斯特认为，1688—1689 年的宪政和解锁定了牢靠的产权，因为它创造了一个平衡，双方——国王和议会——如要偏离，只会严重损害自身的利益。支撑它的持久，与其说是和解的形式，倒不如说是签约双方的相对力量和凝聚性。任何国家都可采用英国式宪政，将征税和立法的权力授予议会，让它与行政长官分享大权。但这并不能阻止野心勃勃的统治者，事后违反协议，侵占公民的产权。使英国和解经久不衰的是平民团结，并有强大国家来平衡之。如上所述，该团结得归功于更早的先例，像地方政府、社会结构和法律。 529

38. 亚历山大·科耶夫，James H. Nichols Jr. 译，《黑格尔导读》(*Introduction to the Reading of Hegel*)，(纽约：基础读物出版社，1969 年)。

39. 参见 Walter Russell Mead，《上帝和黄金：英国、美国与现代世界的创建》(*God and Gold: Britain, America, and the Making of the Modern World*) (纽约：Knopf 出版社，2007 年)；Michael Mandelbaum，《征服世界的思想：21 世纪的和平、民主和自由市场》(*The Ideas That Conquered the World: Peace, Democracy, and Free Markets in the Twenty-First Century*) (纽约：公共事务出版社，2002 年)。

第28章 负责制或专制主义？

1. 广泛政治参与所激起的国家整体感，反映在大宪章和金玺诏书的对照之中。促成金玺诏书的，不是男爵，而是皇家和城堡要塞的军人。他们想要国王来保护自己免遭男爵的掌控。英国男爵宣称代表国家整体，包括教会和普通百姓，索求保护他们权利的宪法保障。相比之下，促成金玺诏书的匈牙利贵族，主要是想保护自己阶层的利益。像法国和俄国的贵族，他们懂得自由只是特权，而不是公民的普遍权利。他们把自己照顾好，在保护他人权利方面便兴趣索然。David Harris Sacks，《征税的悖论》，15 页。

2. 有关这段时期，参见 Ronald Hutton，《复辟：英格兰、威尔士的政治与宗教史，1658—1667 年》(*The Restoration: A Political and Religious History of England and Wales, 1658-1667*) (纽约：牛津大学出版社，1985 年)。

3. 参见 Gert 和 Gunnar Svendsen，《社会资本和福利国家》(Social Capital and the Welfare State)，载 Michael Boss 编，《转变中的民族国家》(*The Nation-State in Transformation*) (丹麦奥胡斯 [Aarhus]：奥胡斯大学出版社，2010 年)。

4. Kenneth E. Miller，《丹麦的政府与政治》(*Government and Politics in Denmark*) (波士顿：

Houghton Muffin 出版社，1968 年），23 页。

5. 有关邻国瑞典的中世纪农民经济，参见 Eli F. Heckscher,《瑞典经济史》(*An Economic History of Sweden*)（马萨诸塞州剑桥：哈佛大学出版社，1954 年），25—29 页。

6. Thomas K. Derry,《斯堪的纳维亚史：挪威、瑞典、丹麦、芬兰、冰岛》(*A History of Scandinavia: Norway, Sweden, Denmark, Finland and Iceland*)（明尼阿波利斯：明尼苏达大学出版社，1979 年），90—91 页。

7. 参见 Richard Bonney,《收入》，452 页。

8. Ove Korsgaard,《为人民的斗争：丹麦五百年简史》(*The Struggle for the People: Five Hundred Years of Danish History in Short*)（哥本哈根：丹麦教育学院出版社（Danish School of Education Press），2008 年），21—26 页。

9. Kenneth E. Miller,《丹麦的政府与政治》，26 页；Nils Andren,《北欧国家的政府与政治》(*Government and Politics in the Nordic Countries*)（斯德哥尔摩：Almqvist and Wiksell 出版社，1964 年），29 页。

10. Uffe Østergård,《强大的小国丹麦：丹麦现代性的农民之根》(Denmark: A Big Small State: The Peasant Roots of Danish Modernity)，载 John Campbell, John A. Hall 和 Ove K. Pedersen 编，《国民身份与资本主义变种：丹麦经验》(*National Identity and the Varieties of Capitalism: The Danish Experience*)（安大略省金斯顿：麦吉尔大学与皇后大学联合出版社，2006 年）。

11. Harald Westergaard,《丹麦的经济发展：世界大战之前和之间》(*Economic Development in Denmark: Before and During the World War*)（牛津：克拉伦登出版社，1922 年），5—6 页。

12. Uffe Østergård,《强大的小国丹麦：丹麦现代性的农民之根》，76—81 页；Ove Korsgaard,《为人民的斗争：丹麦五百年简史》，61—65 页。

第29章 政治发展和政治衰败

1. 关于这一点，参见 John J. DiIullio, Jr. 对理性选择理论的评论，《坚持原则的代理人：联邦官僚机构中行为的文化基础》(Principled Agents: The Cultural Bases of Behavior in a Federal Government Bureaucracy)，载《公共管理研究与理论杂志》(*Journal of Public Administration Research and Theory*) 第 4 卷，第 3 期（1994 年）：277—320 页。

2. Robert Frank,《选择正确的池塘；追求奢侈》(*Choosing the Right Pond; and Luxury Fever*)（纽约：自由出版社，1999 年）。

3. 道格拉斯·诺斯,《经济史上的结构与变化》，45—58 页；道格拉斯·诺斯和 Arthur Denzau,《分享的心智模型：意识形态与制度》(Shared Mental Models: Ideologies and Institutions)，载《循环》(*Kyklos*) 第 47 卷，第 1 期（1994 年）：3—31 页。

4. 哈耶克可能比其他任何社会学家更为清楚，社会科学之所以不同于自然科学，原因就是它的复杂性，使之不能成为在预测能力中接近物理学或化学的确定科学。参见 Bruce Caldwell,《哈耶克的挑战：哈耶克评传》(*Hayek's Challenge: An Intellectual Biography of F. A. Hayek*)（芝加哥：芝加哥大学出版社，2004 年）。

5. 例如理查德·道金斯,《上帝的幻觉》；Christopher Hitchens,《上帝不伟大：宗教如何毒害一切》。

6. Nicholas Wade，《信仰本能：宗教的演变与持续》，43—45 页。

7. 对社会人类学中的宗教发展作经典分析的是 James G. Frazer，《金枝：巫术和宗教的研究》(The Golden Bough: A Study in Magic and Religion)（纽约：牛津大学出版社，1998 年）。

8. 例如道格拉斯·诺斯，《经济史上的结构与变化》，44 页。

9. 哈耶克，《法律、立法与自由》，第 1 卷，9—11 页。

10. 哈耶克，《知识在社会中的使用》。

11. 这一点也被 Armen A. Aichian 提及，《不确定性、进化和经济理论》(Uncertainty, Evolution, and Economic Theory)，载《政治经济学杂志》(Journal of Political Economy) 第 58 期（1950 年）：211—221 页。

12. 塞缪尔·亨廷顿，《变化社会中的政治秩序》，123 页。

13. Steven Gould 和 Richard Lewontin，《圣马可和潘葛洛斯范例的拱肩：对适应主义方案的批评》(The Spandrels of San Marco and the Panglossian Program: A Critique of the Adaptationist Programme)，载《伦敦皇家学会论文集》205 号（Proceedings of the Royal Society of London 205）（1979 年）：581—598 页。

14. Oscar Handlin 和 Mary Handlin，《美国商业公司的起源》(Origins of the American Business Corporation)，载《经济史杂志》第 5 卷，第 1 期（1945 年）：1—23 页。

15. 亨廷顿，《变化社会中的政治秩序》，12 页。新制度经济学的创始人道格拉斯·诺斯，将制度定义为"塑造人们互动的人为约束"，包括正式和非正式的规则。他的制度（institution）不同于体现特定人群规则的组织（organization）。问题在于，诺斯对制度的定义太广泛。它所包括的，上自美国宪法，下至我选择熟橙的习惯。最重要的是它忽略了，传统上正式制度和非正式规范之间的重大差别，前者如宪法和法律制度，后者属于文化领域。就正式制度和非正式制度的相对重要性而言，社会学理论界发生很多重大的辩论。但对诺斯和其追随者来说，它们都是"制度"。此外，他并不提供测试制度化程度的标准，像复杂性、适应性、自治和凝聚力。诺斯，《制度、制度变化与经济表现》(Institutions, Institutional Change, and Economic Performance)（纽约：剑桥大学出版社，1990 年），3 页。

16. 亨廷顿，《变化社会中的政治秩序》，12—24 页。

17. 在现代组织中，日本财政部是个精英团体，只从日本最有名望的大学招募新式官员。该部对如何管理日本经济有自己的见解，不单是服从命令，有时甚至操纵它的政治上级，经常被视作自主机构的范例。参见 Peter B. Evans，《嵌入式自主：国家与工业转型》(Embedded Autonomy: States and Industrial Transformation)（普林斯顿：普林斯顿大学出版社，1995 年）。

18. Leon Festinger，《认知失调理论》(A Theory of Cognitive Dissonance)（加利福尼亚州斯坦福：斯坦福大学出版社，1962 年）。另请参阅 Carol Tavris，《错不在我：为什么我们要为愚蠢信念、糟糕决定和有害行动辩解》(Mistakes Were Made (But Not by Me): Why We Justify Foolish Beliefs, Bad Decisions, and Hurtful Acts)（纽约：Mariner Books 出版社，2008 年）。

19. 这是奥尔森有关 20 世纪英国的论点，《国家的兴衰》(The Rise and Decline of Nations)（纽黑文：耶鲁大学出版社，1982 年）。该书基于他在《集体行动的逻辑》中所简述的集体行动的普遍理论写成。

20. 与斯蒂芬·勒布朗的私人对话。

531

21. 例如罗伯特·贝茨,《繁荣与暴力》;罗伯特·贝茨, Avner Greif 和 Smita Singh,《组织暴力》; 诺斯,温加斯特和沃利斯,《暴力与社会秩序:解释人类信史的概念架构》。

第30章 政治发展的过去和现在

1. 有关背景资料,参见 Nils Gilman,《未来的文官:美国冷战时期的现代化理论》(*Mandarins of the Future: Modernization Theory in Cold War America*)(巴尔的摩:约翰斯·霍普金斯大学出版社,2003 年),第 1 章。另请参阅 Vernon Ruttan,《政治发展发生了什么? 》 (What Happened to Political Development?),载《经济发展与文化变迁》(*Economic Development and Cultural Change*) 第 39 卷,第 2 期(1991 年):265—292 页。

2. 例 如 David C. McClelland,《 成 就 社 会 》(*The Achieving Society*)(普 林 斯 顿 :Van Nostrand 出版社,1961 年);塔尔科特·帕森斯(Talcott Parsons)和爱德华·希尔斯(Edward A. Shils) 编,《走向普遍的行动理论》(*Toward a General Theory of Action*)(马萨诸塞州剑桥: 哈佛大学出版社,1951 年)。

3. 该论点的最新版本由亨廷顿的学生法里德·扎卡里亚(Fareed Zakaria)提出,除了国家建设, 他还强调法治作为政治秩序的组件。参见《自由的未来:美国内外的不自由民主》(*The Future of Freedom: Illiberal Democracy at Home and Abroad*)(纽约:诺顿出版社,2003 年)。

4. 参见 Angus Maddison,《世界经济的增长和互动:现代化的根源》,12—30 页。Gregory Clark 认为,从狩猎采集时期到 1800 年看不到生产力的增长。但这难以置信。Gregory Clark,《告别救济》(*A Farewell to Alms*)。 532

5. Massimo Livi-Bacci,《世界人口简史》。

6. Angus Maddison,《世界经济的增长和互动:现代化的根源》,9 页。

7. 例 如 David S. Landes,《松绑的普罗米修斯:技术变化和工业发展》(*The Unbound Prometheus: Technological Change and Industrial Development*)(纽约:剑桥大学出版社, 1969 年);David S. Landes,《国富国穷》(*The Wealth and Poverty of Nations: Why Some Are So Rich and Some So Poor*)(纽约:诺顿出版社,1998 年);Nathan Rosenberg 和 L. E. Birdzell,《西方如何变富》(*How the West Grew Rich*)(纽约:基础读物出版社,1986 年); 道格拉斯·诺斯和 Robert P. Thomas,《西方世界的增长》(*The Growth of the Western World*)(纽约:剑桥大学出版社,1973 年);Philippe Aghion 和 Steven N. Durlauf 编,《经济增长手册》(*Handbook of Economic Growth*)第 1 卷(阿姆斯特丹:Elsevier North Holland 出版社,2005 年),尤其参见 Oded Galor 的章节:《从停滞到增长:统一增长理论》 (From Stagnation to Growth: Unified Growth Theory);Oded Galor 和 David N. Weil,《人口、技术与增长:从马尔萨斯式停滞到人口统计学过渡及更远》(Population, Technology, and Growth: From Malthusian Stagnation to the Demographic Transition and Beyond),载《美国经济学评论》第 90 卷(2000 年):806—828 页。

8. Massimo Livi-Bacci,《人口和营养:欧洲人口统计史论文》(*Population and Nutrition: An Essay on European Demographic History*)(纽约:剑桥大学出版社,1991 年),12 页。

9. Massimo Livi-Bacci,《世界人口简史》,28 页。

10. 参见 Alan Macfarlane,《马尔萨斯式陷阱》(The Malthusian Trap),载 William A. Darrity Jr. 编,《国际社会科学百科全书》(*International Encyclopedia of the Social Sciences*)第 2 版(纽约:麦克米伦出版社,2007 年)。

11. Ester Boserup,《人口与技术变化》, 63—65 页。另请参阅 Ester Boserup,《发展中经济和人口统计的关系》(*Economic and Demographic Relationships in Development*)(巴尔的摩：约翰斯·霍普金斯大学出版社, 1990 年)。

12. Massimo Livi-Bacci,《人口和营养：欧洲人口统计史论文》, 119 页。

13. Massimo Livi-Bacci,《世界人口简史》, 36 页。

14. 参见 Marcus Noland 和 Stephan Haggard 的《朝鲜的饥荒：市场、援助与改革》(*Famine in North Korea: Markets, Aid, and Reform*)(纽约：哥伦比亚大学出版社, 2007 年)。

15. 这是 Jared Diamond 的主题,《崩溃：社会如何选择失败或成功》(*Collapse: How Societies Choose to Fail or Succeed*)(纽约：维京人出版社, 2005 年)。

16. Massimo Livi-Bacci,《世界人口简史》, 31 页；Angus Maddison,《世界经济的增长和互动：现代化的根源》, 7 页。

17. Massimo Livi-Bacci,《世界人口简史》, 31 页。

18. Massimo Livi-Bacci,《人口和营养：欧洲人口统计史论文》, 20 页；Jared Diamond,《枪炮、病菌与钢铁：人类社会的命运》；《人口与技术变化》, 35—36 页。

19. Steven LeBlanc 和 Katherine E. Register,《持续的战斗：高尚野蛮人的传说》, 68—71 页。

20. 参见 Paul Collier,《最底层的十亿人：为什么最贫穷的国家走向失败以及我们能为此做些什么》(*The Bottom Billion: Why the Poorest Countries Are Failing and What Can Be Done About It*)(纽约：牛津大学出版社, 2007 年)。

21. Stephen Knack 和 Philip Keefer,《制度与经济表现：应用另类标准的全国测试》；Dani Rodrik 和 Arvind Subramanian,《制度的首要性（这究竟意味什么）》(The Primacy of Institutions [and what this does and does not mean]), 载《财政与发展》(*Finance and Development*) 第 40 卷, 第 2 期 (2003 年)：31—34 页；Daniel Kaufmann, Aart Kraay 和 Massimo Mastruzzi,《治理很重要》第 4 卷：《1996—2004 年的治理指标》。

22. Jeffrey Sachs,《终止贫穷：我们时代的经济可行性》(*The End of Poverty: Economic Possibilities for Our Time*)(纽约：企鹅出版社, 2005 年)。

23. 参见 Melissa Thomas,《高度期望：富有的捐赠者与穷国政府》(Great Expectations: Rich Donors and Poor Country Governments), 载《社会科学研究网工作论文》(Social Science Research Network working paper), 2009 年 1 月 27 日。

24. Stephen Haber, Noel Maurer 和 Armando Razo,《产权的政治学》(*The Politics of Property Rights*)(纽约：剑桥大学出版社, 2003 年)；Mushtaq H. Khan 和 Jomo Kwame Sundaram 编,《租金、寻租与经济发展：亚洲的理论和证据》(*Rents, Rent-Seeking and Economic Development: Theory and Evidence in Asia*)(纽约：剑桥大学出版社, 2000 年)。

25. 西摩·李普塞特（Seymour Martin Lipset）,《民主的一些社会必要条件：经济发展与政治合法性》(Some Social Requisites of Democracy: Economic Development and Political Legitimacy), 载《美国政治学评论》(*American Political Science Review*) 第 53 卷 (1959 年)：69—105 页；有关文献, 参见 Jared Diamond,《经济发展与民主再思考》(Economic Development and Democracy Reconsidered), 载《美国行为科学家》(*American Behavioral Scientist*) 第 15 卷, 第 4 和第 5 期 (1992 年)：450—499 页。

26. Robert J. Barro,《经济增长的决定因素：全国调查》(*Determinants of Economic Growth: A Cross-Country Survey*)(马萨诸塞州剑桥：麻省理工学院出版社, 1997 年)。

533

27. Adam Przeworskj 等，《民主与发展：世界政治制度与和物质幸福，1950—1990 年 》(*Democracy and Development: Political Institutions and Material Well-Being in the World, 1950-1990*)（剑桥：剑桥大学出版社，2000 年）。

28. Ernest Gellner，《自由的条件：公民社会及其对手》(*Conditions of Liberty: Civil Society and Its Rivals*)（纽约：企鹅出版社，1994 年）。

29. 同上。

30. 例如 Sheri Berman，《公民社会与魏玛共和国的倒塌》(Civil Society and the Collapse of the Weimar Republic)，载《世界政治》(*World Politics*) 第 3 期（1997 年）：401—429 页。

31. George Gray Molina，《出生于 1952 年的孩子：贫穷、受排挤和大众参与的前途》(*The Offspring of 1952: Poverty, Exclusion and the Promise of Popular Participation*)；H. Klein，《1952 年以来玻利维亚的社会变化》(Social Change in Bolivia since 1952)，载 Merilee S.Grindle 编，《宣布革命：比较视角下的玻利维亚》(*Proclaiming Revolution: Bolivia in Comparative Perspective*)（伦敦：拉丁美洲研究学院，2003 年）。

32. 这一点由 Thomas Carothers 提出，《次序的谬误》(The "Sequencing" Fallacy)，载《民主杂志》第 18 卷，第 1 期（2007 年）：12—27 页；Marc F. Plattner，《自由主义与民主》(Liberalism and Democracy)，载《外交事务》(*Foreign Affairs*) 第 77 卷，第 2 期（1998 年）：171—180 页。

33. Juan J. Linz 和 Alfred Stepan 编，《民主政权的崩溃：欧洲》(*The Breakdown of Democratic Regimes: Europe*)（巴尔的摩：约翰斯·霍普金斯大学出版社，1978 年）。

34. 关于拉丁美洲的不平等，以及它与民主稳定性的关系，参见弗朗西斯·福山编，《愈加落后：解释美国和拉丁美洲之间的发展差距》。

35. 参见郑恩雨 (Jung En Woo)，《捷足者必先登：韩国工业化中的国家与财政》(*Race to the Swift: State and Finance in Korean Industrialization*)（纽约：哥伦比亚大学出版社，1991 年）。

36. 参见 Alexander Gerschenkron，《历史视角下的经济落后》(*Economic Backwardness in Historical Perspective*)（马萨诸塞州剑桥：哈佛大学出版社，1962 年）。

37. Walter B. Wriston，《主权的黄昏》。

38. 参见 Moses Naim，《非法活动：走私犯、偷运客和仿冒者在如何劫持全球经济》(*Illicit: How Smugglers, Traffickers, and Copycats Are Hijacking the Global Economy*)（纽约：双日出版社，2005 年）。

参考文献

Aghion, Philippe, and Steven N. Durlauf, eds. 2005. *Handbook of Economic Growth*, Vol. 1. Amsterdam: Elsevier/North Holland.

Alchian, Armen A. 1950. "Uncertainty, Evolution, and Economic Theory." *Journal of Political Economy* 58:211–21.

Alexander, Richard D. 1974. "The Evolution of Social Behavior." *Annual Review of Ecology and Systematics* 5:325–85.

———. 1990. *How Did Humans Evolve?: Reflections on the Uniquely Unique Species*. Ann Arbor: University of Michigan Press.

Allen, Robert C. 1997. "Agriculture and the Origins of the State in Ancient Egypt." *Explorations in Economic History* 34:135–54.

Amitai-Preiss, Reuven. 1995. *Mongols and Mamluks: The Mamluk-Ilkhanid War: 1260–1281*. New York: Cambridge University Press.

Anderson, Terry L., ed. 1991. *Property Rights and Indian Economies*. Lanham, MD: Rowman and Littlefield.

Andren, Nils. 1964. *Government and Politics in the Nordic Countries*. Stockholm: Almqvist and Wiksell.

Axelrod, Robert. 1984. *The Evolution of Cooperation*. New York: Basic Books.

Ayalon, David. 1956. *Gunpowder and Firearms in the Mamluk Kingdom: A Challenge to a Mediaeval Society*. London: Vallentine, Mitchell.

———. 1988. *Outsiders in the Lands of Islam: Mamluks, Mongols, and Eunuchs*. London: Variorum.

———. 1994. *Islam and the Abode of War: Military Slaves and Islamic Adversaries*. Brookfield, VT: Variorum.

Aylmer, G. E. 1986. *Rebellion or Revolution? England, 1640–1660*. New York: Oxford University Press.

———. 2002. *The Crown's Servants: Government and Civil Service Under Charles II, 1660–1685*. New York: Oxford University Press.

Bak, János M., and Béla K. Király, eds. 1982. *From Hunyadi to Rakoczi: War and Society in Late Medieval and Early Modern Hungary*. Brooklyn, NY: Brooklyn College Program on Society and Change.

Baker, Hugh. 1979. *Chinese Family and Kinship*. New York: Columbia University Press.

Bakhash, Shaul. 1984. *Reign of the Ayatollahs: Iran and the Islamic Revolution*. New York: Basic Books.

Balazs, Étienne. 1964. *Chinese Civilization and Bureaucracy: Variations on a Theme*. New Haven: Yale University Press.

Barkan, Omer Lutfi, and Justin McCarthy. 1975. "The Price Revolution of the Sixteenth Century: A Turning Point in the Economic History of the Middle East." *International Journal of Middle East Studies* 6(1):3–28.

Barkey, Karen. 1994. *Bandits and Bureaucrats: The Ottoman Route to State Centralization*. Ithaca: Cornell University Press.

Barkow, Jerome H., Leda Cosmides, and John Tooby, eds. 1992. *The Adapted Mind: Evolutionary Psychology and the Generation of Culture*. New York: Oxford University Press.

Barro, Robert J. 1997. *Determinants of Economic Growth: A Cross-Country Survey*. Cambridge, MA: MIT Press.

Barzel, Yoram. 1989. *Economic Analysis of Property Rights*. New York: Cambridge University Press.

———. 2000. "Property Rights and the Evolution of the State." *Economics of Governance* 1:25–51.

Basham, Arthur L. 1954. *The Wonder That Was India: A Survey of the Culture of the Indian Sub-Continent Before the Coming of the Muslims*. London: Sidgwick and Jackson.

Bassett, Thomas J., and Donald E. Crummey. 1993. *Land in African Agrarian Systems*. Madison: University of Wisconsin Press.

Bastin, Rohan. 2004. "Death of the Indian Social." *Social Analysis* 48(3):205–13.

Bates, Robert H. 1983. *Essays on the Political Economy of Rural Africa*. New York: Cambridge University Press.

———. 2001. *Prosperity and Violence*. Cambridge, MA: Harvard University Press.

Bates, Robert, Avner Greif, and Smita Singh. 2002. "Organizing Violence." *Journal of Conflict Resolution* 46(5):599–628.

Bateson, P.P.G., and R. A. Hinde, eds. 1976. *Growing Points in Ethology*. New York: Cambridge University Press.

Becker, Gary S. 1993. "Nobel Lecture: The Economic Way of Looking at Behavior." *Journal of Political Economy* 101(3):385–409.

Beller, Emily, and Michael Hout. 2006. "Intergeneration Social Mobility: The United States in Comparative Perspective." *Future of Children* 16(2):19–36.

Berend, Nora. 2001. *At the Gate of Christendom: Jews, Muslims and "Pagans" in Medieval Hungary, c. 1000–c. 1300*. New York: Cambridge University Press.

Berman, Harold J. 1983. *Law and Revolution: The Formation of the Western Legal Tradition*. Cambridge, MA: Harvard University Press.

———. 1983. "Religious Foundations of Law in the West: An Historical Perspective." *Journal of Law and Religion* 1(1):3–43.

———. 1993. *Faith and Order: The Reconciliation of Law and Religion.* Atlanta: Scholars Press.

Berman, Sheri. 1997. "Civil Society and the Collapse of the Weimar Republic." *World Politics* 49(3):401–29.

Birdsall, Nancy, and Francis Fukuyama, eds. 2011. *New Ideas in Development After the Financial Crisis.* Baltimore: Johns Hopkins University Press.

Blackstone, William. 1803. *Commentaries on the Laws of England.* Philadelphia: Birch and Small.

Bloch, Marc. 1968. *Feudal Society.* Chicago: University of Chicago Press.

Blum, Jerome. 1957. "The Rise of Serfdom in Eastern Europe." *American Historical Review* 62:807–36.

———. 1960. *The European Peasantry from the Fifteenth to the Nineteenth Century.* Washington, D.C.: Service Center for Teachers of History.

———. 1961. *Lord and Peasant in Russia, from the Ninth to the Nineteenth Century.* Princeton: Princeton University Press.

———. 1978. *The End of the Old Order in Rural Europe.* Princeton: Princeton University Press.

———. 1981. "Review: English Parliamentary Enclosure." *Journal of Modern History* 53(3): 477–504.

Bonis, György. 1965. "The Hungarian Feudal Diet (13th–18th Centuries)." *Recueils de la Société Jean Bodin* 25:287–307.

Bonney, Richard. 1978. *Political Change in France Under Richelieu and Mazarin, 1624–1661.* New York: Oxford University Press.

———. 1981. *The King's Debts: Finance and Politics in France 1589–1661.* New York: Oxford University Press.

———, ed. 1995. *Economic Systems and State Finance.* New York: Oxford University Press.

Boserup, Ester. 1981. *Population and Technological Change.* Chicago: University of Chicago Press.

———. 1990. *Economic and Demographic Relationships in Development.* Baltimore: Johns Hopkins University Press.

Böss, Michael, ed. 2010. *The Nation-State in Transformation: Economic Globalization, Institutional Mediation and Political Values.* Aarhus, Denmark: Aarhus University Press.

Brewer, John. 1990. *The Sinews of Power: War, Money, and the English State, 1688–1783.* Cambridge, MA: Harvard University Press.

Brook, Timothy, ed. 1989. *The Asiatic Mode of Production in China.* Armonk, NY: M. E. Sharpe.

Brown, Elizabeth A. R. 1974. "The Tyranny of a Construct: Feudalism and Historians of Medieval Europe." *American Historical Review* 79(4):1063–88.

Browning, David. 1971. *El Salvador: Landscape and Society.* Oxford: Clarendon Press.

Butterfield, Herbert. 1931. *The Whig Interpretation of History.* London: G. Bell.

Caldwell, Bruce. 2004. *Hayek's Challenge: An Intellectual Biography of F. A. Hayek.* Chicago: University of Chicago Press.

Campbell, John, John A. Hall, and Ove K. Pedersen, eds. 2006. *National Identity and the Varieties of Capitalism: The Danish Experience.* Kingston, Ontario: McGill–Queen's University Press.

Cantor, Norman F. 1993. *The Civilization of the Middle Ages.* Rev. ed. New York: Harper.

Carneiro, Robert L. 1970. "A Theory of the Origin of the State." *Science* 169:733–38.

———. 1986. "On the Relationship Between Size of Population and Complexity of Social Organization." *Journal of Anthropological Research* 42(3):355–64.

Carothers, Thomas. 2002. "The End of the Transition Paradigm." *Journal of Democracy* 13(1):5–21.

———. 2006. *Promoting the Rule of Law Abroad: In Search of Knowledge.* Washington, D.C.: Carnegie Endowment.

———. 2007. "The 'Sequencing' Fallacy." *Journal of Democracy* 18(1):12–27.

Chambers, James. 1979. *The Devil's Horsemen: The Mongol Invasion of Europe.* New York: Atheneum.

Chang, Kwang-chih. 1983. *Art, Myth, and Ritual: The Path to Political Authority in Ancient China.* Cambridge, MA: Harvard University Press.

——— et al. 2005. *The Formation of Chinese Civilization: An Archaeological Perspective.* New Haven: Yale University Press.

Chao, Paul. 1983. *Chinese Kinship.* Boston: Routledge.

Chen, Shaohua, and Martin Ravallion. 2007. "Absolute Poverty Measures for the Developing World, 1981–2004." Washington, D.C.: World Bank Policy Research Working Paper WPS4211.

Chesterman, Simon, Michael Ignatieff, and Ramesh Thakur, eds. 2005. *Making States Work: State Failure and the Crisis of Governance.* New York: United Nations University Press.

Cheyette, Fredric L., ed. 1968. *Lordship and Community in Medieval Europe: Selected Readings.* New York: Holt.

Childe, V. Gordon. 1936. *Man Makes Himself.* London: Watts and Co.

Claessen, Henri J. M., and Peter Skalnik, eds. 1978. *The Early State.* The Hague: Mouton.

———, Pieter van de Velde, and M. Estelle Smith, eds. 1985. *Development and Decline: The Evolution of Sociopolitical Organization.* South Hadley, MA: Bergin and Garvey.

Clark, Gregory. 1998. "Commons Sense: Common Property Rights, Efficiency, and Institutional Change." *Journal of Economic History* 58(1):73–102.

———. 2007. *A Farewell to Alms: A Brief Economic History of the World.* Princeton: Princeton University Press.

Cohen, Myron L. 1976. *House United, House Divided: The Chinese Family in Taiwan.* New York: Columbia University Press.

Cohen, Ronald, and Elman R. Service, eds. 1978. *Origins of the State: The Anthropology of Political Evolution.* Philadelphia: Institute for the Study of Human Issues.

Collier, Paul. 2007. *The Bottom Line: Why the Poorest Countries Are Failing and What Can Be Done About It.* New York: Oxford University Press.

Connolly, Bob. 1988. *First Contact: New Guinea's Highlanders Encounter the Outside World.* New York: Penguin.

Creel, Herrlee G. 1954. *The Birth of China: A Study of the Formative Period of Chinese Civilization*. New York: Ungar.

———. 1964. "The Beginning of Bureaucracy in China: The Origin of the Hsien." *Journal of Asian Studies* 23(2):155–84.

Cruickshanks, Eveline. 2000. *The Glorious Revolution*. New York: St. Martin's Press.

Curtin, Tim, Hartmut Holzknecht, and Peter Larmour. 2003. *Land Registration in Papua New Guinea: Competing Perspectives*. Canberra: SSGM discussion paper 2003/1.

Custine, Marquis de. 1843. *La Russie en 1839*. Paris: Amyot.

Darrity, William A., Jr., ed. 2007. *International Encyclopedia of the Social Sciences*. 2d ed. New York: Macmillan.

Davis, Richard L. 1996. *Wind Against the Mountain: The Crisis of Politics and Culture in Thirteenth-Century China*. Cambridge, MA: Harvard Council on East Asian Studies.

Dawkins, Richard. 1989. *The Selfish Gene*. New York: Oxford University Press.

———. 2006. *The God Delusion*. Boston: Houghton Mifflin.

de Bary, William Theodore, and Irene Bloom, eds. 1999. *Sources of Chinese Tradition*. 2d ed. New York: Columbia University Press.

De Soto, Hernando. 1989. *The Other Path: The Invisible Revolution in the Third World*. New York: Harper.

de Waal, Frans. 1989. *Chimpanzee Politics: Power and Sex Among Apes*. Baltimore: Johns Hopkins University Press.

———. 1997. *Good Natured: The Origins of Right and Wrong in Humans and Other Animals*. Cambridge, MA: Harvard University Press.

Deng, Kent G. 2004. "Unveiling China's True Population Statistics for the Pre-Modern Era with Official Census Data." *Population Review* 43(2):32–69.

Derrett, J. Duncan M. 1968. *Religion, Law, and the State in India*. London: Faber.

———. 1973. *History of Indian Law (Dharmasastra)*. Leiden: E. J. Brill.

Derry, Thomas K. 1979. *A History of Scandinavia: Norway, Sweden, Denmark, Finland and Iceland*. Minneapolis: University of Minnesota Press.

Diamond, Jared. 1997. *Guns, Germs, and Steel: The Fates of Human Societies*. New York: Norton.

———. 2005. *Collapse: How Societies Choose to Fail or Succeed*. New York: Viking.

Diamond, Larry. 1992. "Economic Development and Democracy Reconsidered." *American Behavioral Scientist* 15(4–5):450–99.

———. 2008. *The Spirit of Democracy: The Struggle to Build Free Societies Throughout the World*. New York: Times Books.

———, and Marc F. Plattner, eds. 1996. *The Global Resurgence of Democracy*. 2d ed. Baltimore: Johns Hopkins University Press.

DiIulio, John J., Jr. 1994. "Principled Agents: The Cultural Bases of Behavior in a Federal Government Bureaucracy." *Journal of Public Administration Research and Theory* 4(3): 277–320.

Dirks, Nicholas B. 1988. *The Invention of Caste: Civil Society in Colonial India*. Ann Arbor, M University of Michigan, CSST Working Paper 11.

Donner, Fred M. 1981. *The Early Islamic Conquests*. Princeton: Princeton University Press.

———. 1986. "The Formation of the Islamic State." *Journal of the American Oriental Society* 106(2):283–96.

Doornbos, Martin, and Sudipta Kaviraj. 1997. *Dynamics of State Formation: India and Europe Compared*. Thousand Oaks, CA: Sage Publications.

Dumont, Louis. 1980. *Homo Hierarchicus: The Caste System and Its Implications*. Chicago: University of Chicago Press.

Durkheim, Émile. 1933. *The Division of Labor in Society*. New York: Macmillan.

———. 1965. *The Elementary Forms of Religious Life*. New York: Free Press.

Ebrey, Patricia B. 1978. *The Aristocratic Families of Early Imperial China: A Case Study of the Po-ling Ts'ui Family*. New York: Cambridge University Press.

———. 1984. "Patron-Client Relations in the Later Han." *Journal of the American Oriental Society* 103(3):533–42.

———, and James L. Watson. 1986. *Kinship Organization in Late Imperial China 1000–1940*. Berkeley: University of California Press.

Ellickson, Robert C. 1991. *Order Without Law: How Neighbors Settle Disputes*. Cambridge, MA: Harvard University Press.

Elliott, J. H. 2006. *Empires of the Atlantic World: Britain and Spain in America, 1492–1830*. New Haven: Yale University Press.

Elvin, Mark. 1973. *The Pattern of the Chinese Past: A Social and Economic Interpretation*. Stanford, CA: Stanford University Press.

Emmott, Bill. 2008. *Rivals: How the Power Struggle Between China, India, and Japan Will Shape Our Next Decade*. New York: Harcourt.

Engel, Pal. 2001. *The Realm of St. Stephen: A History of Medieval Hungary, 895–1526*. London: I. B. Tauris.

Engels, Friedrich. 1942. *The Origin of the Family, Private Property, and the State, in Light of the Researches of Lewis H. Morgan*. New York: International Publishers.

Ertman, Thomas. 1997. *Birth of the Leviathan: Building States and Regimes in Medieval and Early Modern Europe*. New York: Cambridge University Press.

Evans, Peter B. 1989. "Predatory, Developmental, and Other Apparatuses: A Comparative Analysis of the Third World State." *Sociological Forum* 4(4):561–82.

———. 1995. *Embedded Autonomy: States and Industrial Transformation*. Princeton: Princeton University Press.

———, Dietrich Rueschemeyer, and Theda Skocpol, eds. 1985. *Bringing the State Back In*. New York: Cambridge University Press.

Evans-Pritchard, E. E. 1940. *The Nuer: A Description of the Modes of Livelihood and Political Institutions of a Nilotic People*. Oxford: Clarendon Press.

———. 1951. *Kinship and Marriage Among the Nuer*. Oxford: Clarendon Press.

———. 1981. *A History of Anthropological Thought*. New York: Basic Books.

Feldman, Noah. 2008. *The Fall and Rise of the Islamic State*. Princeton: Princeton University Press.

Festinger, Leon. 1962. *A Theory of Cognitive Dissonance*. Stanford, CA: Stanford University Press.

Finer, S. E. 1997. *The History of Government*, Vol. 1: *Ancient Monarchies and Empires*. New York: Oxford University Press.

Fiorina, Morris P., et al., eds. 2010. *Culture War? The Myth of a Polarized America.* 3rd ed. Boston: Longman.

Flannery, Kent V. 1972. "The Cultural Evolution of Civilizations." *Annual Review of Ecology and Systematics* 3:399–426.

Fogel, Joshua A. 1984. *Politics and Sinology: The Case of Naito Konan (1866–1934).* Cambridge, MA: Harvard Council on East Asian Studies.

Fortes, Meyer, and E. E. Evans-Pritchard, eds. 1940. *African Political Systems.* New York: Oxford University Press.

Frank, Robert H. 1985. *Choosing the Right Pond: Human Behavior and the Quest for Status.* New York: Oxford University Press.

———. 1999. *Luxury Fever.* New York: Free Press.

Frazer, James G. 1998. *The Golden Bough: A Study in Magic and Religion.* New York: Oxford University Press.

Freedman, Maurice. 1958. *Lineage Organization in Southeastern China.* London: Athlone.

———. 1966. *Chinese Lineage and Society: Fujian and Guangdong.* London: Athlone.

———. 1970. *Family and Kinship in Chinese Society.* Stanford, CA: Stanford University Press.

Freedom House. 2010. *Freedom in the World 2010: Erosion of Freedom Intensifies.* Washington, D.C.: Freedom House.

Fried, Morton H. 1967. *The Evolution of Political Society: An Essay in Political Anthropology.* New York: Random House.

Friedberg, Aaron L. 2009. "Same Old Songs: What the Declinists (and Triumphalists) Miss." *American Interest* 5(2).

Friedman, Edward, and Bruce Gilley, eds. 2005. *Asia's Giants: Comparing China and India.* New York: Palgrave Macmillan.

Friedman, Thomas L. 1999. *The Lexus and the Olive Tree.* New York: Farrar, Straus and Giroux.

Frykenberg, Robert E., ed. 1969. *Land Control and Social Structure in Indian History.* Madison: University of Wisconsin Press.

Fukuyama, Francis. 1992. *The End of History and the Last Man.* New York: Free Press.

———. 1996. *Trust: The Social Virtues and the Creation of Prosperity.* New York: Free Press.

———. 1999. *The Great Disruption: Human Nature and the Reconstitution of Social Order.* New York: Free Press.

———. 2000. "The March of Equality." *Journal of Democracy* 11(1):11–17.

———, and Sanjay Marwah. 2000. "Comparing East Asia and Latin America: Dimensions of Development." *Journal of Democracy* 11(4):80–94.

———. 2004. *State-Building: Governance and World Order in the 21st Century.* Ithaca: Cornell University Press.

———. 2006. "Identity, Immigration, and Liberal Democracy." *Journal of Democracy* 17(2): 5–20.

———, ed. 2006. *Nation-Building: Beyond Afghanistan and Iraq.* Baltimore: Johns Hopkins University Press.

———, ed. 2008. *Falling Behind: Explaining the Development Gap Between Latin America and the United States.* New York: Oxford University Press.

———. 2008. "State-Building in the Solomon Islands." *Pacific Economic Bulletin* 23(3):18–34.

———, and Seth Colby. 2009. "What Were They Thinking? The Role of Economists in the Financial Debacle." *American Interest* 5(1):18–25.

Furet, François. 1992. *Revolutionary France, 1770–1880*. Malden, MA: Blackwell.

Fustel de Coulanges, Numa Denis. 1965. *The Ancient City*. Garden City, NY: Doubleday.

Galor, Oded, and David N. Weil. 2000. "Population, Technology, and Growth: From Malthusian Stagnation to the Demographic Transition and Beyond." *American Economic Review* 90:806–28.

Galston, William A. 2010. *Can a Polarized American Party System Be "Healthy"?* Washington, D.C.: Brookings Institution Issues in Governance.

Gati, Charles. 2008. "Faded Romance." *American Interest* 4(2):35–43.

Geertz, Clifford. 1973. *The Interpretation of Cultures*. New York: Basic Books.

Gellner, Ernest. 1987. *Culture, Identity, and Politics*. New York: Cambridge University Press.

———. 1994. *Conditions of Liberty: Civil Society and Its Rivals*. New York: Penguin.

Gernet, Jacques. 1996. *A History of Chinese Civilization*. Cambridge: Cambridge University Press.

Gerschenkron, Alexander. 1962. *Economic Backwardness in Historical Perspective*. Cambridge, MA: Harvard University Press.

Gilman, Nils. 2003. *Mandarins of the Future: Modernization Theory in Cold War America*. Baltimore: Johns Hopkins University Press.

Ginsburg, Tom, ed. 2003. *Judicial Review in New Democracies: Constitutional Courts in Asian Cases*. New York: Cambridge University Press.

Glass, David V., and D.E.C. Eversley. 1965. *Population in History: Essays in Historical Demography*. Chicago: Aldine.

Glendon, Mary Ann, Michael W. Gordon, and Paolo G. Carozza. 1999. *Comparative Legal Traditions*. St. Paul, MN: West Publishing.

Goldstone, Jack A. 1991. *Revolution and Rebellion in the Early Modern World*. Berkeley: University of California Press.

Goody, Jack. 1971. *Technology, Tradition, and the State in Africa*. Oxford: Oxford University Press.

———. 1983. *The Development of the Family and Marriage in Europe*. New York: Cambridge University Press.

———. 2000. *The European Family: An Historico-Anthropological Essay*. Malden, MA: Blackwell.

Gould, Harold A. 1987. *The Hindu Caste System*. Delhi: Chanakya Publications.

Gould, Stephen Jay, and R. C. Lewontin. 1979. "The Spandrels of San Marco and the Panglossian Program: A Critique of the Adaptionist Programme." *Proceedings of the Royal Society of London* 205:581–89.

Grant, Madison. 1921. *The Passing of the Great Race; or, the Racial Basis of European History*. 4th rev. ed. New York: Scribner's.

Grindle, Merilee S. 2003. *Proclaiming Revolution: Bolivia in Comparative Perspective*. London: Institute of Latin American Studies.

———. 2004. "Good Enough Governance: Poverty Reduction and Reform in Developing Countries." *Governance* 17(4):525–48.

Guanzhong, Luo. 2004. *Three Kingdoms: A Historical Novel*. Berkeley: University of California Press.

Haas, Jonathan. 2001. *From Leaders to Rulers*. New York: Kluwer Academic/Plenum Publishers.

Haber, Stephen, Noel Maurer, and Armando Razo. 2003. *The Politics of Property Rights*. New York: Cambridge University Press.

Haggard, Stephan, Andrew MacIntyre, and Lydia Tiede. 2008. "The Rule of Law and Economic Development." *Annual Review of Political Science* 11:205–34.

Hall, John A. 1986. *Powers and Liberties: The Causes and Consequences of the Rise of the West*. Berkeley: University of California Press.

Hallaq, Wael B. 2005. *The Origins and Evolution of Islamic Law*. New York: Cambridge University Press.

Hamilton, Peter. 1991. *Max Weber: Critical Assessment 1*. New York: Routledge.

Hamilton, William D. 1964. "The Genetic Evolution of Social Behavior." *Journal of Theoretical Biology* 7:7–52.

Handlin, Oscar, and Mary Handlin. 1945. "Origins of the American Business Corporation." *Journal of Economic History* 5(1):1–23.

Hardin, Garrett. 1968. "The Tragedy of the Commons." *Science* 162:1243–48.

Hardt, Michael, and Antonio Negri. 2004. *Multitude: War and Democracy in the Age of Empire*. New York: Penguin.

Harrison, John A. 1972. *The Chinese Empire*. New York: Harcourt.

Hartwell, Robert M. 1982. "Demographic, Political, and Social Transformations of China, 750–1550." *Harvard Journal of Asiatic Studies* 42(2):365–442.

Hayek, Friedrich A. 1945. "The Use of Knowledge in Society." *American Economic Review* 35(4):519–30.

———. 1976. *Law, Legislation and Liberty*. Chicago: University of Chicago Press.

———. 1988. *Fatal Conceit: The Errors of Socialism*. Chicago: University of Chicago Press.

Head, John W. 2003. "Codes, Cultures, Chaos, and Champions: Common Features of Legal Codification Experiences in China." *Duke Journal of Comparative and International Law* 13(1):1–38.

Heckscher, Eli F. 1954. *An Economic History of Sweden*. Cambridge, MA: Harvard University Press.

Hegarty, David, et al. 2004. *Rebuilding State and Nation in the Solomon Islands: Policy Options for the Regional Assistance Mission*. Canberra: SSGM Discussion Paper 2004/2.

Hellie, Richard. 1971. *Enserfment and Military Change in Muscovy*. Chicago: University of Chicago Press.

Herbst, Jeffrey. 1990. "War and the State in Africa." *International Security* 14(4):117–39.

———. 2000. *States and Power in Africa*. Princeton: Princeton University Press.

Hill, Christopher. 1958. *Puritanism and Revolution: Studies in Interpretation of the English Revolution of the Seventeenth Century*. New York: Schocken.

Hintze, Otto. 1975. *The Historical Essays of Otto Hintze*. New York: Oxford University Press.

Hirschman, Albert O. 1963. *Journeys Toward Progress: Studies of Economic Policy-Making in Latin America*. New York: Twentieth Century Fund.

———. 1977. *The Passions and the Interests: Political Arguments for Capitalism Before Its Triumph*. Princeton: Princeton University Press.

Hitchens, Christopher. 2007. *God Is Not Great: How Religion Poisons Everything*. New York: Twelve.

Hobbes, Thomas. 1958. *Leviathan Parts I and II*. Indianapolis: Bobbs-Merrill.

Hodges, Richard. 1989. *The Anglo-Saxon Achievement: Archaeology and the Beginnings of English Society*. Ithaca, NY: Cornell University Press.

Hodgson, Marshall G. S. 1961. *The Venture of Islam: Conscience and History in a World Civilization*. Chicago: University of Chicago Press.

Hoffman, Philip T., and Kathryn Norberg, eds. 1994. *Fiscal Crises, Liberty, and Representative Government*. Stanford: Stanford University Press.

Hoffmann, Stanley, ed. 1988. *Political Thought and Political Thinkers*. Chicago: University of Chicago Press.

Holt, Peter M., Ann K. S. Lambton, and Bernard Lewis, eds. 1970. *The Cambridge History of Islam*, Vol. I: *The Central Islamic Lands*. New York: Cambridge University Press.

———. 1975. "The Position and Power of the Mamluk Sultan." *Bulletin of the School of Oriental and African Studies* 38(2):237–49.

Hsu, Cho-yun. 1965. *Ancient China in Transition*. Stanford, CA: Stanford University Press.

Huang, Ray. 1974. *Taxation and Government Finance in Sixteenth-Century Ming China*. New York: Cambridge University Press.

———. 1981. *1587, a Year of No Significance: The Ming Dynasty in Decline*. New Haven: Yale University Press.

Hucker, Charles O. 1958. "Governmental Organization of the Ming Dynasty." *Harvard Journal of Asiatic Studies* 21:1–66.

———, and Tilemann Grimm, eds. 1969. *Chinese Government in Ming Times: Seven Studies*. New York: Columbia University Press.

Hui, Victoria Tin-bor. 2005. *War and State Formation in Ancient China and Early Modern Europe*. New York: Cambridge University Press.

Humphreys, R. Stephen. 1977. "The Emergence of the Mamluk Army." *Studia Islamica* 45: 67–99.

Huntington, Samuel P. 1965. "Political Development and Political Decay." *World Politics* 17(3).

———. 1991. *The Third Wave: Democratization in the Late Twentieth Century*. Oklahoma City: University of Oklahoma Press.

———. 2006. *Political Order in Changing Societies*. With a New Foreword by Francis Fukuyama. New Haven: Yale University Press.

Hurstfield, Joel. 1973. *Freedom, Corruption and Government in Elizabethan England*. Cambridge, MA: Harvard University Press.

Hutton, Ronald. 1985. *The Restoration: A Political and Religious History of England and Wales, 1658–1667*. New York: Oxford University Press.

Inalcik, Halil. 1989. *The Ottoman Empire: The Classical Age, 1300–1600*. New Rochelle, NY: Orpheus Publishing Co.

Inden, Ronald B. 2000. *Imagining India*. Bloomington: Indiana University Press.

Itzkowitz, Norman. 1972. *Ottoman Empire and Islamic Tradition*. New York: Knopf.

Jaffa, Harry V. 1959. *Crisis of the House Divided: An Interpretation of the Lincoln-Douglas Debates*. Seattle: University of Washington Press.

Johnson, Simon. May 2009. "The Quiet Coup." *Atlantic*.

Johnston, Richard F., Peter W. Frank, and Charles D. Michener, eds. 1974. *Annual Review of Ecology and Systematics*, Vol. 5. Palo Alto, CA: Annual Reviews.

Jones, Grant D., and Robert R. Kautz. 1981. *The Transition to Statehood in the New World*. New York: Cambridge University Press.

Kamen, Henry. 2003. *Spain's Road to Empire: The Making of a World Power 1493–1763*. London: Penguin.

Karve, Irawati. 1965. *Kinship Organization in India*. New York: Asia Publishing House.

Kaufmann, Daniel, Aart Kraay, and Massimo Mastruzzi. 2005. *Governance Matters IV: Governance Indicators for 1996–2004*. Washington, D.C.: World Bank Institute.

Kaviraj, Sudipta. 2005. "On the Enchantment of the State: Indian Thought on the Role of the State in the Narrative of Modernization." *European Journal of Sociology* 46(2): 263–96.

Keane, John, ed. 1988. *Civil Society and the State: New European Perspectives*. New York: Verso.

Keefer, Philip. 2004. *A Review of the Political Economy of Governance: From Property Rights to Voice*. Washington, D.C.: World Bank Institute Working Paper 3315.

Keeley, Lawrence H. 1996. *War Before Civilization*. New York: Oxford University Press.

Keene, Donald. 2002. *Emperor of Japan: Meiji and His World, 1852–1912*. New York: Columbia University Press.

Kennedy, Hugh N. 2006. *When Baghdad Ruled the Muslim World: The Rise and Fall of Islam's Greatest Dynasty*. Cambridge, MA: Da Capo Press.

———. 2007. *The Great Arab Conquests: How the Spread of Islam Changed the World We Live In*. Philadelphia: Da Capo.

Khan, Mushtaq H., and Jomo Kwame Sundaram, eds. 2000. *Rents, Rent-Seeking and Economic Development: Theory and Evidence in Asia*. New York: Cambridge University Press.

Khanna, Tarun. 2008. *Billions of Entrepreneurs: How China and India Are Reshaping Their Futures—and Yours*. Boston: Harvard Business School Press.

Khazanov, Anatoly M. 1994. *Nomads and the Outside World*. 2d ed. Madison: University of Wisconsin Press.

Khilnani, Sunil. 1998. *The Idea of India*. New York: Farrar, Straus and Giroux.

Kinross, Patrick B. 1977. *The Ottoman Centuries: The Rise and Fall of the Turkish Empire*. New York: William Morrow.

———. 1978. *Ataturk: A Biography of Mustafa Kemal*. New York: William Morrow.

Kiser, Edgar, and Yong Cai. 2003. "War and Bureaucratization in Qin China: Exploring an Anomalous Case." *American Sociological Review* 68(4):511–39.

Knack, Stephen, and Philip Keefer. 1995. "Institutions and Economic Performance: Cross-Country Tests Using Alternative Measures." *Economics and Politics* 7:207–27.

Kojève, Alexandre. 1969. *Introduction to the Reading of Hegel*. Trans. James H. Nichols Jr. New York: Basic Books.

Kondos, V. 1998. "A Piece on Justice: Some Reactions to Dumont's *Homo Hierarchicus*." *South Asia* 21(1):33–47.

Korsgaard, Ove. 2008. *The Struggle for the People: Five Hundred Years of Danish History in Short*. Copenhagen: Danish School of Education Press.

Krader, Lawrence, and Paul Vinogradoff. 1966. *Anthropology and Early Law: Selected from the Writings of Paul Vinogradoff*. New York: Basic Books.

Kulke, Hermann. 1995. *The State in India 1000–1700*. Delhi: Oxford University Press.

Kumar, Krishna, ed. 1998. *Postconflict Elections, Democratization, and International Assistance*. Boulder, CO: Lynne Rienner.

Kunt, I. Metin. 1983. *The Sultan's Servants: The Transformation of Ottoman Provincial Government, 1550–1650*. New York: Columbia University Press.

Kuper, Adam. 1993. *The Chosen Primate: Human Nature and Cultural Diversity*. Cambridge, MA: Harvard University Press.

Kuran, Timur. 2001. "The Provision of Public Goods Under Islamic Law: Origins, Impact and Limitations of the Waqf System." *Law and Society* 35:841–97.

———. 2004. *Islam and Mammon: The Economic Predicaments of Islamism*. Princeton: Princeton University Press.

Landes, David S. 1969. *The Unbound Prometheus: Technological Change and Industrial Development*. New York: Cambridge University Press.

———. 1998. *The Wealth and Poverty of Nations: Why Some Are So Rich and Some So Poor*. New York: Norton.

———. 2000. *Revolution in Time: Clocks and the Making of the Modern World*. Rev. ed. Cambridge, MA: Belknap Press.

Lang, Olga. 1946. *Chinese Family and Society*. New Haven: Yale University Press.

Lariviere, Richard W. 1989. "Justices and Panditas: Some Ironies in Contemporary Readings of the Hindu Legal Past." *Journal of Asian Studies* 48(4):757–69.

Larmour, Peter. 1997. *Governance and Reform in the South Pacific*. Canberra: ANU National Centre for Development Studies.

La Porta, Rafael, Florencio Lopez-de-Silanes, Andrei Shleifer, and Robert W. Vishny. 1997. "Legal Determinants of External Finance." *Journal of Political Economy* 52:1131–50.

———. 1998. "Law and Finance." *Journal of Political Economy* 106:1113–55.

Laslett, Peter, ed. 1972. *Household and Family in Past Time*. Cambridge: Cambridge University Press.

LeBlanc, Steven A., and Katherine E. Register. 2003. *Constant Battles: The Myth of the Noble Savage*. New York: St. Martin's Press.

LeDonne, John P. 1991. *Absolutism and Ruling Class: The Formation of the Russian Political Order 1700–1825*. New York: Oxford University Press.

Lee, Chul-In, and Gary Solon. 2009. "Trends in Intergenerational Income Mobility." *Review of Economics and Statistics* 91(4):766–72.

Levanoni, Amalia. 1994. "The Mamluk Conception of the Sultanate." *International Journal of Middle East Studies* 26(3):373–92.

Levenson, Joseph R., and Franz Schurmann. 1969. *China: An Interpretive History. From the Beginnings to the Fall of Han*. Berkeley: University of California Press.

Levy, Santiago. 2008. *Good Intentions, Bad Outcomes: Social Policy, Informality, and Economic Growth in Mexico*. Washington, D.C.: Brookings Institution Press.

Lewis, Bernard, ed. and trans. 1987. *Islam from the Prophet Muhammad to the Capture of Constantinople. I: Politics and War.* New York: Oxford University Press.

Lewis, Mark E. 1990. *Sanctioned Violence in Early China.* Albany: State University of New York Press.

Li Feng. 2003. "'Feudalism' and Western Zhou China: A Criticism." *Harvard Journal of Asiatic Studies* 63(1):115–44.

Li Xueqin. 1985. *Eastern Zhou and Qin Civilizations.* New Haven: Yale University Press.

Li Yu-ning. 1977. *Shang Yang's Reforms and State Control in China.* White Plains, NY: M. E. Sharpe.

Linz, Juan J., and Alfred Stepan, eds. 1978. *The Breakdown of Democratic Regimes: Europe.* Baltimore: Johns Hopkins University Press.

Lipset, Seymour Martin. 1959. "Some Social Requisites of Democracy: Economic Development and Political Legitimacy." *American Political Science Review* 53:69–105.

Liu, James T. C. 1988. *China Turning Inward: Intellectual-Political Changes in the Early Twelfth Century.* Cambridge, MA: Harvard Council on East Asian Studies.

Livi-Bacci, Massimo. 1990. *Population and Nutrition: An Essay on European Demographic History.* New York: Cambridge University Press.

———. 1997. *A Concise History of World Population.* Oxford: Blackwell.

Locke, John. 1952. *The Second Treatise of Government.* Indianapolis: Bobbs-Merrill.

Loewe, Michael. 2006. *The Government of the Qin and Han Empires: 221 BCE–220 CE.* Indianapolis: Hackett.

———, and Edward L. Shaughnessy, eds. 1999. *The Cambridge History of Ancient China: From the Origins of Civilization to 221 B.C.* New York: Cambridge University Press.

Lopez-Calva, Luis Felipe, and Nora Lustig, eds. 2010. *Declining Inequality in Latin America: A Decade of Progress?* Washington: Brookings Institution Press.

Lybyer, Albert H. 1978. *The Government of the Ottoman Empire in the Time of Suleiman the Magnificent.* New York: AMS Press.

Macartney, C. A. 1962. *Hungary: A Short History.* Chicago: Aldine.

Macfarlane, Alan. 1978. *The Origins of English Individualism.* Oxford: Blackwell.

Machiavelli, Niccolò. 1985. *The Prince.* Trans. Harvey C. Mansfield. Chicago: University of Chicago Press.

Maddison, Angus. 2001. *Growth and Interaction in the World Economy: The Roots of Modernity.* Washington, D.C.: AEI Press.

———. 2007. *Chinese Economic Performance in the Long Run.* 2nd. ed., revised and updated: 960–2030 AD. Paris: OECD Development Centre.

Maine, Henry. 1875. *Lectures on the Early History of Institutions.* London: John Murray.

———. 1963. *Ancient Law: Its Connection with the Early History of Society and Its Relation to Modern Ideas.* Boston: Beacon Press.

———. 1974. *Village-Communities in the East and West.* New York: Arno Press.

———. 1985. *Early Law and Custom: Chiefly Selected from Lectures Delivered at Oxford.* Delhi: B. R. Pub. Corp.

Maitland, Frederic W. 1961. *The Constitutional History of England.* Cambridge: Cambridge University Press.

Malthus, Thomas R. 1982. *An Essay on the Principle of Population.* New York: Penguin.

Mamdani, Mahmood. 1996. *Citizen and Subject: Contemporary Africa and the Legacy of Late Colonialism.* Princeton: Princeton University Press.

Mandelbaum, Michael. 2002. *The Ideas That Conquered the World: Peace, Democracy, and Free Markets in the Twenty-First Century.* New York: Public Affairs.

Mann, Michael. 1986. *The Sources of Social Power,* Vol. I: *A History of Power from the Beginning to A.D. 1760.* New York: Cambridge University Press.

Masters, Roger D., and Michael T. McGuire. 1994. *The Neurotransmitter Revolution: Serotonin, Social Behavior, and the Law.* Carbondale: Southern Illinois University Press.

May, R. J. 2003. *Disorderly Democracy: Political Turbulence and Institutional Reform in Papua New Guinea.* Canberra: Australian National University.

McClelland, David C. 1961. *The Achieving Society.* Princeton: Van Nostrand.

McNeill, William H. 1964. *Europe's Steppe Frontier, 1500–1800.* Chicago: University of Chicago Press.

Mead, Walter Russell. 2007. *God and Gold: Britain, America, and the Making of the Modern World.* New York: Knopf.

Meek, Charles K. 1968. *Land Law and Custom in the Colonies.* 2d ed. London: Frank Cass.

Messick, Richard E. 2002. "The Origins and Development of Courts." *Judicature* 85(4): 175–81.

Migdal, Joel. 1988. *Strong Societies and Weak States: State-Society Relations and State Capabilities in the Third World.* Princeton: Princeton University Press.

Miller, Geoffrey. 2000. *The Mating Mind: How Sexual Choice Shaped the Evolution of Human Nature.* New York: Doubleday.

———, and Glenn Geher. 2008. *Mating Intelligence: Sex, Relationships, and the Mind's Reproductive System.* New York: Lawrence Erlbaum.

Miller, John. 1997. *The Glorious Revolution.* 2d ed. New York: Longman.

Miller, Kenneth E. 1968. *Government and Politics in Denmark.* Boston: Houghton Mifflin.

Miyakawa, Hisayuki. 1955. "An Outline of the Naito Hypothesis and Its Effects on Japanese Studies of China." *Far Eastern Quarterly* 14(4):533–52.

Møller, Jørgen. 2010. "Bringing Feudalism Back In: The Historian's Craft and the Need for Conceptual Tools and Generalizations." Paper presented at the annual meeting of the Danish Society of Political Science, Vejle Fjord, Denmark.

Morgan, Lewis Henry. 1877. *Ancient Society; or, Researches in the Lines of Human Progress from Savagery, Through Barbarism to Civilization.* New York: Henry Holt.

Mote, Frederick W. 1999. *Imperial China 900–1800.* Cambridge, MA: Harvard University Press.

Mueller, Hans-Eberhard. 1984. *Bureaucracy, Education, and Monopoly: Civil Service Reforms in Prussia and England.* Berkeley: University of California Press.

Müller, F. Max, ed. 1879. *The Sacred Books of the East,* Vol. III. Oxford: Clarendon Press.

Murray, Charles, 1997. *What It Means to Be a Libertarian: A Personal Interpretation.* New York: Broadway Books.

Myers, Alec R. 1975. *Parliaments and Estates in Europe to 1789.* New York: Harcourt.

Naim, Moses. 2005. *Illicit: How Smugglers, Traffickers, and Copycats Are Hijacking the Global Economy.* New York: Doubleday.

Naipaul, V. S. 1978. *India: A Wounded Civilization*. New York: Vintage.

Naito Torajiro. 1922. "Gaikatsuteki To-So jidai kan." *Rekishi to chiri* 9(5): 1–12.

Needham, Joseph. 1954. *Science and Civilisation in China*, Vol. 5, pt. 7: *Military Technology*. Cambridge: Cambridge University Press.

——, Wang Ling, and Derek de Solla Price. 1960. *Heavenly Clockwork: The Great Astronomical Clocks of Medieval China*. Cambridge: Cambridge University Press.

Nef, John Ulric. 1942. *War and Human Progress: An Essay on the Rise of Industrial Civilization*. Chicago: University of Chicago Press.

Nelson, Hank. 2003. *Papua New Guinea: When the Extravagant Exception Is No Longer the Exception*. Canberra: Australian National University.

Nivola, Pietro S., and David W. Brady, eds. 2006. *Red and Blue Nation?* Vol. 1. Washington, D.C.: Brookings Institution Press.

Noland, Marcus, and Stephan Haggard. 2007. *Famine in North Korea: Markets, Aid, and Reform*. New York: Columbia University Press.

North, Douglass C. 1981. *Structure and Change in Economic History*. New York: Norton.

——. 1989. "Institutions and Economic Growth: An Historical Introduction." *World Development* 17(9):1319–32.

——. 1990. *Institutions, Institutional Change, and Economic Performance*. New York: Cambridge University Press.

——, and Arthur Denzau. 1994. "Shared Mental Models: Ideologies and Institutions." *Kyklos* 47(1):3–31.

——, and Robert P. Thomas. 1973. *The Growth of the Western World*. New York: Cambridge University Press.

——. 1973. *The Rise of the Western World: A New Economic History*. New York: Cambridge University Press.

——, and Barry R. Weingast. 1989. "Constitutions and Commitment: The Evolution of Institutions Governing Public Choice in Seventeenth-Century England." *Journal of Economic History* 49(4):803–32.

——, Barry R. Weingast, and John Wallis. 2009. *Violence and Social Orders: A Conceptual Framework for Interpreting Recorded Human History*. New York: Cambridge University Press.

Olson, Mancur. 1965. *The Logic of Collective Action: Public Goods and the Theory of Groups*. Cambridge, MA: Harvard University Press.

——. 1982. *The Rise and Decline of Nations*. New Haven: Yale University Press.

——. 1993. "Dictatorship, Democracy, and Development." *American Political Science Review* 87(9):567–76.

Organization for Economic Cooperation and Development. 2010. *Going for Growth*. Paris: OECD.

Ostrom, Elinor. 1990. *Governing the Commons: The Evolution of Institutions for Collective Action*. New York: Cambridge University Press.

Padoa-Schioppa, Antonio, ed. 1997. *Legislation and Justice*. New York: Clarendon Press.

Parker, Geoffrey. 1972. *The Army of Flanders and the Spanish Road, 1567–1598: The Logistics of Spanish Victory and Defeat in the Low Countries' Wars*. London: Cambridge University Press.

Parsons, Talcott, and Edward A. Shils, eds. 1951. *Toward a General Theory of Action.* Cambridge, MA: Harvard University Press.

Paul, Ron. 2009. *End the Fed.* New York: Grand Central Publishing.

Pearce, Scott, Audrey Spiro, and Patricia Ebrey, eds. 2001. *Culture and Power in the Reconstitution of the Chinese Realm, 200–600.* Cambridge, MA: Harvard University Press.

Perlin, Frank. 1985. "State Formation Reconsidered Part Two." *Modern Asian Studies* 19(3): 415–80.

Petry, Carl F., ed. 1998. *The Cambridge History of Egypt*, Vol. 1: *Islamic Egypt, 640–1517.* New York: Cambridge University Press.

Pinker, Steven. 1997. *How the Mind Works.* New York: Norton.

———, and Paul Bloom. 1990. "Natural Language and Natural Selection." *Behavioral and Brain Sciences* 13:707–84.

Pipes, Daniel. 1981. *Slave-Soldiers and Islam: The Genesis of a Military System.* New Haven: Yale University Press.

Pipes, Richard. 1999. *Property and Freedom.* New York: Knopf.

Pirenne, Henri. 1969. *Medieval Cities: Their Origins and the Revival of Trade.* Princeton: Princeton University Press.

Plato. 1968. *The Republic of Plato.* Trans. Allan Bloom. New York: Basic Books.

Platonov, Sergei Fedorovich. 1964. *History of Russia.* Bloomington: University of Indiana Prints and Reprints.

———. 1970. *The Time of Troubles: A Historical Study of the Internal Crises and Social Struggle in 16th- and 17th-Century Muscovy.* Lawrence: University Press of Kansas.

Plattner, Marc F. 1998. "Liberalism and Democracy." *Foreign Affairs* 77(2):171–80.

Pocock, J.G.A. 1960. "Burke and the Ancient Constitution—A Problem in the History of Ideas." *Historical Journal* 3(2):125–43.

Polanyi, Karl. 1944. *The Great Transformation.* New York: Rinehart.

———, and C. W. Arensberg, eds. 1957. *Trade and Market in the Early Empires.* New York: Free Press.

Pollock, Frederick, and Frederic W. Maitland. 1923. *The History of English Law Before the Time of Edward I.* Cambridge: Cambridge University Press.

Pool, Ithiel de Sola. 1983. *Technologies of Freedom.* Cambridge, MA: Belknap Press.

Porter, Bruce D. 1994. *War and the Rise of the State: The Military Foundations of Modern Politics.* New York: Free Press.

Pritchett, Lant, and Michael Woolcock. 2002. *Solutions When the Solution Is the Problem: Arraying the Disarray in Development.* Washington, D.C.: Center for Global Development Working Paper 10.

Przeworski, Adam, et al. 2000. *Democracy and Development: Political Institutions and Material Well-Being in the World, 1950–1990.* Cambridge: Cambridge University Press.

Pugh, George E. 1977. *The Biological Origin of Human Values.* New York: Basic Books.

Rady, Martyn. 2001. *Nobility, Land and Service in Medieval Hungary.* New York: Palgrave.

———. 2003. "The Medieval Hungarian and Other Frontiers." *Slavonic and East European Review* 81(4):698–709.

Raheja, Gloria Goodwin. 1988. "India: Caste, Kingship, and Dominance Revisited." *Annual Review of Anthropology* 17:497–522.

Raychaudhuri, Hemchandra. 1996. *Political History of Ancient India: From the Accession of Parikshit to the Extinction of the Gupta Dynasty.* New Delhi: Oxford University Press.

Reilly, Benjamin. 2002. "Political Engineering and Party Politics in Papua New Guinea." *Party Politics* 8(6):701–18.

Riasanovsky, Nicholas V. 1963. *A History of Russia.* New York: Oxford University Press.

Ridley, Matt. 1987. *The Origins of Virtue: Human Instincts and the Evolution of Cooperation.* New York: Viking.

Roberts, J.A.G. 1999. *A Concise History of China.* Cambridge, MA: Harvard University Press.

Rodrik, Dani, and Arvind Subramanian. 2003. "The Primacy of Institutions (and what this does and does not mean)." *Finance and Development* 40(2):31–34.

Root, Hilton. 1987. *Peasants and King in Burgundy: Agrarian Foundations of French Absolutism.* Berkeley: University of California Press.

Rosenberg, Nathan, and L. E. Birdzell. 1986. *How the West Grew Rich.* New York: Basic Books.

Rosenberg, Hans. 1958. *Bureaucracy, Aristocracy, and Autocracy: The Prussian Experience, 1660–1815.* Cambridge, MA: Harvard University Press.

Rousseau, Jean-Jacques. 2010. *Discourse on the Origin and the Foundation of Inequality Among Mankind.* New York: St. Martin's Press.

Ruttan, Vernon. 1991. "What Happened to Political Development?" *Economic Development and Cultural Change* 39(2):265–92.

Rystad, Göran, ed. 1983. *Europe and Scandinavia: Aspects of the Process of Integration in the 17th Century.* Stockholm: Esselte Studium.

Saberwal, Satish. 1995. *Wages of Segmentation: Comparative Historical Studies on Europe and India.* New Delhi: Orient Longman.

Sachs, Jeffrey. 2005. *The End of Poverty: Economic Possibilities for Our Time.* New York: Penguin.

Sahlins, Marshall D. 1961. "The Segmentary Lineage: An Organization of Predatory Expansion." *American Anthropologist* 63(2):322–345.

———, and Elman R. Service. 1960. *Evolution and Culture.* Ann Arbor: University of Michigan Press.

Sawhill, Isabel V., and Ron Haskins. 2008. *Getting Ahead or Losing Ground: Economic Mobility in America.* Washington, D.C.: Brookings Institution Press.

Sax, William S. 2000. "Conquering Quarters: Religion and Politics in Hinduism." *International Journal of Hindu Studies* 4(1):39–60.

Schacht, Joseph, ed. 1979. *The Legacy of Islam.* 2d ed. Oxford: Oxford University Press.

Schedler, Andreas. 2002. "The Menu of Manipulation." *Journal of Democracy* 13(2):36–50.

———. 2006. *Electoral Authoritarianism: The Dynamics of Unfree Competition.* Boulder, CO: Lynne Rienner.

Schick, Allen. 1998. "Why Most Developing Countries Should Not Try New Zealand Reforms." *World Bank Research Observer* 13(8):1123–31.

Schurmann, Franz. 1956. "Traditional Property Concepts in China." *Far Eastern Quarterly* 15(4):507–16.

Scott, Ben. 2005. *Re-Imagining PNG: Culture, Democracy and Australia's Role.* Double Bay, NSW: Lowy Institute Paper 09.

Scott, James C. 1998. *Seeing Like a State: How Certain Schemes to Improve the Human Condition Have Failed*. New Haven: Yale University Press.

Searle-Chatterjee, Mary, and Ursula Sharma, eds. 1994. *Contextualising Caste: Post-Dumontian Approaches*. Cambridge, MA: Blackwell.

———. 1999. *Development as Freedom*. New York: Knopf.

Sen, Amartya K. 1999. "Democracy as a Universal Value." *Journal of Democracy* 10:3–17.

Sengupta, Somini. 2006. "Often Parched, India Struggles to Tap the Monsoon." *New York Times*, October 1.

Serra, Narcís, and Joseph E. Stiglitz, eds. 2008. *The Washington Consensus Reconsidered*. New York: Oxford University Press.

Service, Elman R. 1971. *Primitive Social Organization: An Evolutionary Perspective*. 2d ed. New York: Random House.

Shapiro, Martin M. 1981. *Courts: A Comparative and Political Analysis*. Chicago: University of Chicago Press.

Sharma, Ram S. 1968. *Aspects of Political Ideas and Institutions in Ancient India*. Delhi: Motilal Banarsidass.

Shaughnessy, Edward L. 1991. *Sources of Western Zhou History: Inscribed Bronze Vessels*. Berkeley: University of California Press.

Sherman, P. W. 1977. "Nepotism and the Evolution of Alarm Calls." *Science* 197:1246–53.

Simon, Herbert. 1955. "A Behavioral Model of Rational Choice." *Quarterly Journal of Economics* 59:98–118.

———. 1957. *Administrative Behavior: A Study of Decision-Making Processes in Administrative Organization*. New York: Free Press.

———. 1959. "Theories of Decision-Making in Economics and Behavioral Science." *American Economic Review* 49:253–83.

Sinor, Denis. 1959. *History of Hungary*. New York: Praeger.

Smith, Adam. 1981. *An Inquiry into the Nature and Causes of the Wealth of Nations*. Indianapolis: Liberty Classics.

Spencer, Herbert. 1896. *The Principles of Sociology*. New York: D. Appleton.

———. 1898. *The Principles of Biology*. New York: D. Appleton.

Stein, Burton. 1985. "State Formation and Economy Reconsidered." *Modern Asian Studies* 19(3):387–413.

Stepan, Alfred C., and Graeme B. Robertson. 2003. "An 'Arab' More Than a 'Muslim' Democracy Gap." *Journal of Democracy* 14(3):30–44.

Steward, Julian H. 1963. *Theory of Culture Change: The Methodology of Multilinear Evolution*. Urbana: University of Illinois Press.

Stone, Lawrence. 1972. *The Causes of the English Revolution, 1529–1642*. New York: Harper.

Strayer, Joseph R. 1970. *On the Medieval Origins of the Modern State*. Princeton: Princeton University Press.

Sugar, Peter F., ed. 1990. *A History of Hungary*. Bloomington: Indiana University Press.

Swart, Koenraad W. 1949. *Sale of Offices in the Seventeenth Century*. The Hague: Nijhoff.

Sweeney, James R. 1984. "Review of Harold Berman, *Law and Revolution*." *Journal of Law and Religion* 2(1):197–205.

Tacitus. 1970. *Agricola Germania Dialogus*. Cambridge, MA: Harvard University Press.

Tavris, Carol. 2008. *Mistakes Were Made (But Not by Me): Why We Justify Foolish Beliefs, Bad Decisions, and Hurtful Acts*. New York: Mariner Books.

Taylor, Charles. 1989. *Sources of the Self: The Making of the Modern Identity*. Cambridge, MA: Harvard University Press.

Thapar, Romila. 1984. *From Lineage to State: Social Formations in the Mid-First Millennium B.C. in the Ganga Valley*. Bombay: Oxford University Press.

———. 2003. *Early India: From the Origins to AD 1300*. Berkeley: University of California Press.

Thies, Cameron G. 2005. "War, Rivalry, and State Building in Latin America." *American Journal of Political Science* 49(3):451–65.

Thomas, Melissa. 2009. "Great Expectations: Rich Donors and Poor Country Governments." Social Science Research Network Working Paper.

Thomson, James A. 2010. *A House Divided: Polarization and Its Effect on RAND*. Santa Monica, CA: RAND Corporation.

Tiger, Lionel. 1969. *Men in Groups*. New York: Random House.

Tilly, Charles. 1990. *Coercion, Capital, and European States, AD 990–1990*. Cambridge, MA: Blackwell.

Tocqueville, Alexis de. 1998. *The Old Regime and the Revolution*, Vol. One. Chicago: University of Chicago Press.

———. 2000. *Democracy in America*. Trans. Harvey C. Mansfield and Delba Winthrop. Chicago: University of Chicago Press.

Trivers, Robert. 1971. "The Evolution of Reciprocal Altruism." *Quarterly Review of Biology* 46:35–56.

Turner, Victor, ed. 1971. *Colonialism in Africa 1870–1960*, Vol. 3: *Profiles in Change: African Society and Colonial Rule*. New York: Cambridge University Press.

Twitchett, Denis, ed. 1979. *The Cambridge History of China*, Vol. 3: *Sui and T'ang China, 589–906, Part I*. New York: Cambridge University Press.

———, and Michael Loewe, eds. 1986. *The Cambridge History of China*, Vol. 1: *The Ch'in and Han Empires, 221 B.C.–A.D. 220*. New York: Cambridge University Press.

———, and Frederick W. Mote, eds. 1978. *The Cambridge History of China*, Vol. 8: *The Ming Dynasty, 1368–1644, Part 2*. New York: Cambridge University Press.

Tyler, Tom R. 1990. *Why People Obey the Law*. New Haven: Yale University Press.

Tylor, Edward B. 1920. *Primitive Culture: Researches into the Development of Mythology, Philosophy, Religion, Language, Art, and Custom*. New York: G. P. Putnam.

Uberoi, Patricia. 1993. *Family, Kinship and Marriage in India*. Delhi: Oxford University Press.

Vinogradoff, Paul. 1920. *Outlines of Historical Jurisprudence*. New York: Oxford University Press.

———. 1923. *Historical Jurisprudence*. London: Oxford University Press.

von Mehren, Arthur T. 1957. *The Civil Law System: Cases and Materials for the Comparative Study of Law*. Boston: Little, Brown.

Wade, Nicholas. 2006. *Before the Dawn: Recovering the Lost History of Our Ancestors*. New York: Penguin.

———. 2009. *The Faith Instinct: How Religion Evolved and Why It Endures*. New York: Penguin.

Wall, Richard, ed. 1983. *Family Forms in Historic Europe*. New York: Cambridge University Press.

Warren, Wilfred L. 1987. *The Governance of Norman and Angevin England, 1086–1272*. Stanford: Stanford University Press.

Watson, Burton, trans. 1964. *Han Fei Tzu: Basic Writings*. New York: Columbia University Press.

Watson, James L. 1982. "Chinese Kinship Reconsidered: Anthropological Perspectives on Historical Research." *China Quarterly* 92:589–627.

Weatherford, Jack. 2004. *Genghis Khan and the Making of the Modern World*. New York: Crown.

Weber, Max. 1930. *The Protestant Ethic and the Spirit of Capitalism*. New York: Scribner.

———. 1951. *The Religion of China*. New York: Free Press.

———. 1954. *Max Weber on Law in Economy and Society*. Cambridge, MA: Harvard University Press.

———. 1958. *The City*. Glencoe, IL: Free Press.

———. 1958. *The Religion of India: The Sociology of Hinduism and Buddhism*. Glencoe, IL: Free Press.

———. 1978. *Economy and Society*. Berkeley: University of California Press.

Weingast, Barry. 1995. "The Economic Role of Political Institutions: Market-Preserving Federalism and Economic Development." *Journal of Law, Economics, and Organization* 11:1–31.

Wells, R. Spencer, et al. 2001. "The Eurasian Heartland: A Continental Perspective on Y-Chromosome Diversity." *Proceedings of the National Academy of Sciences* 98(18): 10244–49.

Westergaard, Harald. 1922. *Economic Development in Denmark: Before and During the World War*. Oxford: Clarendon Press.

Whimp, Kathy. 1998. "Indigenous Land Owners and Representation in PNG and Australia." Port Moresby: unpublished paper.

White, Leslie A. 1959. *The Evolution of Culture: The Development of Civilization to the Fall of Rome*. New York: McGraw-Hill.

Wilson, David Sloan. 1983. "The Group Selection Controversy: History and Current Status." *Annual Review of Ecological Systems* 14:159–87.

———, and Elliott Sober. 1998. *Unto Others: The Evolution and Psychology of Unselfish Behavior*. Cambridge, MA: Harvard University Press.

Wittfogel, Karl A. 1957. *Oriental Despotism: A Comparative Study of Total Power*. New Haven: Yale University Press.

Wolf, Arthur P., and Chieh-shan Huang. 1980. *Marriage and Adoption in China, 1845–1945*. Stanford, CA: Stanford University Press.

Wolpert, Stanley. 1977. *A New History of India*. New York: Oxford University Press.

Woo, Jung-En. 1991. *Race to the Swift: State and Finance in Korean Industrialization*. New York: Columbia University Press.

World Bank. 2004. *World Development Report 2004: Making Services Work for Poor People.* Washington, D.C.: World Bank.

Wrangham, Richard, and Dale Peterson. 1996. *Demonic Males: Apes and the Origins of Human Violence.* Boston: Houghton Mifflin.

Wright, Robert. 2009. *The Evolution of God.* New York: Little, Brown.

Wriston, Walter B. 1992. *The Twilight of Sovereignty.* New York: Scribner.

Zakaria, Fareed. 2003. *The Future of Freedom: Illiberal Democracy at Home and Abroad.* New York: Norton.

———. 2008. *The Post-American World.* New York: Norton.

Zaman, Muhammad Qasim. 2002. *The Ulama in Contemporary Islam: Custodians of Change.* Princeton: Princeton University Press.

Zerjal, Tatiana, et al. 2003. "The Genetic Legacy of the Mongols." *American Journal of Human Genetics* 72:717–21.

致　谢

　　如果没有诸多人士和机构的鼎力相助，本书的完成是不可想象的。我构思和起草本书时，仍在约翰斯·霍普金斯大学尼兹高等国际研究院担任教授，并兼任其国际发展项目的主任，该学院为我的苦思和下笔提供了良好环境。对研究院以及院长 Jessica Einhorn 所提供的支持，我在此表示由衷的谢意。在高等国际研究院笔耕本书的同时，我还在各地课堂中演讲它的主题，包括丹麦的奥胡斯大学、美国的斯坦福大学、密歇根州立大学，从中获得了很多颇有价值的反馈。

　　我要感谢 Farrar, Straus & Giroux 出版公司发行人 Jonathan Galassi 的支持，感谢其编辑 Eric Chinskj 的帮助。Eric 是一位非常体贴、富有同情心的读者，促使我在本书中全面考量众多的重要课题。对我的版权代理人，即国际创意管理公司的 Esther Newberg 和柯蒂斯·布朗公司的 Betsy Robbins，我一如既往地心抱感激。他们的鼎力相助，方使本书和我的其他著作成为现实。

　　我还要感谢襄助我完成本书的下列人士：Seth Colby、Mark Cordover、Charles Davidson、Larry Diamond、Nicolas

Eberstadt、Adam Garfinkle、Saurabh Garg、Charles Gati、Mary Ann Glendon、Francisco Gonzalez、George Holmgren、Steve Kautz、Sunil Khilnani、Pravin Krishna、Ove Korsgaard、Steven LeBlanc、Brian Levy、Peter Lewis、Arthur Melzer、Rick Messick、Jørgen Møller、Mitchell Orenstein、Donna Orwin、Uffe Øtergård、Bruce Parrott、Steven Phillips、Marc Plattner、Jeremy Rabkin、Hilton Root、Nadav Samin、Abe Shulsky、Georg Sørensen、Melissa Thomas、Avi Tuschman、Justin Vaisse、Jerry Weinberger、Jason Wu 和 Dick Zinman。更有下列人士充任我的研究助手：Khalid Nadirj、Kevin Croke、Michael Leung、Matt Scharf、Bryan Prior、Purun Cheong 和 Kamil Dada。Mark Nugent 为本书的地图作出重大努力。我也要感谢我在高等国际研究院的助理 Robin Washington，不管是本书还是我的其他著作，都曾得到她的大量帮助。最后，我的妻子 Laura Holmgren 和孩子茱丽、大卫和约翰，在本书成形的进程中评读了本书的部分章节，始终在旁充任我的啦啦队。

于加利福尼亚州帕洛奥托镇

索　引

（按汉语拼音顺序排列，页码参见本书边码）